U0425242

B&E 管理学系列

# 企业战略管理

Strategic Management

李春波 主编　　徐辉 郭新利 副主编

清华大学出版社
北　京

图书在版编目(CIP)数据

企业战略管理/李春波主编. —北京：清华大学出版社，2011.6（2024.1 重印）
(B&E 管理学系列)
ISBN 978-7-302-25805-6

Ⅰ. ①企…  Ⅱ. ①李…  Ⅲ. ①企业管理：战略管理  Ⅳ. ①F270

中国版本图书馆 CIP 数据核字(2011)第 113566 号

责任编辑：贺　岩
责任校对：宋玉莲
责任印制：宋　林

出版发行：清华大学出版社
https://www.tup.com.cn
社 总 机：010-83470000
投稿与读者服务：010-62776969，c-service@tup. tsinghua. edu. cn
质 量 反 馈：010-62772015，zhiliang@tup. tsinghua. edu. cn
地　址：北京清华大学学研大厦 A 座
邮　编：100084
邮　购：010-62786544
印 装 者：三河市龙大印装有限公司
经　销：全国新华书店
开　本：185mm×230mm　印　张：21.5　字　数：455 千字
版　次：2011 年 7 月第 1 版　印　次：2024 年1月第 9 次印刷
定　价：45.00 元

产品编号：036849-02

# 前 言

战略管理理论产生于20世纪50年代的美国，从70年代中后期开始得到飞速发展，在现实应用中得到广泛关注，被越来越多的管理学者和企业家所接受，为广大企业的决策提供技术支撑。

目前，随着世界经济环境的剧烈变化，任何企业都很难找到一把万能的钥匙，使企业得到持续发展。尤其从20世纪末以来，人们普遍认为不可一世的日本企业，如松下、丰田也出现停滞不前的局面。2007年年末出现的席卷全球的金融危机，给很多企业造成重创。这次危机对企业来说是巨大的威胁，但从战略眼光来看也是巨大的机会。譬如在危机环境下，可以借此机会优化自己的产业结构，同时危机的出现又给优良企业带来巨大的发展空间，如吉利汽车收购沃尔沃。另外，国外公司的倒闭为高级人才的引进提供了良好的机会。

但是，不难发现，许多竞争能力强大的企业在这次机会面前并没有像人们所期待的那样获取丰硕的果实，其原因就是缺乏战略思想。企业如何在激烈竞争的市场和不断变化的环境中站稳脚跟，培养竞争优势，是任何企业家和管理学者都密切关注和苦苦探寻的课题。企业战略管理无论是在管理学界还是在企业界，都是非常受关注的一门学科。

目前，我国研究战略管理理论的专家越来越多，人们不仅局限于对理论的研究，还广泛研究战略管理的实践。在研究过程中，专家们已把我国的相关思想流派融入相关理论和实践中，丰富了战略管理理论的内涵及其应用价值，如兵家学派和儒家学派。本书由黑龙江大学和哈尔滨金融学院从事企业战略管理教学和研究工作的教师，在总结多年教学和实践经验的基础上编写而成，其主要特点是将企业战略管理的理论和实践有机结合，将理论教学和实践教学有机结合。本书在每章开端都引用《孙子兵法》中的一段名言，以此切入主题。每章都有引入案例和总结案例，同时在每章内都加入“小资料”，形式多样，便于理解。

全书共 11 章。第 1 章介绍企业战略管理的内涵、特点、过程和层次，战略管理理论的发展和相关理论学派；第 2 章至第 4 章介绍企业内部环境分析、外部环境分析的内容和方法，企业的使命和战略目标的内容及制定方法；第 5 章至第 8 章介绍企业总体战略、经营战略和国际经营战略的内容、基本类型、实施条件和方法，以及各种战略的优缺点，同时介绍战略的选择和评价方式；第 9 章和第 10 章介绍战略实施和控制的内容、特点及方法；第 11 章介绍变化中的战略管理，主要阐明引起环境变化的要素以及在变化的环境中企业如何进行战略管理。

在本教材的编写过程中，参阅了大量的国内外专家同行的著作和文献资料，并从中吸取了一些符合本教材特色要求的内容，相关参考书目附于书后的参考文献中，在此，对这些参考文献的作者表示衷心的感谢！

本书由黑龙江大学李春波副教授担任主编，负责教材大纲的编写和统稿工作，黑龙江大学于丽艳老师编写第 1 章和第 7 章；黑龙江大学郭新利老师编写第 2 章和第 5 章；李春波编写第 3 章和第 4 章；黑龙江大学齐闯老师编写第 6 章和第 8 章（除第 4 节）；哈尔滨金融学院徐辉老师编写第 8 章的第 4 节、第 9 章的第 3 节和第 11 章；黑龙江大学唐明老师编写第 9 章（除第 3 节）和第 10 章。

本书的编辑和出版得到黑龙江大学经济与工商管理学院各级领导和清华大学出版社的大力支持和帮助，在此表示感谢。

由于学识有限，如有错误和不当之处，敬请各位专家和读者予以批评和指正，以便再版时予以改正。

李春波

2011 年 1 月 1 日

B&E

# 目 录

B&E

# 第 1 章

# 企业战略管理概况

孙子曰："昔之善战者，先为不可胜，以待敌之可胜。"

**学习目标**

**知识目标**：理解企业战略及战略结构、战略经营单位、企业战略管理的含义与特点，了解企业战略管理的产生与发展以及战略管理流派。

**技能目标**：能够运用所学的理论知识对企业战略管理过程进行分析。

## 开篇案例

### 巴斯诺布图书公司

巴斯诺布图书公司是一家大型图书销售公司。当亚马逊图书公司占有了巨大的网上售书市场份额，成为"暴发户"之时，巴斯诺布还对网络战略犹豫不决。近年来，巴斯诺布尽管投入了巨额资本并进行了大规模广告宣传，但网上售书量仍只相当于亚马逊的1/10强。

巴斯诺布起初并不想改变自己的核心优势业务。但来自其他产业的经验教训是，互联网容不得谨慎与犹豫。如今，仍有许多在"砖头水泥建筑"里生产的公司对网上销售战略迟疑不决，因为它们担心网上销售会与现行的销售自相残杀。

注意，谨小慎微可能招致灾难！

### 星巴克咖啡店

总部位于西雅图的星巴克公司，正在进入冰激凌、糖果、茶叶、风味食品，甚至厨房及家庭日用品等非咖啡产品领域。

星巴克正在进行国际化扩张。1999 年，在原有 2300 家店铺的基础上又增加了 400 家店。

公司除了在自己的零售网点销售产品外，已经开始了超级市场销售业务，这引起了公司一些专营店经理的不满。

星巴克拥有26 000多名员工,年销售额约为15亿美元。公司的赢利和股价有衰退迹象。

**皇家努米柯公司**

皇家努米柯公司是荷兰一家大型营养制品制造商,最近收购了通用营养品公司。后者为美国一流的维生素及其他营养品零售及制造商。

努米柯用17亿美元收购了GNC公司,从而成为了年销售额达30多亿美元的全球最大的营养品经营公司。GNC拥有4203家零售商店,现在可以供应更多的专利产品,提供更科学的产品说明。

目前,努米柯公司在全球拥有27 000多名雇员,产品销售的配给状况大为改观。

**资料来源**:王建民.战略管理学.北京:北京大学出版社,2006.

## 1.1 企业战略管理的基本概念

### 1.1.1 企业战略与战略结构

战略(strategy)是一个广泛应用在军事、经济、政治、商业和管理等各个领域的重要概念。它最先应用于军事上,我国《辞海》中对战略的定义是:"军事名词。对战争全局的筹划和指挥。它依据敌对双方的军事、政治、经济、地理等因素,照顾战争全局的各方面,规定军事力量的准备和运用。"《简明不列颠百科全书》对战略的定义是:"在战争中利用军事手段达到战争目的的科学和艺术。"日本《世界大百科全书》为战略所下定义是:"为了实现特定目标而运用力量的科学与策略。"《苏联军事百科全书》对战略所下定义是:"军事学术的组成部分和最高领域,它包括国家和武装力量准备战争、计划与进行战争和战略性战役的理论与实践。"

在西方,战略一词源于希腊语(strategos),意为"将军"。随着企业竞争的日益激烈,很多人感到商场如战场,相应地,战略一词也被广泛应用到企业管理中来。20世纪60年代,战略思想开始运用于商业领域,并与达尔文"物竞天择"生物进化思想共同成为战略管理学科的两大思想源流。20世纪中后期企业战略被提出来后,相关研究著作层出不穷。

最早在商业领域引入战略一词的学者是纽曼(Neumann)和摩根斯顿(Morgenstern)。他们在其1947年所著《博弈理论与经济行为》一书中将战略定义为:"一个企业根据其所处特定的情形而选择的一系列行动。"其后,1954年,管理大师彼得·德鲁克在其经典著作《管理的实践》中提出,战略就是管理者找出企业所拥有的资源并在此基础上决定企业应当做什么。

1962年,美国著名管理学家阿尔弗雷德·D.钱德勒(Alfred D. Chandler)《战略与结构:工业企业史的考证》一书的出版,标志着企业战略研究学科的建立。钱德勒在书中首先把企业决策分为战略决策和战术决策两个层次,认为战略决策内容包括企业发展的基本目标,从属于基本目标的经营目标与方针以及为实现这些目标所进行的资源分配与调整;而战术决策的任务则是保证日常经营工作顺利进行和所分配资源合理使用,并且首次分析了环境—战略—组织结构之间的相互关系。他认为企业经营战略应当适应环境,满足市场需要,而组织结构又必须适应企业战略,因战略变化而变化,即"结构追随战略"。

哈佛商学院的肯尼斯·R.安德鲁斯(Kenneth R. Andrews)认为,企业总体战略是一种决策模式,它决定和揭示企业的目的和目标,提出实现目标的重大方针与计划,确定企业应该从事的经营业务,明确企业的经济类型与人文组织类型,以及决定企业应对员工、顾客和社会做出的经济与非经济贡献。

美国学者安索夫(Ansoff)在1965年出版的《公司战略:面向增长与发展的经营政策的分析方法》中首次将战略划分为企业总体战略和经营战略,他认为战略是一条贯穿企业活动与产品市场之间的"连线"。这个"连线"由四个部分组成:产品市场范围(企业提供的产品与企业在其中经营的市场)、增长向量(企业打算进入的产品市场的变化)、竞争优势(在每一个产品/市场中企业较之竞争者具有较强地位的那些独特的优势)以及协同(将企业的不同部分有机结合起来以取得单个部分不能实现的方法)。这四种要素紧密相关,它们共同决定企业经营活动的方向和发展目标。战略就是将企业活动与这四个方面连接起来的决策规则。

哈佛商学院教授迈克尔·波特(Michael E. Porter)在1996年发表的《战略是什么》一文中指出,战略的本质就是选择,即选择一套与竞争对手不同的活动,以提供独特的价值,企业的这种独特定位能够有效避免由于企业间的相互模仿所导致的过度竞争。

加拿大麦吉尔大学管理学院教授明茨伯格(Henry Mintzberg)认为,从企业未来发展的角度看,战略表现为一种计划(plan);从企业过去发展历程的角度看,战略表现为一种模式(pattern);从产业层次来,战略表现为一种定位(position);从企业层次看,战略表现为一种观念(perspective)。此外,战略也表现为企业在竞争中采用的一种计谋(ploy)。基于此,他用5P定义战略。战略是计划,是企业有意识、有预计的行为,是一种预期的战略;战略是模式,是企业长期行为的一致性,是一种已经实现的战略;战略是定位,即特殊产品在特殊市场的定位;战略是观念,即一个组织做事的基本方式;战略是策略,即企业为了击败对手或竞争者而采用的特定的计谋。

英国两位战略管理学家格里·约翰逊和凯万·斯科尔斯教授认为,战略主要是涉及某一组织的远期发展方向和范围,它是在理想的情况下,通过资源与变化的环境,尤其是它的市场、消费者或客户等因素相互匹配,以便于达到所有者的预期希望。

美国学者拜亚斯(L. L. Byars)认为,企业战略是用来描绘一个组织打算如何实现它的目标和使命的。大多数组织为实现自己的目标和使命都有若干种方案可供选择,战略是与决定选用何种方案有关,包括对实现组织目标和使命的各种方案的拟订、评价,以及最终选定要实施的方案。

可见,各位学者对企业战略还没有一个统一的定义,他们从不同方面对战略进行描述,这些描述对我们全面掌握什么是企业战略有非常重要的参考价值。

战略结构(strategic architecture)是哈默尔(Hamel)和普拉哈拉德(Prahalad)为制定战略而提出的概念,他们把公司将其现有的核心竞争力转换成未来竞争优势的战略制定过程称为战略结构。设计战略结构的目的不是要在眼前的市场上实现收益或股东权益最大化,而是要通过识别和整合现有的竞争力,捕捉未来市场机会,为将来实现收益最大化做准备。战略结构是一个广泛的机会和路线计划,它描绘了公司迈向未来竞争目标的路线图,这些目标也许在未来的几年内难以实现。战略结构不仅提出公司未来要实现的宏伟目标,而且要提供达到这些目标的路径。

运用战略结构制定公司战略的前提是确定公司目标。公司目标可以分为资源目标(resource objects)、行为目标(action objects)和动机目标(intent objects)。

资源目标是公司在某种战略模式下运营的能力和资源,包括竞争力目标、能力目标和战略资产目标。竞争力是公司内可识别的各种技能和技术的集合,它反映公司的集体学习能力;能力是有助于公司战略实现的过程、活动、任务、技术等的有机组合,是战略性的组织运作过程的集合;战略资产包括有形资产和无形资产,科利斯(Collis)和蒙哥马利(Montgomery)认为公司的有形资产和无形资产均可发挥战略性关键作用。

行为目标包括战略创新活动和经营流程。战略创新活动是指为实现战略运作而进行的引导性项目和活动;流程是指运用公司资源为顾客创造利益的企业经营活动,是构成顾客价值链的各种活动的有序组合。为获取竞争优势,这些活动要么不同于竞争对手,要么以更有效的方式组织。

动机目标体现战略结构所期望的结果,它包括顾客价值取向(customer value proposition)、经济价值取向(economic value proposition)和战略价值取向(strategic value proposition)。顾客价值取向是隐藏在顾客购买行为背后的动机,为了建立战略结构,必须清楚顾客在为何种价值掏腰包;经济价值是指预期能够增加股东财富的某种特定结果,公司不仅要关心产品的市场份额与增长,而且必须为股东创造价值;战略动机的概念是哈默尔和普拉哈拉德1989年提出来的,它是公司的非对称战略竞争目标,隐藏于战略背后,贯穿公司文化和经营全过程,作为一个动机性因素发挥作用。战略动机取向目标简明扼要地提出公司在既定的竞争市场中的定位,阐释公司战略动机,反映公司战略动机结果。

目标界定之后,即可建立战略结构。建立战略结构的目的在于创造一个能够将公司

现有的竞争力转化为它所期望的能在未来市场上实现外部价值目标的路线图。

### 1.1.2 战略经营单位的含义

战略经营单位(strategic business unit,SBU)是20世纪70年代美国通用电气公司(GE)创造、发展的一种分权组织形式。一个战略经营单位如同一个独特的小型企业或独立的经营单位开展生产经营活动。战略经营单位经理对产品负有从研究开发、市场研究、生产、营销等经营责任,并对利润负有最后责任。在一个公司内,战略经营单位本身不代表经营规模大小,有时一个战略经营单位是企业的一个部门,或指一个部门种的某类产品,甚至是某种产品;有时有可能包括几个部门,几类产品。

一个理想的战略经营单位应该具备以下特征:

(1) 有独立的业务;它是一项独立业务或相关业务的集合体,但在计划工作中能与公司其他业务分开而单独作业。

(2) 有不同的任务;有区别于其他业务单位的具体任务,大目标相同,从不同的方向努力。

(3) 有自己的竞争者;在各自的领域都有现实的或潜在的对手。

(4) 掌握一定的资源;掌握公司分配资源的控制权,以创造新的资源。

(5) 有自己的管理班子。往往有一位经理负责战略计划、利润业绩,并且控制影响利润的大多数因素。

(6) 能从战略计划中得到好处。它有相对独立权,能按贡献分得应有的利润和其他好处。

(7) 可以独立计划其他业务;可以扩展相关业务或新的业务。

### 1.1.3 企业战略管理的含义

安索夫(Ansoff)1972年在《企业经营政策》杂志上发表《战略管理思想》一文,正式提出战略管理概念,为后来战略管理理论发展奠定基础。1976年,他发表《从战略计划走向战略管理》一文,文中指出,企业的战略管理是指将企业的日常业务决策同长期规划决策相结合而形成的一系列经营管理业务,这是广义战略管理观。接着在1979年又出版《战略管理》一书,系统地提出战略管理模式。安索夫认为,企业战略行为是一个组织对其环境的交感过程,以及由此而引起的组织内部结构变化的过程。他提出较有新意的三个战略管理观点:环境服务组织、战略追随结构、战略管理过程是一个开放系统。

斯坦纳(Stana)在他1982年出版的《企业政策与战略》一书中认为,企业战略管理是确定企业使命,根据企业外部环境和内部经营要素确定企业目标,保证目标的正确落实并使企业使命最终得以实现的一个动态过程,这是狭义的战略管理观。

世界著名战略管理学专家弗雷德·大卫教授在《战略管理思想》一书中给战略管理下

的定义是：为确保某一组织实现其目标，对有关综合性决策进行制定、实施和评价的艺术与科学。他认为目标是组织为完成其基本任务所要得到的具体结果，战略则是实现其长期目标而采取的行动和方法。这里的长期目标是指时期超过一年的目标，是人们通过实施特定战略任务而想得到的结果。长期目标与战略的时间跨度应当一致。他还在1987年发表的《公司如何确定它们的任务》一文中提出企业战略管理的一般模型，明确战略管理过程中各主要要素之间的关系，目前这一模型已被人们广泛接受。

哈佛商学院的肯尼斯·R.安德鲁斯在其1971年所著《公司战略概念》一书中首次提出公司战略管理问题，提出了制定与实施公司战略的两阶段基本战略管理模式，并将战略管理定义为公司能够做的(组织优势和劣势)与可能做的(环境机会和威胁)之间的匹配，提出了制定战略过程中的SWOT分析框架。

杨锡怀、冷克平、王江在2004年出版的《企业战略管理》一书中将战略管理定义为：企业确定其使命，根据组织外部环境和内部条件设定企业的战略目标，为保证目标的正确落实和实现进行谋划，并依靠企业内部能力将这种谋划和决策付诸实施，以及在实施过程中进行控制的一个动态管理过程。战略管理的关键词不是战略而是动态的管理，它是一种全新的管理思想和管理方式。这种管理方式的特点是认为指导企业全部活动的是企业战略，全部管理活动的重点是制定战略和实施战略。而制定战略和实施战略的关键都在于对企业外部环境的变化进行分析，对企业的内部条件和素质进行审核，并以此为前提确定企业的战略目标，使三者之间达成动态平衡。战略管理的任务，就在于通过战略制定、战略实施和日常管理，在保持这种动态平衡的条件下，实现企业的战略目标。

**【小资料1】**

有两个相互竞争的企业老板希望通过野炊休闲方式讨论两家公司是否合并的问题，在讨论过程中，双方各不相让，双方都坚信能战胜对手。突然森林中跑出来一只大黑熊，此时一位老板急忙打开旅行包，拿出一双运动鞋穿上；另一位老板迷惑不解地问："难道你穿上运动鞋就能跑得过大黑熊吗?"这位老板回答说："我不用跑过大黑熊，我只要跑过你就行了。"

### 1.1.4 企业战略管理的特征

以往的企业管理是将企业的活动分成多种职能，如生产、财务、市场营销，对不同的职能实行不同的管理，因而出现企业的职能管理一词。由对企业的职能管理走向对企业的战略管理是现代企业管理的一次飞跃，是对企业最重要以及最高层次的管理。战略管理具有如下特点：

1. 全局性

发展战略是全局性问题，战略影响企业的各部门并涉及各种决策，是具有普遍性、全面性、权威性的管理决策。从经营目标、方向一直到组织结构、人员配置、作业方式、经营活动内容、活动规模、人员组织方式、管理人员、日常决策等，都与企业发展战略有关。可以说，企业战略是企业发展的蓝图，决定一切经营活动。因此，企业的战略管理是以企业全局为对象，根据企业总体发展的需要制定的，它所管理的是企业的总体活动，所追求的是企业的总体效果。

2. 长远性

没有长远考虑的决策不是战略决策。战略管理中的战略决策是对企业未来较长时期内，就企业如何生存和发展等问题进行统筹规划。虽然这种决策以企业外部环境和内部条件的当前情况为出发点，并且对企业当前的生产经营活动有指导、限制作用，但这一切是为了更长远的发展，是长期发展的起步。从这一点上来说，战略管理也是面向未来的管理，战略决策要以经理人员所期望或预测将要发生的情况为基础。在迅速变化和竞争性的环境中，企业要取得成功必须对未来的变化采取预应性的态势，这就需要企业做出长期性战略计划。长远性意味着企业要有3年或者5年甚至更长的发展战略规划，对于传统产业一般要求有5年规划；对于高薪技术产业，因为发展比较快，一般要求有3年规划。此外，长远性要求企业更加关注长期利益，有时不得不放弃眼前利益以满足企业战略的需要。

3. 资源的实用性

企业的资源包括人力资源、实体财产和资金，企业的经营活动要有足够的资源作为保证。因此要熟知企业有多少资源，比如投资的分配、人员的招收和去留、分公司的兼并或出让、有多少资金、多少人才，在此基础上对企业的资源进行统筹规划，合理配置，使得企业经营与其所拥有的资源和能力相适应，从而保证战略目标的实现。

4. 环境适应性

**【小资料2】**　**下雨就要打伞**

一天，一位新闻记者来采访松下幸之助：“松下先生，请告诉我，贵公司为什么得以高速成长?”突然被问及这个问题，松下一时答不上来，但转念之间，松下反问这位年轻的记者：“如果下雨，你会怎么办?”这个记者根本没想到松下会这样反问他，不免有些吃惊，犹豫了一阵，最后说出松下预期的答案：“当然要打伞啊!”“不错，遇到下雨就得打伞，这就是我使企业经营上轨道的秘诀!”松下说。年轻记者愣了一下，但他随即将松下的话写在采访本上，并向松下道谢。几十年过去了，到了晚年，松下仍然这么想：“只要懂得下雨时打伞，就不会被淋湿。”一个组织只要及时掌握外部环境，并及时根据环境变化采取应对措施，就会向着组织的目标一步步迈进。一个管理者，必须明确环境的重要性，要顺应环境的变化，这也是企业发展的秘诀。

**资料来源**：崔卫国，刘学虎. 管理学故事会. 北京：中华工商联合出版社，2005.

企业处于一种开放的环境中，其中的各种因素影响着企业的生存与发展，而这些因素又是企业所不能控制的，且处于不断地变化之中。因此，企业要适应环境的变化，在竞争中占据有利地位并取得竞争优势，就必须考虑有关的因素，包括政治因素、经济因素、科技因素、文化因素等一般因素，以及竞争者、供应者、购买者、政府等具体因素，使企业的行为适应不断变化的外部力量，以保证企业的生存和发展。

5. 相对的稳定性

“战略”二字本身的含义是超前一段时间而指出目标，在时间上有一定超前性。在实际管理中，战略需要有稳定性，不能朝令夕改，否则会使事业发展、企业经营和国家管理发生混乱，给企业、机构或国家带来不必要损失。因此，企业战略一旦确定后，就要保持相对稳定。企业战略的稳定性便于它的贯彻和执行。同时，由于企业的经营环境在不断变化，企业战略也必须具有柔性，因此，企业战略的稳定性是一种动态的相对稳定。

### 1.1.5 企业战略管理的过程

战略管理是对一个企业的未来发展方向制定决策和实施这些决策的动态管理过程。一个规范性的、全面的战略管理过程可大体分解为战略分析、战略选择、战略实施、战略评价和调整四个阶段：

战略分析——了解组织所处的环境和相对竞争地位；

战略选择——战略制定、评价和选择；

战略实施——采取措施发挥战略作用；

战略评价和调整——检验战略的有效性。

1. 战略分析

战略分析主要目的是评价影响企业目前和今后发展的环境因素、预测这些环境未来发展的趋势，以及这些趋势可能对企业造成的影响及影响方向，从而确定企业的使命和目标。战略分析是企业战略制定和评估的依据。战略分析包括企业外部环境分析和企业内部环境分析两部分。

外部环境分析要了解企业所处的环境(包括政府—法律因素、经济因素、技术因素、社会因素以及企业所处行业中的竞争状况)正在发生哪些变化，这些变化给企业将带来更多的机会还是更多的威胁，做到“知彼”，以便在制定和选择战略中能够利用外部条件提供的机会，避开对企业的威胁因素。

内部环境分析要了解企业所具备的素质，包括生产经营活动的各个方面，如生产、技术、市场营销、财务、研究与开发、员工情况、管理能力。分析在战略制定、评价和实施过程中，这些内部条件会对组织行为产生怎样的影响和制约。内部环境分析是为了发现企业所具备的优势或劣势，以便在制定和实施战略时能扬长避短、发挥优势，有效地利用企业自身的各种资源。

2. 战略选择

战略分析阶段明确了"企业目前状况",战略选择阶段所要回答的问题是"企业走向何处",比如,拓展什么样的业务,什么样的业务将放弃,如何有效地利用现有的资源,是否扩大业务或多种经营,是否进入国际市场,是否要兼并企业或开办合资企业,如何避免被竞争对手吞并等。在制定战略过程中,可供选择的方案越多越好。企业可以从对企业整体目标的保障、对中下层管理人员积极性的发挥以及企业各部门战略方案的协调等多个角度考虑,选择自上而下、自下而上或上下结合的方法制定战略方案。

一个企业可能会制定出达成战略目标的多种战略方案,这就需要对每种方案进行鉴别和评价,以选出适合企业自身的方案。目前对战略的评价已有多种战略评价方法和战略管理工具,如波士顿咨询集团的市场增长率—相对市场占有率矩阵法、行业寿命周期法。这些方法已广泛在跨行业经营的企业中得到应用。评估备选方案通常使用两个标准:①考虑选择的战略是否发挥企业优势,克服劣势,是否利用了机会,将威胁削弱到最低程度;②考虑选择的战略能否被企业利益相关者接受。需要指出的是,实际上并不存在最佳的选择标准,管理层和利益相关团体的价值观和期望在很大程度上影响战略的选择。此外,对战略的评估最终还要落实到战略收益、风险和可行性分析的财务指标上。

3. 战略实施

企业战略管理的实践表明,战略制定固然重要,战略实施同样重要。一个良好的战略仅是战略成功的前提,有效的企业战略实施才是企业战略目标顺利实现的保证。另外,如果企业没能完善地制定出合适的战略,但是在战略实施中,能够克服原有战略的不足之处,那也有可能最终导致战略的完善与成功。当然,如果选择一个不完善的战略,在实施中又不能将其扭转到正确的轨道上,就只有失败的结果。

企业的战略方案确定后,必须通过具体化的实际行动才能实现战略及战略目标。战略实施主要涉及以下问题:如何在企业内部各部门和各层次间分配及使用现有的资源;为了实现企业目标,还需要获得哪些外部资源以及如何使用;为了实现既定的战略目标,需要对组织结构做哪些调整;如何处理可能出现的利益再分配与企业文化适应问题,如何进行企业文化管理,以保证企业战略的成功实施;等等。

4. 战略评价和调整

战略评价和调整是通过评价企业经营业绩审视战略的科学性和有效性。具体而言,就是根据企业情况的发展变化,即参照实际经营事实、变化的经营环境、新的思维和新的机会,及时对所制定的战略进行调整,以保证战略对企业经营管理进行指导的有效性。包括调整公司的战略展望、公司的长期发展方向、公司的目标体系、公司的战略以及公司战略的执行等内容。如果战略实施的实际成效与预定的战略目标之间有显著偏差,就应当采取有效措施进行纠正。当由于原来分析不周、判断有误,或是环境发生了预想不到的变化而引起偏差时，甚至可能要重新审视环境，制定新的战略方案，进行新一轮的战略管理过程。

战略管理的四个阶段相辅相成，融为一体。战略分析是战略选择和实施的基础，战略选择和实施是战略评估的依据，战略评估反过来又为战略分析、战略选择和战略实施提供经验和教训。四个阶段的系统设计和衔接，可以保证取得整体效益和最佳结果。

## 1.2 企业战略管理理论的产生与发展

### 1.2.1 企业战略管理的产生背景

企业战略管理最早出现在美国。第二次世界大战后，随着全球范围内科学技术的进步和世界经济的恢复发展，加之美国对第三世界国家资源的掠夺，美国经济进入高速增长时期，1945—1970年，美国国民生产总值翻了两番多。在这种稳定有利的经济环境中，美国公司的成长速度普遍加快。在战后近30年，国际商用机器公司、施乐公司、3M公司等高新技术公司的销售额平均每年增长16.25%。许多企业逐步发展为跨国公司。1973年石油危机爆发，高通货膨胀率遍及全球，新技术革命浪潮汹涌，社会价值观急剧转变。面对这种充满危机的经营环境，许多美国公司由于不适应环境变化，经营陷入困境，成本上升，库存增加，利润下降，亏损惊人，大批工厂倒闭。现实使企业管理者认识到，只注重企业内部资源的利用，不注意外界环境对企业生存和发展的影响；只追求短期利益，忽视对未来发展的策划；只满足职能领域的有效管理，不关心制定、实现企业的总目标和总战略、企业就很难适应外界环境的变化保持稳定成长，甚至在风浪中翻船。在这种情况下，战略管理开始摆到企业管理人员面前。

### 1.2.2 企业战略管理的发展阶段

企业战略管理，无论是实践还是理论，与企业管理的生产管理，财务管理，营销管理，管理经济学等其他学科相比较，产生比较晚。一般认为，现代战略管理思想诞生于20世纪60年代的美国，至今已有50多年历史，在世界各个领域得到广泛传播。尽管战略管理理论发展历史并不长，但是发展速度非常快，研究文献硕果累累。这种理论上的繁荣态势与企业战略管理实践的蓬勃发展息息相关。企业战略管理理论的发展可分为三个主要阶段：长期规划阶段、战略规划阶段和战略管理阶段。

1. 长期规划阶段：20世纪50年代初期至20世纪60年代初期

长期规划理论是战略管理理论的雏形。20世纪50年代后，美国等西方国家的企业经营环境发生了巨大的变化。消费者需求结构的变化，市场购买力的提高，技术进步的刺激，全球竞争的加剧，社会、政府、顾客等对企业要求的提高，使企业的产品结构、运营方式、管理思想受到挑战，创新压力日趋加大。同时，促使企业管理人员延展传统管理概念，寻求新的管理技能，建立大胆进取目标，以寻求更快的成长。在这种情况下，长期规划应运而生。长期规划的基本假定是过去的情况必将延续到将来。长期规划实现形式主要是根据历史经验，以趋势外推法预测企业未来环境因素的变动情况，然后以此为依据制定企业的长期计划，以保持或赢得市场竞争优势。

2. 战略规划阶段：20世纪60年代初期至20世纪70年代初期

长期规划的应用有以下两个前提：

① 认为促使环境变化的主动权在于企业本身，企业对环境的变化具有很大影响力；

② 认为外部环境是可以预测的，企业总可以制定计划以应付未来的变化。

但是20世纪60年代后，由于政府严格的管制和各种调节政策，企业失去对环境的控制，而且外部环境的复杂性和交互作用使得企业难以预测环境变化。企业要发展，必须具备能够对外部环境变化做出迅速反应的能力，并且要适应环境的变化，选择灵活性的战略。因此，从20世纪60年代后期开始，战略规划取代长期规划，战略正式进入企业经营管理领域。在这一时期，安东尼(R. N. Anthony)、安索夫(H. I. Ansoff)和安德鲁斯(K. R. Andrews)奠定了战略规划管理(Strategic Planning Managent)基础，三者的研究构成战略规划思想的"三安范式"(Anthony-Ansoff-Andrews Paradigm)。其中，以安德鲁斯为核心，为规划战略管理奠定了坚实的基础，形成战略规划基本框架。此阶段诞生战略管理的三部开创性著作：1962年钱德勒(A. D. Chandler)的《战略与结构》、安德鲁斯的《商业政策：原理与案例》和1965年安索夫的《公司战略》。

企业战略规划的核心在于制定有效的经营战略，以适应经济、市场的变化和冲突。其基本假定是：过去长期规划运用的延续性预测已经不够，在不连续的经营时代，企业必须不断进行战略调整，制定新的经营方针，以求对市场和竞争对手做出迅速反应，不断打入新的产品市场领域。因此，战略规划不仅重视市场环境的预测，而且重视对市场环境的深入了解，特别是对竞争对手相市场的了解，以把握环境变动对企业的影响。战略规划首先对企业的外部环境进行分析，寻求出发展的趋势，发现对企业发展构成的威胁和新的发展机会，以使潜在的利润最大化。

在战略规划阶段，一些公司根据企业的使命、竞争力、执行整体计划和控制下属单位能力等特征，将下属的经营事业部改组为综合的经营单位。许多大公司专门建立战略规划部门，并由总裁或总经理一级的高层管理人员负责战略规划工作。据调查，到20世纪70年代初，美国最大的500家工业公司中，85%的企业组建了战略规划部门。制定企业战略规划给一些企业带来了显著的管理成效。美国通用电气公司在20世纪60年代曾一度盲目发展，出现销售额直线上升，投资收益和利润额却呈下降趋势的奇怪现象。该公司通过制定战略规划，淘汰了对公司发展无贡献的产品和部门，把有限的资源集中于有发展前途并能获利的产品和部门，使得公司利润率和销售额保持同步增长，投资收益显著提高。该公司的这一经验受到当时美国企业界的极大关注，许多企业纷纷仿效。

3. 战略管理阶段：20 世纪 70 年代至今

战略规划理论的一个假设前提是：一个新的战略总是能够利用企业的历史优势，企业的战略变化了，但企业的能力或条件仍可保持不变。这是战略规划的一个缺陷，因为它忽略了企业能力这一关键因素。实践证明，一种战略即使再有吸引力，如果企业没有能力将其实施，那也只不过是纸上谈兵。在战略规划阶段，由于一些高层管理人员机械地看待战略规划过程，过分强调定量分析的作用，只注重制定战略计划，忽视了对战略的评估与实施工作，使一些公司战略计划或缺少弹性，或流于形式，成为玩弄数字的游戏，丧失了战略计划应有的成效。1973 年能源危机发生以后，为了克服上述弊端，不少公司开始强化对企业战略的评估与实施，并且随时根据环境条件的变化修改、调整原有战略，或者制定新的经营战略，从而开创了企业战略管理的新阶段。战略管理依据的假定是：面对迅速变化的外部环境，过去有一定周期的计划制度已不能满足应付变革的需要。企业战略决策者为了应付外来的战略突变和迅速出现的机会与威胁，必须摆脱计划周期的束缚，改变重计划、不重实施的做法，转为制定、评价和实施战略并重，在实施战略计划上下工夫，灵活而又富有创造性地实施战略性管理。因此，战略管理是一种全面地对战略进行的管理，也是一种动态的管理过程。这个阶段战略管理理论有两个主要进展，一个是由以波特(M. Porter)为代表的战略定位观；另一个是以普拉哈拉德(Prahalad)和哈默尔(Hamel)为代表的资源基础观。

进入 20 世纪 80 年代以后，世界经济更加动荡不安。贸易摩擦、能源短缺、债务危机、股价下跌、新技术和新产品层出不穷，加剧了国际市场竞争。在这样复杂的经营环境下，推行战略管理便成为英国企业适应形势、突破困境、维持生存与发展的重要保证。据调查，到 20 世纪 80 年代中期，95%以上的美国大企业都积极推行战略管理；经营比较成功的中小企业也结合自身特点实行战略管理。像通用汽车、通用电气、国际商用机器、惠普、得克萨斯仪器等美国大公司，都是通过战略管理顶住了日本、德国等国企业的强大竞争攻势，保持其在国际市场上的领先地位。

总之，企业所处的技术、市场、社会、政治、经济等外部环境因素在过去几十年中发生了翻天覆地的变化。正是这些变化导致战略管理的诞生和发展。它开始于长期规划理论，逐渐演进到战略规划，最后发展成既包括战略决策又包括战略制定、战略实施的全面的、系统的战略管理理论。随着时代的进步，这一管理分支理论正处于发展之中。

### 1.2.3 企业战略管理理论在中国的发展

中国传统的战略思想博大精深，以《孙子兵法》、《三国演义》、《三十六计》、《资治通鉴》等著作为代表，其中知己知彼、出奇制胜、随机应变等战略思想至今仍然具有现实意义。19 世纪末，中国开始用“战略”翻译西方的“strategy”一词。20 世纪 30 年代，毛泽东在《中国革命战争的战略问题》中指出："战略问题是研究战争全局的规律的东西。"随着社会的发展和科学的进步，战略被赋予新的含义，在各个领域中都有很广泛的应用，在企业管理领域中的运用产生企业战略概念。与军事中的战略相比，企业战略在思想和观念上存在一致性，并且有了很大的发展。如企业之间的竞争已不是战场上你死我活的拼杀，企业战略能够实现与竞争对手双赢局面。从20世纪80年代起，随着改革开放和企业产权制度的改革，中国企业的战略管理实践也开始兴起，中国企业战略理论研究进入发展期，主要体现在对国外战略管理思想的引进及本土战略管理理论著作与战略管理学者的大量涌现。以陈炳富、周三多、苏东水、石世奇、刘冀生为代表的老一辈战略管理学者主要从中外战略管理比较的角度研究企业战略理论，尤其对中国传统的战略思想进行了深入的挖掘。20世纪90年代开始，以康荣平、项保华、蓝海林、徐二明、毛蕴诗、芮明杰、金占明等为代表的新一代战略管理学者纷纷涌现，开始传播西方战略管理理论，研究中国的战略实践，进一步提出自己的战略理论框架。

## 1.3 企业战略管理流派

研究战略管理的学者为数众多，对于战略的形成或制定过程有众多说法，明茨伯格(Henry Mintzberg)、阿尔斯特朗(Bruce Ahlstrand)和拉蒙珀(Joseph Lampel)等在其所著的《战略历程：纵览战略管理学派》一书中，将战略管理的各种理论梳理成十大学派，即设计学派、计划学派、定位学派、企业家学派、认知学派、学习学派、权力学派、文化学派、环境学派和结构学派。这十大学派分别从各个角度或层次反映战略形成的客观规律，均对战略管理理论做出贡献。明茨伯格认为，战略管理的真谛其实就像一头大象，十大学派只是从不同的侧面看到大象的局部，只有综合集成各派的观点，才能对大象有整体的认识和体悟。

设计学派，认为战略制定是确切定义的过程；

计划学派，认为战略制定是正式规范的过程；

定位学派，认为战略制定是分析研究的过程；

企业家学派，认为战略制定是想象的过程；

认知学派，认为战略制定是思维的过程；

学习学派，认为战略制定是新事物接受的过程；

权力学派，认为战略制定是权力权衡的过程；

文化学派，认为战略制定是社会性过程；

环境学派，认为战略制定是对环境反应的过程；

结构学派，认为战略制定是系统转化的过程等。

以上十大学派，还可以分为以下三类：说明性学派、描述性学派、综合性学派。

### 1.3.1 说明性学派(prescriptive school)

设计学派、计划学派以及定位学派主要关注战略应如何明确地表述,被称为说明性学派。

1. 设计学派(design school)

设计学派出现于20世纪60年代,是计划学派和定位学派理论的基本框架。设计学派的起源可以追溯到两本有影响力的书:美国加州大学伯克利分校菲利浦·塞尔兹尼克(Philip Selznick)1957年出版的《经营中的领导能力》(*Leadership in Administration*)和麻省理工学院阿尔弗雷德·D.钱德勒(Alfred D. Chandler)1962年出版的《战略与结构》(*Strategy and Structure*)。《经营中的领导能力》提出差异性竞争,并将组织的内部状态与外部预期结合起来,探讨组织内部整合和适应外部环境的必要性,认为有必要建立起组织的社会结构。《战略与结构》被认为揭开了现代战略管理研究的序幕,该书推行"结构追随战略",通过案例研究的方式,展现了杜邦、通用汽车等四家先驱组织如何为其成长发展与之相适应的组织形式,从而把组织结构设计提到战略高度,强调战略应当适应环境,随环境变化而变化,而组织结构又必须服从组织战略,应随战略调整而相应调整,并且认为多事业部结构是多元化公司的主要形式。它对企业战略管理的最大贡献在于,验证了进行战略管理的企业取得卓越的业绩成果,而且还提出通过战略方向变化进行组织内部管理变化的过程,而不只是为了简单提高效率而进行调整。

设计学派的另一推动力来自于哈佛商学院"一般管理"(general management)小组,代表人物是安德鲁斯(Andrews)及其同事伦德(Leamed)、克里斯蒂森(Christensen)和古斯(Guth)。安德鲁斯在1971发表的《公司战略概念》中接受钱德勒的战略思想,增加了塞尔兹尼克的独特竞争力概念以及管理者和企业需要适应不确定环境的观点。他认为公司战略过程包括两个不同的部分:制定和实施,制定战略需要客观分析能力,而实施战略需要管理技能。他发现战略的四个组成部分:公司可能做什么(市场机遇)、公司能够做什么(公司优势和资源)、公司人员想做什么(个人价值和热情)、公司应该做什么(外部义务),认为战略形成过程实际上是把组织内部条件因素与外部环境因素进行匹配的过程,这种匹配能够使组织内部的优势和劣势与外部的机会和威胁相协调,并由此建立著名的SWOT战略模型——全面分析组织自身的优势(strengths)和劣势(weaknesses),以及所处环境中的机会(opportunities)和威胁(threats),为全世界的战略管理教授、企业顾问和计划人员普遍接受和广泛运用。

设计学派认为,战略是对公司实力和机会的匹配,它既不是直觉思维的过程,也不是规范分析的过程,而是领导者有意识但非正式的构想过程。组织战略的形成必须由组织高层经理负责,CEO不仅控制整个战略的形成过程,而且也是战略的"建筑师"。战略应当清晰、简明,易于理解和贯彻,便于执行、检验和不断改进,而且好的战略应具有创造性和灵活性。简而言之,设计学派就是设计战略制定的模型,以寻求内部能力和外部因素的协调和配合。该学派指出,经济战略是在企业所处的环境中,建立对其地位有决定作用的机遇与限定条件之间的匹配关系。"建立匹配关系"(to establish fit)是设计学派的座右铭。

设计学派的局限性主要表现在以下几个方面:

(1) 设计学派在一系列的假设基础上(如环境稳定而且易于预测,信息传递畅通无阻)将战略管理静态地划分为战略形成和战略实施两个阶段,割裂了它们之间的动态联系,这样做最大的弱点是信息的不完全或失真,仅仅通过文件或思考,而不是亲眼看产品,亲自接触顾客,亲临工厂视察,很难制定出正确、合理的战略。

(2) 在多变复杂的环境中,对于未来的预测和把握并非易事,这时设计学派可能会无计可施。

(3) 在多变复杂的环境中,结构与战略也并非一一对应的简单关系,组织结构的确应具有一定的柔性,但它不能随着领导者头脑中产生了一个战略就随意改变。

(4) 设计学派注重机会分析,但却忽略了对内部条件,包括组织结构、管理机制和企业文化等的分析。

(5) 设计学派的观点虽然正确,但是方法过于主观,没有回答这样一些问题,即组织应该采用什么方法评价自己和外部环境,才能保证对SWOT的评价是客观的;一个公司具有的优势、劣势、机会和威胁很多,哪些才是主要的,或者说是战略性的?采用什么样的模型和方法才能保证SWOT的更加科学,而不是停留在经验和概念的水平上?

明茨伯格认为设计学派不仅过时,而且在应用上受到限制,因为设计学派假设有关组织和环境的一切都可以得到战略家的理解与正确评价。模型适用于简单的组织和环境中,但是对于较为复杂的情形很难适用,而且这一模型把思想和实践隔离开来了。

**【小资料3】** ***老鼠与猫的对话***

老鼠问猫:"请问我该从哪儿走?"

猫回答:"这要看你想到哪里去。"

老鼠再问:"我该怎么走?"

计划学派的猫甲:"你应先制订好计划再走。"

设计学派的猫乙:"你摸索着走吧,错了就换另一条路。"

定位学派的猫丙:"你为什么要去那儿,是否该换一个目的地?"

环境学派的猫丁:"你应先培养走路的能力,然后再去。"

**资料来源**:黄旭.战略管理思维与要径.北京:机械工业出版社,2007.

2. 计划学派(planning school)

计划学派的兴起比设计学派稍晚,大约在20世纪60年代后期。同设计学派相似,计划学派也把市场环境、定位和内部资源能力视为制定战略的出发点。但它认为企业战略的形成是一个受到控制的、有意识的、详细具体而正规化的过程,原则上主要由领导承担整个过程的责任,在实践中则由计划人员负责实施,尽可能详尽清楚地阐明这一过程形成的战略,以便具体地落实战略目标、预算程序和各种运作计划。因此,组织战略应当详细、具体,包括组织目标、资金预算、执行步骤等实施计划,以保证组织战略的顺利实现。基于这样的理念,计划学派在继承设计学派 SWOT 分析思想的基础上,克服了设计学派过于主观的分析方法,引进许多数学、决策科学方法,提出许多制定组织战略的模型和定量分析的方法。这一学派最有影响力的著作是安索夫(Ansoff)1965 年所著的《公司战略》(*Corporate Strategy*)。申德尔和霍夫 1979 年所著的《战略管理》也是重要文献。此外,在斯坦纳(Steiner)、艾考夫(Ackoff)等人的推动下,计划学派的理论与实践紧密结合,产生了如经验曲线、增长—份额矩阵、市场份额与获利能力关系 PIMS(prof it impacton market share)等概念和研究方法,进一步丰富了战略管理理论。

有关计划学派的出版物和实践活动在 20 世纪 70 年代曾达到一个短暂的高峰。其根本原因是计划学派对组织战略的处理方法符合当时管理教育、大公司经营活动和政府宏观调控行为的需要,一些著名组织(如通用电气公司)使用战略计划的成功也促使了它的流行。计划学派的致命弱点是它把战略计划看做是一个单向过程,然而,事实上战略制定应该是一个循环动态而非单向静态的过程,因为环境是不断变化的,战略计划同样也要不断修改调整,否则难以适应新环境。此外,计划学派过分强调理性思维、数量方法和精密模型的运用,忽略了战略思维的非理性方面。安索夫在对战略计划感到失望后,于 1972 年提出战略管理概念,试图建立新的战略决策过程。也正因为如此,从 80 年代开始计划学派的影响就逐渐减弱,许多公司取消战略计划。如 80 年代初期,杰克·韦尔奇(Jack Welch)成为通用电气公司首席执行官不久就废除了该公司的计划系统,计划学派受到了第三种说明性学派——定位学派的冲击。

明茨伯格对计划学派持有否定态度,在《战略计划的沉浮》(*The Rise and Fall of Strategic Planning*)一书中总结做计划学派的七个"死结":

(1) 计划人员经常将经理人员从战略发展、执行的过程中切离出来,使他们变成橡皮图章。

(2) 过分强调方法,太多地注重分析,而不太注重洞察力以及远见卓识这样一些根本因素。

(3) 由于过分注重分析工具而轻视了人的主观能动性,引起经理人员的反感,而且计划系统与实施系统相分离也不利于推动具体行动。

(4) 计划将关注的中心放在比较激动人心的兼并、收购、多角化经营等方面,使核心业务为此付出代价。这既可能有时代的影响,也可能与不恰当运用计划有关。

(5) 计划的过程只注重使战略以某种可接受的方式确定下来,而对真正的战略选择没有多大发展。

(6) 计划忽略了战略的组织要求与结构要求，或曰，计划对外部环境关注太多而对组织内部情况关注太少。

(7) 计划依赖于对事物单个点的预测，而使其面上的基础可能发生偏差。

3. 定位学派(positioning school)

定位学派出现于20世纪80年代，因强调企业市场战略位置的选择而得名，其创始人是哈佛大学商学院的迈克尔·波特教授。波特在1979年、1987年、1990年在著名的商业杂志《哈佛商业评论》上发表《竞争力如何塑造战略》、《从竞争优势到竞争战略》、《国家竞争优势》，又于1980年、1985年、1990年分别出版《竞争战略》、《竞争优势》、《国家竞争优势》，这些论著不仅使他本人声名远播，赢得了定位学派掌门人和"竞争战略之父"美誉，同时也确立了定位学派在整个战略管理理论中的占优地位。定位学派把战略形成看做是一个分析的过程，强调外部环境分析的重要性。波特指出，企业在考虑竞争战略时，必须将企业与所处的环境相联系，行业是企业经营的最直接的环境，行业的结构决定了企业的竞争范围，从而决定了企业的潜在利润水平，企业战略的核心是获得竞争优势，而竞争优势取决于企业所处行业的赢利能力，即行业吸引力和企业在行业中的相对竞争地位。因此，战略管理的首要任务就是选择最有赢利潜力的行业，其次还要考虑如何在已经选定的行业中自我定位。波特在运用竞争战略理论、多元化成长理论基础上提出动态战略理论，其常用战略分析工具为五力模型(Five-force Model)。该模型包括五种力量：潜在进入者、现有竞争对手间的竞争、替代品的压力、卖方议价的能力、买方议价的能力。在这个模型里，企业不仅面对竞争对手的竞争，而且面对来自供应商、买方、潜在进入者、替代品生产厂商这些"延伸的竞争对手"的竞争，企业与这五种力量的强弱对比，将决定企业绩效的大小。在产业分析的基础上，波特提出在选定的行业中进行定位的三种基本竞争战略：成本领先战略、差异化战略和目标集中战略。这三种竞争战略为企业战略理论和实践提供了基本的分析框架。

定位学派的前提条件是：

(1) 战略是市场当中通用的、特别常用的、可以辨别的位置。

(2) 市场(环境)是存在利润的，是充满竞争的。

(3) 战略形成过程就是一个基于分析计算基础之上的对这些位置的选择之一。

(4) 分析家在战略形成过程中起主要作用，他们将计算结果送交正式控制选择过程的管理人员。

(5) 战略产生于这一深思熟虑的形成过程，随后被清晰地表达出来并予以实施。实际上，是市场结构推动了深思熟虑的定位战略，而深思熟虑的定位战略又推动了组织结构。

定位学派将战略分析的重点第一次由企业转向了行业，强调企业外部环境，尤其是行业特点和结构因素对企业投资收益率的影响，并提供诸如五种竞争力模型、行业吸引力矩阵、价值链分析等一系列分析技巧，帮助企业选择行业并制定符合行业特点的竞争战略。在发展过程中，定位学派出现过三次高潮：第一次与军事理论的发展有关，注重战争和对企业所处行业进行研究；第二次是在军事箴言的基础上发展起来，开展大量咨询活动，寻找咨询责任；第三次是对企业外部条件和自身战略之间的关系进行系统的、经验的研究。定位学派为战略管理学术研究开辟了许多条途径，为战略实践分析提供了一套强有力的理论工具。但是，定位学派将企业的成败归结为企业外部的行业因素，过分依赖对行业的选择，相对忽略了企业内部因素，尤其是企业内部资源、核心竞争力对企业战略选择的影响。

### 1.3.2 描述性学派（descriptive school）

20世纪80年代后期，在对以上三个学派进行反思和总结的基础上，出现了一些新的学派，如企业家学派、认知学派、学习学派、权力学派、文化学派、环境学派。这些学派都具有强调非理性因素，注重对战略制定过程中行为因素进行研究的特点，因而可以归到描述性学派一类。

1. 企业家学派（entrepreneur school）

企业家学派对战略形成的观点与设计学派有类似之处。设计学派强调领导能力的重要性，但却不盲目崇拜，更加关注概念框架对战略形成的作用，并通过对直觉影响的淡化处理等形式，刻意避开领导能力中较弱的、个性化的具有特殊性的因素。企业家学派的做法正好相反。企业家学派把战略形成看做是一个预测的过程，一个构筑愿景的过程，是企业家对企业未来图景的洞察过程。在企业家学派的视野中，战略既需要精心制定，又应该机动灵活，即在总路线和大方针上精心规划，在具体细节上随机应变。

企业家学派最大特征在于强调领导的积极性和战略直觉的重要性，而且强调领导人与生俱来的心理状态和人格特质，强调战略远见、个性化领导能力等。企业家学派认为，具有战略洞察力的企业家是企业成功的关键。许多成功企业没有系统的、成文的战略，但它们同样经营得很好，这与管理者对企业基本价值以及存在原因的信念息息相关。它一方面将战略制定归功于个人直觉；另一方面认为不存在规范的战略制定过程。能使一个企业在某种环境中获得成功的领导，并不一定在另一个企业和另一个环境中也能取得同样的成功。如果一个企业遇到了经营困难，最好的办法就是换一个新的具有直觉力的领导。该学派的主要代表作有富兰克·奈特（Frank Hyneman Knight）1967年的《企业家精神：处理不确定性》、熊彼特的《经济发展理论》，以及柯林斯（Colllins）和摩尔（Moore）撰写的《组织的缔造者》。

明茨伯格指出，由于这一学派认为战略制定是个人思想的结果，因此战略制定仍旧是一个神秘的“暗箱”。而且，战略制定也容易受到个人的强权控制等特定思想的不利影响。

但是,这种方式制定的战略具有新颖、创新和连贯性优点。

2. 认知学派(cognitive school)

认知学派探讨了认知过程和认知特征对战略形成的作用,把战略形成看成一个认知过程,其实是将认知心理学作为理论基础,采用心理学的理论解释战略家的思想。认知学派认为:战略是一种直觉和概念,战略的制定过程实质上是战略者的认知过程,如果想要了解战略的形成,最好同时了解人类的心理和大脑;由于战略者所处的环境是复杂的,这种复杂性限制了他们的认知能力;由于战略很大程度上依赖于个人的认知,所以不同战略者在战略风格上差异会很大。该学派注重战略形成过程的特殊阶段,特别是战略初始概念形成阶段。

认知学派的理论所基于的假设有:

(1) 战略的形成过程是战略决策者的认知过程。

(2) 战略可以为人们提供认识和处理相关环境信息的工具。

(3) 客观世界是可以认知或可以构建的。

(4) 战略制定更注重适用性而不是最优化。

(5) 战略的影响有惯性或持久性特点。

认知学派有两个分支:一个分支倾向实证主义,将知识的处理和构建看成是试图勾画客观世界的结果;另一分支则认为,所有的认知活动都是主观的,战略其实是对世界的解释。认知学派的代表作有赫伯特·西蒙(Herbert Simon)1945 年的《行政管理行为》、1958 年的《组织》和 1979 年的《思想模型》。

明茨伯格认为认知领域的研究非常重要,我们需要理解来自经验的智慧如何在战略制定中发挥作用。我们需要更多地了解创新思想和直觉,需要进一步发展迈克尔·波兰依(Michael Polanyi)在隐含知识上的研究,尤其是他提出的"我们知道的远比我们所能说出来的要多"的观点。

3. 学习学派(learning school)

学习学派把战略形成看做是一个应急过程,将战略视为一个复杂的、进化的、渐进的和想象的过程,战略的形成与发展就是思想和行动、控制和学习、稳定与改变相结合的艺术性活动。组织环境是复杂多变并不可预测的,制定战略所依据的知识和信息始终处于不充分状态,只有通过不断学习弥补知识和信息,企业才能应对环境的不确定性;战略决策者的职责不是制定战略,不是预想深思熟虑的东西,而是管理组织学习的过程,在此过程中不仅单个的领导需要学习,作为整体的领导系统都必须学习;新的战略可能来源于组织学习者,因此,组织领导者的作用应该从战略思考者转变为战略学习过程的管理者。高层管理人员特别要关注战略学习过程中的有关人员,推动学习组织结构和体系形成,准备对可能出现的战略做出承认、修改和引导。学习学派还强调文化、政治等在战略形成过程中的作用,这些观点为高层管理人员的决策提供了更全面的视野。

学习学派的代表作主要有查理·林德布罗姆1959年的《"蒙混过关"的科学》、詹姆斯·布雷恩·奎因1980年的《应变战略：逻辑渐进主义》和彼得·圣吉1990年的《第五项修炼》。

明茨伯格本人就是这一学派的拥护者，他把战略制定看做是一个"自然发生的过程"。但是他也指出这一学派的不足，即试错的方式成本高、耗费时间多，不利于资源的集中利用。明茨伯格引用了一位作家的话："核战争和抚养孩子的决策就不宜采取先进行小试验的战略方法。"

4. 权力学派(power school)

权力学派认为战略的形成过程与权力和政治具有相关性，把战略形成看做是一个协商过程，强调在战略形成过程中必须考虑权力即政治方面的因素。权力学派认为企业内外存在着各种正式和非正式的利益团体，它们会利用各自的权力对企业战略施加影响，因此，整个战略制定的过程实际上是各种正式和非正式的利益团体运用权力施加影响和不断谈判、相互控制和折中妥协的过程。对战略制定发生作用的不再是某个人，而是一群人。这一群人利用自己的权力既争权夺势又妥协合作，使得战略制定过程成为谈判和讨价还价的过程，这时组织的活动不再受某一共同利益的驱使，而是受一些局部利益的驱使。从微观权力视角，战略决策是利益集团和联盟之间，通过讨价还价甚至直接对抗达成的、以政治策略形式表现的一种结果；在宏观权力层次观察，组织往往通过控制或合作方式，利用战略操纵或者各种网络、联盟中的集体战略追求收益最大化目标。例如，濒临破产的大企业可以通过向政府施加压力获得一线生机。因此，战略制定不仅要注意经济、行业及竞争因素，而且应当注意决策过程中的政治因素，注重均衡考量各利益相关者的利益诉求，同时，在战略制定与实施过程中，需要化解和排除来自组织内外部的个人或利益集团的牵制和干扰。

权力学派的代表作主要有麦克米兰(MacMillan)1978年的《论战略形成：政治概念》、普费弗和萨兰西克1978年的《组织的外部控制》。

明茨伯格在评价这一学派时指出，尽管战略制定不可能排除政治因素的影响，但政治因素本身也可能成为破坏或阻碍战略制定的因素。因为战略目的是争议性的，而不是达成共识的。这一学派确实反映了现实状况，却没有提出制定战略的可靠方式。

5. 文化学派(culture school)

文化学派将战略形成看做一个集体思维和社会交互过程，它把个体的集合连接到组织这个整合实体之中，着眼于共同利益，确立组织风格与个人风格同等地位，有利于建立整体观念。该学派认为，文化是社会成员随着时间推移而创造的一种共享意向，它的形成不仅通过纯粹的社会活动，还有赖于成员之间的相互关系以及所使用的资源，企业文化及背后价值观念对于战略的形成具有重要影响，观念植根于集体意向之中，并在深藏着资源或潜能的组织模式中反映出来。文化学派认为战略制定过程是集体行为的过程，建立在由组织成员共同拥有的信仰和价值观之上，战略采取观念形式，以组织成员的意愿为基础，表现为有意识的行为方式。由于存在共同的信仰，组织内的协调和控制基本上是规范的，战略的变化不会超出或违背企业的总体战略观点和现存文化。文化的稳定性和持久性对战略的改变有制约效应。

文化学派的代表作主要有艾瑞克·莱恩曼1973年的《长远规划的组织理论》、罗伯特·沃特曼(Robert Waterman)与汤姆·彼得斯(Tom Peters)1982年合著的《追寻卓越》，及博格·沃纳菲尔德1984年的《资源为本理论》。

6. 环境学派(environmental school)

环境学派没有将战略的制定归结为组织内部的某个成分，而是将注意力转移到组织外部，重点研究组织所处外部环境对战略制定的影响，注重描述特定环境与组织特殊属性之间的关系，应用组织生态学、社会网络分析等方法研究企业战略理论。环境学派把战略的形成过程看做是企业对外部环境的反应过程，环境作为一种综合力量，成为企业战略形成过程的中心角色。在他们的研究中，组织依赖资源的丰富而存在、发展，伴随资源的稀缺、环境生态恶化而消亡，战略源于组织受环境影响的被动反应，组织和领导成为被动成分，组织领导者的作用主要是观察、认识环境，并保证组织与环境之间的协调一致性。环境学派以源自"权变理论"(contingency theory)的偶然性理论为核心，强调环境对于企业战略的至关重要性，组织必须适应环境，并在适应环境的过程中寻找自己生存和发展的位置。环境迫使组织进入特定的生态位置，从而影响战略，拒绝适应环境的企业终将死亡。

环境学派的代表人物是汉南(Hannan)和弗里曼(Freeman)，主要研究组织进化过程、组织种群的变化与环境选择的结果。

明茨伯格希望对环境的重要性进行更多的研究，并强调需要更多地了解特定环境如何对战略选择发挥约束作用。

以上六个学派从非理性角度完善了对企业战略的认识，真实描绘了种种现实因素对战略制定的影响力量，从多方面反映企业战略的本质特性。之后出现一种新的学派——综合学派。

### 1.3.3 综合性学派(comprehensive school)

以上学派对于企业战略的认识过于分散，所以综合学派试图整合各种战略观点。综合学派只有一个学派，即结构学派(configuration school)，认为战略形成是根据环境变化的。

结构学派将企业战略制定过程看做是一个典型的由一系列因素构成的集合的形成过程。在此过程中，某一特定类型企业在某一特定时期内采取某一特定行为，恰好与某一特定类型的环境相吻合。该学派认为，企业战略应从两方面定义才能真正反映企业战略的性质和特点。一方面，在一段时期内，组织结构稳定，内容协调统一，行为合理，战略在这一时期需要稳定，形成某种需要从多个角度认识的架构；另一方面，组织结构的稳定性有时会被打破，并可能发生向另一结构的转变，此时，战略变革又穿插于一系列相对稳定的战略状态之间，因而战略架构也需要变革。值得注意的是，组织结构的转变可能发生周期性交替，并形成一定规律；战略管理的关键就是维持稳定，即使是在战略必须发生变化时，也需要做适应性调整，在变动中保持秩序。

结构学派提供了一种调和不同学派的方式，战略制定过程可以仅是一个概念设计的过程（设计学派），也可以是一个正规计划的过程（计划学派），或是系统分析的过程（定位学派），或是知觉认识的过程（认知学派）；战略制定过程可以是组织中某个人的认识过程（企业家学派），也可以是一个集体的学习过程（学习学派），或是权力作用的过程（权力学派）；战略制定过程可以是个别领导所推动（设计学派、计划学派、定位学派、企业家学派等），也可以是由企业文化推动（文化学派），还可以是外部环境推动（环境学派）。上述种种选择都必须与企业所在的时期和条件相适应。因此，不同学派有自己的时间和位置。

结构学派的代表作是普拉迪普·坎德瓦拉、亨利·明茨伯格和米勒 1990 年合著的《“里卡洛斯”的悖论》。

明茨伯格认为这一学派可以解释渐进主义概念所无法解释的革命性变化现象。所谓革命性变化意味着大规模的、同时发生的战略变化以及组织结构和流程的变化。

## 本章小结

本章介绍了国内外学者对企业战略以及企业战略管理所下的定义，分析了企业战略管理的全局性、长远性、资源适应性、环境适应性、相对稳定性，以及战略管理的战略分析、战略选择、战略实施、战略评价和调整四个过程。阐述了企业战略管理产生和发展的三个阶段：长期规划阶段、战略规划阶段、战略管理阶段。战略管理十大学派具体包括：设计学派、计划学派、定位学派、企业家学派、认知学派、学习学派、权力学派、文化学派、环境学派和结构学派。

## 案例分析

### 国美电器的大客户战略

2006 年 2 月 21 日，国美电器在北京举行大客户拓展部成立暨国美首届“团购月”启动新闻发布会，来自中央国家机关政府采购中心、国资委、国家机关工委、中国蓝星集团总公司、北京燕京啤酒股份有限公司等近百个中央和地方的行政事业单位，国内外大中型企业，以及海尔、三星、摩托罗拉等数十个国内、国际知名家电生产厂家，参加了本次会议。

在现场会上，国美在成功与到会的大客户签订长期定点团购协议后，又和海尔、惠普等 15 个家电制造厂家签订 20 亿元的特供产品订购合同。

2005年年底，国美新成立了的大客户系统，仅用43天就成功开发集团用户三万余家，涵盖行政企事业单位、学校、银行、医院等多个领域，月销售从不足亿元激增到近4亿元。

随着中国经济的快速发展，电子电器流通正逐步走向成熟，这其中，集团采购作为电子电器消费模式的重要组成部分，呈现迅猛的发展态势。2005年中国家用电器和消费电子类产品的集团采购量为400亿元，占全国家电销售总量(5500亿)的8%。业内人士分析，伴随着国内经济高速发展，在建设项目和行业巨头的集团采购还有很大增长空间。国美电器迅速抓住这一市场契机，以求在同质化竞争越来越激烈的电子电器市场取得新的突破。据国美电器管理中心总监魏秋立介绍，国美目前在国内拥有38个分部，460家门店，覆盖了全国131个城市以及香港、澳门特别行政区，形成"规模、经营、管理、商品、服务、价格、环境、物流、品牌"等核心竞争力，通过这些核心竞争力创造出的资源优势、规模优势、价格优势、销售能力，成为国美电器为集团用户服务的独有资本。而且对于集团用户的采购需求，国美电器将不是简单提供低价商品，而是以电子电器专家的身份向商用和电子工程配套方面发展。

2005年年底，国美对自身整体经营机构进行了科学划分，努力实现企业专业化分工和精细化管理，在成立大客户拓展部的同时，在全国36个分部成立大客户拓展组，全面实施"客户细分，专业服务"和"团购价格，贵宾享受"的大客户经营策略。目前，国美在全国各地数百家门店，已成为当地企事业单位电子类商品定点供货单位。

中国特有的集团化采购，引起了全球电子电器制造商的极大关注。国美从开始实施大客户战略起，就立即得到了众多电子电器制造厂家的积极响应。全球各大知名的家电厂家在赶赴国美现场会的同时，也展示了公司最新开发的产品，以期得到广大客户的青睐。

国美电器门店管理中心总经理牟贵先表示，大客户是国美目标客户群的一部分，是客户细分的结果。国美在对国内集团用户的快速拓展中，全面引进办公室自动化OA产品，商用电器，厨卫集成电器，高端礼品等新、奇、特商品，以包销定制为主，并努力扩大网上集团用户交易规模。同时，国美首次采用在国际家电流通领域流行的"一站式"消费模式，将极大增强国美的核心竞争力。

对于集团采购业务，国美在原有的包销、定制基础上提出"订单生成订单"的操作模式，即国美通过应标的方式，收集多个集团用户的订单，然后，根据订单的需求，进行分类，向专门提供某类商品的厂家下订单，这样，确保了产、供、需一体化，一方面，降低了集团用户采购、维修成本；另一方面也为厂家节约了生产和运营成本。在提倡"建立节约型社会"的今天，国美的这种思路和模式更加科学，更加适合社会的整体发展。

牟贵先说，在长期的经营中，国美和全球家电制造厂家建立了长期、牢固的厂商战略合作关系，通过广泛资源共享，确保短期内树立国美在电子类产品集团供应领域绝对第一的地位。

为推动集团采购业务的发展，国美电器推出了首届电子电器“团购月”活动。为此，他们已提前成立了由3500名高素质员工组成的专家团队，在按需设计电器应用方案、工程配套安装、产品保养、跟踪服务等方面，全力为集团用户提供更加周到的服务。并实现专业人员信息服务，开发建立大客户关系，打造交流互动平台，及时向大客户传递各类商品信息。

针对不同的消费个体需求，国美电器把各个品类分不同产品系列，分阶段开展“十人行”、“百人行”、“千人行”累计团购优惠促销活动，让客户最大程度地享受“1＋1＞2”团购优惠。而且，国美将和龙法装饰集团展开联合营销，实现家装与家电、工程与电器配套的有机结合，再次开创行业营销的先河。

本次“团购月”，国美特别向厂方新增采集了办公电器、商用电器、厨卫集成电器、高端礼品等20亿元的定制专供商品，向集团用户提供最具竞争力的商品和价格，其中电子、电器类商品最低价格低于市场价格30％。对于商用办公电器、工程配套电器以及音视频设备除提供超低价格外，同时将有专业人员提供完善的设计方案和高质量的安装服务。

**资料来源**：黄旭. 战略管理思维与要径. 北京：机械工业出版社，2007.

**思考题**：

国美电器的大客户战略特点是什么？

## 战略管理实务操作

选定你所熟悉的一家公司，获得足够的资料，然后完成下列各项活动：

(1) 简要描述该公司的组织结构变化过程以及各阶段的战略。

(2) 简要说明该公司组织结构与组织战略之间的关系。

# 第 2 章

# 企业内部环境分析

孙子曰："故曰：知己知彼，百战不殆；不知彼而知己，一胜一负；不知彼不知己，每战必殆。"

**学习目标**

**知识目标**：了解企业内外部环境因素，掌握企业环境分析方法。

**技能目标**：学会分析企业内部经营环境，能够运用所学的理论知识对企业环境进行分析。

## 开篇案例

### 史玉柱：我是著名的失败者

巨人集团(以下简称"巨人")总裁史玉柱在日前召开的"中国民营科技企业新世纪高峰论坛"上总结了巨人失败的教训，并称自己是"一个著名的失败者"。

史玉柱剖析了企业的四大内伤。

1. 投资失误

做企业要进行投资，国外企业往往会用总投资的百分比进行可行性论证。但巨人集团过去的投资过于草率，做了大量自己不该做的事，形成巨大的"窟窿"，最终导致巨人因资金周转不灵而陷入停滞状态。因此，我们今后再进行投资时，要重点把握几个原则：

① 投资领域是不是朝阳产业，不是不做。

② 对投资行业熟不熟悉，不熟不做。

③ 在新项目中，自己干部队伍的特长能不能发挥出来，发挥不出来不做。

④ 一旦发现投资失误苗头，当机立断，损失再大也要砍掉。

2. 资金结构失误

一方面是资金的流动性太差。过去巨人的资金要么是办公楼、巨人大厦，要么就是债

权。这样企业抗风险能力特别弱。这启示我们，除了主营业务外，应持有一些债券、上市公司股权等，这样变现能力强，应变能力就强。另一方面是应收款或者说债权过大。巨人没有停止运转，没有"休克"时，这部分是资产，一旦出现意外，这部分就变成零。

3. 管理失误

(1) 责、权、利不配套。比如分公司经理，开始权力很大，后来被缩得很小，要请客都得发个传真到总部批准，但同时责任却很大，要做市场，要完成销售额。责、权、利不协调，不配套，最终导致管理失控。

(2) 货款管理混乱。由于一些企业信用不好和管理混乱，呆坏账率比较高。当巨人出现危机时，一度只差2000万元资金周转就能渡过难关，可当时未到货款竟高达3个亿。

(3) 抓管理面面俱到，没有重点。巨人过去的规章制度很全，从策划、营销、质量管理到统计报表怎么做，无一遗漏，加起来有一尺厚。面面俱到的管理，理论上可以，实际上根本做不到。不过这一点我当时没有意识到，最终导致巨人的管理流于形式。

4. 企业文化的失误

企业文化应当是管理的组成部分，除了正常的制度管理，企业中存在的不良风气等要靠企业文化进行补充、约束和引导，以推动企业稳定、健康、持续发展。当时，虽然巨人提出"要做东方巨人"文化理念，但停留在口号阶段，缺少实质性内容，在具体做事时暴露出许多问题。

**资料来源**：史玉柱. 我是著名的失败者. 网易《每日财经》，2001-03-07.

**想一想**：

1. 史玉柱为什么说自己是一个失败者？
2. 巨人集团的四个缺陷留给你怎样的思考？

## 2.1 企业经营资源分析

### 2.1.1 企业经营资源的类型

企业战略目标的制定及战略选择不但要客观地分析企业的外部环境，而且要对企业自身的内部条件和能力加以正确的估计。企业内部环境或条件是指企业能够加以控制的内部因素。企业内部环境或条件是企业经营的基础，是制定战略的出发点、依据和条件，是竞争取胜的根本。对企业的内部环境进行分析，其目的在于掌握企业目前状况，明确企业具有的优势和劣势，以便使确定的战略目标能够实现，并使选定的战略能发挥企业的优势，有效地利用企业的资源；同时对企业的劣势能够加以避免或采取积极改进的态度。

1. 企业的资源、能力与竞争优势

资源、能力与竞争能力是企业的内部环境因素，它们构成企业竞争优势的基础。如果说企业影响外部环境能力较弱，那么，改进企业内部资源、能力与竞争能力状况就成为企业战略最为重要的可控变量。企业应合理有效地利用内部资源和能力，使其转化为竞争优势，从而超越竞争对手，进而增加其赢利能力。

企业资源分类如表 2-1 所示。

**表 2-1 企业资源分类**

| | | |
|---|---|---|
| 有形资源 | 实物资源 | 厂房、设备等固定资产 |
| | 财务资源 | 现有资金和可融通资金 |
| 无形资源 | 组织资源 | 企业内部组织结构与采购、销售网络 |
| | 技术资源 | 技术储备，如专利、商标、版权等 |
| | 企业形象 | 在顾客和社会公众等利益相关者心目中的形象 |
| | 企业文化 | 宗旨、理念、价值观 |
| 人力资源 | 人力资本 | 企业管理者与员工的技能、知识及推理和决策能力等 |

1）有形资源

有形资源是看得见、摸得着、可以数量化的资源，它们通常可以在账面上反映出来。但是应当注意到，在评估有形资源的战略价值时，不仅要看会计科目上的数目，而且要注意评价其产生竞争优势的潜力。譬如说偏远山村很多企业拥有巨额资产，有些设备也很先进，但由于交通不便，信息滞后，资源不能得到有效利用，因此很难适应市场需求的变化。

在评估有形资源的战略价值时，必须注意以下两个关键问题：

(1) 是否有机会更经济地利用财务资源、库存和固定资产，即能否用较少的有形资源获得同样的产品或用同样的资源获得更大的产出。

(2) 怎样才能使现有的资源更有效地发挥作用。

事实上，企业可以通过多种方法增加有形资产的回报率，如采用先进的技术和工艺，以增加资源的利用率；通过与其他企业的联合，尤其是与供应商和客户的联合，以充分地利用资源。如我国的数据通信行业可以通过与集成商和企业联合充分利用光缆和网络资源。当然，企业也可以把有形资产卖给能利用这些资产获利的公司。实际上，由于不同的公司掌握的技术不同，人员构成和素质也有很大差异，因此它们对一定有形资产的利用能力也是不同的。也就是说，同样的有形资产在不同能力的公司中表现出不同的战略价值。

2）无形资源

无形资源主要包括诸如专利、商标、版权等知识产权，网络、企业文化及与产品（服务）和公众利益相关联系的企业形象等方面，通常并不在（或不能在）账面上反映出来。无形资源由于具有不可见性和隐蔽性，所以人们常常忽略其价值。但是无形资产是企业在长期经营实践中逐步积累起来的，虽然不能直接转化为货币，但是同样能给企业带来效益，因此具有战略价值。例如在产品质量和服务对潜在的顾客利益的影响并不明显的行业，企业信誉和知名度往往是最重要的资源。在医疗行业，医院知名度成为其最重要的竞争资源。在这里，需要着重强调的是技术这种无形资源。技术具有先进性、独创性和独占性。一旦公司拥有某种专利、版权和商业秘密，它就可以凭借这些无形资产建立自己的竞争优势。美国的英特尔、微软及中国的北大方正都是这方面的典型例子；而施乐公司试图开发个人计算机但没有成功，则是错误地评估关键资源的例子。当前，中国很多家电企业纷纷涉足计算机行业，一方面说明计算机市场潜力巨大；但另一方面也令人担忧，即这些企业是否真正认识自己的资源优势所在。计算机行业不仅需要开发和维修技术，使用者的购买习惯和消费行为也与家电有很大区别。企业所具有的技术能否成为重要的无形资产，除与其先进性和独创性有关外，还与其是否易于转移有密切关系。如果某项技术易于被模仿，或者主要由某个人所掌握，而这个人又很容易流动，那么该项技术的战略价值将大大降低；相反，如果某项技术很难被模仿，或者与其他技术方法一起使用才能发挥其应有的作用，而且这些其他技术方法掌握在很多人手中，那么，该项技术的战略价值就大得多。

**【小资料1】**

分析家往往把资源的内涵界定得异常狭窄，只识别了那些能够加以衡量的资产，比如厂房和设备。对于无形资产，比如专有技术、累积的顾客信息、品牌、商誉及企业文化等，他们却认为这些对增强公司的竞争力价值不大。实际上，这些看不见的资产往往是使竞争优势得以长久保持的唯一真正源泉。

**资料来源**：丁宁. 企业战略管理. 北京：清华大学出版社，2004.

3）人力资源

人力资源，主要指组织成员向组织提供的技能、知识及推理和决策能力，通常把这些能力称为人力资本。在评价企业成员的人力资本时，不仅要根据他们的工作业绩、经验和资历评价，还要评估他们是否具有挑战未来的信心、知识和能力，以及个人的工作时间、热情、职业习惯和态度等，与此同时，越来越多的企业重视评价员工的人际沟通技巧和合作共事的能力。

近年来，许多公司如深圳华为等都已开始对其成员做更广泛、更细致的知识、技巧、态度和行为测评。人力资源是推动企业发展的能动性因素，企业管理的重点是要调动员工的生产经营积极性，改进工作效率，进而实现预期目标。

人力资源分析的主要内容有以下几个方面。

(1) 企业人力资源结构的分析主要对企业人力资源的自然结构（如年龄、性别）、文化结构、专业技能结构、工种结构等进行多角度、全方位的分析。

(2) 企业人力资源配置状况的分析主要对企业人员资源配置和要素运行进行有机考察,包括以下三个方面:①企业成员是否各就各位、各顶各岗、各司其职,是否存在富余人员;②为了保证企业各项工作衔接,企业人力资源配置是否存在比例失调、轻重失衡的状况;③为了适应行业发展对企业员工的要求,企业是否能够准确把握人力资源配置的变化方向,并做出人力资源战略性规划。

(3) 企业战略管理者的分层分析包括对企业战略高层管理者、中层管理者、基层管理者的分析。除一般性分析外,重点分析高层战略管理者的决策能力、创新能力、指挥能力及灵活应变能力;分析中层战略管理者的协调能力、沟通能力及对相关技能的熟悉程度;分析基层战略管理者的专业技能、沟通能力、组织水平及培养团队工作作风能力。

(4) 企业薪酬制度分析企业工资、奖金、福利等一系列内容,分析企业员工对薪酬制度的不同看法,分析所设计的薪酬制度的公平性、合理性和激励效果。应当说,企业战略的实现离不开人力资源管理活动。每一项战略决策都会对上述四个方面提出不同要求。企业战略管理者应当注意发现在人力资源开发与管理上存在的问题及薄弱环节,并提出改进措施。

**【小资料2】** **一汽集团跨世纪的人才工程**

一汽集团跨世纪人才开发工程的主要目标是:21世纪初的前10年间,突出抓好"三高"人才队伍(高素质的管理人才、高水平的科技人才、高技能的操作人才)建设,培养造就一支500人左右的具有较高管理能力、专业能力和社会能力素质的,取得工商管理岗位培训证书的经营管理人才队伍;培养造就一支4000人左右具有高科技造诣、精通本专业技术、熟练掌握相关技术和外语、计算机两个现代化工具的科技开发队伍;培养造就一支1000人左右的具有较高技能的操作人才队伍,使高级技术工人占工人总数的30%,技师占高级技术工人的20%,高级技师占技师队伍的10%。其主要措施包括以下四个方面。

(1) 实行"三岗制度"。健全岗位素质描述,严格岗位培训制度,形成每一位职工都要持证上岗、无证下岗培训、末位下岗分流的素质保证体系。

(2) 完善激励机制。形成录用、考核、培训、使用、晋升、待岗一条龙的系统管理,形成与"三高"队伍对应的薪资体系,设立人才奖励基金。

(3) 健全培训设施。创造条件改善培训基地和设施建设,完善职工培训科目指南,提倡每周40小时工作、4小时学习自励提高。

(4) 建立人才资源交流中心。充分发挥人才资源潜力,使人才在集团公司内部合理流动。

一汽培养人才的主要方式有导师制、挂职锻炼、岗位轮换培训、知识更新培训、智力引进培训、厂校合作培训等。

将有形资源占企业资源比重较大的企业称为“有形资源密集型企业”，把无形资源占企业资源比重较大的企业称为“无形资源密集型企业”。同样道理，把人力资源占企业比重较大的企业称为“劳动密集型企业”。

有形资源易于识别，也容易评估，因此容易通过外部市场进行交换，最通常的办法是用资金从外部市场购买。它同人们常说的“资本密集型企业”有很大的相同之处。无形资源和人力资源的识别与评估相对困难得多，因此也就很难通过外部市场获得(如果企业拥有的资源其他企业也很容易拥有，那么企业的持久竞争优势就很难建立起来；反之，如果企业拥有其他企业很难拥有的资源，那么这些资源就可以成为企业竞争优势的重要来源)。一般情况下，无形资源是在企业的长期经营实践中逐步积累起来的，所花费的时间成本比较高，因此比较不容易获得。在技术飞速发展和信息化加快的知识经济时代，人力资源在企业中发挥的作用越来越突出，因此构建企业持久竞争优势的重点应当放在无形资源和人力资源的获取上，而不是放在有形资源获取上。

总之，不同的公司拥有的资源不一样，这就使不同的公司拥有的资源强势和资源弱势不同。公司资源差异可以很好地解释为什么有的公司能够在竞争中获得更大的利润，取得更大的成功。如果一家公司所拥有的资源不但充足而且恰到好处，特别是如果公司所拥有的强势、资产、能力和成就有产生竞争优势潜力，那么，公司在竞争取得成功的把握性就越大。

对于一个具体公司来说，其资源不管是一项特殊能力，资产(有形、人力、组织、无形)，成就，还是一项竞争能力，能否成为持久的竞争优势，可以通过以下四项竞争价值测试确定。

(1) 这项资源是否容易被复制？一项资源的模仿成本和难度越大，它的潜在竞争价值就越大。难以复制的资源往往限制竞争，从而使资源带来的利润具有持久性。资源可能会因为下列一些原因变得难以复制：资源本身的独特性(不动产的地理位置非常好，受到专利保护)，它们的建立需要时日，而且难以加速建立起来(一个品牌名，对技术精湛的掌握)；它们需要大量的建造资金。

(2) 这项资源能持续多久？一项资源持续的时间越长，它的价值就越大。有些资源很快就会丧失其竞争价值，是因为技术或行业的环境在快速发生变化。

(3) 这项资源在竞争中是否具有上乘的价值？所有的公司都必须防止盲目相信它们的核心竞争能力或特异能力会比竞争对手更有力量。

(4) 这项资源是否可以被竞争对手的其他资源/能力所抵消，即本公司资源的可替代性如何？一般来说，不可替代的资源对顾客来说有更大的价值，因而也就更有竞争优势。

有许多公司并不拥有具有竞争价值的资源，能够顺利通过上述四项测试的具有上乘竞争价值的资源就更少了。绝大多数公司拥有一种组合强势，其中一到两种很有价值，有一些比较好,其他的从满意到平庸不等。只有少数公司,通常是行业领导者或者行业未来领导者,才拥有很大的竞争价值的上乘资源。

**资料来源**:吕强.跨世纪的人才工程.长春旅游网,2001-03-07.

### 2.1.2 价值链分析

能力分析将能把企业资源加以统筹整合以完成预期任务和目标的技能称为企业的资源转换能力,简称为能力(capabilities)。能力集中体现为管理能力。竞争优势的基础是企业拥有的资源。但是单个资源通常并不能形成竞争优势。就像一个拥有众多球星的球队,如果没有对这些"大腕"进行有效的组织管理,并不能构成球队的竞争力。这种管理集中体现在整个价值链中使资源不断增值的能力。

波特价值链理论价值链分析是识别和评价企业资源与能力的有效方法。早期的价值链思想是由美国麦肯锡咨询公司提出的,后来由迈克尔·波特加以发挥,使其成为分析和构建企业竞争优势的一种重要思想和工具。迈克尔·波特认为每一个企业都是用来进行设计、生产、营销、交货及对产品起辅助作用的各种活动的集合。所有这些活动都可以用价值链表示。

为了评价企业的能力,波特把企业的生产经营活动分成基本活动和支持性活动两大类。基本活动主要涉及如何将输入有效地转化为输出,它直接和顾客发生各种各样的联系。支持性活动主要体现为内部过程。

价值链本质上也是一种企业模型。波特将企业看做围绕某种产品的生产或服务的提供而进行的一系列活动的总和,即他所称的活动体系。这一系列纵向相关业务活动就是一种产品价值链(value chain)。价值链中的每一活动,都是价值创造的一个环节。虽然一种产品从原材料供应、中间产品和最终产品销售到最终用户手中,直至售后服务是一个完整的过程,但整个价值链中的活动既可以由单个企业完成,也可以由不同的企业承担。价值链中每一种活动的完成都需要相应的资源和能力支持。从这种意义上讲,价值链模型(将企业看成为一系列活动)与资源基础企业理论(将企业看成为一组资源和能力)并不相互矛盾,而是相辅相成的。资源基础理论探究企业能否做好某一活动的根源,而价值链则明确这些资源和能力在企业中所处的位置及其相互联系。

有两种常用的价值链。

第一种是由波特提出的,如图 2-1 所示。波特的价值链将价值创造活动划分为两大类:主要活动和支持活动。主要活动是为完成某一种特定的产品而进行的直接相关活动,包括:①入厂物流(采购、库存等);②制造;③出厂物流(仓储、配送);④营销与销售;⑤服务(中间商支持与顾客服务)。支持活动是为主要活动提供必要支持的企业整体运动,包括:①一般管理活动(计划、财务、信息服务、法律事务等);②技术开发;③人力资源管理与开发。

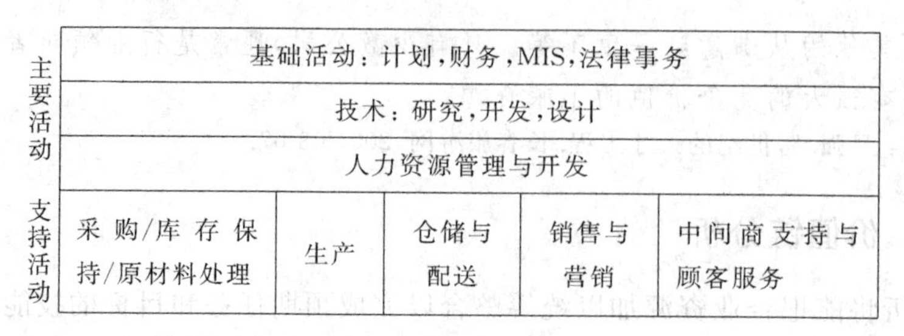


**图 2-1 波特提出的一般价值链**

第二种是由麦肯锡公司所提出的价值链，如图 2-2 所示。这种价值链不区分主要活动与支持活动，绘制相对简单，也更加实用。当然，不如波特的价值链系统完整。

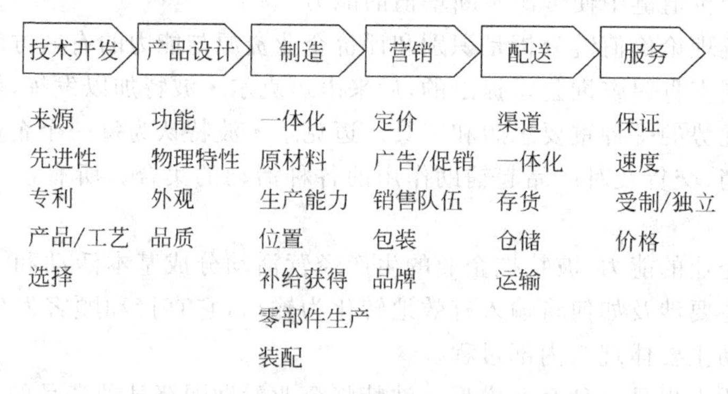


**图 2-2 麦肯锡公司提出的一般价值链**

1. 基本活动分析

基本活动是指生产经营的实质性活动，一般可细分为五种功能，每一种功能又可以根据具体行业和企业的战略再进一步细分成若干功能。

(1) 内部后勤，是指与产品投入品的进货、仓储和分配有关的活动，如原材料的装卸、材料处理、入库控制、盘存、运输以及退货等。

(2) 生产运营，是指将投入品转换成最终产品的活动过程，如机械加工与制造、工艺调整和测试、装配、包装、设备维修。

(3) 外部后勤，是指产品的接收、库存、分销活动，如最终产品入库、接受订单、送货等。

(4) 市场营销和销售，是指与促进和引导购买者购买产品有关的活动，如消费者行为研究、广告、定价、销售渠道。

(5) 商务支持和顾客服务，是指与保持或提高产品价值有关的活动，如安装、产品的调试、培训、修理、零配件的供应。

但我们应该注意，行业不同，每一项基本活动体现出来的竞争优势也有所不同，即任何企业多是创造产品和服务的价值系统的一部分。对于分销商来说,原料的供应与成品的储运是最重要的功能;对于从事商业服务功能的企业来说,成品储运是关键要素;对于生产电脑、家电的企业来说,售后服务是最重要的功能。总之,各类基本功能会在不同程度上体现出企业的竞争力。

2. 支持性活动分析

支持性活动是指用以基本活动而且内部之间相互支持的活动,一般可细分为三种活动,包括企业基础性活动、技术活动、人力资源管理和开发,而每一种活动有可依据行业不同进一步细分成若干独具特色的活动。支持活动既支持整个价值链的功能,又分别与每项具体的基本功能有密切的联系。企业的基本功能支持整个价值链的运行。企业要分析自己的内部条件,判断由此产生的竞争优势,首先要确定自己的价值功能,然后识别价值功能的类型,最后构成具有自身特色的价值链。

(1) 基础性活动是指企业的组织结构、控制系统以及文化等活动。企业的基础性活动与其他的支持活动不同,一般是用来支持整个价值链的运行。在多种经营企业里,公司总部和经营单位各有自己的基础结构。由于企业高层管理人员能在这些方面发挥重要影响,因此企业高层管理人员往往也被视为基础结构的一部分。基础活动主要包括计划、财务、质量控制以及法律服务等。

(2) 技术活动又称技术研发和设计,是指可以改进企业产品和工序的一系列技术活动。这是一个广义的概念,既包括生产性技术、也包括非生产性技术。企业中每项生产经营活动都包含技术,它关系到产品功能强弱、质量高低和资源的利用效率。这些技术开发活动不仅与企业最终产品直接相关,而且支持者企业的全部活动,成为判断企业实力的一个重要标志。

(3) 人力资源管理和开发是指企业员工的招聘、选拔、雇用、培训、提拔、考核、激励和退休等各项管理活动。这些活动支持企业每项主体活动和支持活动以及整个价值链。因为所有的活动都是由人完成,因此人力资源管理在调动职工生产积极性上起着重要作用,影响企业的竞争力。

3. 价值活动的类型

在每个企业的每类基本活动和支持活动中,都可以由三种活动类型组成,即直接活动、间接活动和质量保证活动。它们在增加企业价值、提高企业竞争力中起着不同的作用,是诊断企业竞争实力的重要手段之一。

(1) 直接活动,是指直接创造价值的活动,如产品设计、产品的机械加工与制造、包装、广告、装配活动。

(2) 间接活动,是指作用在直接活动之上,使之继续进行的活动,如维修、销售管理、产品开发等活动。间接活动通过直接活动发生作用,在总成本中占有很大的比重,它也在产品差别化上起着重要作用。

（3）质量保证活动，是指确保其他活动质量的活动，如人力资源管理与开发、生产监督、产品测试与检验、产品的安装与调试、售后服务等活动。质量保证活动在企业的每项活动中发生作用，影响着其他活动的成本或效能。

4. 价值链构造

价值链分析是企业构造具有企业自己特色的价值链的基础和前提。企业要根据价值链的基本模型构造企业的价值链体系，以提高企业的竞争实力。

在构造价值链时，企业首先根据价值链分析的内容以及生产经营活动的经济性，将每一项活动进一步分解。分解后的每一项子活动或具有高度差别化的潜力，或在成本中有重要的百分比。企业将这些说明企业竞争力的优势或劣势的子活动单独列出来，以供分析使用。不重要的子活动可以归纳在一起进行分析。活动的顺序应该按照工艺流程进行，但也可以根据需要进行安排，目的是使企业的管理人员从价值链中得到直观的判断。

企业管理者必须认识到价值链不是一些独立活动的集合，而是相互依存的活动构成的一个系统。在这个系统中，各项活动之间存在一定的联系。这些联系体现在某一价值活动进行的方式与成本之间的关系，或者与另一活动的关系。企业的竞争优势既可以来自企业单独活动本身，也常来自各活动之间的联系。

1）价值链活动的基本原因

价值链活动的基本原因是指可以作为企业构筑价值链时的依据。价值活动间的联系很多，最常见的是价值链中主体活动与支持活动间的各种联系。形成这些联系的基本原因有：

（1）同一功能可以用不同的方式实现。例如，为了保证产品合格，企业可以采购高质量的原材料或零部件，或者明确规定生产工艺流程中的最小公差，或者对产品进行全面或者加强生产运营管理。

（2）通过间接活动保证直接活动的成本或效益。例如，通过优化时间安排（间接活动），企业可以减少销售人员的出差时间或交货车辆运输时间（直接活动），提高直接活动效益。

（3）以不同的方式实现质量保证功能。例如，企业可以通过进货检查，部分或全部代替成品检查。

2）形成竞争优势的方式

认清价值活动联系形成的基本原因之后，企业应该认识并选择内在联系形成竞争优势的方式。一般来说，企业价值活动间的内在联系形成的竞争优势有两种形式：最优化与协调。

1）最优化决策

企业为了实现其总体目标，往往在各价值活动间的联系上进行最优化决策，以获得竞争优势。例如，企业为了获得低成本优势，既可以考虑降低人工成本，又可以降低机器成本，还可以选择成本高昂的产品设计、严格的材料规格或严密的工艺检查，以减少服务成本。

2）协调决策

在协调方面，企业通过协调各活动之间的联系增加产品的差别化或降低成本。例如，企业要按时发货，则需要协调企业内部的生产加工，成品储运和售后服务之间的联系。

与此同时，企业管理者应该认识到，价值活动的联系不仅仅存在于企业内部，而且存在于企业与企业之间。其中最典型的是纵向联系，即企业价值链与供应商和销售渠道价值链之间的联系，这往往影响企业活动的成本与效益，反之亦然。

企业价值链与供应商价值链之间的各种联系为增强企业竞争优势提供了机会。通过影响供应商价值链的结构，或者通过改善企业与供应商价值链之间的关系，企业和供应商常常会双方受益。例如供应商的讨价还价能力决定企业采购原材料的价格，影响企业利润，对企业的价值提升具有重要的作用。

销售渠道管理在构建企业价值链方面也具有重要作用，它增加销售量、降低企业成本、产生企业现金流。同时销售活动进行的各种促销活动还可以提高企业品牌形象、提高企业知名度、提高企业的差别化。

## 2.2 企业战略能力分析

### 2.2.1 财务能力分析

通过历史财务报告分析，使战略制定者对企业的历史运营情况、企业运营成果和财务情况有比较深入的了解，是正确进行投资、管理决策和战略制定的基础。企业历史财务报告将涉及企业历史债务、投资风险、企业兼并、企业估值等具体项目的分析，判断企业的价值。通过企业历史财务报告分析、评价企业经营水平和财务状况，了解企业历史资金流动、使用情况，及时发现存在的问题。学会从财务角度看待企业历史问题，能有效保障企业未来整体生产、经营活动正常、高效率地运作和战略制定的正确性。

企业历史财务报告主要指公司历史财务状况表（表2-2）以及其他报表等。

表2-2 公司历史财务状况表 单位：千元

| 项 目 | 上一年度 | 本年度 | 项 目 | 上一年度 | 本年度 |
|---|---|---|---|---|---|
| 产品销售收入 | | | 产品销售成本 | | |
| 产品销售利润 | | | 其他业务利润 | | |
| 管理费用 | | | 财务费用 | | |
| 利润总额 | | | 净利润 | | |
| 流动资产 | | | 资产总计 | | |
| 流动负债 | | | 长期负债 | | |
| 实收资本 | | | 所有者权益 | | |

企业财务管理者的主要任务是管理资金。他们要保证企业有有效的资金来源，决定资金使用和进行资金控制。他们要根据企业的战略要求，决定资金筹措方法和资金分配；监视企业内部资金运作；决定资金分配。对于企业财务管理分析，要看企业财务管理人员如何管理资金，看他们在进行下列三个重要财务管理决策时是否采取正确的方法。

1. 筹资决策

决定什么是企业的最佳筹资组合或资本结构。根据企业目标战略和政策要求，企业的财务管理者要按时、按量从企业内外以合适的方式筹集到所需的资金。其中一个重要决策是决定通过发行股票还是借债筹集资金，以弥补企业资金不足。因此，企业管理人员必须了解"财务杠杆"作用或"债务与自有资本比率"概念。一般来说，无论通过股票还是债券(或是短期借款)筹集资金，都是各有利弊。但是其实际影响性质取决于企业外部环境和经营状况。在经济形势好的时候或者企业产品十分畅销时，债务与自有资本比例高是企业的长处，说明企业有"借鸡下蛋"的能力；如果经济形势不好或者企业产品不适销对路，那么债务与自有资本的比例高就会成为企业的短处。下面介绍利用财务杠杆的好处和坏处。

好处：

(1) 在增加投资、发展企业时可以提高企业的投资收益率。在完成上述任务时使收益大于资本的成本；提高企业的竞争力(降低成本、增加产品的差异性、扩大市场占有率)，扩大未来投资选择。

(2) 如果投资收益率是给定的，扩大财务杠杆会提高自有资本收益率。

(3) 扩大企业持续增长率。

(4) 由于竞争地位的提高而降低风险。

(5) 降低企业的资金成本。支付利息会降低企业的税收。利用通货膨胀，用贬值后的钱支付本金。

坏处：

(1) 增加财务风险，增加收益和股票价格波动的可能，增加企业倒闭的可能。

(2) 降低企业的借债能力，降低企业应对威胁或抓住机会的能力。降低企业管理自主权。

(3) 企业的信用评级可能会下降，利息率会上升。如果评级低于"A"，普通股票的价格就会下降。信用危机发生时，企业债券可能会被迫在场外交易。

(4) 可能导致投资过大，导致企业收入低于资本成本。

2. 投资决策

投资决策涉及企业资本金在各个部门、各种产品以及新项目间进行分配。为使这一决策更加准确，企业财务管理人员必须掌握资本预算技术。掌握这种技术，企业财务人员可以根据新增销售、新增利润、投资回收期、投资收益率、达到盈亏平衡时间等做出投资决策。

3. 分配决策

分配决策正确与否会影响投资者和股东对企业的看法和股票在股票市场上的表现。企业在急需投资的情况下还要分红给股东的原因如下：①支付利息是一种习惯。不能按时支付股息会被认为是企业经营有问题。股息的改变被认为是关于企业未来的信号。②股息是投资银行进行投资的重要决策依据。一些投资企业只买分配红利的股票。③股东一般都要求分红，即使企业有良好的发展机会。④许多人相信分配红利会使股票价格上升。

为保证企业经营战略实现，及时发现财务危机信号十分必要。下面介绍主要分析方法。

(1) 公司亏损与赢利分析。

为了判断公司财务是否处于危险状态，首先要从损益计算书看起，根据营业收入（又叫营业利润）、经常性利润（又叫税前利润）与当期收益（又叫税后净利润）的亏损和赢利情况，将公司财务状况分成从A～F六种类型。经常收益是营业收益加减营业外损益的结果，当期收益为经常性收益加减特别损益减去应付应付税金的结果。

在这六种情况中，F型是营业受益、经常受益、当期收益都是赢利，是最标准，最正常的情况。关于A、B两种情况，由于它们的营业收益开始时就已为亏损，因此可以说是到了破产的边缘。换句话说，如果连企业经营成果即营业收益都是亏损，应该说企业的问题十分严重，在这种情况下，经常收益也常常是亏损的。但是当期收益可能出现B型不赢利情况，这是由于出售手中的有价证券获得一时赢利，但这种赚钱方法不能持久，即如果把有价证券全部出售干净的话，企业迟早会变成A型情况，从而公司不可避免地接近破产状态。关于C、D两种情况，虽然营业收入为赢利，但经常收入为亏损，这一点与A、B情况相比稍好一些。如果这种情况继续下去的话，仍然有破产的危险。一般来说，营业收入为赢利，而经常收益为亏损的情况是由于利益负担过大，结果把利润给吞食了，其中D型当期收益是赢利的，与B型情况相似。关于E型，当期收益为亏损，通常是由于出现一时性损失，如果亏损额不是很大，问题还不严重。

(2) 经常性收益表现出的危险迹象。在营业收入为赢利的条件下，经常收益出现亏损，就是出现危险信号。但是在经常性收益为赢利情况下，对某些企业来说也是潜伏着危险。可以从三个角度发现危险信号。

销售收入经常收益率的变化：

$$\frac{\text{经常收益}}{\text{销售收入}}\times 100\%=\text{大幅减少(至少看 3 年)}$$

经常收益增长率的变化：

$$\frac{\text{当期经常收益}}{\text{前期经常收益}}\times 100\%=\text{大幅降低(至少看 3 年)}$$

销售收入利息率的变化：

$$\frac{\text{支付利息}}{\text{销售收入}}\times 100\%=6\%\text{以上}$$

6%只是参考数据，视企业所处的行业特性和企业具体情况而定。

(3) 财务危机的资产负债表。

根据资产负债表可以将公司分成三种类型：X 型为正常公司的资产负债表，Y 型和 Z 型为危险情况。Y 型表示亏损已经将一部分资本“吃掉”，在资产负债表中表现为累计节余是红字，它将在资本部分被减去，由于资本比重有所降低，因此可认为该公司处于危险状态。Z 型情况表示亏损不仅“吃掉”了全部资本，而且把负债的一部分也“吃掉”了。这种公司属于资不抵债公司，很快就会破产。

(4) 进入危险区域的公司。假如资产负债表为 Y 型，判断公司已成为财务危机公司主要有以下三种方法：

第一种方法是看经常性收益，如果经常性收益连续 2 年亏损，亏损额虽没有大幅度降低，但由于亏损在累积，该公司已经进入危险区域。

第二种方法是看公司的经营借款与应付票据等经营债务情况。如果公司经营借款与经营债务已经超过月平均销售额的 4 倍以上，那么该公司已处于危险状态(4 倍这一数值为参考值，应根据行业特性及企业具体情况确定)。

第三种情况是看短期借款、长期借款以及企业债券总额。如果总额已超过月平均销售额的 4 倍以上，该公司已处于危险状况。

公司财务危机的早期发现可参考以下 10 个指标进行判断，如表 2-3 所示。这些指标至少要进行三期比较，看它们的变化。同时，对于不同行业、不同特性的公司的具体情况，危险的警示数据是不同的。表 2-3 中显示的危险公司特征数据仅作为一般判断时的参考，不能将其作为绝对指标标准。

**表 2-3　财务危机的比率诊断**

| 比　率 | 公　式 | 危险公司的特征 |
|---|---|---|
| 销售额经常收益率 | $\left(\frac{\text{经济收益}}{\text{销售收入}}\right)\times 100\%$ | 大幅下降接近负数 |
| 经常收益增长率 | $\left(\frac{\text{本期收益}}{\text{前期收益}}\right)\times 100\%$ | 大幅度下降 |
| 销售收入利息率 | $\left(\frac{\text{支付利息}}{\text{销售收入}}\right)\times 100\%$ | 接近或超过 6% |
| 经营债务倍率 | $\frac{\text{经营债务}}{\text{月销售额}}$ | 接近或超过 4 倍 |
| 金融借款倍率 | $\frac{\text{金融负债}}{\text{月销售额}}$ | 接近或超过 4 倍 |

续表

| 比　率 | 公　式 | 危险公司的特征 |
| --- | --- | --- |
| 总资本经常收益率 | $\left(\frac{\text{经常收益}}{\text{平均总资本}}\right)\times 100\%$ | 大幅度下降接近负数 |
| 负债比率 | $\left(\frac{\text{负债总额}}{\text{自有资本}}\right)\times 100\%$ | 大幅度升高 |
| 自有资本比率 | $\left(\frac{\text{自有资本}}{\text{总资本}}\right)\times 100\%$ | 大幅度降低 |
| 长期适应比率 | $\frac{\text{固定资产}}{(\text{自有资本}+\text{固定负债})}\times 100\%$ | 降低到100%以下 |
| 流动比率 | $\frac{\text{流动资产}}{\text{流动负债}}\times 100\%$ | 降低到15%以下 |

### 2.2.2 营销能力分析

从战略角度考虑，营销能力主要包括以下三个方面的内容。

1. 市场定位能力

市场定位能力直接表现为企业的生产定位的准确性，取决于企业以下四个方面的能力：①市场调查和研究能力；②评价和确定目标市场能力；③把握市场细分标准能力；④占据和保持市场位置能力。

2. 市场营销组合有效性

评价市场营销组合有效性主要把握两个方面：①是否与目标市场中的有效需求一致；②是否与目标市场产品寿命周期一致。

3. 营销管理能力

营销管理能力主要是指企业对营销各项工作管理能力，具体包括营销队伍的建设与培训，营销人员的考核与激励，应收账款管理等一系列工作。

### 2.2.3 组织能力分析

从20世纪60年代到80年代，外部环境被认为是企业选择战略取得成功的主要决定因素。行业组织模式(industrial organization(I/O) model)解释了外部环境对企业战略行动的重要影响。该模型认为企业所选择从事的行业比企业内部决策对企业绩效有更大的影响。企业的绩效主要由一个行业的特征所决定，包括规模经济、进入障碍、多元化程度、产品差异化程度和行业集中程度等。

行业组织模式是以经济学为基础的，有四个基本假设：

(1) 外部环境是选择能够带来高于正常绩效战略的约束条件。

(2) 在某一行业或行业细分中相互竞争的大多数企业具有相似的战略资源，并依据这些资源追求相似的战略。

(3) 用来实施战略的资源在企业之间具有高度流动性。由于资源的流动性,企业之间的任何资源差异性都是短暂的。

(4) 企业决策者是理性的,追求企业利益最大化。

行业组织模式要求企业处于最有吸引力的行业。由于假定大多数企业拥有相似且具有流动性的战略资源,一般只有当企业找到具有赢利前景的行业并学会如何根据行业结构特征使用资源实施战略时,竞争力才能提高。五种力量模型是用来帮助企业完成这一任务的分析工具。五种力量模型认为,一个行业的赢利性是五种力量(供应商、购买者、现有竞争对手,替代产品和潜在进入者)相互作用的函数。利用这一工具,企业可以了解一个行业的赢利前景,然后根据行业结构特点实施相应战略,建立可以据守的竞争定位。该模型指出,企业可以要么以低于竞争对手的成本提供标准化的产品或服务(成本领先战略),要么通过产品差异化让顾客愿付高价(差异化战略)取得高于正常收益。

如图 2-3 所示,工业组织模式认为,当企业根据一般环境、行业环境和竞争环境的特点制定实施战略时,能够取得高于正常收益。自行开发或从外部获取实施外部环境所决定战略所需技能的企业能够取得成功,而那些做不到这一点的企业则会失败。因此,高于正常收益是由外部特征而不是企业的独特资源和能力决定的。

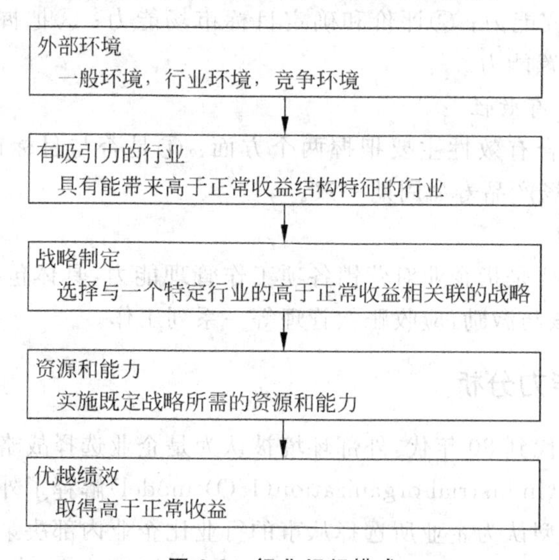


**图 2-3 行业组织模式**

近年来的研究为工业组织模式提供了支持。研究表明,一个企业赢利能力的 20%可以用行业解释。换句话说,一个企业赢利能力的 20%是由企业所处行业决定的。不过,该研究也指出,企业赢利能力的 36%可归结为企业特征和行动。研究结果指出,外部环境和企业特征对企业赢利水平具有重要作用。因此，环境和企业战略相互影响，这种相互关系影响着企业绩效。

正如这些研究结果所指出的，21世纪的成功竞争要求企业必须建立独特的资源和能力。但是，这应当在一个企业所从事行业的框架内进行。在这一背景下，企业被看做是一组市场活动和一组资源。市场活动可以通过运用工业组织模式进行了解。企业资源、能力和核心竞争力的开发和有效使用可以通过运用资源基础模式了解，通过两种模式的有效结合，企业能够大大提高战略竞争力并获得高于正常的收益。

### 2.2.4 生产能力分析

生产是企业进行资源转换的中心环节，它必须在数量、质量、成本和时间等方面符合要求的条件下形成有竞争性的生产能力。

竞争性的生产能力构成要素包括以下几个方面：

1. 加工工艺和流程

此决策主要涉及决定整个生产系统的设计。内容包括工厂的选择与设计，工艺技术选择，生产工艺流程分析，生产能力和工艺综合配套、生产控制和运输安排。具体问题包括：

(1) 生产设施和设备的安排是否合理。

(2) 企业是否应该进行某种程度的前向和后向一体化。

(3) 企业购货和发货定额成本是否过高。

(4) 企业的生产加工技术是否使用恰当。

(5) 整个生产工艺流程设计是否有效和高效率。

2. 生产能力

此决策主要决定企业的最佳生产能力。内容包括产量预测、生产设施和设备计划、生产日程安排。具体问题包括：

(1) 对生产和服务的需求是否有一定的规律和有效的预测。

(2) 生产是否达到合理的经济规模。

(3) 工厂、库房和销售网点的位置、数量和规模是否合适。

(4) 企业是否有全面的计划生产，成本是否合理。

(5) 是否有处理临时订货的应急计划。

(6) 企业是否有有效的生产控制体系。

3. 库存

库存决策是要确定原材料、在制品和产成品的合理水平。内容包括订货的品种、时间、数量以及原材料的存放。具体问题包括：

(1) 企业是否有有效的库存控制体系。

(2) 企业管理者是否了解销售与库存之间的关系。

(3) 企业是否经常检查库存量和库存成本。

(4) 企业原材料、在制品和产成品库存是否合理。

(5) 企业管理者是否了解订货、收货、发货的成本是多少。

(6) 企业管理者是否知道什么是合理的生产批量。

4. 劳动力

劳动力决策主要涉及工作设计、绩效测定、工作丰富化、工作标准和激励方法等内容。具体问题包括:

(1) 企业是否对所有岗位进行时间和工作研究。

(2) 生产岗位是否具有高效率。

(3) 生产管理人员是否称职,是否有积极性。

(4) 职工的缺勤率和离职率是否低于可以接受的水平。

(5) 生产工人的士气如何。

5. 质量

质量决策是要确保企业生产和提供高质量的产品和服务。内容包括质量控制、样品、质量监测、质量保证和成本控制。具体问题包括:

(1) 企业是否具有有效的质量控制体系。

(2) 下列质量控制成本是否计算和评价过:①预防性质量控制成本;②检验性质量控制成本;③处理性质量控制成本。

以上五个方面的优劣势可以决定企业的成败,因此企业生产系统的设计和管理必须与企业的战略相适应。另外,企业战略管理者在着手制定新的企业战略时,要对现在的生产部门和生产管理进行认真的分析。

### 2.2.5 企业文化分析

广义的企业文化指由企业的组织结构、技术特点、经营思想和人员状况及内外环境共同影响下构成的企业行为特点和管理哲学。狭义的企业文化主要指企业的指导思想、经营理念和工作作风,包括价值观、文化传统、风俗习惯、规章制度、礼仪和庆典、文化网络等多方面内容,其中价值观是它的核心。

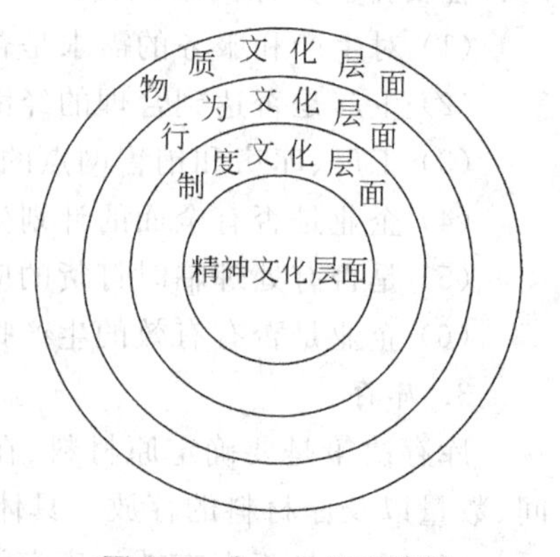


图 2-4 企业文化系统图

企业文化在结构上分四个层面,即精神文化层面、制度文化层面、行为文化层面、物质文化层面。这四个层面由内到外形成如图 2-4 所示的企业文化系统框架。

(1) 精神文化包括经营哲学、企业共同价值观、职

业道德及精神风貌，是企业文化的核心和灵魂，是形成制度文化、行为文化、物质文化的基础和原则。

(2) 制度文化主要是指对企业员工行为和企业组织产生规范性、约束性影响的部分，包括企业的工作制度、责任制度等，集中体现精神文化、行为文化和物质文化对员工行为和组织行为的要求。

(3) 行为文化包括企业的经营行为和非经营行为，体现企业的意志、文化品位和价值取向。

(4) 物质文化层面包括厂容厂貌、产品外观及包装、企业技术工艺、设备特征。这个层面的文化是企业的表层部分，常常折射出企业的经营理念、管理哲学、工作作风等文化特色。

1. 企业文化与战略的关系

从20世纪80年代初期提出企业文化理论以来，此理论得到社会各界的广泛关注，成为企业管理理论几大支柱之一。企业文化与公司战略关系密切，表现在以下几个方面。

(1) 企业文化引导战略定位，良好的企业文化为战略的形成提供动力

一般而言，有什么样的企业文化将形成什么样的战略。拥有良好文化的企业将拥有文化优势，所有成员拥有共享的价值观、经营理念、思想意识等。这为战略管理的实施工作者和理论工作者提供了一种新的分析企业行为的文化基础。有利于企业战略的形成。在特殊的企业文化条件下，将可能形成别具一格的企业战略，为企业的成功指明方向，打下成功基础。

(2) 良好的企业文化是战略实施的保障和成功的关键

战略的正确实施仅靠激励、惩罚这样的硬性管理远远不够，它还需要员工在良好的价值观为核心的企业文化培育与支持。企业文化具有导向、约束、凝聚、激励、辐射等作用，有利于激发员工工作热情和积极性，有助于企业各级管理人员有效地进行组织管理，积极地贯彻实施既定战略。从而取得良好的战略结果。

(3) 良好的企业文化与战略相互适应与协调能使战略效果最佳化

企业文化具有刚性和连续性特点，一旦形成很难变革。因此，它对战略的制定和实施具有引导和制约作用。另外，战略也要求与企业文化协调一致，不然企业文化会成为战略制定和实施的阻碍力量。所以，企业发展过程中需要逐渐注入新文化、塑造新文化、完善新文化。使企业战略与企业文化协调一致。

2. 战略与文化关系的管理

良好的文化有利于最佳战略的制定与实施，战略的合理性需要好的企业文化培育。因此，在战略管理中，应加强战略与文化管理。企业文化与战略关系如图2-5所示。

在矩阵上，纵轴表示企业在实施一个新战略时，企业的结构、技能、共同价值、生产作业程序等各种组织要素所发生的变化。横轴表示企业所发生的变化与企业目前文化的一

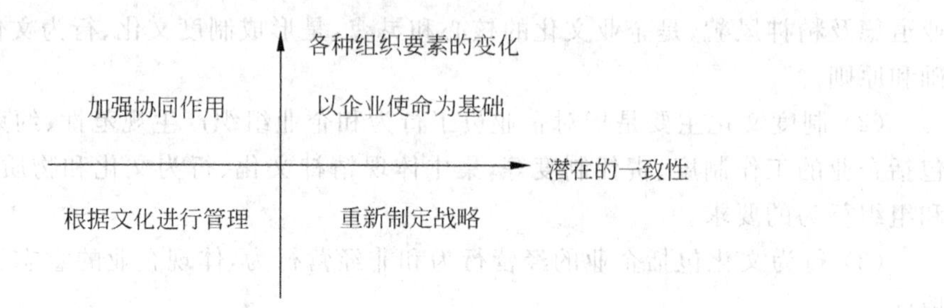


**图 2-5　企业文化与战略关系**

致程度。

第 1 象限，企业文化很丰富，具有很强的适应性，可以与多种战略兼容。因此，在这类企业里，只要企业有足够的财务与能力，可以根据自己的使命基础，大范围改变组织要素，制定企业战略，寻求可以利用的重大机会，求得根本性的转变，促进企业的发展。

第 2 象限，企业组织要素的变化少，在这种情况下，企业战略要发生根本性转变比较困难。但由于企业文化具有很大的潜在一致性，因此，可以对企业战略进行改善和完善，使企业战略更为合理化，解决企业生产经营中的问题。

第 3 象限，企业实施一个新战略，主要组织要素变化不大，但是与企业目前文化不大一致。在这种情况下，企业应根据经营需要，在不影响企业总体文化一致的前提下，对某种经营业务实施不同的文化管理。同时，企业要对企业结构这样与企业文化密切相关的因素进行变革时，也需要根据文化进行管理。

第 4 象限，企业在实施一个新战略时，组织要素变化很大，并且与本企业目前的文化有很大的不一致性，企业战略与文化遇到极大挑战。在这种情况下，我们应该重新考虑战略问题，考虑是否有必要实施新战略，使战略与企业文化协调一致。当然，企业实施的新战略确实有利于企业长远发展，是企业的最佳战略选择时。企业文化变革是一项艰巨、复杂、长期的任务，但可以从以下几方面采取管理行动：

(1) 企业各级管理人员要有改革企业文化的强烈意识，明确文化变革的意义与目标。

(2) 通过招聘新员工或者培训学习等多种形式引入新文化。

(3) 提拔有新文化意识的员工，带动、促进企业文化的改变。

(4) 改变企业过时的规章制度，制定出有利于新文化形成的新的制度。

3. 组织发展与文化

从组织发展的观点来看，组织文化对企业不同时期发挥不同作用，因此企业应注重文化的形成与发展，为组织的发展创造良好环境。

(1) 在企业发展初期，企业文化保证组织的一致性与优势。

企业文化在这个时期产生与形成。这一时期形成的企业文化，决定企业将来文化特点,不同的企业将培育出不同的文化风格。企业文化将对企业发展产生积极或消极作用,因此,这时期培养一种良好的企业文化极其重要。良好的企业文化有利于企业员工形成共同的价值观、共同的做事风格与共同的思想认识等,可以形成巨大的凝聚力,促进组织发展。

(2) 在组织发展的成熟期,企业文化保证组织的稳定性。

在组织发展的成熟期,组织有了强有力的经济实力与经营能力,面临的环境比发展初期有较大的稳定性,且组织形成比较强的竞争优势。因此,长时期沉淀下来的优良企业文化将强调其稳定性。企业强调完善企业文化,提高企业组织的文化素质,促进企业做出最佳战略决策。

(3) 组织达到衰退期时,必然要求改变部分文化。

组织衰退的改变必将对企业文化提出挑战。因此,在此时期应对企业内部部分文化进行革新。这种革新可以通过引进新员工,换掉一批试图保留消极旧文化的员工的方式进行。

4. 培育创新的企业文化

由于企业文化对战略具有重要影响,而公司的战略常常是一种适应性的创新战略,必然要求培育出创新的企业文化与创新战略协调一致。培养创新的企业文化应从以下几方面进行。

1) 构建一种学习型文化

构建一种学习型文化后才能孕育出学习型组织。构建学习型文化的关键在于建立企业的共同愿景、培养团队精神,加强员工培训和鼓励员工个人学习。

(1) 共同愿景是企业成员所拥有的共同的景象,它可在组织内部产生高度凝聚力,产生巨大力量推动组织发展。为此,企业应鼓励在建立个人愿景、塑造组织整体形象、融入企业理念、学习双向沟通技术、忠于真相等多方进行修炼。建立共同愿景是一项永无休止的工作,领导者必须将其当成日常工作的中心要素,保证其持续进行。

(2) 培养团队精神是很多成功企业的做法,企业领导应特别重视“感情投资”,尽可能了解熟悉每一位员工,让员工对企业有“家”的感觉,才能有效发挥主人翁的责任感。

(3) 加强员工素质培训。可以采用多种培养模式,如①德国的员工“双元制”培训模式,即学校与企业结合,以企业为主,理论与实践结合,以实验为主。②企业办大学模式,即企业通过自己办大学进行员工素质培训。③驻外培训模式,让自己企业成员在其他地方锻炼、训练,熟悉适应别国文化传统、法规、政策,从而有利企业全球化战略的制定、实施。④岗位培训模式,让员工熟悉一定范围内的所有业务,使员工成为多面手,增强员工能力,提高企业的经营柔性。日本企业主要采取互联网培训模式,这是以互联网为基础的一种新的培训模式。

(4) 鼓励员工个人自觉学习。建立学习型文化应从个人自觉学习开始。个人学习是团队学习的基础，更是组织学习的基础，企业应营造促进个人自觉学习的环境，帮助员工克服学习障碍，让员工坚持终生学习，活到老，学到老。

2）构建知识共享型文化

知识共享是指员工个人知识财富（包括显性知识和隐性知识）通过各种交流方式（如座谈会、电话和网络）为组织其他成员共同分享，从而转变为组织财富。知识共享可以实现“1+1>2”效果，并且在知识共享过程中容易创新。构建知识共享型文化应需要做好以下几方面工作：

（1）建立知识共享的技术基础，通过优良的、大众化的信息技术为员工知识共享搭建技术平台。如在互联网上设立站点，实现知识交流、传播。

（2）建立企业知识库，这样可以让员工了解企业情况。如公布企业的人力资源状况，公司每一职位需要技能和评价方法，公司过去和现在发生的重大事件，公司的竞争环境、合作关系，将来的战略规划等多方面信息，使员工在了解企业情况的基础上为企业将来发展出谋划策。

（3）培养员工的知识共享意识。企业应以多种方式培养知识共享意识。让“共享”二字时时出现在员工脑海中。

（4）发挥企业管理层的示范作用。领导应在工作生活中树立良好的知识共享形象，起典范与榜样作用，从而推动企业全体员工的学习意识，实现知识共享。

（5）建立和采取积极的措施促进员工知识共享，对知识共享表现突出者给予奖励与晋升。

3）构建顾客满意的文化

企业要生存发展，战略要可行与合理，就必须使企业的产品与服务让顾客满意，从而赢得市场。这要求企业将顾客放在第一位，形成保证顾客满意（Customer Satsfaction，CS）的企业管理理念。与此相应的，企业应构建顾客满意型文化。

顾客满意型文化是指企业以提高顾客满意指标和顾客满意等级为核心，从顾客的角度出发、分析、判断、调整企业的生产经营活动。要建立顾客满意文化，需要建立一套完整的顾客满意管理机制。

（1）建立顾客需求感知系统，让企业员工尽可能了解顾客，对顾客信息保持高度敏感，全面捕捉顾客的需求。

（2）建立顾客需求的满足系统，即在获取顾客需求情况下，企业应调整产品和服务，尽可能满足顾客的需求。

（3）建立顾客满意反馈系统。通过反馈可以了解顾客对产品或服务的满意程度，发现成绩与不足，以便对成绩给予发扬，不足处加以完善，为将来提供更好的服务打下基础，实现顾客满意最大化。

总之，企业文化对战略具有重大影响，应加强企业文化与战略的协调一致，不断地完善企业战略,完善企业文化。良好的企业文化构建与培育不是一蹴而就的事,需要企业不懈地精心培养。

### 2.2.6　科研与开发能力分析

科研与开发能力是企业一项十分重要的能力。企业科研与开发能力分析主要包括以下几个方面:

1. 科研与开发能力分析

科研与开发能力是指企业是否有能力根据企业的发展需要开发和研制新产品,是否有能力改进生产设备和生产工艺。企业科研开发能力和水平由企业科技队伍的现状和变化趋势决定。如果缺乏人才,就要考虑和高等院校或科研单位合作,以解决技术开发和技术改造中的人才需求问题。

2. 科研与开发组合分析

企业科研与开发在科学技术水平方面有四个层次:科学发现、新产品开发、老产品改进、设备工艺技术改造。企业的科研与开发水平处于哪个层次,由企业的科研与开发能力决定。企业科研与开发能力决定企业科研开发方面的长处和短处,也决定企业发展方向。一个好的科研开发部门应能根据企业战略要求和自身研发实力选择一个或几个层次有效组合。

3. 企业科研成果与开发成果分析

企业已有科研与开发成果是其能力的具体体现。如技术改造、新技术、新产品、专利以及商品化程度,给企业带来的经济效益等。

4. 科研经费分析

企业的科研设施、科研人才和科研活动要有足够的科研经费予以支持,因而应根据企业的财务实力做出预算。决定科研预算经费的方法一般有三种:按照总销售收入的百分比、根据竞争对手状况、根据实际需要。

## 2.3　企业核心能力分析

### 2.3.1　企业核心能力概念

企业核心能力是指决定企业生存和发展的最根本因素,它是企业持久竞争优势的源泉。积累、保持、运用核心能力是企业生存和发展的根本性战略,也是企业经营管理的永恒目标。计划、组织、协调、控制等各类管理职能都应围绕企业核心能力展开,生产、营销、财务等各个管理领域都应以企业核心能力为中心。

不同的企业具有不同的核心能力,如耐克公司的销售能力和设计能力、戴尔公司的直销能力、索尼公司的微型化技术、佳能公司的精密仪器研制、NEC公司的数字技术、松下公司的加工技术和分销能力、海尔公司的市场整合能力、长虹公司的技术吸收创新和低成本扩张能力。

### 2.3.2 企业核心能力的评价标准

企业核心能力分析是从企业组织本质和目标出发，从不同角度对核心能力进行层次分解。

(1) 建立企业核心能力识别体系与企业绩效评价指标。这涉及相互关联的两方面指标体系内容的建立：①有关企业核心能力的评价指标体系。识别、评价企业核心能力需要有一套全面、科学的指标，没有这套指标的建立，就不能判断企业核心能力的差异，就无法基于核心能力制定经营战略。②指标对企业绩效的衡量。这套指标用于测度运用核心能力理论制定和选择企业战略行为的结果。现在财务管理中逐渐重视关于可持续竞争优势的衡量、知识管理的衡量、无形资产的测量等，基本上反映了这种研究和发展趋势。

(2) 单纯从战略管理领域角度看，需要发展一个关于企业核心能力的类似于波特建立的"五种力量分析模型"那样的操作性强的战略分析框架，使得企业核心能力分析有一套科学的程序。

(3) 需要探讨产业特性与企业核心能力的关系，分析产业差异对企业核心能力所具有的影响，分析产业规模、产品特点、技术进步、市场结构、竞争程度、进入和退出壁垒等对企业核心能力培养和形成及对企业战略制定的影响，寻求规律性的东西，指导企业根据所处的产业特性辨识和培育核心竞争力，寻求经营战略的正确基点。

(4) 从企业核心能力角度解释现代企业的战略行为。现代企业战略选择，如跨国经营战略、战略联盟，兼并战略、多角化经营战略、差异化战略，可以从企业核心能力角度进行评定。对这些企业日常采用的战略行为进行分析，一方面可以归纳这些战略的适用条件，从而指导企业进行科学的战略选择；另一方面也为企业已有的战略选择提供新的评价和判断。

### 2.3.3 企业核心能力的分析内容

一般认为，企业培育核心能力的途径主要有传统途径和现代途径。传统途径是产品经营，指企业为了实现内部资源最优配置而采取的一系列管理行为，包括生产作业管理、供应管理、技术创新、市场营销管理、财务管理、人力资源管理等。现代途径是资本运营，指企业为了有效整合外部资源而采取的更为复杂的管理行为，包括兼并、收购、分拆、上市、联营、破产等。因而核心能力的培育涉及企业经营管理的各种活动。

# 2.4　内部环境分析技术

## 2.4.1　雷达图分析法

雷达图分析法是分析客户财务能力的重要工具，从动态和静态两个方面分析客户的财务状况。静态分析将客户的各种财务比率与其他相似客户或整个行业的财务比率作横向比较；动态分析把客户现时的财务比率与先前的财务比率作纵向比较，发现客户财务及经营情况的发展变化方向。雷达图把纵向和横向的分析比较方法结合起来，计算综合客户的收益性、安全性、流动性、成长性及生产性五类指标。

1. 收益性指标

分析收益性指标，目的在于观察客户一定时期的收益及获利能力。主要指标含义及计算公式如表2-4所示。

表2-4　收益性指标

| 企业收益性指标 | | |
|---|---|---|
| 收益性比率 | 基础含义 | 计算公式 |
| 1. 资产报酬率 | 反映企业总资产的利用效果 | $\frac{\text{净收益}+\text{利息费用}+\text{所得税}}{\text{平均资产总额}}$ |
| 2. 所有者权益报酬率 | 反映所有者权益的回报率 | $\frac{\text{税后净利润}}{\text{所有者权益}}$ |
| 3. 普通股权益报酬率 | 反映股东权益的报酬 | $\frac{\text{净利润}-\text{优先股股利}}{\text{平均普通股权益}}$ |
| 4. 普通股每股收益额 | 反映股东权益的报酬 | $\frac{\text{净利润}-\text{优先股股利}}{\text{普通股股数}}$ |
| 5. 股利发放率 | 反映股东权益的报酬 | $\frac{\text{每股股利}}{\text{每股利润}}$ |
| 6. 市盈率 | 反映股东权益的报酬 | $\frac{\text{普通股每股市场价格}}{\text{普通股每股利润}}$ |
| 7. 销售利税率 | 反映企业销售收入的收益水平 | $\frac{\text{利税总额}}{\text{净销售收入}}$ |
| 8. 毛利率 | 反映企业销售收入的收益水平 | $\frac{\text{销售毛利}}{\text{净销售收入}}$ |
| 9. 净利润率 | 反映企业销售收入的收益水平 | $\frac{\text{净利润}}{\text{净销售收入}}$ |
| 10. 成本费用利润率 | 反映企业为取得利润所付出的代价 | $\frac{\text{净收益}+\text{利息费用}+\text{所得税}}{\text{成本费用总额}}$ |

2. 安全性指标

安全性是指客户经营的安全程度，也可以说是资金调度的安全性。分析安全性指标，目的在于观察客户在一定时期内的偿债能力。主要指标含义及计算公式如表 2-5 所示。

表 2-5 企业安全性指标

| 安全比率 | 基本含义 | 计算公式 |
|---|---|---|
| 1. 流动比率 | 反映企业短期偿债能力和信用状况 | 流动资产/流动负债 |
| 2. 速动比率 | 反映企业立刻偿付流动负债的能力 | 速动资产/流动负债 |
| 3. 资产负债率 | 反映企业总资产中有多少是负债 | 负债总额/资产总额 |
| 4. 所有者权益比率 | 反映企业总资产中有多少是所有者权益 | 所有者权益/资产总额 |
| 5. 利息保障倍数 | 反映企业经营所得偿付借债利息的能力 | (税前利息－利息费用)/利息费用 |

流动负债说明每 1 元负债有多少流动资金作为保证，比率越高，流动负债得到偿还的保障就越大。但比率过高，则反映客户滞留在流动资产上的资金过多，未能有效利用，可能会影响客户的获利能力。经验认为，流动比率在 2∶1 左右比较合适。速动资产，通俗地讲就是可以立即变现的资产，主要包括流动资产中的现金、有价证券、应收票据、应收账款等，而存货变现能力较差。因此，从流动资产中扣除存货后为速动资产。经验认为，速动比率在 1∶1 左右较为合适。资产负债率越高，客户借债资金在全部资金中所占比重越大。在负债所支付的利息率低于资产报酬率条件下，股东的投资收益率就越高，对股东越有利，说明经营有方，善用借债。但是，比率越高，借债越多，偿债能力就越差，财务风险也就越大。负债比率越低，说明客户在偿债时存在资金缓冲。因此，资产负债率也要保持适当水平，一般说来，低于 50%的资产负债率比较好。所有者(股东)权益比率与资产负债率之和等于 1，所有者(股东)权益比率越大，资产负债比率越小，财务风险就越小。利息保障倍数如果比率低于 1，说明客户经营所得不足以偿付借债利息，因此，该比率至少应大于 1。比率越高，说明按时按量支付利息越有保障。

3. 流动性指标

分析流动性指标，目的在于观察客户一定时期内资金周转状况，掌握客户资金的运用效率。主要指标含义及计算公式如表 2-6 所示。

表 2-6 企业流动性指标

| 流动性比率 | 基本含义 | 计算公式 |
|---|---|---|
| 总资产周转率 | 反映全部资产的使用效率 | 销售收入/平均资产总额 |
| 固定资产周转率 | 反映固定资产的使用效率 | 销售收入/平均固定资产总额 |
| 流动资产周转率 | 反映流动资产的使用效率 | 销售收入/平均流动资产总额 |
| 应收账款周转率 | 反映年内应收款的变现速度 | 销售收入/平均应收款 |
| 存货周转率 | 反映存货的变现速度 | 销售成本/平均存货 |

总资产周转率、固定资产周转率、流动资产周转率分别反映全部资产、固定资产和流动资产的使用效率，比率越高，说明资产利用率越高，获利能力强。应收账款周转率反映年度内应收账款转为现金的平均次数，比率越高，说明客户催收账款的速度越快，坏账损失可能性越小。存货周转率越高，说明投入存货至销售收回的平均周期就越短，资金回收快，效率高。

4. 成长性指标

分析成长性指标，目的在于观察客户在一定时期内经营能力的发展变化趋势。如果某客户收益性高，但成长性不好，表明其未来赢利能力将下降。因此，以发展眼光看客户，动态地分析客户财务资料，对战略制定特别重要。

5. 生产性指标

分析生产性指标，目的在于了解在一定时期内客户的生产经营能力、生产经营水平和成果的分配情况。主要指标如表 2-7 所示。

表 2-7 企业生产性指标

| 生产性比率 | 基本含义 | 计算公式 |
|---|---|---|
| 1. 人均销售收入 | 反映企业人均销售能力 | 销售收入/平均职工人数 |
| 2. 人均净利润 | 反映企业经营管理水平 | 净利润/平均职工人数 |
| 3. 人均资产总额 | 反映企业生产经营能力 | 资产总额/平均职工人数 |
| 4. 人均工资 | 反映企业成果分配状况 | 工资总额/平均职工人数 |

上述客户财务能力的五性分析结果可以用雷达图表示出来，如图 2-6 所示。雷达图的绘制方法：①画出三个同心圆，同心圆的最小圆代表同行业平均水平的 1/2 值或最低水平；中间圆代表同行业平均水平，又称标准线；最大圆代表同行进水平或平均水平的 1.5 倍。②将三个圆 360°分成 5 个扇形区，分别代表收益性、安全性、流动性、成长性和生产性指标区域。③从 5 个扇形区的圆心开始以放射线形式分别画出相应的财务指标线，并标明指标名称及标度。财务指标线的比例尺及同心圆的大小由该经营比率的量纲与同行业水平决定。④把客户同期的相应指标值用点标在图上，以线段依次连接相邻点，形成多边形折线闭环，代表客户现实财务状况。

依据图 2-6 我们可以看出，当指标值处于标准线以内时，说明该指标低于同行业水平，需要加以改进；若接近最小圆或处于其内，说明该指标处于极差状态，是客户经营的危险标志；若处于标准线外侧，说明该指标处于较理想状态，是客户的优势所在。当然，并不是所有指标都处于标准线外侧就是最好，还要具体指标具体分析。

### 2.4.2 内部因素评价矩阵

对内部战略管理分析进行总结的步骤是建立内部因素评价矩阵(internal factor

evaluation(IFE) matrix)。这一战略制定工具总结和评价了企业各职能领域的优势与弱点,并为确定和评价这些领域间的关系提供基础。建立IFE矩阵时需要靠直觉性判断,因此它是一种万能的技术。对矩阵中因素的透彻理解比实际数字更为重要。与外部因素评价矩阵类似,IFE矩阵可以按以下五个步骤建立。

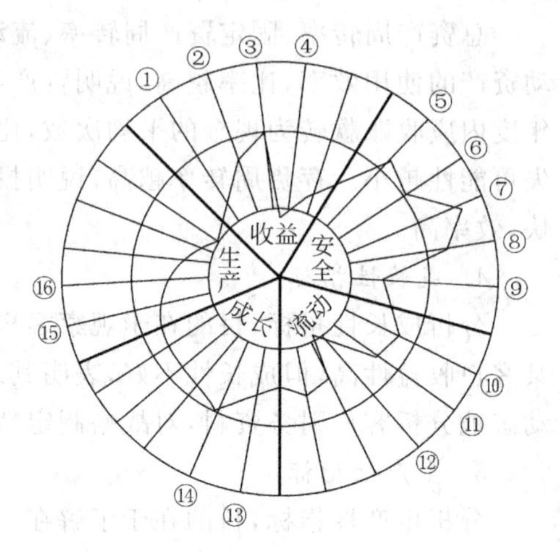


**图2-6 雷达图**

**收益性**:①资产报酬率,②所有者权益报酬率,③销售利润率,④成本费用率;

**安全性**:⑤流动比率,⑥速动比率,⑦资产负债率,⑧所有者权益比率,⑨利息保障倍数;

**流动性**:⑩总资产周转率,⑪应收账款周转率,⑫存货周转率;

**成长性**:⑬销售收入增长率,⑭产值增长率;

**生产性**:⑮人均工资,⑯人均销售收入

(1) 列出在内部分析过程中确定的关键因素。采用10～20个内部因素,包括优势和劣势。首先列出优势,然后列出劣势。尽可能具体,采用百分比、比率和比较数字。

(2) 给每个因素以权重,其数值范围由0(不重要)～1(非常重要)。权重标志各因素对于企业在行业中成败影响的相对大小。无论关键因素是内部优势还是劣势,对企业绩效有较大影响的因素就应当得到较高的权重。所有权重之和等于1。

(3) 为各因素进行评分。1分代表重要弱点,2分代表次要弱点,3分代表次要优势,4分代表重要优势。评分以公司为基准,权重则以行业为基准。

(4) 用每个因素的权重乘以它的评分,即得到每个因素的加权分数。

(5) 将所有因素的加权分数相加,得到企业的总加权分数。

无论IFE矩阵包含多少因素,总加权分数的范围都是从最低的1到最高的4,平均分为2.5。总加权分数大大低于2.5的企业,其内部状况处于弱势,而分数大大高于2.5的企业,其内部状况处于强势。同外部因素评价矩阵一样,IFE矩阵应包含10～20个关键因素。因素数不影响总加权分数范围,因为权重总和永远等于1。

当某种因素既构成优势又构成弱点时,该因素将在IFE矩阵中出现2次,而且被分别给予权重和评分。例如,花花公子企业公司(Playboy Enterprises)的标识既帮助了该公司,又损害了该公司。标识使《花花公子》杂志吸引了读者,但它同时又使"花花公子"有线电视频道被排除在很多地区市场之外。

表2-8是一个IFE矩阵例子。请注意公司的主要优势在于流动比率、赢利率和员工士气,正如它所得的4分表明的。公司的主要弱点是缺少战略管理系统、日益增加的研究开发支出和对经销商的激励不够有效。总加权分数2.80表明该公司的内部总体战略地

位高于平均水平。

对跨国公司来说，每个自主经营的分公司或战略事业部门都应建立自己的IFE矩阵。各分部门矩阵综合起来便构成制定公司总体IFE矩阵的基础。

**表2-8 一个内部因素评价矩阵**

| 关键内部因素 | 权重 | 评分 | 加权分数 |
|---|---|---|---|
| **优势** | | | |
| 1. 流动比率增长至2.52 | 0.06 | 4 | 0.24 |
| 2. 赢利率上升到6.94 | 0.16 | 4 | 0.64 |
| 3. 员工士气高昂 | 0.18 | 4 | 0.72 |
| 4. 拥有新的计算机信息系统 | 0.08 | 3 | 0.24 |
| 5. 市场份额提高到24% | 0.12 | 3 | 0.36 |
| **弱势** | | | |
| 1. 法律诉讼尚未了结 | 0.05 | 2 | 0.10 |
| 2. 工厂设备利用率已下降到74% | 0.15 | 2 | 0.30 |
| 3. 缺少一个战略管理系统 | 0.06 | 1 | 0.06 |
| 4. 研究开发支出增加了31% | 0.08 | 1 | 0.08 |
| 5. 对经销商的激励不够有效 | 0.06 | 1 | 0.06 |
| **总计** | 1.00 | | 2.80 |

注：评分值含义：1=重要弱势；2=次要弱势；3=次要优势；4=重要优势。

## 本章小结

本章建立了一个企业内部优势与弱势的分析框架。首先，介绍了该框架的理论渊源，特别是资源基础企业理论，假定：①企业具有不同的资源和能力（资源异质性假定）；②有些差异可以长期保持（资源不可流动假定）。介绍了价值链分析。价值链是围绕某种产品的生产和销售进行的一系列纵向相关业务活动。

我们推荐价值链内部分析框架。分析对象是企业所拥有的资源和能力；分析方法是先用价值链分析确定支持各业务活动的资源和能力，再对这些资源和能力进行内部因素评价矩阵分析；目的是确定企业持续竞争优势的来源和基础。

## 案例分析

### Yahoo公司的战略演变

1993年，杨致远和费洛还只是斯坦福大学的工程学研究生。他们没有忙于写作论文，而是花费大量时间在网上冲浪，建立他们喜爱的网站的目录。完全是一时兴起，他们决定将他们的目录贴在网上，名为“杰瑞万维网指南”。就这样，他们几乎在不经意间创建了世界上第一个网页目录,同时解决了一个迫切的问题:如何在网上寻找需要的东西呢?1994年,他们将目录的名字改为Yahoo(雅虎)。

1994年年末,Yahoo每天可以吸引10万人访问。网页目录数目超出斯坦福大学网站的容量,Yahoo不得不从临近的网景公司租借服务器。杨和费洛决定将学业放下,专心于Yahoo的商业化。他们的第一位雇员是斯里尼吉娅·斯里尼瓦桑,她对雅虎的分类设计进行优化,如今这已经成为雅虎网页目录的标志。雅虎的商业模式是通过出租快速增长的目录页面上的广告位获得收入。

为了增加业务,他们需要资金购买服务器、进行软件开发和雇用从事目录分类的员工。他们找到美洲杉资本公司(一家硅谷的风险资本公司)。作为投资的条件之一,美洲杉资本公司要求杨和费洛聘请一位有经验的CEO。被选中的是45岁的工程师库格尔,当时他在高科技公司管理职位工作已超过15年。

到1996年,库格尔管理的已经是一家公开上市的公司,网页目录中包含20万个网页,每天有80万使用者。这还只是刚开了个头。在杨、费洛和另一位“灰发族”,首席运营官麦乐特的协助下,库格尔为雅虎制定的愿景是成长为全球性媒体公司,其主要资源是庞大的互联网入口,任何人都可以通过这个入口同其他人或事物建立接触。库格尔的雄心是将雅虎的简单目录服务转变为将买卖双方连通的管道,从而在整个网络上促成商业交易(电子商务)。在这一愿景里,雅虎将继续通过销售目录网页里的广告位取得收入,它还将从电子商务交易中获得重要的收入,只要从每一笔通过它的服务所促成的交易中提取很小一个份额就足够了。这一服务称为雅虎商店,它能帮助企业快速开办、宣传和安全管理在线商店,为它们推出商场、销售产品和服务。在建立网上商店后,这些商户进入雅虎购物的搜索目录上,这是雅虎提供的在线购物服务。

为了实现这一愿景,雅虎公司必须成为网络上最有用和最知名的地方,也就是说,必须成为超级品牌。仅有搜索目录是不够的,不管这个目录多么有用。为了提高访问量,雅虎开始增加能吸引使用者的特性。首先,在目录上增加强制接受的内容;其次,允许注册用户将雅虎网页定制化,以满足自己的需要。例如,雅虎的注册用户可以将雅虎金融网页上的内容定制化,这样他们就可以跟踪自己所持有股票的表现。这一网页还可以链接到留言板上,个人投资者可以在上面讨论公司前景。其他的链接服务包括向投资者提供关于这些公司的有价值的消息,包括新闻与评论、研究报告、详细的财务数据和公司网页。

为了建立品牌认知,雅虎公司不惜巨资在电台和电视台播出面向主流美国人的广告。为了延伸服务,雅虎开始实行在全球范围内提供服务的战略。它还开始与内容供应商和商家合作建立这些公司的网页,通过雅虎可以链接到这些内容和商家,雅虎则通过这种扩张提高它在用户心目中的价值。雅虎还通过帮助客户将广告更好地传达给目标对象增加了广告的价值。

无论从哪方面讲,这一战略都是相当有收获的。2000年,公司收入达到9亿美元。

到2001年9月，雅虎在全球的专门用户数达到2.1亿，总浏览量达到每天12.5亿。根据尼尔森公司网络调查报告，全世界消费者在雅虎网上花费的时间平均是147分钟。2001年9月，大约有8000万活跃的注册用户登录了一项或多项雅虎的个性化服务。

然而，在2001年的前9个月，销售下降了34%，亏损达到8400万美元，收入和利润的下降反映广告收入的下降，后者占雅虎公司2000年收入的80%。这一问题首先反映在美国商业活动水平的下降，随后体现为全球性广告收入的下降。此外，在雅虎公司最好的广告商中有许多网络公司，2001年这些网络公司有很大部分破产。

由于销售收入下降，库格尔辞去CEO职务，由前华纳兄弟公司的高级经理西美尔接任。西美尔为雅虎制定了双向战略目标：减少公司对广告收入的依赖和提高广告收入的质量，后者指的是面向可靠的公司而不是网络企业推销广告。西美尔提高非广告收入的战略是引入一系列基于订购的增值服务或溢价服务，例如网络音乐，它可以通过网上连接订购者的电脑或数字设备播放。此外，西美尔还希望雅虎公司推动更多的联合营销计划，帮助传统企业在网上销售产品，然后从中收取费用。

**资料来源**：[美]C. W. L. 希尔，G. R. 琼斯. 战略管理. 北京：中国市场出版社，2005. 本书引用时有改动。

**思考题**：

(1) 雅虎公司的战略体系主要包括几个层次？其主要内容分别是什么？

(2) 雅虎公司是否有机会预见到2000—2001年广告收入的下降并且做好准备？应当怎样做？从战略管理角度看，会产生什么样的不同？

(3) 雅虎是否拥有潜在的长期竞争优势？它来自哪方面？

## 战略管理实务操作

通过互联网或其他媒体搜索一家公司，获得足够的资料，然后完成下列各项活动：

(1) 简要描述该公司的发展历程，追溯这段时间公司的战略演变。分析公司的战略演变究竟是有意图的战略产物还是凸显应对战略的产物，或者是两者的结合。

(2) 初步分析该公司内部优势和劣势，以及外部环境中的机会和威胁。在分析的基础上，指出该公司应该选择什么战略。

(3) 说明环境对该公司战略历程的影响。

B&E

# 第3章 企业外部环境分析

孙子曰："知吾卒之可以击，而不知敌之不可击，胜之半也；知敌之可击，而不知吾卒之不可以击，胜之半也；知敌之可击，知吾卒之可以击，而不知地形之不可以战，胜之半也；……"

故曰："知彼知己，胜乃不殆；知天知地，胜乃不穷。"

**学习目标**

**知识目标**：理解外部环境分析的意义，熟悉外部环境分析的内容和特点，把握PEST分析和五力模型的具体内容和方法。

**技能目标**：能够运用PEST分析和五力模型对企业进行外部环境分析。

## 开篇案例

### 人和实业集团股份有限公司的环境分析

人和实业集团股份有限公司(以下简称"人和公司")是一家在国内上市的大型多元化投资公司。人和公司实力雄厚，资金充裕。其全资拥有的人生地产代理有限公司(以下简称"人生公司")是全国最大的连锁经营地产代理中介机构。人生公司在每个省分别设立分公司，统管该省各分公司的业务。各省分公司经营管理相对独立，管理层拥有较大的决策自主权。各省分公司每年将全部利润的30%上交人生公司总部，以换取在省内独家使用人生品牌的权利，以及人生公司总部提供的各种行政、推广、培训等支援服务，余下的70%利润归各省分公司。

人生公司地产代理中介佣金的年收入为全国第一，代理人数量及营业点数量也是全国第一。除个人消费者的地产买卖交易外，人生公司拥有较为庞大的商业地产投资机构客户群。与个人消费者相比，投资机构客户愿意支付更高百分比佣金，同时对人生公司提供的全国性中介服务以及代理人员的个人素质均有严格要求，这是普通地产代理公司很难满足的。人生公司对投资机构客户的佣金收入毛利率较高，尽管对投资机构客户的收费总额约占人生公司佣金年收入的30%，但其产生的利润占人生公司的利润却高达60%以上。通常，人生公司各省分公司均会相互推介投资机构客户。

随着国家西部开发战略的实施，西部A省甲市在旅游、金融及高科技等方面发展迅速，使甲市成为新兴发展的龙头城市。由于全国房地产业务正处于行业周期高峰，加上甲市的特殊因素，甲市房地产市场高速发展。全国各省的地产投资机构也纷纷涌入甲市收购该市的房地产。

人生公司的收入在业内是全国第一，但其主要业务和收入集中于北京、上海、浙江、广东等经济发达省市。人生公司在A省的分公司，特别是甲市的支公司在人数及营业点数量上均落后于甲市的几家本地代理中介公司。这些本地代理公司为当地人创设，熟悉甲市情况，具有丰富的甲市人脉关系，而且收费较低，但服务质量远低于人生公司。

人生公司A省分公司为10年前由现在的管理人员共同设立。10年来A省分公司的业务量稳定增长，利润率始终维持在较高水平，管理层亦获得较为满意的个人收入。但该分公司在甲市的业务量及收入总额尚不及几家本地代理公司。该分公司管理层的多数人员在未来3～5年陆续退休。

人和公司给人生公司制定的企业目标是保持市场领先地位。为了达到目标，人生公司管理层预计公司收入的年增长率必须维持在20%以上。由于各主要省市的业务增长率已处于较低水平，人生公司管理层认为A省特别是甲市将是能否达标的一个重要决定因素。

另外，人生公司管理层注意到，近几个月来各省分公司均陆续收到主要投资机构客户对人生公司A省分公司的服务投诉，而且投诉还在上升。其他各省分公司亦表示担心各自机构客户的地产业务正在加快向A省倾斜，影响其他各省分公司的收入及利润。

基于A省的战略重要性，人生公司管理层决定对A省分公司的业务情况及未来发展进行较深入的研究分析，以制定与A省有关的业务发展战略。

**想一想：**

人生公司业务的优势、劣势、机会和威胁各是什么？

**资料来源**：中国注册会计师协会.公司战略与风险管理：考点串联、答疑精华及历年真题新解.北京：经济科学出版社，2010.本文引用时有改动。

## 3.1 外部环境概述

### 3.1.1 外部环境分析的重要性

外部环境分析对于企业经营决策的重要性具体表现在以下几个方面。

1. 外部环境分析是企业市场营销活动的立足点和根本前提

制定企业发展战略的目的,一方面是为了更好地满足人们不断增长的物质和文化生活需要,同时也是为了使企业获得最好的经济效益和社会效益。要实现上述目标,其立足点和根本前提就是要进行企业战略环境分析。只有深入细致地对企业战略环境进行调查研究和分析,才能准确、及时地把握消费者需求,才能认清本企业的优势和劣势,扬长补短。否则,企业便不可能很好地实现其满足社会需求和创造好的经济效益和社会效益的目的,甚至陷入困境,被兼并或被淘汰。许多企业的实践充分证明,企业战略环境分析是企业制定发展战略的立足点和根本前提,成功的企业无一不十分重视战略环境分析。

2. 外部环境分析是企业经营决策的基础,为科学决策提供保证

企业经营决策的前提是市场调查,市场调查的主要内容是要对企业的市场环境进行调查、整理分类、研究和分析,并提出初步结论和建议,以供决策者进行经营决策时作为依据。市场环境分析得正确与否,直接关系到企业决策层对企业投资方向、投资规模、技术改造、产品组合、广告策略、公共关系等一系列生产经营活动的成败。

3. 有利于企业发现新的市场机会,及时采取措施,科学把握未来

新的经营机会可以使企业取得竞争优势和差别利益或扭转所处的不利地位。当然,现实生活中,往往是机会与威胁并存,并且可能相互转化。好的机会如没有把握住,优势就可能变成包袱、变成劣势;而威胁即不利因素也可能转化为有利因素,从而使企业获得新生。关键在于要善于细致地分析企业战略环境,善于抓住机会,化解威胁,使企业在竞争中求生存、在变化中谋稳定、在经营中创效益,充分把握未来。

西安海星集团荣海总裁对外部环境分析与现代商业之关系的阐述为:“任何一个大的商业机会的来临,都是社会大势的反应,反过来,只有对社会大势有了洞悉、判断,才能准确把握住商业机会。”

### 3.1.2 外部环境的结构

企业与其外部客观的经营条件、经济组织及其他外部经营因素之间处于一个相互作用、相互联系和不断变化的动态过程之中。这些影响企业的成败,但又在企业外部,非企业所能全部控制的外部因素就形成企业的外部环境。对这些外部环境进行分析的目的,就是找出外部环境为企业所提供的可以利用的发展机会,以及外部环境对企业发展所构

成的威胁，同时挖掘企业的优势和劣势，以此作为制定企业战略目标和战略的出发点、依据和限制条件。

外部环境诸因素对企业的影响程度是不同的。首先，对于一个特定的企业来说，它总是存在于某一产业（行业）环境之内，这个产业环境直接地影响企业的生产经营活动。所以第一类外部环境是产业环境，也是企业微观的外部环境。第二类外部环境因素是间接地或潜在地对企业发生作用和影响，其影响是通过微观外部环境作用在企业之上，一般将这类外部环境称为企业的宏观外部环境，也称为企业的一般环境。一般来说，宏观外部环境包括政治—法律因素、经济因素、社会因素和技术因素。这两类环境因素与企业内部的关系如图3-1所示。产业环境和位于其内部的各个企业均受政治、经济、社会和技术等宏观环境影响。这些因素和力量相互联系、相互影响、相互作用。

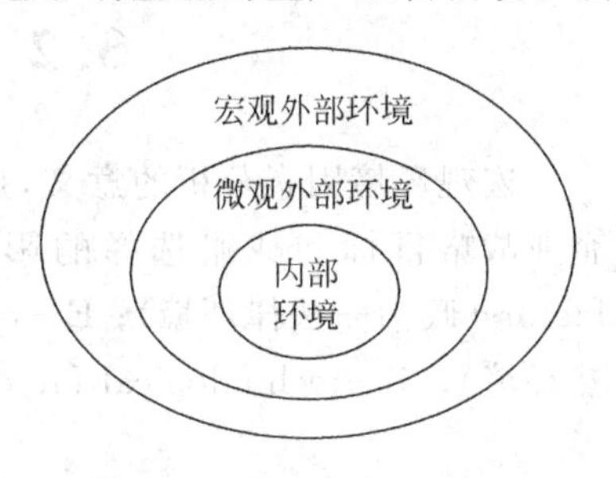


**图3-1　企业环境及其关系**

### 3.1.3　外部环境特点

企业外部环境作为一种客观制约力量，在与企业的相互作用和影响中形成自己的特点。

1. 外部环境的复杂性

外部环境的复杂性，是指企业在进行外部环境分析时，应当考虑环境因素的总量水平。如果企业外部的影响因素多，且各因素间相互关联，则意味着环境复杂。环境的复杂性不仅表现在环境因素的多寡上，而且还表现在环境因素的多样化方面。就是说，影响企业的外部环境因素不是同属某一类或几类，而是多种多样、千差万别。一般来说，随着时代的发展，企业作为一个开放系统，它所分析的外部环境因素有越来越多、越来越多样化的发展趋势，因而企业所面临的外部环境会变得更加复杂。所以，外部环境的复杂性一方面表现为外部环境的内容和结构上；另一方面表现为这些要素的变化上。

2. 外部环境的变化性

任何企业都不会处于同一个永恒不变的外部环境之中，企业的外部环境总是处于不断变化之中。例如企业与行业竞争者位置的改变，法律义务和法律制约的改变，执政党经济政策的改变，经济要素的改变等，都将引起企业环境变化。有些变化是可预测的，是逻辑渐进式的；有些变化是不可预测的，突发性的。因此，没有一个企业在战略管理过程中始终面临维持同样重要程度的外部环境因素。

外部环境的变化性要求企业的外部环境分析应该是一个与企业环境变化相适应的动态分析过程，而非一劳永逸的一次性工作。战略的选择也应依据外部环境的变化进行修正或调整。企业要不断分析与预测未来环境变化趋势，当环境发生变化时，为了适应这种变化，企业必须改变战略，制定适应新环境的新战略，达成企业战略与环境间的新的平衡和匹配。

## 3.2 宏观外部环境分析

宏观环境因素分析的意义，是确认和评价政治、法律、经济、技术和社会等宏观因素对企业战略目标和战略选择的影响。其采用的分析方法称为 PEST 分析，P—political factors(政治—法律环境)；E—economic factors(经济环境)；S—social factors(社会与自然环境)；T—technological factors(技术环境)。PEST 分析模型如图 3-2 所示。

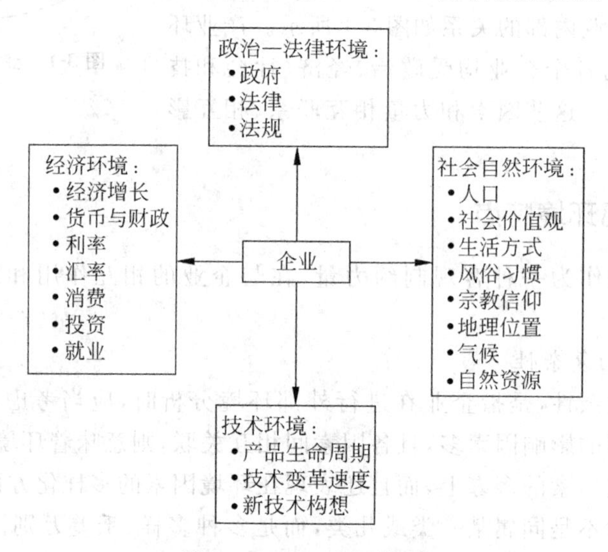


**图 3-2 PEST 分析模型**

### 3.2.1 政治—法律环境

政治—法律环境是指对企业经营活动具有现存的和潜在作用与影响的政治力量，同时也包括对企业经营活动加以限制和要求的法律和法规等。这些因素常常制约、影响企业的经营行为，尤其是影响企业较长期的投资行为。政治环境对企业的影响特点是：

(1) 直接性。即国家政治环境直接影响企业的经营状况。

(2) 难以预测性。对于企业来说，很难预测国家政治环境的变化趋势。

(3) 不可逆转性。政治环境因素一旦影响企业，就会使企业发生迅速和明显的变化，而这一变化企业是驾驭不了的。

政治因素分析包括国家和企业所在地区的政局稳定状况、执政党所要推行的基本政策以及这些政策的连续性和稳定性。这些基本政策包括产业政策、税收政策、政府订货及补贴政策等。就产业政策来说，国家确定的重点产业总是处于优先发展地位。因此，处于重点行业的企业增长机会多，发展空间大。非重点发展行业发展速度较缓慢，甚至停滞不前，因而处于这种行业的企业很难有所发展。另外，政府的税收政策影响企业的财务结构和投资决策，资本持有者总是愿意将资金投向那些具有较高需求，且税率较低的产业部门。

政府因素对企业行为的影响比较复杂。有些政府行为对企业的活动有限制性作用，但有些政府政策对企业有指导和积极影响，政府有时以资源供给者的身份出现，政府往往把控企业所需的战略性资源，如政府对自然资源(石油、森林、矿山、土地等)和农产品国家储备的政策和立场，将对一些企业的战略选择产生重大影响。政府有时以顾客身份出现，扮演消费者角色。例如，政府采购对办公设备、军事工业、航空航天等国防工业有重大影响，同时也间接地影响其他工业的消费走向。此外，政府贷款和补贴对某些行业的发展也有积极的影响。

一些政治因素对企业行为有直接影响，但一般来说，政府主要通过制定法律和法规间接地影响企业的活动。这些法律、法规的存在主要有四个目的：

(1) 保护企业，反对不正当竞争，如经济合同法、企业破产法、专利法、中外合资企业法和反垄断法等。

(2) 保护消费者，涵盖商品包装、商标、食品卫生和广告等方面对消费者的保护性法规，如商标法、质量法、消费者保护。

(3) 保护员工，保护企业员工利益不受侵犯，如劳动法。

(4) 保护公众权益免受不合理企业行为损害，国家对工业污染程度的规定、卫生要求、产品安全要求、对某些产品定价的规定等，如环境保护法、食品安全法等。这些法律和法规对企业的活动有限制性影响，同时也有指导性意义。

**【小资料1】** **华为“辞职门”事件**

2008年1月1日正式实施的新《劳动合同法》生效之前，其对企业产生的冲击和震撼已经开始“发酵”。知名高科技民营企业华为公司大规模裁员举措，再次引起人们对一些企业为规避新《劳动合同法》约束而提前“解套”的关注。

据《南方都市报》报道，华为公司包括老总任正非在内的所有工作满8年的华为员工，在2008年元旦之前都要办理主动辞职手续，再与公司签订1～3年的劳动合同。华为共计7000多名工作满8年的老员工，相继向公司请辞自愿离职。辞职员工随后即可以竞聘上岗，职位和待遇基本不变，唯一变化的是再次签署劳动合同和重新计算工龄。全部辞职老员工均可获得华为公司支付的赔偿。据了解，总计高达10亿元。深圳市劳动和社会保障局已对此事展开调查。

据悉,"先辞职再竞岗"时,所有自愿离职的员工将获得华为公司的相应补偿,补偿方案为"N+1"。N为在华为工作的年限,如果某华为员工的月工资是5000元,一年奖金是60 000元,假如他在华为工作了8年,那么他得到的最终赔偿数额就是10 000元(工资+年奖金平摊)乘以"8+1",计90 000元。

**资料来源**:刘益等.战略管理工具与应用.北京:清华大学出版社,2010.

### 3.2.2 经济环境

经济环境是指构成企业生存和发展的社会经济状况和国家经济政策。社会经济状况包括经济要素的性质、水平、结构、变动趋势等多方面内容,涉及国家、社会、市场及自然等多个领域。国家经济政策是国家履行经济管理职能,调控国家宏观经济水平和经济结构,实施国家经济发展战略的指导方针,对企业经济环境有着重要影响。企业的经济环境主要由社会经济结构、经济发展水平、经济体制和宏观经济政策四个要素构成。

社会经济结构指国民经济中不同经济成分、不同产业部门以及社会再生产各个方面在组成国民经济整体时相互的适应性、量的比例及排列关联的状况。社会经济结构主要包括五方面内容,即产业结构、分配结构、交换结构、消费结构、技术结构,其中最重要的是产业结构。

经济发展水平是指一个国家经济发展的规模、速度和所达到的水准。反映一个国家经济发展水平的常用指标有国民生产总值、国民收入、人均国民收入和经济增长速度。

经济体制是指国家经济组织形式。经济体制规定了国家与企业、企业与企业、企业与各经济部门的关系,并通过一定的管理手段和方法,调控或影响社会经济流动的范围、内容和方式等。

经济政策是指国家、政党制定的一定时期国家经济发展目标实现的战略与策略,包括综合性的全国经济发展战略和产业政策、国民收入分配政策、价格政策、物资流通政策、金融货币政策、劳动工资政策、对外贸易政策等。

具体来说,在众多经济因素中,首先要分析的是宏观经济总体状况。企业所在国家或地区的经济发展形势,是属于高速发展还是属于低速发展,或者处于停滞或倒退状态。一般说来,在宏观经济大发展的情况下,市场扩大,需求增加,企业发展机会就多。如国民经济处于繁荣时期,计算机、建筑业、汽车制造、机械制造以及轮船制造业等都会有较大的发展。上述行业的增长必然会带动很多行业的繁荣,增加各种原材料需求量。反之,在宏观经济低速发展或停滞或倒退的情况下,市场需求增长很小甚至不增加,这样企业发展机会就少。反映宏观经济总体状况的关键指标是国内生产总值(GDP)增长率。比较高的、健康的国内生产总值增长率表明国民经济的良好运行状态。而经济总体状况通常受政府赤字水平以及中央银行货币供应量两者相互关系影响。

除上述宏观经济总体状况外，企业还应考虑中央银行或各专业银行的利率水平、劳动力供给(失业率)、消费者收入水平、价格指数变化(通货膨胀率)等。这些因素将影响企业的投资决策、定价决策、原材料采购决策以及人员录用决策等。值得指出的是，从2003年开始，我国中央政府的宏观调控目标主要集中在四个方面：①国内生产总值的增长速度；②物价总水平；③城镇失业率或就业水平；④国际收支平衡状态。

产业集群的存在与否对于一个地区的竞争力具有重要影响。所谓产业集群，是指在特定领域中，同时具有竞争与合作关系，且在地理上集中，有交互关联性的企业、专业化供应商、服务供应商、相关产业的厂商以及相关机构(如大学、制定标准化的机构、产业协会)的经济积聚现象。产业集群为一个区域带来的竞争主要表现在下列三个方面：

(1) 可以获得外部经济效应。集群区域内企业数量众多，从单个企业看，规模也许并不大，但集群区内的企业彼此实行高度分工协作，生产率极高，产品不断出口到区域外的国内市场和国际市场，从而使整个产业集群区域获得一种外部规模经济。

(2) 节约空间交易成本。空间交易成本包括运输成本、信息成本、寻找成本以及合约的谈判成本与执行成本。产业集群区内企业地理邻近，容易建立信用机制和相互信赖关系，从而大大减少机会主义行为，减少欺诈鉴定成本。区内拥有专业化人才库，还能吸引最优秀的人才来工作，这就减少了在雇用专业人才方面的交易成本。集群区内有大量的专业信息，个人关系及种种社区联系使信息流动很快，减少了企业的信息成本。重要投入品大多可以从集群区内其他企业就近获得，可以节省运输成本和库存成本，还能享受供应商提供的辅助服务，减少库存和运输成本。因此，集群区域内企业之间保持一种充满活力和灵活性的非正式关系。在一个环境快速变化的动态环境里，这种产业集群现象相对垂直一体化安排和远距离的企业联盟安排，更加具有效率。

(3) 学习与创新效应。产业集群是培育企业学习能力与创新能力的温床。企业彼此接近，激烈竞争的压力、不甘人后的自尊需要、当地高级顾客的需求迫使企业不断进行技术创新和组织管理创新。一家企业的知识创新很容易外溢到区内其他企业，因为这些企业通过实地参观访问和经常性的面对面的交流，能够较快地学习新的知识和技术。这种创新的外部效应是产业集群获得竞争优势的一个重要原因。此外，产业集群也刺激企业家才能的产生和新企业的不断诞生。

对于从事跨国经营的企业来说，还必须考虑的经济因素包括关税种类及水平、国际贸易支付方式、东道国政府对利润的控制、税收制度等。外国政府有时限制外方企业从该国提走的利润额，有时还要对外方企业所占有的股份比例加以限制。

现在，由多个国家组成的经济—政治联盟已成为影响企业活动的重要经济力量，其中比较重要的是石油输出国组织(又称欧佩克)和欧洲联盟。石油输出国组织是一个包括世界上最主要石油和天然气生产国的卡特尔，它的宗旨是控制成员国的石油价格和生产水平，这一组织的定价决策和生产数量将会对世界经济和石油消费工业产生极大的影响，进而影响其他产业，如汽车行业。欧洲联盟最初成立于1957年，随着时间的推移和影响力的不断扩大，其成员国也在不断地扩展。早期主要由发达的西欧国家组成，目前吸收了北欧和中欧一些国家，并且还在继续扩大。欧洲联盟的最初宗旨是取消配额和建立无关税的贸易区以推进各成员国之间的合作。1993年1月1日实施的欧洲共同市场，实际上消除了各成员国企业间经济合作的所有障碍，允许产品、服务、资金以及人员自由流动。除上述两种经济力量外，比较成型的政治—经济组织还有由美国、加拿大和墨西哥三国成立的北美自由贸易区（于1994年实施）和东盟自由贸易区。上述的所有经济组织对企业的战略管理都会产生直接和潜在的影响。为了取得成功，企业的经营者必须识别最能影响战略决策的、关键的经济要素和力量。

企业经济环境分析是要对各个要素进行分析，运用各种指标准确地分析宏观经济环境对企业的影响，从而制定出正确的企业经营战略。

### 3.2.3 技术环境

企业科技环境是企业所处社会环境中的科技要素及与该要素直接相关的各种社会现象的集合。企业科技环境大体包括四个基本要素：社会科技水平、社会科技力量、国家科技体制、国家科技政策和科技立法。

社会科技水平是构成科技环境的首要因素，包括科技研究领域、科技研究成果门类分布及先进程度、科技成果推广和应用三个方面。社会科技力量是指一个国家或地区的科技研究与开发的实力。科技体制是一个国家社会科技系统的结构、运行方式及其与国民经济其他部门关系状态的总称。主要包括科技事业与科技人员的社会地位、科技机构的设置原则与运行方式、科技管理制度、科技推广渠道等。国家的科技政策与科技立法指的是国家凭借行政权力与立法权力，对科技事业履行管理、指导职能。如今，变革性的技术正对企业的经营活动产生巨大影响。

技术环境不但指那些引起时代革命性变化的发明，而且包括与企业生产有关的新技术、新工艺、新材料的出现，发展趋势及应用前景。技术变革在为企业提供机遇的同时，也对它构成威胁。因此，技术力量主要从两个方面影响企业战略的选择：一方面，技术革新为企业创造了机遇。表现在：①新技术的出现使得社会和新兴行业增加对本行业产品的需求，从而使得企业可以开辟新的市场和新的经营范围；②技术进步可能使企业通过利用新的生产方法、新的生产工艺过程或新材料等，生产出高质量、高性能的产品，同时也可能使产品成本大大降低。例如，连铸技术的出现，简化了钢铁加工工艺，提高了生产效率，也节约了大量的能源，从而降低产品成本。互联网技术的广泛应用可以使企业在全球范围内实现最优成本采购和全球物流配送，同时也可使企业在不同的地点完成产品研发、设计、生产、销售和售后服务等不同活动，以寻求产品不断增值，大大提升企业的运行效率与效益。另一方面,新技术的出现也使企业面临挑战。技术进步会使社会对企业产品和服务的需求发生重大变化。技术进步对某一产业形成机遇,可能会对另一产业构成威胁。塑料制品业的发展就在一定程度上对钢铁业形成威胁,许多塑料制品成为钢铁产品的代用品。此外,竞争对手的技术进步可能使得本企业的产品或服务陈旧过时,也可能使得本企业的产品价格过高,从而失去竞争力,处于劣势。在国际贸易中,某个国家在产品生产中采用先进技术,就会导致另一个国家的同类产品价格偏高。

因此,要认真分析技术革命对企业带来的影响,认清本企业和竞争对手在技术上的优势和劣势。企业要密切关注与本企业的产品有关的科学技术的现有水平、发展趋势及发展速度,对于新的硬技术,如新材料、新工艺、新设备,企业必须随时跟踪掌握,对于新的软技术,如现代管理思想、管理方法、管理技术,企业要给予特殊的重视。

### 3.2.4 社会和自然环境

社会因素包括社会文化、社会习俗、社会道德观、社会公众的价值观、职工的工作态度、社会团体以及人口统计特征等。变化中的社会因素影响社会对企业产品或劳务的需求,影响企业的经营决策,也能改变企业的战略选择。

社会文化是人们价值观、思想、态度、社会行为等综合体。文化因素强烈影响人们的购买决策和企业的经营行为。不同的国家有不同的主导文化传统,也有不同的亚文化群、不同的社会习俗和道德观,从而会影响人们的消费方式和购买偏好,进而影响企业的经营方式。因此企业必须了解社会行为准则、社会习俗、社会道德观等文化因素变化对企业的影响。但是,由于社会文化具有无形特点,所以容易被企业忽略,而忽略的结果可能会远远出乎预料,甚至是毁灭性的。

随着人们受教育水平的提高和对生活质量的更高要求,会出现各种自发的利益团体,如消费者协会、环境保护组织。一些利益团体对企业行为有很大的影响力,甚至对企业的活动有很大的限制作用。因此,需要鉴别对企业有影响的各种利益团体。

公众的价值观念是随着时代的变迁而变化的,它具体表现在人们对于婚姻、生活方式、工作、道德、性别角色、公正、教育、退休等方面的态度和意见。这些价值观念同人们的工作态度一起对企业的工作安排、作业组织、管理行为以及报酬制度等产生很大影响。譬如,人们对物质利益的追求会使劳动者索取与自己劳动价值相等的报酬,贡献的概念将发生变化,物质诱因可能会成为激励职工的首要手段。

人口统计特征是社会环境中的另一重要因素,它包括人口数量、人口密度、年龄结构的分布及其增长、地区分布、民族构成、职业构成、宗教信仰构成、家庭规模、家庭寿命周期的构成及发展趋势、收入水平、教育程度等。据统计,由于我国实行计划生育政策,在21世纪上半叶,人口结构将发生变化。目前,我国人口结构已经趋于老龄化,青壮劳动力供应则相对紧张,从而影响企业劳动力的补充,提高劳动力成本。另外,人口结构的老龄化又出现一个老年人市场，这就为生产老年人用品和提供老年人服务的企业提供发展机会。庞大的总人口数量再加上较高的购买力（有较多的个人可支配收入）会形成一个巨大的市场。

自然环境主要包括地理位置和气候两大要素。地理位置决定拥有的资源和区位经济效果，直接影响企业的生产和运营成本。气候决定企业的管理成本。譬如，我国黑龙江地区，其地理位置与俄罗斯接壤，形成3000多千米的边界线，为对俄贸易提供了便利条件，由此带动我国对俄贸易的发展。但是，由于黑龙江省的气候因素，季节变换明显，一年有6个月烧煤取暖期，这又增加了企业的管理成本，削弱了该地区的竞争力。也正是由于季节变换明显，又为服装企业带来发展机会。尤其黑龙江的冬季为冰雪产业带来巨大商机。对以上内容进行归纳总结，可得出宏观环境分析的主要内容，如表3-1所示。

表3-1 宏观环境分析的主要内容

| 政治—法律环境 | 经济环境 | 社会与自然环境 | 技术环境 |
|---|---|---|---|
| 政治制度、体制 | GDP的变化 | 社会价值观 | 国家研发支出 |
| 政府的稳定性 | 利率 | 风俗习惯 | 行业研发支出 |
| 特殊经济政策 | 汇率 | 生活方式 | 科技研究重点 |
| 国际政治 | 货币供给 | 人口增长率 | 专利保护 |
| 外贸立法 | 物价指数 | 失业率 | 新产品 |
| 对外国企业制度 | 个人可随意支配收入 | 保护消费者运动 | 新技术的商品化 |
| 就业立法 | 行业需求 | 人口结构 | |
| 环保立法 | 市场需求 | 人口迁移 | |
| 反垄断立法 | 政府赤字和盈余 | 地理位置 | |
| | 银行存贷款利率 | 气候 | |
| | … | … | |

## 3.3 产业竞争性分析

产业竞争性分析属于外部环境分析中的微观环境分析，它的内容主要是分析本行业中的企业竞争格局以及本行业和其他行业的关系。行业结构及竞争性决定行业竞争原则和企业可能采取的战略，因此，产业竞争性分析是企业制定战略最主要的基础。

### 3.3.1 波特的五力模型

五力分析模型是迈克尔·波特(Michael Porter)在20世纪80年代初提出的，对企业战略制定产生全球性的深远影响。五力分析模型用于竞争战略分析，可以有效地分析企业行业竞争环境。按照波特（M. E. Porter）观点，一个行业中的竞争，远不止在原有竞争对手中进行，而是存在五种基本竞争力量，它们是潜在的行业新进入者、替代品的威胁、购买商讨价还价的能力、供应商讨价还价的能力以及现有竞争者之间的竞争。五种力量模型将大量不同因素汇集在一个简便的模型中，以此分析一个行业的基本竞争态势。五种力量模型确定竞争的五种主要来源，以及来自目前同一行业公司间的竞争。一种可行战略的提出首先应该包括确认并评价这五种力量，不同力量的特性和重要性因行业和公司的不同而变化，如图 3-3 所示。

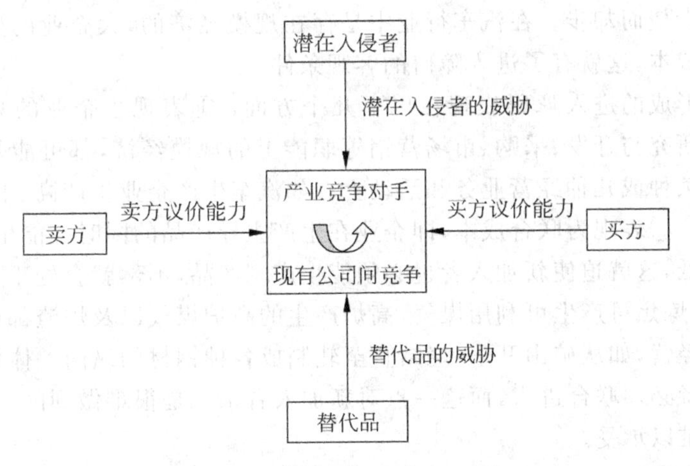


**图 3-3　波特的五力分析模型**

这五种基本竞争力量的状况及其综合强度，决定行业的竞争激烈程度，从而决定行业获利的最终潜力。在竞争激烈的行业中，不会有一家企业能获得惊人的收益。在竞争相对缓和的行业中，各企业普遍可以获得较高的收益。由于行业中竞争的不断进行，会导致投资收益率下降，直至趋近竞争的最低收益率。若投资收益率长期处于较低水平，投资者将会把资本投入其他更有前景的行业，甚至还会引起现有企业停止经营。在相反情况下，会刺激资本流入和现有竞争者增加投资。所以，行业竞争力量的综合强度还决定资本向本行业的流入程度。这一切最终将决定企业保持高收益的能力。

1. 行业潜在加入者的威胁

潜在竞争者进入后，将通过与现有企业瓜分原有市场，打破市场的竞争格局，会激发新一轮竞争，对现有企业形成巨大的威胁。这种威胁主要是由于新加入者加入该行业会带来生产能力扩大，带来对市场占有率的要求，这必然引起与现有企业进行激烈竞争，使产品价格下跌；另外，新加入者要获得资源进行生产，从而可能使行业生产成本升高。这两方面都会导致行业获利能力下降。

这种进入威胁主要取决于行业吸引力和进入障碍的大小。行业发展快、利润高，进入障碍小，潜在竞争威胁就大。所以，新加入者威胁状况取决于进入障碍和原有企业的反击程度。如果进入障碍高，原有企业激烈反击，潜在的加入者就难以进入该行业，加入者的威胁就小。决定进入障碍大小的主要因素有以下几个方面。

(1) 规模经济

规模经济是指企业生产单位产品的成本随生产规模的增加而降低。规模经济的作用是迫使行业新加入者必须以大的生产规模进入，这样新加入者需要大量的投资，并冒现有企业强烈反击的风险；或者以小规模进入，但要长期处于产品成本高的劣势。这两种情况都会使加入者望而却步。在汽车行业中是存在规模经济的，大企业的生产成本要低于小企业的生产成本，这就有了进入障碍的客观条件。

规模经济形成的进入障碍表现在以下几个方面：①表现于企业的某项或几项职能上，如在生产、研究与开发、采购、市场营销等职能上的规模经济，都可能是进入的主要障碍。②表现为某种或几种经营业务和活动上。如汽车生产企业生产高、中、低档汽车而形成的规模经济。③表现为联合成本，即企业在生产主导产品的同时并能生产副产品，使主导产品成本降低，这就迫使新加入者也必须能生产副产品，不然就会处于不利地位。如钢铁联合生产中，炼焦可产生可利用煤气，高炉产生的高炉煤气以及炉渣都可以利用。④表现为纵向联合经营，如从矿山开采、烧结直至轧制成各种钢材的纵向一体化钢铁生产。这就迫使新加入者必须联合进入，而这一点对新加入者来说是很难做到的。若不联合进入，势必在价格上难以承受。

(2) 产品差异化优势

产品差异优势指原有企业所具有的产品商标信誉和用户的忠诚度。造成这种现象是由于企业过去追求在产品的功能或质量、所做的广告、用户服务等方面的差异化，满足不同细分市场的需求，培养顾客的忠诚度。产品差异化形成的障碍，迫使新加入者要用很大代价树立自己的信誉和克服现有用户对原有产品的忠诚。这种努力通常需要大量的投资和先进的技能，往往是以亏损为代价，而且要花费很长时间才能达到目的。如果新加入者进入失败，那么在企业形象上的投资是收不回任何残值的。因此这种投资具有特殊的风险。

(3) 资金需求

资金需求所形成的进入障碍，是指在行业中经营不仅需要大量资金，而且风险性大。加入者要持有大量资金、冒很大风险才能进入。形成需要大量资金的原因是多方面的，如购买生产设备需要资金，提供用户信贷，存货经营。

(4) 转换成本

转换成本指购买者将一个供应商的产品转到另一个供应商的产品所支付的一次性成本。它包括重新训练业务人员、增加新设备、检测新资源费用以及产品再设计等。如果这些转换成本高，那么新加入者必须为购买商在成本或服务上做出重大改进，以便购买者可以接受。

(5) 销售渠道

一个行业的正常销售渠道已经为原有企业服务,新加入者必须通过广告合作、广告津贴等说服这些销售渠道接受它的产品,这样就会减少新加入者的利润。产品的销售渠道越有限,它与现有企业的联系就越密切,新加入者要进入该行业就越困难。譬如,2001年我国加入WTO前,很多管理学者和企业管理者大喊"狼来了",现在我国加入WTO已近10年,大家感觉到"狼"来了么?答案一定是否定的,因为,他们忽略了我国企业所拥有的有效的进入障碍,即营销渠道。

(6) 与规模经济无关的成本优势

原有企业常常在其他方面还具有独立于规模经济以外的成本优势,新加入者无论取得什么样的规模经济,都不可能与之相比。它们是专利产品技术、独占最优惠的资源、占据市场的有利位置、具有学习或经验曲线等。

以上六种进入障碍完全是以企业为主体进行构建的。除此以外,行业进入障碍还有非企业行为,即政府。政府形成的进入障碍会更加直接和有效,如政府为了保护某个行业采取进口配额制、提高关税和绿色壁垒等。

2. 现有竞争者之间的竞争程度

大部分行业中,企业之间的利益是紧密联系在一起的,作为企业整体战略一部分的各企业竞争战略,其目标都在于使得自己的企业获得相对于竞争对手的优势。所以,在实施中就必然会产生冲突与对抗现象,这些冲突与对抗就构成现有企业之间的竞争。现有竞争者之间采用的竞争手段主要有价格战、广告战、引进产品以及增加对消费者的服务和保修等。竞争的产生是由于一个或多个竞争者感受到竞争压力、或看到改善其地位的机会。如果一个企业的竞争行动对其对手有显著影响,就会招致报复或抵制。如果竞争行动和反击行动逐步升级,则行业中所有企业都可能遭受损失,处境会变得更遭。在以下情况下,现有企业之间的竞争会变得更加激烈。

(1) 有众多或势均力敌的竞争者

当行业中的企业为数众多时,必然会有一定数量的企业为了占有更大的市场份额和取得更高利润,突破本行业规定的一致行动限制,采取打击、排斥其他企业的竞争行为。这势必在现有竞争者之间形成激烈竞争。尤其在企业规模相同或相似的行业,竞争程度更加激烈。即便在企业为数不多的情况下,若各企业实力相当,由于它们都拥有支持竞争和进行强烈反击的资源,也会使现有企业间竞争激烈化。

(2) 行业增长缓慢

在行业增长缓慢情况下,企业为了寻求发展,便将力量放在争夺现有市场占有率上,从而打破行业内企业间的竞争平衡,使行业内资源重新分配,增强企业间竞争激烈化程度。在行业快速增长条件下,行业内各企业可以与行业同步增长,而且企业还可以在增长过程中充分利用自己的资金和资源，竞争反而不会激烈。

(3) 行业具有非常高的固定成本或库存成本

当行业固定成本较高时，企业为降低单位产品的固定成本，势必采用增加产量措施追求规模经济，结果往往导致价格迅速下跌，企业的利润空间减少，引起激烈的竞争。与固定成本高有关的一种情况是产品的库存问题。若行业生产的产品库存非常困难或费用极高，在这种情况下，企业就容易为尽快把产品销售出去而降低价格，从而减少利润空间，引起激烈的竞争。

(4) 行业产品没有差别或没有行业转换成本

当产品或服务缺乏差异时，购买者可选择性强，购买者往往趋向于选择价格和服务，这就会使生产者在价格和服务上展开竞争，使现有企业之间的竞争激化。同样，转换成本低时，购买者有很大的选择空间，也会产生相同的作用。

(5) 行业中的总体生产规模和能力大幅度提高

新的生产规模不断增加，必然经常打破行业的供需平衡，使行业产品供过于求，迫使企业不断降价销售，强化现有企业之间的竞争。

(6) 竞争者在战略、目标以及组织形式等方面千差万别

企业如果把市场当作解决生产能力过剩的出路，它就会采取倾销过剩产品办法。多种经营的企业，若把某行业经营的产品视为厚利产品，它就会采取扩大或巩固销售量策略，尽力促使该行业稳定。小型企业为了保持经营的独立性，可能情愿以取得低于正常水平的收益扩大自己的销路，所有这些都会引起竞争激化。

(7) 行业对企业兴衰至关重要

如果取得成功的可能性大，那么行业中企业之间的竞争就会更加激烈。例如，一个多样化经营的公司可能将成功的重点放在某一特定产业中，以推动公司整体战略的成功。或者，一个外国公司为了树立全球声望或技术上的优势，可能会强烈地认为需要在某一国外市场上建立稳固的市场地位。在这样情况下，这些公司的目标可能不仅是多样化，而且更加带有突破性，因为它们只求扩张并含有牺牲其利润的潜在意向。

(8) 退出行业的障碍很大

退出障碍较高，即退出竞争要比继续参与竞争代价更高。当退出障碍高时，经营不好的企业只得继续经营下去，这样使现有企业间的竞争更加激烈。退出障碍主要来源有：具有高度专门化的资产，其清算价值低或转换成本高；退出费用高，如较高的劳动合同费、安置费、设备备件费；战略协同关系，如果企业某一经营单位退出会破坏这种协力；感情障碍，如退出行业经营影响职工的忠诚，对个人事业前途充满畏惧等；政府和社会的限制，政府考虑失业问题、地区经济问题的影响，有时会出面反对或劝阻企业退出该行业。

3. 替代产品的威胁

两个处于不同行业中的企业，可能会由于所生产的产品在功能上相同或相似，可以相

互替代,从而在它们之间产生竞争行为。同时,替代品的出现会打破原行业的供需平衡,也会强化整个行业的竞争激烈程度。这种源自于替代品的竞争会以各种形式影响行业中现有企业的竞争战略:

(1) 现有企业产品售价以及获利潜力的提高,将由于存在能被用户方便接受的替代品而受到限制。

(2) 由于替代品生产者的侵入,使得现有企业必须提高产品质量,或者通过降低成本降低售价,或者使其产品具有特色,否则其销量与利润增长的目标就有可能受挫。

(3) 源自替代品生产者的竞争强度,受产品买主转换成本高低的影响。

总之,替代品价格越低、质量越好、用户转换成本越低,其所能产生的竞争压力就越强。而这种来自替代品生产者的竞争压力的强度,可以具体通过考察替代品销售增长率、替代品厂家生产能力与赢利扩张情况加以描述。所以,在企业进行战略选择时,一方面要明确什么是替代品;另一方面要分析其威胁有多大。

4. 购买商讨价还价的能力

购买者主要通过压价与要求提供较高的产品或服务质量影响行业中现有企业的赢利能力,其结果是使得行业的竞争者们互相竞争残杀,导致行业利润下降。在下列情况下,购买商们有较强的讨价还价能力。

(1) 购买商们相对集中并且大量购买。如果购买商们集中程度高,由几家大公司控制,就会提高购买商们地位。如果销售者行业急需补充生产能力,那么大宗购买商就更具有特别有利的竞争地位。

(2) 购买的产品在购买商全部费用或全部购买量中占很大比重,这时,购买商愿意花费必要的资金购买,而且会收集有关信息,增加对销售者的了解,购买商讨价还价的能力就会增强。反之,只占购买商全部费用一小部分,那么购买商通常对价格不很敏感,无须讨价还价。

(3) 从该行业购买的产品属标准化或无差别产品。购买商在这种情况下可选择性非常强,往往确信自己总是可以找到可挑选的销售者,可使销售者之间互相倾轧,提高了讨价还价的能力。

(4) 购买商的行业转换成本低。高转换成本将购买商固定在特定的销售者身上。相反,如果转换成本低,购买商讨价还价能力就大。

(5) 购买商的利润很低。这样,企业会追求成本最低化,以便提高利润。企业会千方百计地压低购买费用,要求降低购买价格。高赢利的购买商通常对价格不太敏感,同时他们还可能从长计议考虑维护与供应商的关系和利益。

(6) 购买商们采用后向一体化策略。企业采用后向一体化战略会节约空间交易成本,减少对供应商的依赖,大大提升讨价还价能力。

(7) 销售者的产品对购买商的产品质量或服务无关紧要。如果销售者的产品对购买商的产品质量影响很大时，购买商一般在价格上不太敏感。

(8) 购买商掌握供应商的充分信息。这样，购买商在交易中掌握主动权，会享有优惠价格，而且能在受到供应商威胁时进行有利的反击，增强讨价还价能力。

5. 供应商讨价还价的能力

供应商的威胁手段一是提高供应价格；二是降低供应产品或服务的质量，从而使下游行业利润下降，影响行业中现有企业的赢利能力与产品竞争力。供方力量的强弱主要取决于他们所提供给买主的是什么投入要素，当供方所提供的投入要素的价值构成买主产品总成本的较大比例、对买主产品生产过程非常重要、或者严重影响买主产品的质量时，供方对于买主的潜在讨价还价力量就大大增强。具体来讲，在下列情况下，供应商有较强的讨价还价能力。

(1) 供应行业由几家公司控制，其集中化程度高于购买商行业的集中程度。这样，供应商能在价格、质量条件上对购买商施加相当大的影响。

(2) 供应商无须与替代产品进行竞争。如果行业中存在强大的替代产品，即使供应商再强大有力，他们的竞争能力也会受到牵制。

(3) 对供应商们来说，所供应的行业无关紧要。在供应商向一些行业销售产品且每个行业在其销售额中不占很大比例时，供应商更易于应用他们讨价还价的能力。反之，如果某行业是供应商的重要主顾，供应商就会为了自己的发展采用公道的定价、研究与开发、疏通渠道等援助活动保护购买商的行业。

(4) 对买主们来说，供应商的产品是很重要的生产投入要素。这种投入对于买主的制造过程或产品质量有重要影响，使购买者对供应商产生依赖，这样便增强了供应商讨价还价的能力。

(5) 供应商们的产品是有差别的，并且使购买者建立起很高的转换成本。这样，供应商在购买商所在行业会建立起有效的顾客忠诚度，降低购买商对供应商所供产品在价格上的敏感度，增强供应商讨价还价能力。

(6) 供应商采用前向一体化策略。这样，购买商行业若想在购买条件上讨价还价，就会遇到困难。例如矿石公司想要自己用铁矿石炼铁，则对炼铁公司来说构成很大威胁。

实际上，关于五力分析模型的实践运用一直存在许多争论。目前较为一致的看法是：该模型更多是一种理论思考工具，而非可以实际操作的战略工具。因为该模型的理论是建立在以下三个假定基础之上：

(1) 制定战略者可以了解整个行业的信息，显然现实中是难以做到的。

(2) 同行业之间只有竞争关系，没有合作关系。但现实中企业之间存在多种合作关系，不一定是你死我活的竞争关系。

(3) 行业的规模是固定的，因此，只有通过夺取对手的份额占有更大的资源和市场。但现实中企业之间往往不是通过“吃掉”对手，而是与对手共同做大行业的蛋糕获取更大

的资源和市场。同时,市场可以通过不断的开发和创新增大容量。

因此,要将波特的竞争力模型有效地用于实践操作,以上在现实中并不存在的三项假设会使操作者要么束手无策,要么头绪万千。

波特的竞争力模型的意义在于,五种竞争力量的抗争中蕴涵着三种成功的战略思想,那就是大家熟知的:成本领先战略、差异化战略和集中化战略。详见表3-2。

表3-2　波特五力模型与一般战略的关系

| 行业内的五种力量 | 一般战略 | | |
|---|---|---|---|
| | 成本领先战略 | 差异化战略 | 集中化战略 |
| 进入障碍 | 具备议价能力阻止竞争对手的进入 | 培育顾客的忠诚度,削弱潜在入侵者的信心 | 通过集中战略建立核心能力,阻止竞争者进入 |
| 买方议价能力 | 具备向大买家出更低价格的能力 | 因为选择范围小而削弱大买家议价能力 | 因为没有选择范围,使大买家丧失谈判能力 |
| 供方议价能力 | 更好地抑制大卖家议价的能力 | 能将供应方的涨价部分转嫁给顾客 | 集中化战略能将供应方的涨价部分转移出去 |
| 替代品的威胁 | 利用低价抑制替代品的威胁 | 培养顾客的忠诚度,降低替代品的威胁 | 特殊的产品和核心能力能削弱替代品的威胁 |
| 行业内竞争对手的竞争 | 更好地利用价格进行竞争 | 忠诚度的存在降低了对其他竞争者的敏感度 | 竞争对手无法满足集中差异化顾客的需求 |

**【小资料2】**　*方太抽油烟机案例*

进入20世纪90年代以来,随着房地产业的快速发展,抽油烟机行业需求旺盛。而且,进入行业技术门槛较低、生产成本不高、行业平均利润较大特点,吸引了众多的企业进入该行业。目前,国内抽油烟机市场共有生产厂家400多个,品牌多达近300个。但大多数品牌规模较小,一些杂牌也混在其中,从而使整个市场的品牌分布显得十分杂乱。帅康、方太、老板已在市场占有一定优势,在消费者心目中的认知度和信任度均明显提高,市场占有率也显著提高。

与中国市场上其他大家电产品不同,抽油烟机在2002年以前基本上是国货天下。市场上一些可见到的国外品牌产品大多数定位在高档市场,价格很贵。但从2002年以来,伊莱克斯、西门子和松下国外大家电生产企业也相继进入厨具行业,参与抽油烟机市场角逐。而且,国内的大家电企业如海尔、科龙、美的等斥巨资进入抽油烟机行业,大有不做老大誓不罢休之态。一些新兴民营中小企业也进入抽油烟机行业,如德意、普田。

与中国其他的民营企业相比,方太已走领先之路。公司创立即致力于走品牌之路,导入CI,并率先在同行业通过ISO 9001认证,确立"规范管理＋科学管理＋人本管理＋方太文化"为方太管理模式,并努力营造"产品、厂品、人品"三品合一的企业文化,提出"方太让家的感觉更好”的核心价值观。公司鼓励员工们学习、创新与协作,并建立起完善的员工培训教育制度和生活福利制度,努力让每一位方太人坚信实现自我价值的理想途径便是方太事业的成功。

方太的产品策略可以简洁地总结为三大定位:专业化、中高档、精品化。这三大定位成为方太未来发展坚持的战略方针。方太提出的口号是:做专、做精、做强,然后再做大,方太品牌要成为厨房专家的品牌。

除了狠抓产品外,方太非常重视销售体系的建设。在销售实践过程中,公司意识到,除了加强制度化建设管理销售体系外,品牌在销售中起到越来越显著的作用。于是,公司加大力度全方位塑造品牌。请香港亚视著名烹饪节目支持人方太女士做广告代言人,在央视以及省电视台投放广告。至今累计投入各种广告超过1亿元,位居所有抽油烟机品牌榜首。借鉴海尔的经验,方太加强了售后服务工作,建立客户服务中心和呼叫中心,开通了行业第一个24小时值班800免费电话,在专业厨具生产企业中率先推出“三年保修,终身维修”,在全国范围内实施免费清洗服务举措。

试用波特的“五力模型”分析抽油烟机行业的竞争状况。

**资料来源**:徐国良等.企业管理案例精选精析.北京:中国社会科学出版社,2009.

### 3.3.2 产业内部结构分析——战略集团

产业竞争性分析的基点是确定五种竞争力量的来源及强弱,这些力量决定了产业中竞争的性质和该产业中所具有的潜在利润。产业内部结构分析则是解释同一产业中,企业之间在经营上的差异以及这些差异与它们战略地位的关系。为此,按照产业内各企业战略地位的差别,将企业划分成不同的战略集团,分析产业内各个战略集团之间的关系,从而进一步认识产业及其竞争状况,为企业战略选择提供依据。

1. 战略集团的含义

战略集团也称为战略群体,是指一个产业内执行同样或类似战略并具有类似战略特征的一组企业的集合。在一个产业中,如果所有的企业都执行基本相同的战略,则该产业中只有一个战略集团。如果每个企业都奉行与众不同的战略,则该产业中有多少企业便有多少战略集团。当然,在正常情况下,一个产业中仅有几个战略集团,它们采用性质根本不同的战略。每个战略集团内的企业数目不等,但战略相同或相似。例如,在我国家电行业就存在两大战略集团:一个是以长虹为代表的,以价格战为主导的战略集团;另一个是以海尔为代表的,以质量和服务为主导的战略集团。

同一战略集团的企业除了广义的战略相同外,还在许多方面彼此非常相近。它们在类似战略影响下,会对外部环境做出类似的反应,采取类似的竞争行动,占有大致相同的市场份额。这种特征可以用战略集团结构图勾画出来,并作为产业内部竞争分析的一种工具,如图3-4所示。在图3-4中,横轴代表纵向一体化程度,纵轴代表专业化程度。对于战略集团来说，这是两个重要的约束因素。实际上，战略分析者还可以根据产业的特点和需要，确定不同的、重要的战略约束因素，以便更清楚地勾画出产业中不同类型的战略集团。一般来讲，以标志图形的大小表示每一战略集团中企业市场占有率。

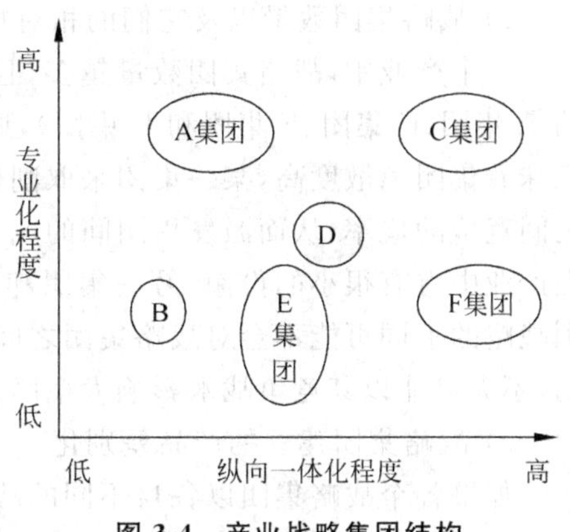

**图 3-4 产业战略集团结构**

战略集团图作为一种分析工具，既不同于产业整体分析方法，也不同于单个企业的个别分析方法，而是介于两者之间。它是从产业中不同企业的战略管理中找出带有共性的因素，以便更准确地把握产业中竞争的方向和实质，准确定位企业的主要竞争者，避免以大代小或以小代大所造成的缺陷。在勾画战略集团图时，必须选取少数战略变量作为图轴，所遵循的原则是：

(1) 用作图轴的最佳战略变量是那些对产业中战略集团的形成起决定作用的变量。

(2) 所选的轴变量不可一同变化。例如，如果所有实行产品差别化的企业也都具有宽产品线，则不应当将这两个变量都选为图轴，因为这样没有可比性。而应把反映产业中战略组成多样化程度的变量选为图轴，以便加以区分和比较。

(3) 图轴变量无须一定是连续或单调的。

(4) 对一个产业可以勾画数个战略集团图，利用战略方向的各种组合认清和辨识最关键的竞争问题。

2. 战略集团间的竞争

一个产业中如果出现两个或两个以上战略集团，则可能出现战略集团之间的竞争，也就是说会有价格、广告、服务及其他变量的竞争。战略集团之间的竞争激烈程度不仅影响整体产业的潜在利润，而且在对付潜在的产业进入者、替代产品、供应商和销售商讨价还价能力等方面表现出很大的差异性。一般来说，下列四个因素决定一个产业中战略集团之间的竞争激烈程度。

1) 战略集团间的市场相互关连程度

市场关连程度是各战略集团为同一顾客进行争夺的程度，或者说是它们为争取不同细分市场中的顾客进行竞争的程度，这主要是由战略集团间的市场重叠度造成的。当战略集团间的市场重叠度高时，战略集团间将出现剧烈竞争。例如，在农药产业中，对所有战略集团来说，集团所拥有的顾客(即农民)都相同，这会引起激烈的竞争。当战略集团将目标放在差别很大的细分市场上时，战略集团间的彼此兴趣及相互影响就会小很多，竞争也就不激烈。当它们的销售对象区别很大时，其竞争就更像是在不同产业的集团间进行。

2）战略集团数量以及它们的相对规模

一个产业中，战略集团数量越多，且各个战略集团的市场份额越相近时（如图 3-4 中的 A 集团、C 集团、E 集团和 F 集团），则战略集团间的竞争越激烈。战略集团数量多就意味着集团离散度高，某一集团采取削价或其他战术攻击其他集团的机会多，增加了集团之间竞争的概率，从而激发集团间的竞争。反之，如果集团的规模极不平衡，如某一集团在产业中占有很小的份额，另一集团却有很大的份额（如图 3-4 中的 A 集团和 B 集团），则战略的不同可能不会对战略集团之间的竞争方式造成很大的影响，因为小集团力量太弱，不大可能以其竞争战术影响大集团。

3）战略集团建立的产品差别化

如果各个战略集团以各自不同的战略将顾客区分开来，生产出不同的产品满足这些顾客的不同需求，使他们各自偏爱某些商标而形成忠诚度，则战略集团间的竞争程度就会大大降低。相反，就会引起激烈的竞争。

4）各集团战略的差异

战略差异是指不同战略集团奉行的战略在关键战略方向上的离散程度，这些战略方向包括商标信誉、销售渠道、产品质量、技术领先程度、成本状况、服务质量、纵向一体化程度、价格、与母公司或东道国政府的关系等。如果其他条件相同，集团间的战略差异越大，集团间就越可能只发生小规模的摩擦。集团奉行不同的战略导致它们在竞争思想上有极大的差别，并使它们难以相互理解他人的行为，从而避免茫然的竞争行动和反应。

所有上述四个因素的共同作用决定产业中战略集团的竞争激烈程度。最不稳定，即集团间激烈竞争的情况是，产业中存在几个势均力敌的战略集团，各自奉行全然不同的战略并为争取同一类基本顾客竞争。反之，一般较为稳定的情况是，产业中有少数几个大的战略集团，它们各自为一定规模的顾客而进行竞争，所奉行的战略除少数几个方向外并无差异。

## 3.4 竞争对手分析

竞争对手是企业经营行为最直接的影响者和被影响者，这种直接的互动关系决定了竞争对手分析在外部环境分析中的重要性。分析竞争对手的目的是了解每个竞争对手的战略目标、可能采取的战略以及可能实施战略的方法；了解竞争对手所拥有的资源和能力；了解各竞争对手对其他公司的战略行动可能做出的反应，以及各竞争对手对可能发生的产业和环境的变化做出的反应等。

根据迈克尔·波特教授对竞争对手的分析模型，对竞争者的分析有四种诊断要素，见图 3-5，即竞争对手的长远目标、竞争对手的现行战略、竞争对手的假设和竞争对手的能力。

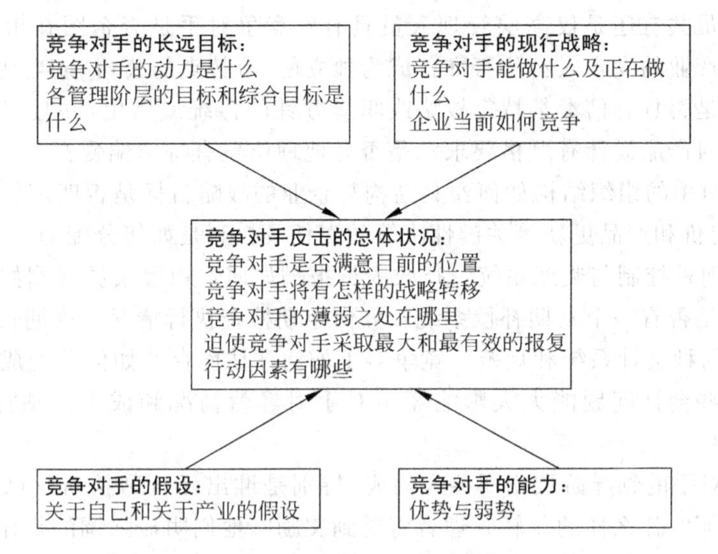


图 3-5　竞争对手分析要素

1. 竞争对手的长远目标

对竞争对手长远目标的了解可预测每位竞争对手对其目前位置是否满意，以及竞争对手的发展方向，由此预知这个竞争对手将如何改变战略以及对于外部环境的变化或对于其他公司战略行动的反应能力。例如，一个注重市场竞争地位稳步增长的公司和一个注重保持投资收益率的公司对经济衰退或另一公司市场占有率提高的反应可能不同。对竞争对手目标的了解也有助于预测它对战略变化的反应，了解竞争者决策层的管理风格和对待风险的态度。在其目标及所面临的上级公司压力一定的情况下，某竞争对手受到某些战略变化的威胁会比其他对手受到的大得多。这种威胁程度将改变报复的可能性。最后，对竞争者目标的了解有助于解释竞争对手所采取的行动的严重性。竞争对手为达到它的一个中心目标而采取的战略行动绝非偶然事件。同样，对竞争者目标的了解有助于了解上级公司是否会支持下属公司所采取的行动，确定它是否愿做下属公司对付竞争对手行动的后盾。

如果竞争对手是某母公司中的一个战略经营单位，则对目标的了解应当是对多级领导目标的了解。公司级的、经营单位级的，甚至职能部门以及个别经理的目标都要了解。

1）战略经营单位的目标

(1) 竞争对手陈述的财务目标与未陈述的财务目标是什么？竞争对手在制定目标时是如何考虑得失的？

(2) 竞争对手持何种风险态度？

(3) 竞争对手是否存在对其目标有重大影响的经济性或非经济性的组织价值观或信

念？是全体成员共有还是仅高层管理人员具有？竞争对手是否企图在市场上成为领先者？是否想当产业的发言人？是否准备成为独立的、有特点的公司，或当技术潮流的主宰者？竞争对手是否具有信奉某特定战略或职能方针的传统或历史，并且习惯性地把它写进目标？是否对产品设计有严格要求？是否对地理位置有特殊偏爱？

(4) 竞争对手的组织结构如何？其结构与企业的战略目标是否匹配？这种结构对诸如资源分配、定价和产品更新等关键性决策的责任及权利是如何分配的？

(5) 现有何种控制与奖惩系统？行政人员报酬如何？销售人员报酬如何？管理人员拥有股份吗？是否有一个延期补偿系统？如何定期检查执行情况？周期长短如何？

(6) 现有何种会计系统和规范？竞争对手如何评估库存？如何分配成本？如何计算通货膨胀？这些会计问题能大大影响竞争对手对经营情况和成本的估计，影响定价方法等。

(7) 竞争对手的领导阶层由哪些人构成，特别是谁出任首席执行官(CEO)？他们的背景和经历如何？什么样的年轻管理者将受到奖励？他们明显强调的是什么？公司招聘外来人员是否意味着他们将转变方向？

(8) 领导阶层对未来发展方向有多大的一致性？领导阶层内的宗派主张不同的目标吗？

(9) 董事会成分如何？是否有足够的产业外人员并带来外部行之有效的观点？董事会中有何种产业外人员？他们的背景及其有关公司情况如何？他们如何经营自己的公司？他们的利益何在？

(10) 什么样的合同义务可能限制公司的选择余地？是否存在某些债务，限制了某些可能的目标？是否由于许可证的转让或合资合同带来限制？

(11) 在可能对弱小竞争对手的战略行动和扩大市场份额的行为采取报复时，是否存在任何条例、不信任法案，或其他政府或社会限制？竞争对手在过去面临过不信任问题吗？由于什么原因？达成任何一致判决吗？

2) 母公司与战略经营单位的目标

如果竞争对手是某个较大公司的一个战略经营单位，其母公司很可能对这个单位有所限制或要求。这种限制或要求对预测它的行为非常关键。除以上讨论过的问题外，还需回答下列问题：

(1) 母公司当前经营状况(销售增长率、投资收益率、市场占有率等)如何？

(2) 母公司的总目标是什么？从这一点出发，母公司需要它的战略经营单位做什么？

(3) 一个战略经营单位在母公司的总体战略中有何重要的战略意义？母公司将该单位产品视为“拳头产品”，还是视为边缘产品？该部门的产品在母公司多样化组合中的位置何在？是处于成长期而作为母公司的未来的关键产品之一，还是成熟、稳定的产品从而作为现金的来源？业务经营单位在战略上的重要性对所要达到的目标有何关键性影响？

(4) 母公司为何要经营某项产品(因为剩余资源、纵向联合需要,或为了开发销售渠道以及为了加强市场开发的力量)?这方面情况为母公司进一步提供如何看待该业务部门的贡献,以及对其战略地位和行为可能施加的压力等方面信息。

(5) 某业务经营在母公司多样化经营组合中与其他业务的经济关系如何(纵向联合、相互补偿、分担、分享研究开发和营销渠道)?这种关系在母公司对某经营单位的特殊要求中意味着什么?

(6) 整个公司高级领导阶层持何种价值观或信念?他们想成为所有经营品种技术上的领先者吗?

(7) 母公司是否打算将用于其他战略经营单位的基本战略同样用于这一单位?

(8) 竞争对手的业务部门所面临的销售目标、投资收益障碍以及资金限制情况如何?已知它和其他兄弟战略经营单位的经营状况及母公司为它设置的目标,它能在与兄弟部门竞争以获取母公司资金的过程中成功吗?该部门是否足够大或具有足够资源和潜力博得母公司的注意和支持?母公司对战略经营单位的分权程度如何?其兄弟部门的资金投资额的要求是多少?已知母公司对各个部门的重视级别以及分红后可用资金的估计,该部门能分得多少资金?

(9) 母公司的多样化计划如何?公司是否正计划进入其他消耗资金的领域?或者进入那些意味着今后将长期把重点放置其中的业务领域?母公司是否由于有增效机会而会转而支持该部门?

(10) 母公司的组织结构提供了何种关于该经营单位在母公司眼中的相对状态、地位以及目标等方面线索?该部门直接向总裁报告还是向有影响力的公司副经理报告,或者它本身隶属于几个较大的组织实体的一部分?组织中是否已有“新人”负责,还是正处于更换管理者时期?

(11) 在母公司总体结构中,如何对战略经营单位领导进行控制和奖惩?检查周期多长?奖金与工资的比例如何?奖金的基础何在?是否为股份持有者?这些问题可以清楚地揭示有关业务部门的目的和行为。

(12) 母公司奖励了哪些类型的经理?这表明母公司高层管理者欲强化的战略行动,因而也暴露出业务部门的目标。在母公司中各业务部门的经理人员更换的频率如何?

(13) 母公司从何处招聘业务部门领导?现行领导是内部提升的还是从外公司招聘?现任总经理是从哪个职能部门上来的(暗示高层领导可能偏好的战略方向)?

(14) 是否存在对某公司整体的不信任法案、条规或社会敏感因素,从而波及和影响到其他业务部门?

(15) 母公司特别是高层领导是否对这个部门有感情?这个部门的产品是公司最早的产品吗?此部门过去的总经理是否在母公司上层管理机构中工作?是否由现任的高级领导做出合并发展该部门的决策?在这位经理领导下是否着手进行计划和行动?这些关

系都暗示着该部门将获得非同一般的注意和支持,同时也暗示撤出障碍。

2. 竞争对手的假设

竞争对手分析的第二个关键性因素是了解每个竞争对手的假设。有两类假设:

(1) 竞争对手对自己的假设;

(2) 竞争对手对产业及产业中其他公司的假设。

每个公司都对自己的情况有所假设。例如,它可能把自己看成社会上知名的公司、产业霸主、低成本生产者、具有最优秀的销售队伍。这些对于本公司的假设将指导它的行动方式和反击方式。例如,如果它自视为低成本的生产者,它可能规定一个削价条例使价格自行降低。

正如竞争对手对它自己持一定假设一样,每个公司对产业及其竞争对手也持一定假设。同样,这可能正确也可能不正确。对所有假设的检验能发现竞争对手的反应,发现管理人员在认识其环境方法中存在的偏见及盲点。竞争对手的盲点可能是根本看不清重大事件何在,也可能是没有正确认识自己,还可能只是很慢地认识自己。找出这些盲点可帮助公司产品采取不大可能遭到反击的行动或者采取即使有报复也不太奏效的行动。

3. 竞争对手的现行战略

对竞争对手分析的第三个要素是分析竞争对手的现行战略,其目的是了解竞争对手的战略态势,从中分析竞争对手所拥有的资源和能力,以及决策层的思想态度。具体方法是列出每个竞争对手现行战略的清单,把竞争对手的战略看成各职能部门的关键性经营方针的总和,了解它是如何寻求各职能部门相互联系的。在本书第6章列出了一般竞争战略选择。

4. 竞争对手的能力

竞争对手的目标、假设和现行战略会反映出竞争对手反击的可能性、时间性、性质及强烈程度,而其优势与劣势,即它的实力将决定它发起进攻或反击的战略行动的能力以及应付所处环境或发生事件的能力。本书第2章企业内部环境分析要素及方法同样适用于对竞争对手能力的分析。在此分析的基础上,要重点考察竞争对手以下能力:

1) 核心能力

(1) 竞争对手在各职能部门中业务能力处于什么水平?最强之处是什么?最弱之处在哪里?

(2) 随着竞争对手的成熟,这些方面的能力是否可能发生变化?随着时间的推移,其能力是增强还是减弱?

2) 增长能力

(1) 竞争对手发展壮大的能力如何?

(2) 从财务角度看,竞争对手在哪些方面能持续增长?

3）快速反击能力

竞争对手迅速对其他公司的行动做出反应的能力如何？立即组织防御的能力如何？这种能力将由下列因素决定：无约束储备金、保留借贷权、厂房设备的余力、定型的但尚未推出的新产品。

4）适应变化的能力

（1）竞争对手的固定成本对可变成本的情况如何？未用设备的成本如何？

（2）竞争对手的各职能领域适应或对条件变化的反应能力如何？

（3）竞争对手能否对外部事件做出反应？

（4）竞争对手是否面临退出障碍？

（5）竞争对手是否与母公司的其他经营单位共用生产设备、推销队伍和其他设备人员？这些因素可能会抑制其调整其能力或者可能妨碍其成本控制。

5）持久力

竞争对手支撑可能使其收入或现金流承受压力的持久战的能力有多大？这种能力将由如下因素决定：现金储备、管理人员的一致性、长期财务目标和是否有来自股票市场的压力。

## 3.5　市场信号辨识

市场信号(market signals)是由美国经济学家斯朋塞在1974年提出的。市场信号是一个竞争对手的行动征兆。这些信号能直接或间接地反映竞争对手的意图、动机、目标、战略或内部情况。竞争企业在对某一特定竞争行动做出反应之前，必然要对该行动所包含的信息进行接收、解释和判断。竞争对手提供信号的方式多种多样，有些信号是虚假的，有些信号是某些事件发生的前兆，有些信号是警告，还有些表示了某些行动的趋势。概括来说，市场信号的基本种类有两种：真实信号和虚假信号。真实信号是竞争者动机、意图和目标的真实指示；虚假信号是竞争者为本身利益而设计，使其他企业错误地采取或不采取某些行动。市场信号作为表达企业与竞争对手间意图、目标的行动或暗示，传递着或清晰或模糊的信息，对于竞争对手间的竞争反应互动有着不可忽视的影响，对于管理者们制定有效的竞争策略和行为也至关重要，需能准确地译解市场信号，对竞争者进行基本分析，了解竞争对手的未来目标，对于市场和其本身的假设，当前的战略和能力等。同时，发现市场信号，建立在对竞争对手已知情况和其行为进行分析对比并做出敏锐判断，要有译解信号的洞察力，是不断对竞争者行为和竞争者情况进行比较的结果，这是企业管理者们应具备的一种个人能力。因此，发现和准确地识别市场信号，对于制定和改进竞争战略至关重要。下面介绍几种国内外企业常用的市场信号。

1．提前预告

提前预告是竞争者使用的正式信号，其形式、性质、时间可能是有力的信号。预告可能被实施也可能不付诸实施，如工厂建设、价格更改。一项预告可能被宣布，然而并不付诸实施。所以，提前预告往往表现为一种计谋，其原因可能是根本就不准备实施，也可能后来又宣布取消。宣告的特性使其作为信号更有价值。提前预告的目的可能是以下几种：

(1) 可以表示某种行动意图。例如，如果某竞争者宣布某种重大新增能力计划，这种增大的能力可以满足预期工业增长的全部需求，这个企业可能会试图劝说购买者不要购买其他企业的产品。同时，说服其他企业不要生产同类产品，因为那会导致能力过剩。如IBM的典型做法是，宣布一种还未做好上市准备的新产品，以使购买者在其新产品未上市前不购买其他企业的产品。

(2) 如果某竞争者坚持执行其预定计划，提前预告可能是一种威胁。如企业A得知企业B对某些产品有降价意图(或企业B宣布了这种意图)，企业A可能也宣布降价，但降价幅度比企业B大得多。虽然企业A不一定真想这么做，但这可能会有效制止企业B实施降价措施，因为B知道A不高兴看到较低的降价，并准备进行价格战。

(3) 提前预告可能是对竞争者意见的试探，这是在利用提前预告不是必须实行这一长处。如企业A可能宣布一项新的保证计划，并观察其他企业的反应，如果反应并非出乎预料，企业A将按计划进行变更；如果竞争者发出不愉快信号，或宣布某种与A不同的保证计划，A可能撤销已计划的变更，或宣布一项修正计划以适应竞争对手。

(4) 提前预告可以是在不断发展的竞争环境中表达心态信息的工具。宣告一项与某竞争者一致的行动意味着高兴，而宣告一项惩罚行动或与竞争者差异很大的行动则表示不高兴。

(5) 提前预告作为一种调和步骤，以使即将采取的战略调整对其他企业具有最小的刺激作用。这种预告是试图避免企业战略调整触发的一系列不利的报复行动和竞争。例如，企业A认为产业的价格水平应向下调整，提前宣告这一行动，并应用具体的成本变化加以说明，这种做法可以避免其他企业将这种价格变化认作企业A在市场份额方面的侵略行为，并因此采取某些积极的反应。当必要的战略调整并不带有侵略性时，预告的这种作用非常普遍地被使用。但是，这种预告也可被用于欺骗竞争对手使其具有安全感，以有利于本企业采取侵略行动。

(6) 当很多新增工厂可能造成能力过剩时，提前预告可能避免如能力增加等有代价的刺激行动。一个企业可以提前宣布扩展计划，以利于其他竞争企业做好扩展计划，这样可以使行业能力过剩变得最小，避免激烈竞争的发生。

(7) 提前预告可以向金融机构传送信息，达到提高股票价格和提高企业信誉的目的。这种做法意味着企业在某种公共关系动机驱使下，将其本身的情况尽可能公布出去。但这种预告会将不适当的信息传送给竞争对手，造成不必要的麻烦。

2. 事后宣告

企业经常在事件发生之后宣布行动或结果,如新增工厂、销售数据。特别当所透露的信息是很不易得到的或其程度使公众吃惊时,这种宣告可能带有某种信号。在事实之后的宣告具有告知其他企业注意这些信息以改变他们行为的作用。

像任何宣告一样,一项事后宣告可能是不真实的或更可能是带有欺骗性的,虽然这种情况似乎并不普遍。许多这种与数据有关的宣告,像市场份额等,当企业认为这些数据具有抢占性质或者能传达某种行动信息时,他们有时宣布被误解的数据。这种战术的一个例子是宣布包括与产品系列相关产品在内销售数字,这个数字使市场占有率明显变大。另一种战术是引用一个新建厂的最终能力,也就是将包括新建厂在内的最终生产能力作为最初的能力。如果企业能够了解这种情况,或将这种错误引导的数据扣除,就可以得到有关竞争者的意图和真实实力的重要信号。

3. 同一产业竞争者的公开评论

竞争者们对产业条件进行评论,如对价格和需求的预测,对未来生产能力和重要外部变化,如原材料涨价等情况的预测,这种评论带有某种信号,因为它可能暴露出发表评述的企业对产业情况的假设,而其战略正是建立在这些假设基础之上。这种评论可能有意识或无意识地企图使其他企业在同样假设条件下运行,以使错误动机或恶性竞争发生的机会减到最小。这样的评论也可能包含含蓄的限制价格竞争的要求。

企业也可能为改善本身地位而对产业情况进行评论。一家企业倾向让价格下降,以使竞争者的价格显得太高,即使其竞争者确实应保持其价格水平。这种可能性意味着一家注视着竞争对手评论信号的企业,必须依靠自己证实产业情况,并寻求在何种情况下,按竞争者对事实的解释可使自己地位改善,由此得以明确自己的意图。

除一般地对产业情况进行评论外,竞争者有时对其对手的行动直接进行评论。这种评论可表达对某种行动的态度。但像其他公开宣告一样,对其目的可有不同的解释。这可能是一种为自身服务的、对竞争者活动意愿的曲解,以求改善其自身地位。

有时企业指明赞扬竞争者和笼统地赞扬整个产业,这种赞扬经常是一种调解姿态,其目的是减轻紧张状态或结束不愉快行动。当企业受全行业在顾客或金融机构中整体形象影响情况下,这种赞扬很流行。

4. 竞争者讨论和解释自身行动

竞争企业经常公开或利用某些讲坛讨论自身的行动,这种场合很可能使讨论传播到其他企业。一家企业对自身行为的解释或讨论可有意识或无意识地服务于三种目的:①企图使其他企业了解这一行动的道理,追随这一行动。或者发出信息,即这一行动并非要刺激其他企业。②对行为的解释和讨论可能是一种抢先占据的姿态,即将推出新产品和进入新市场的企业有时告诉新闻界,其行动代价是如何高昂和如何困难的故事,这个故事可能会吓住其他企业不敢一试。③这种讨论和解释可能企图传达某种承诺。一个竞争者可以强调投入资源的巨大数量和在新领域中的长期目的，因此使对手相信它将驻足在那个领域，且没有取代对手的意图。

5. 将竞争者的战略与其可能采用的战略比较

将竞争者采取的战略与其可能采取并且可行的战略比较，如实际采取的价格和广告水平、新增能力的规模、采用的具体产品特性，这些都携带有关于动机信号。如果竞争对手选择的战略行为达到某种程度，以致它可以最严重地损害其他企业的利益，这就是一种强烈的侵略信号。如果一家企业实际行动能够更严重地损害其他企业，但它选择了另外一种对其他企业危害较小的战略，这是一种潜在的调和信号。一个企业采取一种与其自身狭隘利益不一致的行动也意味着发出调和信号。

6. 战略变更的最初执行方式

战略变更所采取的方式可帮助区别竞争者的愿望，是进行惩罚还是采取一项对整个产业都有益的行动。例如，一个竞争者的新产品可以首先打入边缘市场，也可以直接采取侵略方式出售给竞争对手的主要顾客；价格变更可以在某些其他企业没有太大兴趣的产品或市场部分进行，也可以首先对相当于竞争对手产品系列中主要产品的某些产品价格进行变更；一项行动可以在每年进行产品类型调整的正常时间进行，也可以在某一非正常时间进行；等等。但是，像通常一样，这类战略行为也有欺骗的可能。

7. 偏离过去的目标

如果一家企业在历史上专门生产产品系列中的高档产品，现在却开始生产一种低档产品，这是一个信号，表明其重大目标方面的重新制定或对企业环境有了新的假设。这也许是企业战略的调整，这种在任何战略方面的目标转移都带有此类信息。当竞争对手偏离传统目标时，企业应在一段时间内对信号给予认真的关注并进行竞争者分析，以确定其发展方向。

8. 偏离产业惯例

偏离产业惯例的行为通常是一种侵略信号。这方面例子包括对在产业中从未降过价的产品进行削价销售，在一个全新的地区或国家建立工厂等。

9. 交叉回避

当一家企业在某个领域开展一项行动，而其竞争者的反应是在对发起者有影响的另一个领域采取行动，这种情况叫做交叉回避。当某些企业在不同的地区竞争或这些企业的产品系列不完全相同时，这种情况经常发生。例如，一个以东部为基地的企业进入西部市场，然后这个企业可能发现一家西部企业的反应是向东部市场进军。类似情况在美国咖啡业发生过。马科斯韦尔公司很长时间以来在东海岸有很大市场，而发尔格公司在西海岸很强大。发尔格公司被帕克特与甘伯公司兼并后，通过采取积极的市场策略开始加强对东海岸市场的入侵。马科斯韦尔公司的反击策略是在发尔格公司的重要西部市场上降价和增加市场推销活动。

对交叉回避的反应有这样一种选择，防御企业对于最初的行动不进行直接反应，而是间接进行反击。采取间接反击方式的企业可以有节制地不采取毁灭性行动，避免在被入侵的市场直接进行对抗，而是清楚地表示不满和事后进行严峻报复的威胁。如果交叉回避行动指向入侵者的次要市场，可能是表示某些事件将发生的信号，但不希望触发未做准备和仓促的反击行动。对入侵者次要市场的行动也可能表示，如果入侵者不撤销行动，防御者将在随后的交叉回避行动中投入更大的力量，会引起激烈的竞争。上述分析的含义是，在交错的市场中保持一种有节制的姿态，可能是一种有用的潜在威慑力量。

10. 格斗商标

一种与交叉回避相关的信号形式是格斗商标。一家受到威胁或潜在威胁的企业可能采用一种商标，这种商标具有对威胁者进行惩罚或表示要进行惩罚的作用。如可口可乐公司在20世纪70年代中期曾采用一种叫做“皮伯先生”的新商标，这种商标的产品与一种正在侵占其市场的叫做“皮伯博士”的产品非常近似。格斗商标可以作为一种警告或威慑手段，也可作为一种进攻性的战略武器。

11. 秘密反不正当竞争行为诉讼

如果某企业秘密指控竞争对手有不正当竞争行为，这一行动可被认作不满信号，在某些情况下，是一种骚扰或拖延战术。因此，秘密诉讼与交叉回避战略非常相似。因为秘密诉讼可以在任何时候由提出企业撤回，相对于削价竞争等策略来说，这是一种潜在的、温和的不满信号。当一家较弱的企业指控一家较强的企业时，这种指控可能是一种使较强企业警觉的方式，使其在诉讼悬而未决时减少入侵的力度或不采取任何入侵行动，为弱小企业争取宝贵的时间。当大企业指控小企业时，诉讼可能是实行处罚的经过粉饰的方法，因为诉讼迫使弱小企业在很长时期承担高额法律费用并牵制其在市场竞争中的注意力。

12. 根据历史辨别信号

研究历史上一家企业的公告和行动之间的或其他各种潜在信号及后果之间的关系，将极大地提高准确判别信号的能力。对竞争对手过去行动之前无意中露出的信号进行研究，对发现这一企业新的无意识的信号会很有帮助。在产品改变之前，销售部门是否总是采取特定行动？新产品是否总是在全国销售会议之后推出？新产品上市之前，现有产品价格是否总是先变化？当能力利用达到某一特定水平时，对手是否总是宣告能力增加？等等。毫无疑问，在译解这些信号时，总会有与过去行为偏离的可能性。理想的完整竞争对手分析将事先发现这种偏离的经济和组织原因。

对市场信号的注意是否可能分散精力，在译解市场信号方面的微妙性可能会造成一种观点，即对市场信号太多的注意是一种与生产相矛盾的精力分散。一种观点认为，与其猜测对手紊乱的行为和信号，不如将其时间和力量用于竞争。虽然可以想象一种情况，即高级领导都集中精力于各种信号，以致忽视了经营管理和取得有力的战略地位。但这种想象并不足以为忽视有价值的潜在信息辩解。战略制定本身就包含着对竞争者及其行为的某些明确和不明确的假设。市场信号可能极大地增加企业对竞争者的了解,并因此增强这些假设的准确性。无视市场信号就等于无视全部竞争者。

【小提示】

将市场信号奉若神明,永远不会和市场争辩;我们或许没有过人的先见之明,但一定不会忽视任何有利和不利于自己和企业的各种市场信号。

## 本章小结

本章在第2章内部环境分析基础上,重点介绍了企业外部环境分析的内容和方法。介绍了外部环境的结构,剖析了外部环境的特点。详细分析了宏观外部环境和微观外部环境的内容,介绍了PEST分析和波特的五力模型两个重要的工具。在行业环境分析中,重点介绍了行业战略集团,分析了行业战略集团的特性及战略集团间的竞争。在对竞争对手分析中,从竞争对手的长远目标、竞争对手的现行战略、竞争对手的假设和竞争对手的能力多角度入手分析了企业竞争对手。最后,提出了12种市场信号,为企业在竞争中提供参考。

## 案例分析

### 可口可乐案例分析

罗伯托·古兹维塔证明企业将焦点集中于清凉饮料市场业务也能日益蓬勃,而且,可口可乐已经成为市场上知名品牌。

古兹维塔在假期中看了1992年的经营数据,非常不满意。这一年是他担任董事长期间股票表现及经营绩效最差的一年。原因是从美国到欧洲、日本、墨西哥、巴西各大市场在1992年都经历了经济放缓或衰退。全球销量只增长3%。在美国市场,除了经济不景气外,还有其他麻烦,新世纪饮料、罐装茶、非可乐清凉饮料、自有品牌等突然有了明显的占有率。可口可乐供应商也提出了一些要求,这让古兹维塔很烦恼。

与可口可乐的销售量相比,新饮料实在是微不足道。可口可乐的清凉饮料市场占有率虽自1984年的63.6%顶峰下滑,但仍保持了60%,并有276亿美元的收入。但古兹维塔说:"我们要所有位置,不让他们有一点空间。"

古兹维塔决定采取大规模市场行动,目的在活化可口可乐品牌。为此,古兹维塔与英国的施微碧结盟,并与雀巢合作卖罐装茶。要在短时间内开发出一连串新产品,反击来势汹汹的新世纪饮料。古兹维塔把可口可乐的业务精简到它的精髓,这精髓就是它的商标。可口可乐独特的瓶身、红色的圆形标志,都由其商标而来。虽然清凉饮料各有独特的配方,但它们的市场价值其实来自可口可乐的公司名称。

古兹维塔除了加强本土业务外，大力发展海外业务，与百事可乐进行残酷的竞争。罐装瓶厂计划的成功执行为可口可乐公司在全球业务拓展上增添了伙伴，某些装瓶厂甚至把触角伸进其他州，这超过古兹维塔原先的期望。

当可口可乐得到情报，百事可乐将在1993年年初推出新产品——透明无色的百事可乐时，古兹维塔立刻展开行动。他认为无色可乐是短命潮流，但他利用这个机会让员工知道可口可乐的行动可以快到什么程度，新饮料从研制配方到店面上架只用了60天。

大量新饮料上市等于送出明显信号：消费者要试试新产品，这是古兹维塔不能忽视的。消费者购买分散、规模小，但选择性强，古兹维塔对此非常清楚。1993年年初，古兹维塔在美国可口可乐公司成立新产品创新小组，希望快速有效地送出新产品。在日本，可口可乐每年推出20种以上新产品。美国消费者市场一向比日本消费者市场稳定。但这种情况正在转变，新世纪饮料是古兹维塔不敢忽视的竞争力。它计划全面翻新可口可乐的行销业务，把美国和国际行销单位合并成为全球行销部门。

**资料来源**：徐二明等.企业战略管理教程及学习指导.北京：高等教育出版社，1999.本书引用时有删改。

**思考题**：

(1) 阐明企业使命与战略的关系。

(2) 试用波特的"五种竞争力"分析饮料行业的竞争状况。

(3) 简述核心竞争力的含义、特征和标准。

(4) 可口可乐是如何充分利用其核心竞争力的？

## 战略管理实务操作

选择自己熟悉的企业，对其进行PEST分析和五种竞争力分析。在分析过程中，注意对各要素的把握。要求在五种竞争力分析中，对每一种竞争力都要分析到位，要准确回答每一种竞争力的强或弱。

B&E

# 第 4 章 企业使命与战略目标

孙子曰："夫未战而庙算胜者，得算多也；未战而庙算不胜者，得算少也。"

**学习目标**

**知识目标**：理解企业使命以及企业愿景的概念、特点，了解企业战略目标的构成和内容，把握战略目标的特点。

**技能目标**：能够运用所学的理论知识对企业使命、愿景和目标进行分析和构建。

## 开篇案例

### Sunrise 医疗公司的使命

Sunrise 公司宪章：Sunrise 医疗公司设计、制造和销售用于社会公共机构和家庭护理的产品，用以满足患者恢复、康复和呼吸的需要。

Sunrise 公司的使命：通过推出创新的和高质量的产品改善人们的生活。

Sunrise 公司的价值：

(1) 产品优质：我们是一家产品驱动型企业，只有产品过硬，企业才会更好。我们承诺成为名副其实的提供优良质量、创新和有价值的产品的企业，但其中最重要的是质量。我们的质量标准是：第一次就准确无误。

(2) 顾客服务：在我们公司，顾客是第一位的。我们的顾客服务目标是每天都要超越顾客的期望。我们要比竞争对手对顾客需求更敏感并迅速做出反应。

(3) 尊敬同事：我们重视同事的多元化，尊重每个人的尊严和价值。我们将以公平和尊重的态度对待同事，授予他们独立思考和灵活行动的权利。我们要成功，就要重视每一项工作，并认真做好每一项工作。我们在全球范围为所有的同事提供平等的实现个人成长和职业生涯的机会。

(4) 团队：我们大家聚在一起，要比任何一个单独的个人更加强大和明智。我们将在企业内培养冠军团队的观念：在追求共同目标的合作中，形成热情、奉献和快乐的精神。我们将以关注顾客、关注产品、关注公司和互相关心的员工而知名。

(5) 业绩：我们必须为股东赚取有吸引力的回报，这将保证企业的未来并允许我们在成长方面进行再投资。企业业绩的关键是在经营的每个领域都获得持续改进，为了做到这一点，我们必须培育核心竞争力，使用最新的方法和技术运营，并投资于教育以改进我们的关键技能。

(6) 社会责任：基于我们成为优秀企业的承诺，我们将改善使用我们产品的消费者的福利，促进社会的进步。我们将尊重并协助保护环境，我们也将成为我们运营的每一个社区和国家中的好公民，从而为全球的繁荣与和睦做出贡献。

(7) 正直：我们承诺成为一个基于正直和道德开展活动的组织，当面临道德选择时，我们将做正确的事情。我们将把职业道德和正当的商业行为融入我们所做的每一件事当中。尤其重要的是，我们致力于成为一家正直的企业。

**资料来源**：塞隆纳等.战略管理.王迎军译.北京：机械工业出版社，2004.

**想一想**：Sunrise医疗公司的使命和存在的意义是什么？

## 4.1 企业使命

### 4.1.1 企业使命的含义

企业使命(mission)定义是，企业在全社会经济领域中所经营的活动范围和层次，具体表述企业在社会经济活动中的身份或角色，它包括的内容为企业的经营哲学、企业的宗旨和企业的形象。

也有人认为，使命是指对自身和社会发展所做出的承诺，公司存在的理由和依据，是组织存在的原因。美国著名管理学家彼得·德鲁克认为，为了从战略角度明确企业的使命，应系统回答下列问题：

(1) 我们的事业是什么？

(2) 我们的顾客群是谁？

(3) 顾客的需要是什么？

(4) 我们用什么特殊的能力满足顾客的需求？

(5) 如何看待股东、客户、员工、社会的利益？

这些陈述使命的内容很少包括战略基本要素，虽然有时它们界定产品范围并涉及竞争优势，但它们几乎从来没有明确说明支持企业战略的逻辑。开篇案例Sunrise公司的使命陈述要比大多数企业详细一些，它告诉读者企业生产康复设备，而且它表明优质产品是Sunrise公司潜在的竞争优势。一些企业的陈述甚至缺少这些根本的企业战略线索。

企业战略目标的制定从确定企业使命开始，企业使命即指企业区别于其他类型组织而存在的原因或目的。绝大多数的企业使命是高度抽象的。企业使命不是企业经营活动具体结果的表述，而是为企业提供一种原则、方向和哲学。过于明确的企业使命会限制在企业功能和战略目标制定过程中的创造性；宽泛的企业使命会给企业管理者留有细节填补及战略调整的余地，从而使企业在适应内外环境变化中有更大的弹性。

企业使命至少应当具备以下五个要素：

(1) 反映企业定位，包括赢利方式、企业的社会责任以及市场定位的企业价值。

(2) 有导向作用。明确的企业使命能够明确企业未来发展方向，能为有效分配和使用企业资源提供一个基本的行为框架，避免向某些严重偏离企业发展方向的领域进行投资，从而做到方向明确，力量集中。

(3) 说明业务范围，即生产什么产品，在哪个领域经营。

(4) 有利于界定企业自身形象，加深顾客对企业的认识。

(5) 企业使命取决于影响战略决策的利益相关者的相对能力。

企业使命有狭义和广义之分。狭义的企业使命是以产品为导向的。例如，一家准备进入高新技术产业领域的公司可以将其使命定义为生产计算机。这一表述清楚地确定了企业的基本业务领域，即公司生存的目的；同时也显然限制了企业的活动范围，甚至可能剥夺企业的发展机会。因为任何产品和技术都存在一定的市场生命周期，都会随着时间的推移进入衰退阶段，而市场需求却是持久的。因此，广义的企业使命是从本企业的实际条件出发，以市场为导向定义，着眼于满足市场的某种需要。前面提到的这家公司，如果将其企业使命定义为“向顾客提供最先进的办公设备，满足顾客提高办公效率的需要”，这一表述相对比较模糊，但为企业经营活动指明了方向，不会在未来计算机惨遭淘汰之时失去方向，失去经营领域的连续性。又如，一家电话电报公司应将自己的使命定义在满足用户通信的需要上，而不是局限于电话、电报。

我们这里对企业使命的描述侧重于广义解释。其定义是指企业在社会经济发展中所应担当的角色和责任，是指企业的根本性质和存在的理由，说明企业的经营领域、经营思想，为企业目标的确立与战略的制定提供依据。

企业在制定战略之前，必须先确定企业使命。

### 4.1.2 企业使命的定位

企业的存在是为了在宏观经济环境中实现某种特殊的社会目的或满足某种特殊的社会需要。每家企业从其建立开始，就应该承担相应的责任并履行相应的使命。一方面，企业使命的定位是在对企业内外环境分析的基础上完成的；另一方面，企业使命的定位也为企业内外环境分析界定了范围。

虽然并不是所有企业都有文字的使命表述,使命往往只为少数高层管理者所了解,致使使命的价值没有充分体现出来。目前,越来越多的企业将确定企业的使命看成是企业战略的一个重要组成部分,并采用科学方法对使命进行定位,确定适合本组织的企业使命。企业使命定位一般包括以下三个方面内容。

1. 企业生存目的定位

企业生存目的定位应该说明企业要满足顾客的某种需求,而不是说明企业要生产某种产品。

**【小资料1】**

玛丽·凯化妆品公司(Mary Kay Cosmetics)的企业目的:一位妇女的一生充满了各种选择,这些选择都是围绕她如何运用她的时间、精力达到其目标。然而无论她的生活方式是什么样的,玛丽·凯都是她正确的选择。因为我们理解一位女人的需要,关心这些需要的满足。我们所做的不只是将化妆品卖给一位妇女,我们要教给她一种养生之道,帮助她发现自身的魅力,并且为保证她的美容和护肤方法与其生命不同阶段的需要相一致,提供不间断的服务。

**【小资料2】**

莲花超级购物中心(Lotus Supercenter)的企业目的:我们在全国开设的莲花超级购物中心和平价百货商店要做到干净、整洁、具有吸引力、友好待客、方便购物并针对家庭而设;我们为顾客提供多种优质品牌的商品以满足他们的日常需求及希望拥有的商品,并以美味、高质量的生鲜食品而闻名;我们的商场坚持提供整体低价商品,并成为每天低价领导,绝不允许有比我们更低的售价。

**资料1、2来源**:王方华等.企业战略管理.上海:复旦大学出版社,2003.

企业的使命实际上就是企业存在的原因或者理由,也就是说,是企业生存的目的定位。不论这种原因或者理由是"提供某种产品或者服务",还是"满足某种需要",或者"承担某个不可或缺的责任"。如果一个企业找不到合理的原因,或者存在的原因连自己都不明确,或者连自己都不能有效说服,企业的经营问题就大了,也许可以说这个企业"已经没有存在的必要了"。就像人一样,经常问问自己"我为什么活着"道理一样,企业的经营者们更应该了然于胸。因为,围绕满足某种需求可以开发出许多不同的产品或服务。这就是为什么美国电话电报公司(AT&T)将企业存在目的定位于提供信息沟通工具和服务而不是生产电话;埃克森公司的企业使命强调提供能源而不是出售石油和天然气;露华浓公司(Rovno)的企业目的定位于出售希望而不是生产化妆品;开利公司(Carrie)的企业目的是为创造舒适的家庭环境而不是生产空调器;哥伦比亚电影公司(Columbia

Pictures)旨在提供娱乐活动而不是经营电影业；等等。美国著名管理学家彼得·德鲁克(Peter Drucker)认为企业存在的主要目的是创造顾客，只有顾客才能赋予企业存在的意义。他指出，决定企业经营什么的是顾客，顾客愿意购买产品或服务才能将资源变为财富、将物质变成产品。只有顾客对产品及其价值的看法才决定企业经营什么、生产什么以及企业的前途。顾客所购买的以及认为有价值的从来就不是产品，而是一种效用，也就是产品或服务带给他们的满足。顾客是企业的基础和生存的理由。

以满足顾客需要作为企业生存的基础，还会促使企业不断开发新技术和新产品，使企业在创新中不断得到发展。

2. 企业经营哲学定位

企业经营哲学是对企业经营活动本质性认识的高度概括，是包括企业的基础价值观、企业共同认可的行为准则及企业共同的信仰等在内的管理哲学。

**【小资料 3】**

莲花超级购物中心的经营哲学：

(1) 吸收、培训和发展各个层次的高素质人才；

(2) 与供应商建立良好关系；

(3) 坚持公司内每名员工高度的正直和诚实；

(4) 不断提高，好上加好，永不自满；

(5) 勇敢创新，领导市场；

(6) 互相公开、友善地进行指正，没有保护性和本位性；

(7) 技术领导者、成为低成本的经营者；

(8) 愿意做出改变，我们的态度是“可以做到”，我们的字典里没有“做不到”这个词；

(9) 建立一支强有力的队伍，互相支持、互相帮助；

(10) 愿意做困难的决定；

(11) 在营运和商品采购的各个层次讲求纪律；

(12) 必须以生鲜食品出名；

(13) 做得开心！对我们所取得的成就感到骄傲，并从所取得的成果得到满足感。

**【小资料 4】**

基尔公司(Zale)的经营哲学：

(1) 市场和客户服务——企业是以顾客为中心，未来的成功依赖于对顾客需要的满足程度；

(2) 管理任务——从经营中取得利润回报，一切活动不仅仅为了获得成就感，结果必须是可度量的；

(3) 人力资源——吸引、发展和激励富有业务能力、有勇气和协调性人才，对于表现出色的个人会提供各种挑战、机会，从内部提拔是我们的目标；

(4) 财务及控制——制订合理的融资计划，为企业的成长提供资金，优化股东的投资回报，发展和完善控制系统，及时发现潜在的重大失误并进行积极的修正。

**资料3、4来源**：王方华等. 企业战略管理. 上海：复旦大学出版社，2003.

从以上两例可以看出，企业的经营哲学主要通过企业对外界环境和内部环境的态度体现。对外可以包括企业处理与顾客、社区、政府等关系的指导思想；对内包括企业对投资者、员工及其他资源的基本观念。

企业确定的使命为企业确立经营的基本指导思想、原则、方向、经营哲学等，它不是企业具体的战略目标，或者抽象存在，不一定表述为文字，但影响经营者的决策和思维。

一般地，企业的经营哲学由于受文化的影响具有较大的共性；同时，不同国家的企业在管理理念上表现出明显的差别。例如，美国企业在经营哲学的描述上着重于企业在市场上获得成功的因素，如"公司发展事业的基础是技术革新、生产率和市场占有率"(德克萨斯仪器公司)，"IBM的事业不是出售机器，而是出售产品的功能，因此必须切实为顾客解决问题"。日本企业的经营哲学旨在向员工表明企业的愿景，唤起员工承担责任的激情和创新精神，如松下电器公司提出"像自来水那样不断生产，创造无穷物质财富，建设人间天堂"；东京电器化学工业公司提出"通过创造，贡献于世界文化产业"。

3. 企业形象定位

企业使命定位的第三部分是企业公众形象定位，特别是对于成长中的企业。企业形象定位反映了企业试图为自己树立的形象，如"我们是一个愿意承担责任的企业"、"我们是一个健康成长的企业"、"我们是一个在技术上卓有成就的企业"，在明确的形象定位指导下，企业的经营活动会始终向公众昭示这一点，而不会"朝三暮四"。

对公众形象的重视反映了企业对环境影响及社会责任的认识。从公共关系理论的角度看，企业组织的营运过程涉及员工、股东、顾客、供应商、竞争者、社区舆论界、政府等利益相关者。每一家企业在其特定的公众心目中都有自己的形象，如顾客普遍认为IBM是电脑业的蓝色巨人，松下是生产高质量电子产品的企业，百事可乐是年青一代的选择。企业形象的定位通过理念识别、视觉识别、行为识别三个部分体现。

**【小资料5】**

华歌尔(Wacoal)公司的企业形象：从1946年创业之初经营仿造珍珠制品转向经营内衣用品之后，公司一直继续扩大经营范围和活动领域——从内衣业发展到各种相关商品，从国内市场业务扩大到国外市场业务。公司的经营理念是建立综合性的服饰企业形象。在公司创业30周年纪念之际，放弃原来使用的苜蓿(Clover)商标，设计新的商标图案作为企业形象的重要标志：含有Wacoal的第一个英文字母W；形状似一对展开的翅膀，象征企业的飞跃；外形流畅圆滑具有女性的亲切感；整个图形向上展开寓意着企业的扩大与发展。Wacoal 公司的产品大多经百货公司销售，每年保持 5 万种以上商品在市场上流通，因而在日本服饰业树立了领先者的形象。

**【小资料 6】**

美国太平洋证券银行(American Pacific Security Bank)的企业形象：和美国的许多大银行一样，太平洋证券银行想表现的企业理念是具有安全感的储蓄与投资选择。银行的统一标志是由两个 S 重叠组成，分别代表 security(证券)以及 service(服务)。同时在银行业务活动的各个层次要求员工举止文雅、态度认真、服务周到，从而传达了企业"安全、有保障"的形象。

**小资料 5、6 来源**：王方华等. 企业战略管理. 上海：复旦大学出版社，2003.

研究表明，对于不同行业的企业，影响企业形象的主要因素各不相同。例如，在食品业，良好的企业形象在于表达安全、信任感、经营规模、技术等特征；对于生产精密仪器的企业，顾客可能会对可靠性、新产品开发、时代感、研究发展能力、发展前景等诸方面形象比较关注；对于服务业，向公众传递良好的服务质量、清洁程度、现代化等信息会有利于树立良好的企业形象；等等。通过公司理念、统一标志、专用字体、标准色以及企业主题歌等手段将企业形象概念具体化，不仅传播了企业文化，使顾客认识、接受企业及其产品，而且有助于使企业的内部与外部达成共识，易于实施企业战略。

一般地，企业使命在企业成立之初通常比较明确，随着时间的流逝，当企业规模逐渐扩大，增加新产品，开拓新市场时，其使命可能与新的环境条件不相适应，因此，企业使命不是一成不变的，随着企业内外环境的变化，企业使命也要进行调整。在企业生存发展的关键阶段，必须通过制定企业战略，对企业使命进行研究并重新定位。根据美国管理学者金尼斯的研究，一个好的企业使命应该符合以下基本要求：①应该明确企业生存的目的；②应该既宽泛以允许企业创造性的发展，同时又对企业的一些冒险行为有所限制；③应该使本企业区别于其他同类企业；④应该作为评价企业现在和未来活动的框架；⑤应该清楚明白，易于整个企业理解。

### 4.1.3 企业使命与企业战略的关系

任何企业在制定其战略时，必须在分析研究企业及其环境的基础上进一步明确自己的使命。这不仅因为它关系企业能否生存和发展，而且在整个企业战略的制定、实施和控制过程中起着重大的作用。两者之间的关系主要表现为以下几个方面：

(1) 企业使命为企业发展指明方向。企业使命的确定，首先会从总体上引起企业方向、道路的改变，即使企业发生战略性改变，其使命还会发挥重大作用；其次，企业使命的确定也为企业高层构筑了目标一致的愿景，为企业成员理解企业的各种活动提供依据，保证企业内部对企业目的取得共识。同时,为企业外部公众树立良好企业形象,使企业获得发展的信心和必要的支持与帮助。

(2) 企业使命是企业战略制定的前提。首先,企业使命是确定企业战略目标的前提,为企业战略目标的制定提供指导。所以,只有明确地对企业使命进行定位,才能正确地树立起企业的各项战略目标。其次,企业使命是战略方案制定和选择的依据。企业在制定战略过程中,要根据企业使命确定自己的基本方针、战略活动的关键领域及其行动顺序。

(3) 企业使命是企业战略的行动基础。首先,企业使命是有效分配和使用企业资源的基础,有了明确的企业使命,企业才能正确合理地把有限的资源分配在能保证实现企业使命的经营事业和经营活动上;其次,企业使命通过企业目的、经营哲学、企业形象三方面定位为企业明确经营方向、树立企业形象、营造企业文化,从而为企业战略的实施提供激励。

(4) 企业战略的实施为企业使命的实现提供保证。企业战略制定和实施的目的是实现企业的战略目标,战略目标的实现是完成企业使命的基础和保证。

## 4.2 企业愿景

愿景的概念源自于美国。在美国的战略理论界,多数人非常明确地将愿景与使命区分为目标陈述与任务陈述,但也有人将两者统称为目标陈述,有人将两者统称为使命陈述。中国企业以及管理学界在此方面的陈述可谓是五花八门,有的将愿景当做使命,有的将使命当做愿景,有的叫做经营宗旨,有的叫做经营目标,甚至很多企业直接用价值观或者经营理念概括。这充分说明目前中国引进西方管理理论的混乱局面,同时也反映中国企业尚处于企业发展初级阶段,缺乏对于企业存在理由、意义及价值等从企业哲学高度思考。

这里我们要指出,无论中外,均缺乏一个真正明确地从哲学意义上解决这个问题的说法。圣吉的学习型组织中的共同愿景已经有了初步的探索,但过于感性及模糊化;马克·利普顿的愿景领导理论虽然清晰地将愿景与使命进行区别,但其却认为有效愿景应当包括存在的理由、战略、价值观三大内核原则,把愿景与价值观、战略统括在一起。

### 4.2.1 企业愿景的含义

愿景的力量应该是在于它是处于可实现而又不可实现的模糊状态,它既是宏伟的又是激动人心的。所以有的企业家跟我们说愿景不可能实现时,我们会问他,假如愿景是那么轻易就可以实现的话,那愿景又怎么会激动人心呢?

因此企业家要关注的是你的企业愿景是否能经常让你热血沸腾,甚至热泪盈眶;能否经常让你为它彻夜难眠;能否让你有一种热情,一股冲动,想将它与你的员工分享。如果没有，我们劝你要考虑将你的愿景进行修改了！

愿景的哲学意义建立在“你想成为什么，所以你能成为什么”，而不是“你能成为什么，所以你想成为什么”！愿景哲学的智慧给予企业激发人群无限潜能的力量，实现其人生哲学与企业哲学的终极发挥，这就是愿景领导的根本原则。企业家精神也好，管理者的领导艺术也好，仅靠悬在员工眼前的“胡萝卜”加“大棒”，那他也只能带着他的员工获得更大的“胡萝卜”，但“胡萝卜”就是“胡萝卜”。

所以，企业愿景体现了企业家的立场和信仰，是企业最高管理者头脑中的一种概念，是这些最高管理者对企业未来的设想，是对“我们代表什么”、“我们希望成为怎样的企业”的持久性回答和承诺。企业愿景不断激励企业奋勇向前，拼搏向上。企业愿景是指企业的长期愿望及未来状况，是组织发展的蓝图，体现组织永恒的追求。

德鲁克认为企业要思考三个问题：第一个问题，我们的企业是什么？第二个问题，我们的企业将是什么？第三个问题，我们的企业应该是什么？

以上提示也是思考我们企业文化的三个原点。这三个问题集中起来体现了一个企业的愿景，即企业愿景需要回答以下三个问题：

（1）我们要到哪里去？

（2）我们未来是什么样的？

（3）目标是什么？

人们经过长期的实践研究发现，一个优秀企业成长的背后，总有一股经久不衰的推动力——企业愿景激励着这些企业不断向前。

为了选择方向，领导者首先必须形成一个可能的和理想的组织蓝图——我们称之为愿景。愿景为组织描述了一个现实的、可信的和有吸引力的未来。通过愿景，领导者搭建了一座非常重要的联系组织现在和未来的桥梁。

**【小资料 7】**

世界优秀企业的愿景

苹果公司——让每人拥有一台计算机。

腾讯——成为最受尊敬的互联网企业。

索尼公司——成为最知名的企业，改变日本产品在世界上的劣质形象。

毕博公司——为顾客创造真实持久的价值，为员工创造发展的机会、为我们的投资者创造长期的价值，成为全球最具影响力、最受尊敬的商业咨询和系统集成公司。

AT&T公司——建立全球电话服务网。

华为公司——丰富人们的沟通和生活。

迪斯尼公司——成为全球的超级娱乐公司。

戴尔计算机公司——在市场份额、股东回报和客户满意度三个方面成为世界领先的基于开放标准的计算机公司。

鹰腾咨询——具有专业品质和职业精神的全球化专业智囊机构。

联想公司——未来的联想应该是高科技的联想、服务的联想、国际化的联想。

**资料来源**：戴维森著.承诺：企业愿景与价值观管理.廉晓红译.北京：中信出版社，2004.

对企业愿景可以从以下几个方面理解：

1. 愿景是战略与文化的交集

愿景是战略与文化的交集，既是战略的指引，也是文化的导航。

企业战略是关于企业作为整体该如何运行的根本指导思想，它是对处于动态变化的内外部环境之中企业的当前及未来将如何行动的一种总体表述。企业战略所要回答的核心问题是企业存在的理由是什么，也就是企业为什么能够从外部得到回报并生存下去。也就是说，企业存在理由是企业战略的核心问题，作为战略首先要回答三个问题：企业的业务是什么？企业的业务应该是什么？为什么？这事实上是在回答企业核心业务、新兴业务、种子业务三层面业务问题。因此，企业战略最重要的是方向。这个方向长远看是愿景，短期看是战略目标。愿景是战略与文化的交叉，并且首先体现于战略。愿景制定之后，战略将围绕愿景制定阶段战略指标体系、年度经营计划以及相辅相成的关键业绩考核系统。因此战略的思维应当是复杂问题简单化，这个简单化过程就是愿景澄清、梳理、提炼的过程。

2. 愿景是一种激发潜能的梦想

人类因梦想而伟大，对几百年前的中国古人来说，飞翔是难以实现的梦想。但当杨利伟环游地球时，你却会不得不感叹如果没有持之以恒的梦想，今日世界将会怎样？

愿景是企业的梦想。亨利·福特在100年前说他的愿景是"使每一个人都拥有一辆汽车"，现在他的梦想已经完全实现了。梦想通常会使人感到不可思议，但又会不由自主地被它的力量所感染。因此，如果愿景是一种立即就被人所能把握实现的目标，那它充其量只能说是一个战略目标，而不是我们所说的愿景。

3. 愿景是一种征服世界的雄心

"世界隐形冠军"之父、哈佛商学院教授赫尔曼·西蒙先生认为"隐形冠军"是一些名不见经传、却在某个窄小的行业里做到顶峰的中小企业。他们的愿景和努力使其拥有不可动摇的行业地位、稳定的员工队伍、高度的创新精神和丰厚的利润回报。

西蒙认为，世界隐形冠军的成功之道在于：

(1) 他们奋斗的目标就是在自己的领域成为全球领袖，不做它想，并孜孜不倦地追逐这一梦想。

(2) 隐形冠军公司把市场定义看做战略的一部分。通过观察顾客需求和研发相关技术，把他们各自的市场定义得很窄。他们是高度专注的公司，强调深度而不是广度。

(3) 隐形冠军们把自己在产品和专有技术方面的独到造诣与全球化营销结合起来。

通过自己的子公司服务全球的目标市场,不把客户关系交给第三方。

(4) 隐形冠军们都非常贴近客户,尤其是顶级客户。他们不是单靠技术或者市场取胜,而是通过技术与市场共同驱动取胜。

(5) 隐形冠军公司无论产品还是生产流程都是高度创新的。他们的创新活动是以全球为导向、持续不断的。

(6) 隐形冠军们在产品质量和服务方面创造战略竞争优势。他们总是和最强大的对手"亲密接触"。为了保持企业的活力,他们会主动出击,不惜一切代价维护行业地位。

(7) 隐形冠军们依仗的是他们自己的力量。他们不相信什么战略联盟,也不像其他公司那样热衷于业务外包。他们认为自己的竞争优势就在于有些事情只有他们才做得了。

(8) 隐形冠军们有着非常强大的企业文化,与之相联系的是卓越的员工认同感与积极性。对新员工的挑选非常苛刻,企业领导非常杰出,而且一般都掌舵几十年。

**【小资料8】**

中国指甲钳大王梁伯强具有隐形冠军种种特点,从他进入指甲钳市场之前的自费全球调研,立志成为世界指甲钳冠军,到重金聘请业内技术精英,设立高标准测检中心和研发中心,搜罗大量国内国际技术参数,找准目标竞争对手,经过细心分析逐项对比,对实质性的差距逐个攻破;从他到主动出击,勇于与竞争对手短兵相接,把丰厚的利益留给经销商,把委屈留给自己;到通过软性封杀提高竞争门槛,不断为企业建立防火墙,维护行业领导地位;再到努力争夺行业第一品牌,创立中国指甲钳研发制造中心,制定行业标准,占领行业制高点,从中可以得到他的雄心壮志,也是对他"我想成为什么,所以我能成为什么"的最佳诠释。

**资料来源**:肖南方."非常小器·圣雅伦"非常道.价值中国网,2010-01-05.本书引用时有所删改。

拥有未来的愿景会有助于形成优秀的战略,也能够激励企业员工实现这一愿景。实际上,正如我们所见,企业没有说明自己所追求的长期目标,就很难明确表述战略。

在快速变化和不确定的世界中,为企业规划一个预想的未来并就此进行沟通,是总经理们的领导职责。有时企业甚至企业的附加价值都取决于愿景的创造性和创新性。特别是对于新组织或战略方向正发生根本变化的企业来说,要吸引和激励员工及投资者,提出清晰的战略以及愿景非常重要。管理者自己也相信,愿景是高层管理者的关键任务之一。一项调查表明,98%的跨国企业高层管理者认为,传递强烈的愿景意识是CEO最重要的任务,制定实现愿景的战略是CEO最重要的技能。

愿景对于战略来说并非总是必要的,更为重要的是,只有愿景远远不够。一些需要很少创新和非常让人厌烦的战略也能获得成功,尤其是在变化缓慢而且渐进的产业中,成功的战略可能不需要愿景。相反,没有战略支持的伟大愿景是不可能实现的。许多企业建

立在创立者的关于消费者将怎样使用互联网的愿景之上,其中大部分都失败了,一些是因为愿景错误而失败,另一些是由于缺乏支持它们成功的战略而失败,愿景并没有给出指导企业获取能带来竞争优势资产的战略。愿景至多能指导战略规划,然而绝不能替代战略。

### 4.2.2 企业愿景和企业使命

当越来越多的企业都意识到并开始重视文化理念在企业发展、经营管理、企业文化建设中不可缺少的导向、激励等积极作用,企业文化理念里最高层次的文化理念主要是企业愿景和企业使命,但是,目前普遍存在企业愿景和企业使命概念模糊,两者相互矛盾,被通用、混用等现象。

(1) 有很多企业在设计和展示本企业的企业愿景和企业使命时,经常因为对概念的理解和定义、认同不一致,出现甲企业的企业使命,在乙企业类似企业愿景或企业宗旨。在运用企业愿景和企业宗旨方面,有的用企业愿景,有的用企业宗旨。

(2) 在某个企业里,企业使命和企业愿景都有表述,但因为企业愿景和企业使命的设计人员或企业员工对企业愿景和企业使命的理解不清晰,尤其是对企业愿景和企业使命各自定义范围或要回答的问题不能清晰理解,很多企业在企业愿景和企业使命等方面有较多重合,员工本来可以简单、具体地理解和记忆的企业愿景或企业使命,变得有些模糊,导致员工对企业文化理念产生厌烦、抵触情绪。因此,为了真正挖掘、提炼、运用、发挥好企业愿景和企业使命的文化理念作用,有必要具体分析、理解企业愿景和企业使命的异同点及其之间关系。

(3) 企业愿景和企业使命是对一个企业未来的发展方向和目标的构想,是对未来的展望,也正是因为两者都有对未来展望的共同点,人们很容易理解为一个意思或一个概念,因此在很多不同的企业之间或在一个企业内部经常出现企业愿景和企业使命等互相通用或混用现象。

(4) 如果一个企业必须分别表述企业愿景和企业使命才能清楚地说明、设计企业未来的发展方向和目标,并对员工产生激励、导向作用,那就首先要在企业愿景和企业使命的概念及其区别上达成统一认识,尤其是要统一认清企业愿景和企业使命的差别在哪里。

企业愿景是指企业长期的发展方向、目标、目的、自我设定的社会责任和义务,明确界定公司在未来社会里是什么样子,其“样子”的描述主要是从企业对社会(也包括具体的经济领域)的影响力、贡献力、在市场或行业中的排位(如世界 500 强)、与企业关联群体(客户、股东、员工、环境)之间的经济关系表述。企业愿景主要考虑的是对企业有投入和产出等经济利益关系的群体产生激励、导向、投入作用,让直接对企业有资金投入的群体(股东)、有智慧和生命投入的员工群体、有环境资源投入的机构等产生长期的期望和现实的行动,让这些群体、主体通过企业使命的履行和实现感受到在实现社会价值的同时,自己的利益得到保证和实现。

企业使命是在界定企业愿景概念的基础上，具体回答企业在全社会经济领域经营活动的范围或层次，也就是说，企业使命只具体表述企业在社会中的经济身份或角色，即该企业是分工做什么的，在哪些经济领域里为社会做贡献。企业使命主要考虑的是对目标领域、特定客户或社会人在某确定方面的供需关系的经济行为及行为效果。

从企业愿景和企业使命等理论概念关系讲，企业使命是企业愿景的一个方面，换句话说，企业愿景包括企业使命，企业使命是企业愿景中具体说明企业经济活动和行为的理念。如果分开来表述企业愿景和企业使命，企业愿景里就应不再表达企业经济行为领域和目标，以免重复或矛盾。

## 4.3 企业战略目标

企业确定使命后，要根据企业的外部环境和企业拥有的资源及能力设定企业的战略目标。战略目标是对企业战略经营活动预期取得的主要成果的期望值。战略目标的确定，同时也是企业宗旨的展开和具体化，是企业宗旨中确认的企业经营目的、社会使命的进一步阐明和界定，也是企业在既定的战略经营领域展开战略经营活动所要达到的水平的具体规定。

### 4.3.1 战略目标的特点

1. 宏观性

战略目标是宏观目标，是对企业全局的一种总体设想，它的着眼点是整体而不是局部，是从宏观角度对企业的未来所做的较为理想的设定。它提出企业整体发展的总任务和总要求，规定整体发展的根本方向。因此，人们提出的企业战略目标总是高度概括的。

2. 长期性

战略目标是长期目标，它的着眼点是未来和长远。战略目标是关于未来的设想，设定的是企业职工通过自己的长期努力奋斗而达到的对现实的一种根本性的改造。战略目标规定的是一种长期的发展方向，提出的是长期的任务，要经过企业职工相当长时间的努力才能实现。

3. 相对稳定性

战略目标既然是长期目标，在其规定时间内相对稳定。这样，企业职工的行动才会有明确的方向，大家对目标的实现才会树立起坚定的信念。当然，强调战略目标的稳定性并不排斥根据客观需要对战略目标进行必要的修正。

4. 全面性

战略目标是整体性要求，虽着眼于未来，但却没有抛弃现在，虽着眼于全局，但又不排斥局部。科学的战略目标是对现实利益与长远利益、局部利益与整体利益的综合反映。科学的战略目标虽然是概括的，但它对人们行动的要求却又总是全面的，甚至是相当具体的。

5. 可分性

战略目标作为一种总目标、总任务和总要求，可以分解成某些具体目标、具体任务和具体要求。这种分解既可以在空间上把总目标分解成一个方面、一个方面的具体目标和具体任务，又可以在时间上把长期目标分解成一个阶段、一个阶段的具体目标和具体任务。人们只有把战略目标分解，才能使其成为可操作的东西。可以这样说，因为战略目标是可分的，因此才是可实现的。

6. 可接受性

企业战略的实施和评价主要通过企业内部人员和外部公众实现，因此，战略目标必须被他们理解并符合他们的利益。但是不同利益集团有不同的甚至是相互冲突的目标，因此，企业在制定战略时一定要注意协调各方的利益。一般来说，能反映企业使命和功能的战略易于为企业成员所接受。另外，企业的战略表述必须明确，有实际含义，不至于产生误解，易于被企业成员理解的目标也易于被接受。

7. 可检验性

为了对企业管理的活动进行准确衡量，战略目标应该是具体的和可以检验的。目标必须明确，具体地说明将在何时达到何种结果。目标的量化是使目标具有可检验性的最有效方法。但是，由于许多目标难以量化，时间跨度越长、战略层次越高的目标越具有模糊性，此时应当用定性化的术语表达其达到的程度，要求一方面明确战略目标实现的时间；另一方面详细说明工作特点。

8. 可挑战性

目标本身是一种激励力量，特别是当企业目标充分体现企业成员共同利益，使战略大目标和个人小目标很好地结合在一起时，会极大地激发组织成员的工作热情和献身精神。

**【小资料9】**

德鲁克在《管理实践》一书中提出8个关键领域目标。

(1) 市场方面的目标：应表明本公司希望达到的市场占有率或在竞争中达到的地位；

(2) 技术改进和发展方面的目标：对改进和发展新产品，提供新型服务内容的认知及采取的措施；

(3) 提高生产力方面的目标：有效地衡量原材料的利用，最大限度地提高产品的数量和质量。

(4) 物资和金融资源方面的目标：获得物质和金融资源的渠道及其有效地利用；

(5) 利润方面的目标：用一个或几个经济目标表明希望达到的利润率。

(6) 人力资源方面的目标：人力资源的获得、培训和发展，管理人员的培养及其个人才能的发挥。

(7) 职工积极性发挥方面的目标：对激励职工，采取合理薪酬等措施。

(8) 社会责任方面的目标：注意公司对社会产生的影响。

B. M. 格罗斯在《组织及其管理》一书中归纳了组织目标的七项内容。

(1) 利益的满足：组织的存在以满足相关利益者的需要、愿望和要求。

(2) 劳务或商品的产出：组织产出的产品，包括劳务(有形的或无形的)，其质量和数量都可以用货币或物质单位表示。

(3) 效率或获利的可能性：即投入—产出目标，包括效率，生产率等。

(4) 组织、生存能力的投资：组织能力包括存在和发展的能力，有赖于投入数量和投资转换过程。

(5) 资源的调动：从环境中获得稀有资源。

(6) 对法规的遵守。

(7) 合理性：即令人满意的行为方式，包括技术合理性和管理合理性。

由于战略目标是企业使命和功能的具体化，一方面，有关企业生存的各个部门都需要有目标；另一方面，目标还取决于个别企业的不同战略。因此，企业的战略目标是多元化的，既包括经济目标，又包括非经济目标；既包括定性目标，又包括定量目标。尽管如此，各个企业需要制定目标的领域却是相同的，所有企业的生存都取决于同样的一些因素。

### 4.3.2 制定战略目标的原则

企业在制定战略目标过程中应遵循以下基本原则：

1. 关键性原则

企业在新的战略期内要解决的问题往往很多，但战略目标不宜太多，不能包罗万象或主次不分，应抓住决定企业兴衰存亡的关键性问题。企业确定的战略目标必须突出有关企业经营成败的重要问题和有关企业全局性问题，切不可把次要的战术目标作为企业战略目标，以免滥用企业的资源而因小失大。

企业在制定战略目标时，必须明确哪些目标是关键性的，哪些目标是必须实现的，哪些目标是经过努力争取才能到达的。

不同的企业可以根据本企业的特点，选择不同的重点目标。

2. 现实性原则

战略的制定不是造梦运动，必须充分考虑行业的整体发展趋势和企业自身的经济、人力及其他资源情况，要做认真细致的可行性论证。在判定战略时，必须充分考虑企业实际情况和行业发展趋势，谨慎细致地做好决策的可行性论证，时时注意战略目标的现实可能性。

**【小资料10】**

陈卓林领导的雅居乐集团，是中国港澳地区极负盛名的地产公司。原从事家具业的陈卓林在20世纪90年代初敏锐地觉察到港澳人士到内地度假成为时尚，于是就在中山等地开发地产。雅居乐在中山三乡开发的高品位雅居乐花园取得巨大成功，该项目建筑面积逾80万平方米，入住业主1万户，95%为香港人士。雅居乐的成功，正是充分考虑港澳人士的置业需求和在中山等地进行房地产开发的现实可能性。

**资料来源**：肖素吟.雅居乐集团主席陈卓林："地产调控政策是保守的".时代周刊，2010-08-26.本书引用时有删改。

3. 科学性原则

战略的市场可行性调研必须是科学的，战略的拟定程序必须是严谨的，战略的实施步骤必须是有序的，战略的目标必须是可预见的。在进行战略目标论证时，必须运用科学的方法与严谨的手段；在战略实施过程中，必须遵循循序渐进、有条不紊的原则。随时注意战略制定与实施的科学性。

**【小资料11】**

万科地产是市场全面扩张战略的典范。1991—1995年，万科业务迅速扩展到上海、北京、天津等地，形成"万科城市花园"、"万科新城"系列地产代表品牌。1998年起，为了顺应郊区化住宅发展趋势，万科又相继在各地推出"万科新城"系列。截至2003年中期，已进入深圳、上海、北京、天津、沈阳、成都、武汉、南京、长春、南昌、佛山、鞍山、大连、中山、广州15个经济发达城市，历年累计竣工面积463万平方米。万科之所以能取得如此骄人的成绩，不仅得益于其实力雄厚，更主要的是它有一套科学而严谨的项目开发策略体系。异地开发，必须熟知当地的人文、地理、经济等许多环境情况，万科每到一地，必先有一个精干的项目策划团队打前站，详细搜集整理当地有关信息，以供决策分析，并依此制定可行的项目整体开发策略。因此，科学的决策手段是万科成功的保证。

**资料来源**：陈继祥等.战略管理.上海：格致出版社，2008.本书引用时有所删改。

4. 完整性原则

战略目标不能只考虑此时此地的局部利益，还应该"走一步看三步"，兼顾企业长远利益,不能"收了芝麻丢了西瓜"。因此,长、中、短期的经营战略必须连贯一致,不能走一步看一步,这样的企业才能获得长足的发展。

**【小资料 12】**

四川沱江流域有许多造纸厂,曾一度为地方政府挣得不少政绩,也为国家上缴了一定税收,并一定程度改善了当地老百姓的生活。但与几十公里的沱江被污染,严重破坏了生态平衡,国家要拿出上百倍的钱治理环境相比,政府与企业以至国家获得的那点利益是微不足道,甚至是得不偿失的。后来沱江流域的造纸厂绝大部分被强行停产或转产了。如果那些企业当初在制定发展战略时,能考虑对环境造成的巨大危害,能把治污和生产放在同等地位考虑,就不会有后来关停并转的结果了。

**资料来源**:刘道.四川花费上亿元关停治理长江上游小造纸厂.新华网,2003-06-10.本书引用时有删改。

5. 衡量性原则

衡量性是指目标应该是明确的,而不是模糊的。应该有一组明确的数据,作为衡量是否达成目标的依据。

目标的衡量标准遵循:"能量化的量化,不能量化的质化。"

战略制定人与考核人有一个统一的、标准的、清晰的、可度量的标尺,杜绝在战略目标设置中使用形容词等概念模糊、无法衡量的描述。战略目标的衡量应该首先从数量、质量、成本、时间、上级或客户满意程度五个方面进行,如果不能进行衡量,可考虑将目标细化,细化成分目标后再从以上五个方面衡量;如果仍不能衡量,还可以将完成目标的工作流程化,通过流程化使目标可衡量。

6. 权变性原则

由于客观环境变化具有不确定性,预测具有不准确性,因此在制定战略目标时,应制定多种方案。一般情况下,制定在宏观经济繁荣、稳定、萧条三种情况下的企业战略目标,分析其可行性及利弊得失,从而选择一种而将另外两种作为备用。或者,制定一些特殊的应急措施,如原材料价格猛涨情况下对战略目标进行适应性调整。例如,一家快速发展的食品公司的发展目标是在 4 年内扩建 6 个商店,相应的权变方案是:如果情况比预料的要好,新扩建的商店可达到 10 个;如果经济萧条,公司不但不扩展,而且有可能关闭掉 4～10 个商店。

### 4.3.3 战略目标的结构

企业制定的各项战略行动及其结果是通过战略目标表述的。由于企业内不同利益团体的存在,目标之间不可避免地会出现冲突和矛盾。例如,企业生产部门的产量目标和销售部门的销量目标之间可能存在冲突;企业降低成本、增加利润的经济目标和依法纳税、保护环境的社会责任目标之间可能存在冲突。因此，制定战略目标的有效方法是构造战略目标体系，使战略目标之间相互联合、相互制约，从而使战略目标体系整体优化，反映企业战略的整体要求。

1. 战略目标体系

企业战略目标大致可分成两类。第一类是用来满足企业生存和发展所需要的项目目标，这些目标项目又可以分解成业绩目标和能力目标两类。业绩目标主要包括收益性、成长性和安全性指标三类定量指标。能力目标主要包括企业综合能力、研究开发能力指标、生产制造能力指标、市场营销能力指标、人事组织能力指标和财务管理能力指标等一些定性和定量指标。第二类是用来满足与企业有利益关系的各个社会群体要求的目标。与企业利益关系的社会群体主要有顾客、企业职工、股东、所在社区及其他社会群体。详见表 4-1。

表 4-1 企业战略目标体系

| 分　类 | 目标项目 | 目标项目构成 |
| --- | --- | --- |
| 业绩目标 | 收益性目标 | 资本利润率、销售利润率、资本周转率 |
| | 成长性目标 | 销售额成长率、市场占有率、利润增长率 |
| | 稳定性目标 | 自有资本比率、附加价值增长率、盈亏平衡点 |
| 能力目标 | 综合能力 | 战略决策能力、集团组织能力、企业文化、品牌商标 |
| | 研究开发能力 | 新产品比率、技术创新能力、专利数量 |
| | 生产制造能力 | 生产能力、质量水平、合同执行力、成本降低率 |
| | 市场营销能力 | 推销能力、市场开发能力、服务水平 |
| | 人事组织能力 | 职工安定率、职务安排合理性、直接间接人员比率 |
| | 财务能力 | 资金筹集能力、资金运用效率 |
| 社会贡献目标 | 顾客目标 | 提高产品质量、降低产品价格、改善服务水平 |
| | 股东目标 | 分红率、价格股票、股票收益性 |
| | 职工目标 | 工资水平、职工福利、能力开发、士气 |
| | 社区目标 | 公害防治程度、利益返还率、就业机会、企业形象 |

2. 企业战略目标的树形结构

企业战略目标的树形结构一般由企业总体战略目标和主要职能目标组成。在企业使命和企业功能定位的基础上制定企业总体战略目标，为保证总目标的实现，必须将其层层分解，规定保证性职能战略目标。也就是说，总战略目标是主目标，职能性战略目标是保证性目标。如图 4-1 所示。

3. 企业战略目标的核心结构

在企业使命和企业功能定位基础上，企业战略目标一般按四大内容展开：市场目标、创新目标、赢利目标和社会目标。每一个目标又可以进一步分解，如图 4-2 所示。

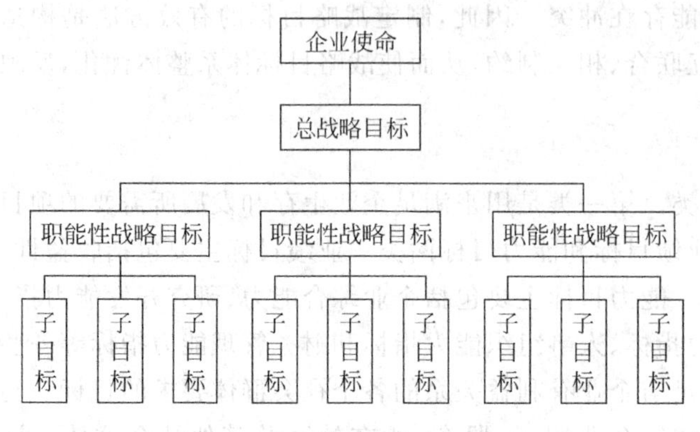


图 4-1 企业战略目标树形表示

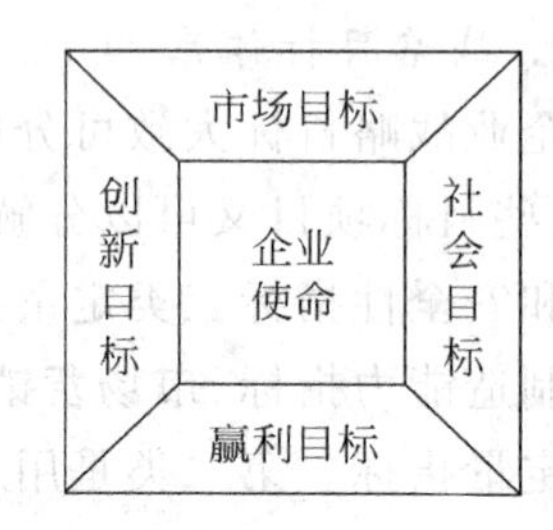


图 4-2 战略目标的核心结构

1）市场目标

一个企业在制定战略目标的最重要决策是企业在市场上的相对地位，常常反映企业的竞争地位。企业预期达到的市场地位应该是最优市场份额，这就要求对顾客、对目标市场、对产品或服务、对销售渠道等进行仔细分析。

（1）产品目标，包括产品组合、产品线、产品销量和销售额等；

（2）渠道目标，包括纵向渠道目标，即渠道的层次或级数，以及横向渠道目标，即同一级渠道成员的数量和质量目标；

（3）沟通目标，包括广告、营业推广等活动的预算及预期效果。

2）创新目标

在环境变化加剧、市场竞争激烈的社会里，创新概念受到重视是必然的。创新作为企业战略目标之一，是使企业获得生存和发展的生机和活力。每一个企业都基本上存在三种创新：技术创新、制度创新和管理创新。为树立创新目标，战略制定者一方面要预计达到市场目标所需的各项创新；另一方面，必须对技术进步在企业各个领域和各项活动中引起的发展做出评价。

（1）制度创新目标。随着生产不断发展，新的企业组织形式会不断出现。制度创新目标是对企业资源配置方式的改变与创新，从而使企业适应不断变化的环境和市场。

（2）技术创新目标。这一目标将导致新的生产方式引入，既包括原材料、能源、设备、产品等创新目标，也包括工艺程序设计、操作方法改进等创新目标。制订技术创新目标将推动企业乃至整个经济广泛和深刻地发展。

（3）管理创新目标。管理创新涉及经营思路、组织结构、管理风格和手段、管理模式等多方面内容。管理创新的主要目标是试图设计一套规则和程序以降低交易费用，这一目标的建立是企业不断发展的动力。

3）赢利目标

这是企业的一个基本目标，企业必须获得经济效益。作为企业生存和发展的必要条件和限制因素的利润，既是对企业经营成果的检验，企业风险的报酬，也是企业乃至社会发展的资金来源。赢利目标的达成取决于企业的资源配置效率及利用效率，包括人力资源、生产资源、资本资源等的投入—产出目标。

（1）生产资源目标。通常情况下，企业通过改进投入与产出关系就可以获得赢利。一方面，提高每个投入单位的产量；另一方面，在单位产量不变情况下，成本的降低同样意味着利润的增加。

（2）人力资源目标。人力资源素质的提高能使企业生产率得以提高，同时还能减少由于人员流动造成的成本开支。因此，企业的战略目标应包括人力资源素质提高、建立良好的人际关系等目标。

（3）资本资源目标。达成企业赢利目标同样还需要在资金来源及其运用方面制订各种目标。一方面，确定合理的资本结构并尽量减少资本成本；另一方面，通过资金、资产的运作获得利润。

4）社会目标

现代企业越来越多地认识到自己对用户及社会的责任。一方面，企业必须对本组织造成的社会影响负责；另一方面，企业还必须承担解决社会问题的部分责任。企业日益关心并注意树立良好的公众形象，既为自己的产品或服务争取信誉，又促进组织本身获得认同。企业的社会目标反映企业对社会的贡献程度，如环境保护、节约能源、参与社会活动、支持社会福利事业和地区建设。

（1）公众关系目标。这一目标的着眼点在于企业形象、企业文化建设，通常以公众满意度和社会知名度作为保证、支持性目标。

（2）社会责任目标。常常是指企业在处理和解决社会问题时应该或可能做些什么，如在对待环境保护、社区问题、公益事业时所扮演的角色和发挥作用的程度。

（3）政府关系目标。企业作为纳税人支持政府机构运作，同时政府对企业的制约和指导作用也是显而易见的。往往这一目标的达成可能为企业赢得无形的竞争优势。

在实际中，由于企业的行业性质不同、企业发展阶段不同，战略目标体系中的重点目标也大相径庭，同一层次的战略目标之间必然有先导目标。

### 4.3.4 制定战略目标的步骤

一般来说，确定战略目标需要经历调查研究、拟定目标、评价论证和目标决断四个具体步骤。

1. 调查研究

在制定企业战略目标之前，必须进行调查研究工作。但是在进入确定战略目标的工作中，还必须对已经做过的调查研究成果进行复核，进一步整理研究，把握机会和威胁、优势与劣势、自身与对手、企业与环境、需要与资源。将现在与未来加以对比，搞清楚它们之间的关系，才能为确定战略目标奠定比较可靠的基础。

调查研究一定要全面进行，但又要突出重点。为确定战略进行的调查研究不同于其他类型的调查研究，它的侧重点是企业与外部环境的关系和对未来的研究和预测。关于企业自身的历史与现状的陈述是有用的，但是，对战略目标决策来说，最关键的还是那些对企业未来具有决定意义的外部环境信息。

2. 拟定目标

经过细致周密的调查研究，便可以着手拟定战略目标。拟定战略目标一般要拟定目标方向和拟定目标水平。首先在既定的战略经营领域内，依据对外部环境、需要和资源的综合考虑，确定目标方向，通过对现有能力与手段等诸多条件的全面衡量，对沿着战略方向展开的活动所要达到的水平也做出初步的规定，这便形成可供决策选择的目标方案。

前面对企业战略目标包含的内容做了介绍。在确定过程中，必须注意目标结构的合理性，列出各个目标的综合排列次序。另外，在满足实际需要的前提下，要尽可能减少目标个数。一般采用的方法是：①把类似的目标合并成一个目标；②把从属目标归于总目标；③通过度量求和、求平均或过程综合函数办法形成一个单一的综合目标。在拟定目标的过程中，企业领导要注意充分发挥参谋智囊人员作用，要根据实际需要与可能，尽可能多地提出一些目标方案，以便于对比选优。

3. 评价论证

战略目标拟定之后，要组织多方面专家和有关人员对目标方案进行评价和论证。

(1) 论证和评价要围绕目标防线是否正确进行。要着重研究：拟定的战略目标是否符合企业精神；是否符合企业整体利益与发展需要；是否符合外部环境及未来发展需要。

(2) 论证和评价战略目标的可行性。论证与评价主要是按照目标要求。分析企业实际能力，找出目标与现状差距，然后制订用以消除这个差距的措施，而且要进行恰当的运算，尽可能用数据说明。如果途径、能力和措施对消除这个差距有足够的保证，说明这个目标是可行的。还有一个倾向需要注意，如果外部环境及未来的变化对企业发展比较有利，企业自身也有办法找到更多的发展途径、能力和措施，那么就要考虑提高战略目标水平。

(3) 对拟定的目标完善化程度进行评价。着重考察：①目标是否明确。目标明确是指目标应当是单义的，只能有一种理解，而不能是多义的。多项目标还必须分出主次轻重，实现目标的责任必须能够落实，实现目标的约束条件也要尽可能明确。②目标的内容是否协调一致。如果内容不协调一致，完成其中一部分指标势必会牺牲另一部分指标，目标内容便无法完全实现。③有无改善的余地。

如果在评价论证时，人们已经提出多个目标方案，评价论证就要通过对比、权衡利弊找出各个目标方案的优劣所在。拟定目标的评价论证过程，也是目标方案的完善过程。要通过评价论证找出目标方案的不足，并想方设法使之完善。如果通过评价论证发现拟定的目标完全不正确或根本无法实现，就要回头重新拟定目标，然后再重新评价论证。

4. 目标决断

在决断选定目标时，要注意从以下三个方面权衡各个目标方案：①目标方向的正确程度；②可望实现的程度；③期望效益的大小。对这三个方面要综合考虑。所选定的目标，三个方面的期望值都应该尽可能大。目标决断还必须掌握决断时机。因为战略决策不同于战术决策。战术目标决策常常会时间比较紧迫，回旋余地很小。战略目标决策的时间压力相对不大。在决策时间问题上，一方面，要防止在机会和困难都还没有搞清楚之前就轻率决策；另一方面，又不能优柔寡断，贻误时机。

从调查研究、拟定目标、评价论证到目标决断，确定战略目标四个步骤紧密结合在一起，后一步工作要依赖于前一步工作。在进行后一步工作时，如果发现前期工作存在不足，或遇到新的情况，就需要回过头去，重新进行前一步或前几步工作。

## 本章小结

本章主要介绍企业使命的内涵和企业使命的定位。同时详尽分析企业使命与企业战略之间的关系，明确企业使命与企业战略之间的内在联系，为进一步把握企业使命和企业战略奠定了基础。在此基础上，剖析了企业愿景的含义，从多角度阐明企业愿景的内在本质，分析了企业愿景和企业使命之间的联系。最后，介绍企业战略目标的本质、原则、结构以及构建战略目标的步骤。

## 案例分析

### 万科的企业使命和目标

中国企业从不缺“漂亮仗”，也不缺“高成长”，但保持 10 年以上的持续成长，仿佛是马拉松长跑，需要坚强的意志、长远的筹划、平和的心态和理性的节奏，这是那些只善于以一仗定乾坤的企业望尘莫及的。但王石作为万科的灵魂人物，带领万科打了一场场漂亮战役并保持连续 20 多年成长。

从战略理论角度出发，一个企业要获得持续快速的发展，需要有清晰的战略思想。这就要求首先确定企业的使命和目标。

1992 年之前，万科采取的是小而全的多元化经营路线，在所涉行业中都有不俗表现。但由于资源分散，无法在某个行业形成规模优势，不但企业持续发展受到限制，抗风险能力也明显不足。1992 年年底，公司管理层选择房地产为主营方向，萎缩非房地产业务，历经 5 年的“减法”调整，集中万科的资源在房地产集团化方向发展。在经历改革后，万科提出“建筑无限生活”的企业使命和“成为房地产行业的领跑者”的战略目标。

万科的企业使命和目标很好地反映了万科的核心价值观。万科的工作牌后面有个小卡片，上面印着万科的核心价值观：①客户是我们永远的伙伴；②人才是万科的资本；③阳光照亮的体制；④持续增长。在成立万科之初，王石就按照这个思路要求企业，现在这些观点早已深入人心。王石在制定企业使命时，从发展企业核心价值观着手，把核心价值完美地融入企业使命，使万科置身纷乱商战中却越走越坚定。创始人王石近年来多次公开强调，万科只做一件事，就是建房子。不盲目多元化，而向专业化和精细化迈进，深入地沟通建筑与生活。

越来越清晰的企业使命，为企业发展提供了有力的支持。万科的成功之处在于把企业使命和目标深入渗透到企业文化和品牌建设等各个方面，巩固了投资者、员工、客户乃至社会对其的信任和信心。万科对企业使命的实践为万科品牌拓宽了社会人文意义的深刻内涵，这种品牌建设思路和众多全球品牌的构建策略不谋而合。万科品牌在深入沟通建筑与生活的联系，完成品牌核心价值观的确立和品牌个性的张扬之后，在企业文化的支撑下，将品牌内涵进一步拓宽，关注不同阶层的居住权利，并逐步融汇平等、博爱的价值观念，从而逐渐带有明显的中国特色。

在企业使命的驱动下，万科近几年开始考虑如何做更多的事情，做“企业公民”，考虑如何更好地担起保护环境的责任、更好地为社会发展做贡献、更好地发挥万科的优势。王石认为企业比个人更有尽社会责任的基础条件，所以应该更多地承担社会责任。万科在开发住宅小区时十分强调打造生态链，并非常明确地提出“建设节能、环保住宅”的要求，把万科对社会负责任的承诺落到实处。

**资料来源**：陈继祥等.战略管理.上海：格致出版社，2008.

**思考题**：

(1) 万科是如何构建企业使命的？

(2) 万科企业使命的特色是什么？

(3) 结合案例说明构建企业使命的意义。

## 战略管理实务操作

结合畜饲料生产加工行业特点，构建某畜饲料企业的使命，并写出具体内容和步骤。

B&E

# 第 5 章

# 公司战略选择

孙子曰："故善战者，求之于势，不责于人，故能择人而任势。"

**学习目标**

**知识目标**：了解发展战略、紧缩战略的类型和特点，了解企业战略实施手段。

**技能目标**：学会分析与设计企业发展战略和紧缩战略。

## 开篇案例

### 中国惠普

2005 年 1 月 19 日，中国惠普有限公司企业客户及公共事业集团、战略合作伙伴业务部总经理何东辉透露，惠普将进一步深化和细化与合作伙伴的战略联盟，努力将目前所涉及的所有领域，变成可与合作伙伴共同成长的价值链和产业链，从而把惠普的成长战略真正落实。据悉，除了与微软、SAP、Intel 等国际巨头存在战略合作关系外，通过近些年来不断的努力，惠普在中国市场已经拥有近 30 家 ISV(独立软件开发商)合作伙伴，与之合作的系统集成商家更多。

何东辉表示，定位于基础架构供应商的惠普公司致力于提供企业成长所需的基础架构，以帮助企业能够动态、快速地应时市场变化和需求，适应动态成长的需要。为配合这一战略就需要将动态 IT 架构所需要的咨询服务、软硬件开发、流程整合等因素组合在一起。因此惠普努力寻找不同的合作伙伴，并将这些应用和解决方案依据行业标准组装在一起，从而带给客户真正低成本、高科技的最佳产品体验。何东辉介绍说，随着 IT 信息化的不断深入，传统的以产品和渠道为核心的销售模式已经不适应目前市场状况，特别是随着中国市场的不断成熟，市场竞争的加剧及客户对 IT 投资的慎重，已有越来越多的客户开始考虑寻求咨询和解决方案提供方面的服务。针对这种情况，2004 年惠普公司广泛加强与毕博、埃森哲等全球著名咨询公司的合作，以此向客户提供安全稳定的基础架构。除此之外，惠普不但加强与 Oracle、SAP 等软件公司的合作，以使其软件能有更良好的表现,而且还重点开展与东软等本土软件开发商的合作,在行业服务合作及方案移植方面取得良好成绩。

何东辉认为,与合作伙伴形成战略联盟,今后有很多问题要解决。首先,要解决的问题是战略问题,惠普倡导的"动成长"架构本身就是战略概念,这个战略决定了惠普同其他合作伙伴之间的天然互补性,即惠普同合作伙伴之间没有根本意义上的竞争关系。其次,有了天然的优势互补,为了保证战略合作成功,需要形成结构化合作,即形成一种公司对公司很有纪律的合作机制及管理架构,从而有效地将合作双方的优势互补性最大化。在被问及如何协调联盟中合作伙伴不同的企业文化时,何东辉表示,联盟中所有的合作伙伴虽然拥有不同的企业文化,但归根结底其文化底蕴是相同的,大家都坚持开放的架构,认为世界是开放的,充满竞争的,同时也是符合适者生存规律的。在这样一种环境中,大家都力求在各自领域中做得更好。就像 Intel 力求将芯片做得更好,Oraclee 希望将数据库做得更好,SAP 希望将 ERP 做得更好,惠普也希望能将基础架构做得更好。在这样一个文化底蕴相同的环境中,大家会努力通过机制保证合作顺畅。可以说,困难是有的,但这正是大家的价值所在。在产品和服务层面,惠普提供的平台很广:大型企业需要的服务器、存储、软件、服务,中小型企业需要的 PC 服务器、计算机、笔记本计算机,家庭用户需要的台式机、打印机、照相机、扫描仪、手机、电视等,还有相关的服务。

面对如此广泛的产品线,惠普会进一步深入和细化与不同合作伙伴之间的合作模式。何东辉表示,惠普将努力把产品和服务变成面向合作伙伴的友好的开发架构。未来,惠普会努力在所有涉及领域中与合作伙伴共同成长,并形成新的价值链和产业链,从而推动和落实"动成长"战略。"怎样把产品变得面向合作伙伴友好,以及在相关基础平台通过惠普的相关软件加强与合作伙伴的联系,这都将是惠普战略合作伙伴业务部今年要深化的方面。"

**资料来源**:何东辉.中国惠普.新浪科技报道,2005-01-19.

**想一想**:

(1) 惠普实施的是什么样的战略布局?

(2) 你对惠普的做法有什么不同的意见吗?说明原因。

至今为止,追求公司或企业高速成长是各公司或企业所要达到的目标。公司可以通过采用不同战略实现这一目标。成长战略可以使公司在销售额、资产、利润方面获得增长。有三类基本公司成长战略:密集型成长战略(集约型)、一体化战略、多元化战略。这些战略可以通过投资新产品开发在内部实现,也可以通过合并、并购、战略联盟等手段在外部实现。

# 5.1 发展型战略

## 5.1.1 密集型发展战略

企业成长方向战略中,密集型发展战略(也称为集约型战略)是主要战略之一。密集型发展战略是指企业在原有生产范围内充分利用在产品和市场方面的潜力求得成长发展。

1. 密集型发展战略形式

1) 市场渗透

市场渗透,是指企业生产的原有产品在原来市场上进一步渗透,增加销售量。可以通过如下方式进行。

(1) 尽量使原有顾客增加购买数量,可以通过增设销售网点,赠送礼品等方式。例如,美国宝洁公司说服人们在用海飞丝洗发时使用两份,这样效果比使用一份好。

(2) 与对手竞争,夺走其拥有的顾客,这就要求自己的产品质量要出众,价格更便宜,服务更周到,广告做得更好等。

(3) 尽量获得更多的潜在新用户。可以采取送样促销活动,使顾客购买产品的兴趣大大提高。例如,香水制造商以赠送样品方法说服不使用香水的妇女使用香水。尽管市场渗透可能会使企业获得增加市场份额机会,但是否应用这一战略不仅取决于企业的相对竞争地位,而且取决于市场特性。

一般来说,当某种产品整体市场在增大时,不但占有领先地位的企业可以增加其市场份额,而且那些拥有少量市场份额及那些刚刚进入市场的企业也比较容易扩大它们的销售。例如,前几年由于基本建设规模急剧扩大,对钢材和电力的需求迅速增加,不仅大型钢铁企业和发电厂生意兴隆、利润丰厚,那些小型钢铁厂也迅速扩大生产规模和销量,还出现很多小型火力发电厂。必须注意的是,如果市场处于稳定和下降情况,市场渗透很难实现。因为此时市场需求已趋于饱和,基本上没有潜在顾客可以争取。在这种情况下,占有少量市场份额的企业也很难再扩大它们的市场份额,因为市场领先者的成本结构或品牌效应会阻止这些企业的进一步渗透。当然,这并不意味着占有少量市场份额的企业绝对没有市场渗透的机会,当某一细分市场容量过小,对领先者已完全无利可图,或者领先者疏于防守时,它们就可以通过这一细分市场向更广的市场进行渗透。如前所述,这是一些日本公司在全球市场竞争中常常采取的战略。

**【小资料1】**

记者近日从国美电器获悉,摩托罗拉将向国美提供“定制”手机,将在国美开设专柜,

加快向二三级市场渗透。

摩托罗拉公司执行副总裁、移动终端事业部总裁罗纳德·嘉里克斯与北亚区、中国区高层一行到访国美总部，与国美电器总裁黄光裕进行了磋商。国美的扩张速度和向二三级市场的渗透之势被摩托罗拉看中。罗纳德·嘉里克斯表示，国美电器正在中国二三级市场迅猛扩张，这与今年摩托罗拉扩充市场份额的思路不谋而合。由此力求利用其品牌优势，促进摩托罗拉手机规模化销售，扩大在中国市场的份额。合作内容方面，据摩托罗拉公司副总裁、中国区移动终端事业部移动业务部总经理任伟光透露，近期摩托罗拉将和国美电器规划在高端中文智能手机的推广、国美手机"定制"和大众化手机销售等方面签订一揽子协议，全面推动国美电器和摩托罗拉新的合作。对于"定制"手机，黄光裕认为将会打开中国手机新的局面。

罗纳德·嘉里克斯表示，摩托罗拉有意将40美元手机引入中国市场，这些折合人民币不到350元的手机也被视作摩托罗拉重新登陆中国的"秘密武器"。但这些低价手机何时在中国市场上市，摩托罗拉并没有给出具体时间，只表示将和运营商一起协商，希望这些低价手机能够进行捆绑发售。有业内人士猜测，国美将成为摩托罗拉的重要战略基地，超低价手机极有可能近期出现在国美卖场。

**资料来源**：邓钧元，刘伟兵. 摩托罗拉供国美"定制"手机力争向二三级市场渗透. 慧聪网 http://tech.tom.com，2005-05-02.

2）市场开发

市场开发是指用原有产品开发新市场。当现有产品在原来市场上已不能进一步渗透，或者新市场发展潜力更大，或者新市场竞争相对不是很激烈时，企业可以考虑采用市场开发战略。美国强生公司的婴儿洗发液，原来只用于婴儿，随着美国出生率下降，该公司决定将这一产品推向成年人市场，并开展了颇有声势的广告促销活动，结果在短时期内该公司的婴儿洗发液成为整个洗发液市场的领先品牌。

市场开发也可以对现有产品进行某些改变（主要是外观上的改变），经过其他类型分销渠道、不同的广告或其他媒介销售给相关市场用户，即在新市场上销售现有产品。杜邦公司通过为产品开发新用途实现市场开发的典型例子是：该公司生产的尼龙最初是降落伞的原料，后来作为妇女丝袜的原料，再后又成为男女衬衣的主要原料。每一种新用途都使该产品进入新的生命周期，延长产品的寿命，并为杜邦公司带来源源不断的利润。市场开发战略的成功主要取决于企业分销系统潜力和企业对建立和完善分销系统或提高分销系统效率的支持。市场开发的主要途径有以下两种。

（1）增加不同地区的市场数量，通过在一个地区的不同地点，或在国内不同地区，或国际市场上的业务扩展实现。企业在增加不同地区的市场数量时需要同时考虑跨地区市场的管理方式，例如是对全部地区市场进行统一管理，还是对不同地区制定不同的政策。由此可见，地区扩张的同时引出管理组织变革的要求。

(2) 进入其他细分市场,如对产品略作调整以适应其他细分市场的需要,利用其他分销渠道,采用其他宣传媒介等。例如,食品生产厂对原有产品生产和包装工艺进行相应调整,在保持原有专业食品店分销渠道外,增加为超市生产的业务。又例如,摩托车制造商在对产品功能略作改进后,将摩托车出售给牧民作为放牧工具等是实施市场开发战略的例子。进入其他细分市场本身要求企业具备对产品进行适度技术或功能改变的能力。能否采取市场开发战略获得增长,不仅与所涉及的市场特征有关,而且与产品的技术特性有关。在资本密集型行业,企业往往有专业化程度很高的固定资产和有关服务技术,但这些资产和技术很难用来转产其他产品,在这种情况下公司有特色的核心能力主要来源于产品,而不是市场。因而不断通过市场开发挖掘产品潜力就是公司首选方案。一些拥有技术诀窍和特殊生产配方的企业也比较适合采用市场开发战略,如可口可乐、百事可乐和肯德基等。

**【小资料 2】**

随着生活水平的提高和工作节奏的加快,消费者对自身的健康日益关注,这给保健品行业带来巨大的商机。我国保健品市场产品质量不断提高,新产品不断涌现,促进了销售的增长。近 20 年来,我国城乡保健品消费支出增长速度为 15%～30%,远远高出发达国家 13%的增长率。业内人士表示,昆虫、海洋生物、中草药将是开发的几个热点。保健品消费水平与居民可支配收入具有很强相关性。目前,中国城乡平均恩格尔系数分别为 52.9%和 56.8%,我国处于温饱向小康过渡阶段,这一阶段保健品风行。从人口学统计数据看,中国在逐步进入老龄化社会,人们的保健意识不断增强,对保健品的需求也将进一步扩大。据著名经济分析机构赛迪顾问预测,保健品市场规模将由 2004 年的 340 亿元增长到 2009 年的 683.8 亿元,年均复合增长率达到 15.24%,中国将成为世界保健品增长最快的市场。保健品不同于药品,它的基本属性是食品。两者的主要区别是前者更注意安全性,后者则以治疗为目的。我国保健食品含义也明确表明,它是具有特定保健功能的食品,不以治疗为目的,但可以调节身体机体功能。正是这一特性使保健品在中国有了广阔的市场。电视上铺天盖地的是保健品广告,以至于今天几乎没有人不知道"今年流行送健康"。随着社会的发展,人们的日子越过越好,谁不希望健康长寿。送"健康"给人,表达了最热切的关心。中国人有句老话,"是药三分毒",能够不吃药,通过食疗化解痼疾是很多人的愿望。据业内人士预测,依仗中国上下五千年文明历史,传承了中医智慧的天然产品在今后的保健市场中一定会大有作为。

**资料来源**:佚名.汗蒸房的前景.中国药学会,www.cpha.org.cn,2007-04.

3) 产品开发

产品开发是指对现有产品进行较大幅度的调整,或生产与现有产品相关的、能经现有渠道推销给现有用户的新产品活动。制定产品发展战略目标,或延长现有产品生命周期,或充分利用现有产品声誉及商标，吸引对现有产品有好感的用户关注新产品。总之，产品开发是在现有市场上出售新产品。产品开发战略的实现途径包括以下三个方面。

(1) 新产品特征的实现：①为现有产品增加新的功能或特性；②改变现有产品的物理特征，如色彩、形状、气味、速度；③改变产品结构、部件及组合方式。如对剃须刀头、剃须刀功能进行调整，形成安全剃须刀和女式剃须刀等新产品系列，而剃须刀基本使用方法和制造原理都没有变化。又如保健茶、减肥茶、美容茶等都是在茶叶中添加某些中药形成新的产品特征。

(2) 形成产品质量差别可以通过对同名服务区分质量等级，形成不同的质量—价格组合。例如，在原有服务项目之外推出豪华型服务和大众型服务，产品从高档产品和中档产品等形式出现。

(3) 开发新产品，如开发新车型，增加产品功能或形成产品功能系列，将具有互补功能的产品组合为整体产品等，都属于产品开发范畴。采用产品发展战略要求企业具备较强的设计开发能力，具备足够的财务支持能力和风险承受能力。为了使更新的产品及新产品能顺利商品化，还需要企业现有分销系统具有足够的调整和扩展能力。

### 5.1.2 一体化战略

**【小资料 3】**

英国研究管理思维的大师德·波诺说过这样一段话，美国企业界存在的一个很大问题是：当它们遇到麻烦时只会按照原方向加倍努力。这就像挖金子，当挖 20 英尺没有发现金子时，你的战略会是再挖 2 倍的深度。如果金子是在横向 20 英尺处，不论挖多久也永远找不到金子。英国人总是喜欢挖苦美国人财大气粗、短视和没有头脑，德·波诺的评论却并不是没有一点道理。一体化战略就其本质而言，就是一个方向性选择问题，是向哪个方面发展的问题。

**资料来源**：德·波诺. 超级思考帽. 市场营销网，2007-05. 本书引用时有所删改。

1. 一体化战略的概念和性质

1) 一体化战略的概念

从外部形式看，人们经常将一体化战略简单地认为是联合化，就是把两个或两个以上的原来并不相联系的企业联合起来，形成一个经济组织。这种统一的经济组织可以称之为联合企业或工业中心。但是需要指出的是，一体化并不是企业之间的简单联合，这些企业在生产过程或市场上应该有一定的联系。一体化有不同的几种定义，但无论哪一种，都无法将其内容全部包括进去。概括地讲，全球范围内公司一体化的形成，主要是从 F&D 到生产再到销售的整个价值增值链的各个环节被按照最有利的区域布局安排在世界各地，使全球范围的国际分工越来越多地转化为企业内部分工。还有一些相关企业的战略联盟，这也大大扩大了企业（公司）一体化的外延。企业一体化可以充分利用企业内外信息技术、资源、管理等形成自己的竞争优势。

2）一体化战略的性质

当前全球化所达到的经济一体化表现在很多方面，卷入这一过程的国家和地区更多、更广泛，是真正意义上的全球化。它所涉及的领域更多、更深入，层次更高。尤其重要的是，企业的一体化过程、跨国公司发展达到的程度是空前的。公司一体化概念概括的就是这一过程。企业国际化、一体化趋势已经使世界市场格局发生重大变化。微观经济学所描绘的那种纯净的市场机制涵盖的交易范围越来越小。世界市场已经由跨国公司这一只只"看得见的手"组织起来，变成一个有机联系的整体。于是一种真正意义上的一体化出现了，它的价值增值链占据世界各地最有利的区位，所以在它身上体现的是一种全球的集合优势，而不单纯是某一个国家或地区的区位优势。

2. 一体化战略的类型

1）纵向一体化（垂直一体化）

从获取原材料开始到最终产品的销售和分配过程，称为纵向链条，或垂直链条。纵向链条中的活动，包括与加工和分配输入品和输出品直接相关的加工和处理活动，以及专业性的支持活动，如会计、财务、信息系统、战略规划。任何产品和服务的生产，通常都需要包括组成纵向链条的许多活动。商业战略的一个中心问题是如何组织纵向链条，也就是要确定纵向链条中哪些活动由自己完成，哪些活动交给独立厂家完成。纵向一体化战略是企业经营在业务链上的延伸。增长可以通过纵向成长获得，就是替代以前由供应商或分销商承担的功能。这样做是为了降低成本，控制稀缺资源，保证关键投入的质量或者获取新客户。对那些在高吸引力产业中处于强势竞争地位的公司或事业部来说，这是顺理成章的战略。纵向成长导致纵向一体化。纵向一体化指企业向原生产活动的上游和下游生产阶段扩展。现实中，多数大型企业均有一定程度的纵向一体化。该类扩张使企业通过内部组织和交易方式将不同生产阶段联结起来，以实现交易内部化。

（1）后向一体化和前向一体化

纵向一体化包括后向一体化和前向一体化。公司在产业价值链上多处经营，该价值链涵盖原材料提取、制造直至零售。更具体地说，如果被替代的功能以前是由供应商承担的，就称为后向一体化，是指企业介入原供应商的生产活动；如果被替代的功能以前是由分销商承担的，就称为前向一体化，是指企业控制其原属客户公司的生产经营活动。如化学工业公司可向石油冶炼、采油方向扩展，以实现后向一体化；也可向塑料制品、人造纤维等方向扩展，以实现其前向一体化。

通过后向一体化，公司可以降低资源采购成本同时更好地控制质量，从而维持与提高竞争地位。实际上，公司是基于自己的独特能力获得更大竞争优势。虽然后向一体化通常比前向一体化更可能赢利，但是它可以降低公司的战略灵活性。那些难以出售的昂贵资产给公司造成退出壁垒，不能随意离开已进入的产业。

纵向一体化是公司增长到一定阶段的主要扩张战略。据班诺克观点，公司通过横向一体化打败竞争对手，达到市场多头垄断地位后，便会进入纵向一体化扩张，以占领其供应和市场领域。

(2) 全面一体化、锥型一体化、无形一体化、外包

根据纵向一体化程度，可分为全面一体化、锥型一体化、无形一体化和外包。

① 全面一体化。全面一体化是公司承租100%的关键供应和分销。全面一体化既包括前向一体化，又包括后向一体化，生产企业与其前向销售企业联合，促进产品销售，又与后向原料或零部件供应商联合，保证其原料或零部件供应。比如啤酒厂先将其上端供应啤酒瓶的玻璃厂以及供应小麦的粮食公司纳入其中，以确保其酒瓶和原材料的成本优势，再将其下端的酒水经销公司纳入其体系当中，使其销售量增加。

② 锥型一体化。锥型一体化是保证公司内部生产不到一半的供应。这种形式的一体化不是一种非常完整的一体化，公司原材料的供应不是完全由后向企业完成，而是一部分由后向企业完成。比如，电视机生产商各部分零部件都需要后向公司供应，如各种插头、电子部件、显像管，电视机生产商可以将其中一部分供应商纳入其企业之下，而不是所有的供应商。

③ 无形一体化。无形一体化是指公司通过与其他公司达成长期合同实现关键供应和分销。由多个具有独立市场利益的企业集团通过达成长期合同生成的一种(类)相对稳定的或者临时性的产品生产、营销和服务的分工协作关系，是一种无形的、虚拟的一体化结构。无形一体化的精髓是企业集团将集中保证其关键性的后向供应和前向经销，从而最大限度地提高竞争能力。但应当注意的是，必须维护企业及其品牌形象，保持竞争优势，还必须关注产品质量、成本及产品生命周期等其他方面的平衡。

④ 外包。外包是通过采用长期合同降低内部管理费用，现在越来越受到欢迎。大公司这样做可以降低纵向一体化程度，从而降低成本，使公司更具竞争力。业务外包是近10年来随着计算机与互联网在商业上的广泛应用，在欧美企业中十分流行的一种经营方式。所谓"外包"，是指企业在竞争日趋激烈、商情稍纵即逝的市场情况下，通过签订契约，把过去由企业自己生产的产品或提供的服务，转给擅长于该项工作的专业企业生产，将自身解放出来，更专注于核心业务发展。自己只经营本企业的核心业务，从而达到提升企业核心竞争力的目的。外包服务正成为世界商业发展的新趋势。其种类有数据中心外包、网络外包、应用开发与维护外包、业务外包，发展到更高的规模还有全方位外包等。

**【小资料 4】**

据《华尔街日报》一篇标题为《调查显示公司将增加外包业务》文章报道：据周二公布

的一项对公司高管的调查显示，从外部购买科技服务的公司将在未来一年增加外包业务数量，虽然各公司对海外科技服务供货商的满意度下降，并且提前解除合同的事件也在大幅攀升。这是根据芝加哥管理咨询公司对450名公司高管进行的一项调查。结果显示，在这些从外部购买科技服务的公司中，有74%的公司计划在未来12个月增加境内外外包业务数量。而去年这一比例仅为64%。中国也首次脱颖而出，成为引人注目的外包地。调查显示，美国和印度作为外包热点地区的地位没有动摇，有40%的受访企业称将会在未来5年内在中国开辟外包业务，目前只有6%的受访企业与中国有外包业务关系。调查显示，随着竞争加剧，许多在印度、菲律宾的海外公司正在寻求将它们的业务外包到成本更加低廉的地区。

**资料来源**：Henry. 调查显示公司将增加外包业务. 华尔街日报，2004-06.

2）横向一体化（水平一体化）

横向一体化指企业现有生产活动的扩展并由此导致现有产品市场份额的扩大。该类增长可以从三个方向进行：

(1) 扩大原有产品的生产和销售；

(2) 向与原产品有关的功能或技术方向扩展；

(3) 与上述两个方向有关的国际市场扩展或向新的客户类别扩展。

通过横向一体化，可以带来企业同类生产规模的扩大，实现规模经济。由于该类增长与原有生产活动有关，比其他类型增长更易于实现，一般来说，企业早期的增长多以此为主，且实现的方式以内部增长为主。据对美国1895—1972年公司增长战略分析，1895年至20世纪初的公司增长主要以横向一体化为主。我国工业企业的增长在相当长时期内也以横向一体化为主，20世纪80年代以来，其他形式的扩张才较多出现。

3. 一体化战略的理论基础

1）市场内在化原理

市场内在化原理是指在可能的情况下，企业有将外部市场活动内部化的冲动。这是因为对绝大部分企业而言，它们在外部市场活动中并不总能占据支配性地位，由此造成企业投入物和产出物很难在较长时期中保持数量、价格及交货时间等方面的稳定，影响企业发展的稳定性。这种经营的不稳定性形成企业经营的附加成本和风险。如果企业能通过实施纵向一体化战略，使原来受制于其他企业的前后向业务活动成为企业能够进行有效控制的内部业务，企业生产经营中所受到的环境和风险就能有所减少，经营成本也会降低。

2）设施的不可分原理

设施的不可分原理是建立在设施基本产出规模和规模经济性原理基础上。企业的每一样固定设施都有一个最低产出规模，当企业的产出规模小于固定设施的最低产出规模时，设施利用效率低（如果产出物的市场价值能补偿其投入物的市场价值），甚至出现负效率状态(如果产出物的市场价值不能补偿其投入物的市场价值)。即使在经济景气年代,单个企业也无法承受长期的设施利用低效率和负效率状态。为了提高固定设施利用率,很多企业不得不选择产出规模较低的设施,使设施的产出与企业现有市场占有率一致。这种做法的实质是放弃企业利用新技术和扩展市场机会,同时也放弃了规模经济性。通过横向一体化战略的实施,企业产出规模得以扩大,因而能充分利用固定设施的产出能力,或使用效率更高的设施。与此同时,企业的利润余量会因为成本结构的改变而扩大,使企业的市场竞争能力相应增强。

3) 协同效应原理

协同效应原理,是指企业将不同业务单位的某些共同职能活动集中起来,用较少的投入资源完成同样的,甚至更多的业务量,而且取得较好的协调和沟通。采用一体化战略产生的协同效应表现得格外明显。采用横向一体化战略对企业业务种类没有任何改变,原来两个或两个以上企业的同类业务活动甚至可以不需要调整就实现集中。采用纵向一体化战略时,同类业务在不同企业虽然有差别,但它们之间有一定的联系,当不同企业类别业务之间联系较密切时,集中这些业务活动就会产生协同效应。当然,在纵向一体化情况下集中这些业务活动,需要对这些业务活动的运行及其相应的组织结构进行一定的调整。

**【小资料 5】**

通用电器的各项业务之间,可以实现技术、设计、薪酬和员工评估机制、生产制度、客户信息和地区信息的共享。汽轮机可以和飞机发动机共享生产技术;汽车发动机与运输系统部门共同研制新的推进系统;照明部和医疗器械部门能够携手改进 X 光电管;通用电气资本运作部门能通过新的金融工具,为我们全球各地的业务提供服务。为所有这一切提供支持的是我们的管理机制,它促进了这样的共享、团队精神和我们的企业文化;而我们的企业文化又反过来使得管理机制在公司的每一个角落、每一个层次更加自然,更加灵活(杰克·韦尔奇致股东的信,通用电气公司,1993 年年度报告)。

**资料来源**:[美]格兰特著,公司战略管理.胡挺,张海峰译.北京:光明日报出版社,2001.

比较优势原理是指在现有企业中,总有一些企业的经营效益比较高,总有一些企业的经营效益比较低。特别是存在经济地区割据力量时,如不同地区政府(或部门)工作业绩的评价以地区(部门)经济自给自足能力为主要标准,在地区(部门)间缺少资源经济性流动渠道等,即市场功能不完整时,就会出现人为鼓励低效益企业存在情况。

在客观上已经存在多年经济地区分割和部门分割历史的我国,认识比较优势原理,同时利用当前企业改革正处于资产重组阶段时机,通过一体化战略实现跨地区和跨部门企业资产重组,不但能实现局部资源有效利用,消除资源浪费现象,还能实现经济整体资源利用高效率。我国绝大部分企业处于小规模经营状态,不能利用大规模经营成本效益,同时我国还存在不少经营不善的企业和由于环境变化没有继续存在下去理由和意愿的企

业。我国也存在相当一部分较早实现内部管理机制改变,或侥幸地进入一些有利发展的行业,或获得某种垄断性经营特许,从而具备内外部生存条件和发展前景的企业。

采用一体化战略,这些有发展前景的企业就可以通过收购或合并方式,在较短时间内以较少的追加资源扩大经营规模。如果收购和合并的对象是那些原本就无法继续下去的企业,则收购和合并活动不但对个别企业有利,而且对社会也是有利的。

### 5.1.3 多元化战略

斯蒂格勒(Stigler)有一个著名的投资理论:"不要把所有鸡蛋都放在同一篮子里。"即通过投资多元化分散风险,达到"东方不亮西方亮"的目的。

1. 多元化战略的含义

多元化经营也称为多样化、多角化经营,最初由产品—市场专家安索夫在20世纪50年代提出。多元化,包括产品多元化、市场多元化、投资区域多元化和资本多元化。一般而言,多元化经营战略是指一个企业同时在两个或两个以上行业中经营,向不同的行业市场提供产品和服务。Gort(1962)指出,多元化指企业产品的市场异质性,即企业提供针对不同市场的多种产品就是多元化经营。Berry(1975)认为,多元化是企业经营涉及不同行业种类。不难看出,早期多元化和多元化经营的定义都假设行业和市场的边界是既定的,也就是说人们可以容易区分不同的行业和市场。Pitt和Hopkins(1982)则用"业务"替代了行业,他们认为多元化经营是企业同时参与各种不同业务。之后,多元化战略概念多从战略角度出发,强调各个经营业务之间的关联性和协同作用,而不是单纯从产业经济角度只考虑涉及行业或业务种类的多少。Ramanjam和Varadarajan(1989)认为,多元化是企业通过内部专业发展或外部收购进入新的经营领域,其中经营方式会引起组织结构体系及其他管理流程变化。

此时,随着经济发展和企业组织结构变迁及企业集团化、跨国化发展,企业多元化经营的内涵早已超过早期多种经营含义。多元化被赋予新的理念:首先,多元化是一种企业成长行为,而不仅仅是一种经营方式;其次,多元化是具有长远性、全局性、根本性的企业成长战略行为。多元化通常与产品策略有密切关系,但不是产品的系列化。多元化经营强调的是企业生产经营异质产品进入异质市场,或在新产业拓展新业务。

2. 多元化的类型及程度

多元化公司的各项业务关联程度不同,造成各个多元化公司的具体类型也不同。图5-1所示为随多元化层次不同产生的五种类型业务关系。除了单一业务型或主导业务型公司,充分多元化的企业被分为相关和不相关型多元化两类。如果事业部之间存在较多联系,这家企业就是相关多元化的。例如,事业部可能共享产品、服务、技术及分销渠道。事业部之间联系越多,约束程度越高。不相关类型是指事业部之间无直接联系。

非多元化(limited diversification),低程度多元化

单一业务型:95%以上的销售额来自同一项业务;

主导业务型:70%~95%的销售额来自同一项业务。

相关多元化(related diversification),中等程度多元化

相关约束型(related-constrained,又译为强相关多元化):

公司销售额70%以上来自主导业务,所有业务共享产品、技术、分销渠道。

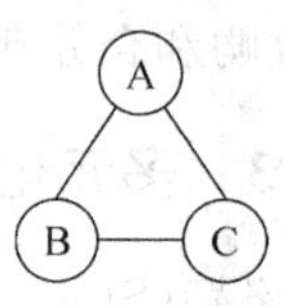


相关联系型(related-linked,又译为弱相关多元化)

不到70%的销售额来自于主导业务,事业部之间联系是有限的

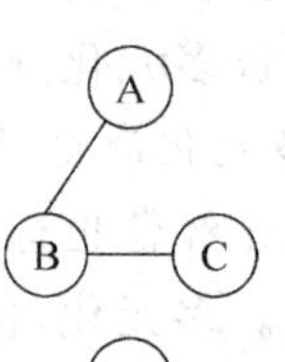


非相关多元化(unrelated diversification),高度多元化

公司销售额的70%以上来自不同业务,而且公司业务之间没有联系。

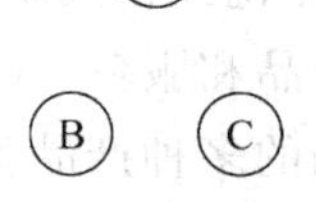


**图 5-1 多元化类型及程度**

1) 低程度多元化

低程度多元化经营的企业都将精力集中在某一项或某主导业务上。如箭牌口香糖公司的全部精力都放在口香糖市场。当一家公司超过95%的收入来自某一主导业务时,该公司就应该划入单一业务型。主导业务型是一家公司收入70%~95%来自某一业务。凯洛格(Kellogg)公司就是主导业务型例子,该公司收入主要来自于早餐麦片市场。最近凯洛格推出小吃,主要是因为公司麦片部分销售已停滞不前。

2) 相关多元化与非相关多元化

当一家公司超过30%的收入不是来自其主导业务,且它的业务互相之间有着某种联系时,该公司的多元化战略就是相关型的。当这种联系直接且频繁时,该公司就属于相关约束型公司。这一类型例子有宝洁、施乐、默克等。有的公司业务之间联系并不多,仅仅是一部分有联系,另一部分没有,如强生、通用电气、施伦贝格,这些公司属于相关联系型公司。相关约束型公司各项业务共享很多资源及行动。相关联系型多元化公司各业务在资源和资金上共享较少,而知识及核心竞争力的相互传递却较多。高度多元化的公司各项业务之间没有关系,可以称为不相关多元化公司。

3. 多元化战略分类

1) 安索夫的多元化战略分类

根据安索夫在《企业战略》中的分类,企业多元化战略可分为以下四种类型,如图5-2所示。

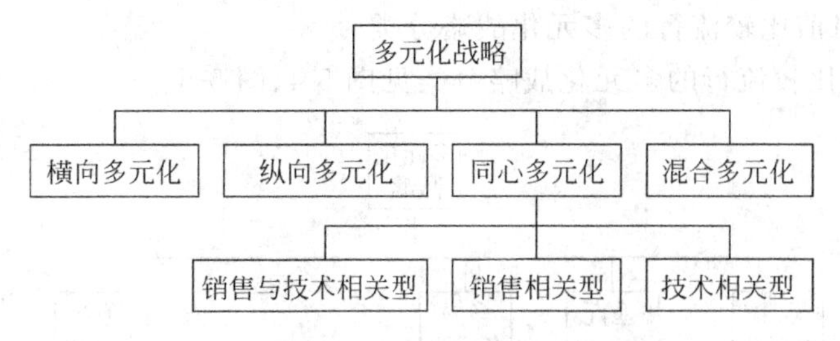


**图 5-2 安索夫的多元化战略分类**

（1）横向多元化，也称水平多元化，即企业利用现有市场向水平方向扩展生产经营领域，进行产品、市场复合开发。

（2）纵向多元化，即企业进入生产经营活动或产品的上游或下游产业，这实际上是纵向一体化。

（3）同心多元化，亦称同轴多元化，指企业利用现有技术、特长经验及资源等，以同一圆心扩展业务。同心多元化又分为市场相关型、技术相关型、市场与技术相关型。

（4）混合多元化，又称非相关多元化，即企业进入与现有经营领域不相关的新领域，在与现有技术、市场、产品无关的领域中寻找成长机会。

赖利（Wrigley）和鲁迈特（Rumelt）进一步完善了多元化战略的分类，如图 5-3 所示。Wrigley 和 Rumelt 的分类方法在国外理论界较为流行，许多研究者根据上述分类方法研究不同国家企业多元化经营经济绩效问题。其中，Rumelt 根据产品之间的关系和收入比例，将关联型多元化划分得更细：①优势—纵向型多元化（dominant-vertical），纵向一体化业务收入占总收入 70%以上；②相关—限制型多元化（related-constrained），主营业务收入占总收入比例不超过 70%，但和其他与主营业务相关的业务一起所占比例超过 70%；③相关—联系型多元化（related-linked），主营业务收入占总收入的比例低于 30%，但与其他相关业务总共所占比例超过 70%。

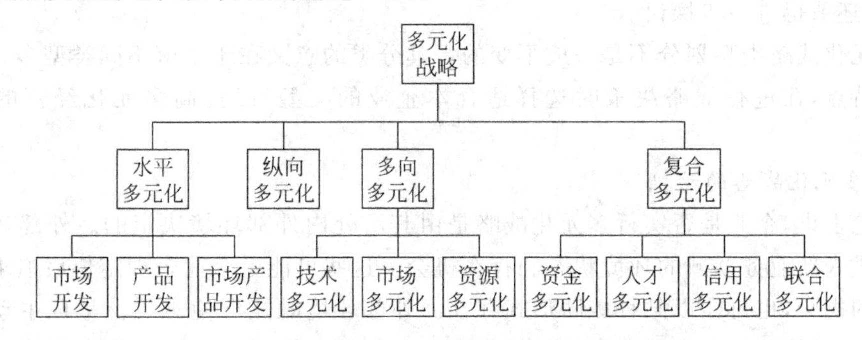


**图 5-3 赖利-鲁迈特的多元化战略分类**

2）国内外目前比较流行的多元化战略分类

国内外目前比较流行的多元化战略分类见图 5-4、图 5-5。

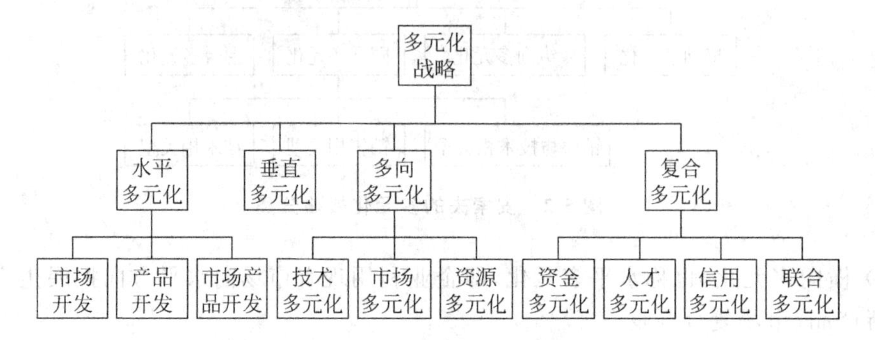


**图 5-4　国外比较流行的多元化战略分类**

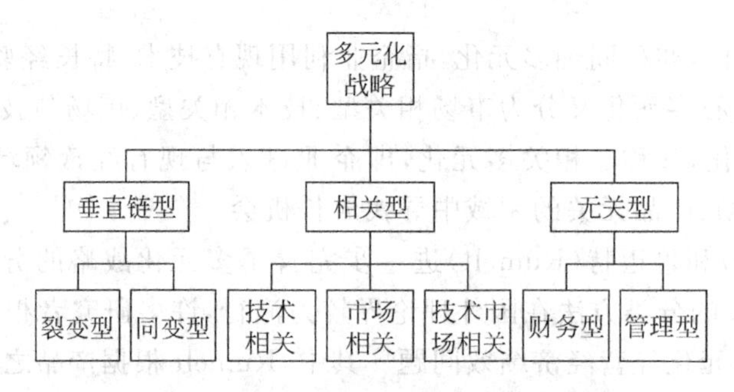


**图 5-5　国内流行的多元化战略分类**

从上述多元化战略分类中，我们可以看到：①相关与无关是多元化战略的两大类型，这已成为通行的共同标准，但对这两大类的细分各有不同；②垂直一体化（纵向一体化）是否属于多元化战略的一类，没有较一致的看法；③水平型多元化是否属于真正的多元化经营，还值得进一步探讨。

多元化战略类型划分不是一成不变的。其分类的意义在于了解不同类型多元化战略的不同特点，在进行战略决策时选择适合本企业的类型，以提高多元化经营的效率和业绩。

4. 多元化战略的动机

理论上讲，企业是否实行多元化战略是由其所处内外部环境决定的。外部环境指吸引企业进入新业务领域的环境状态和存在机会。这些可能是企业合理定位后追求的富有吸引力的机会，也可能以某种威胁形式存在。外部环境既能促使本质上呈现主动的扩张产生，又能促使本质上呈现防御性的扩张产生。内部环境指存在于企业内部的能够促进扩张活动的条件。就本质而言，内部环境在多数情况下都是主动性的，它产生于企业更加充分地利用和开发其现有资源的愿望。外部环境和内部环境的共同作用,决定了企业是否选择多元化战略。

1）外部环境迫使企业选择多元化经营

（1）市场势力理论

市场势力理论认为多元化经营企业将比单一经营企业更为兴旺发达,这不是因为多元化经营企业比单一经营企业更有效率,而是因为多元化经营企业已经进入集聚状态。

市场势力理论是由 Corwin Edwards(1955)在其著作《作为市场势力源泉集聚巨人》中首先提出的。他指出,生产多种产品并跨越多个市场的企业不需要把一个特殊市场看做企业经营策略的决定因素而努力实现每种产品利润最大化。企业在一个特殊市场上的力量不仅仅是因为企业在该市场中所具有的优势地位,还因为企业在其他市场上的扩张。通过多样化市场策略而不是采取传统的营销策略,企业就可以开发和占有新的市场而保持竞争力。

Edwards 之后的经济学家们认为,企业可以通过三种方式实现市场力量：①交叉补贴,即多元化经营企业可以用它在一个市场上获取的利润支持其在另一个市场实行掠夺性定价,以挫败竞争对手；②共同克制,即竞争对手们在多个市场相互抢占时,承认相互依赖的重要性,并以此降低竞争的程度；③互惠购买,即在多元化经营企业之间,如果一个企业对另一个企业无论作为买主或卖主都相当重要时,建立互惠购买关系可以排挤弱小的竞争者进入市场。美国学者 Gribbin(1976)发展了市场势力理论,他认为集聚的能力是企业在不同市场上市场能力作用的共同结果,企业只有在其进入的不同市场上拥有一定的能力,才能产生市场能力。也就是说,企业如果没有在一定数目的市场上占有重要地位,就不会拥有市场能力。

（2）范围经济理论

Amit 和 Livaut(1998)认为,获取范围经济是企业进行多元化经营,特别是相关多元化经营的动机之一。范围经济是指企业经营范围扩大带来的经济性。范围经济的存在本质在于企业对多个业务可共享的剩余资源的利用。在任一特定时刻,多数企业的资源中都存在剩余能力,这些剩余资源可以出售或出租。但企业所拥有的许多富有价值的资源是异质的或深入企业内部的,使得企业很难出售或出租,或者由于交易费用的存在,阻碍企业将其出售或出租。因此通过多元化经营,自己开发利用这些资源便成为企业获取范围经济的重要途径。企业可以利用现有资源、生产能力、核心技术、营销能力和渠道以及管理能力发展相关产业,实现范围经济。非相关多元化企业也可以共享优势竞争方法和财务管理技术,获得效益。

（3）规避行业萎缩理论

任何产品、行业都有自己的生命周期,当行业处于衰退期时,企业进入新行业就成为必然选择。在市场集中度高的行业,少数企业在市场、成本上占有绝对优势,其他企业要想获得高增长率只有进入其他行业。

Rumelt(1974)提出“逃避假说”,认为多元化战略是企业在原业务前景不佳时的逃避手段。企业经营业绩不佳往往是由于企业处于竞争激烈、缺乏创新、成长性不足的行业造成的。产业组织经济学的研究也认为行业结构和赢利能力会对公司经营战略产生影响。企业在面临竞争压力时,会进行多元化经营,这时的目的是改变市场结构和提高经营业绩。Christensen 和 Montgomerg(1981)、Lang 和 Stulz(1994)都认为当市场限制公司原有主导业务成长和获利时,企业会实施多元化战略。Fox 和 Amilton(1994)对新西兰大型企业多元化状况的研究发现,企业在进行多元化经营之前,都开始关注企业绩效滑坡现象。因此他们认为,企业面临赢利水平下滑时会开始追求多元化经营。多元化经营是提高企业经营业绩和增进企业发展前景的需要。

(4) 税收优势论

该理论认为,多元化经营企业可以在企业内部将投资从边际收益率较低的业务转移到边际收益率较高的业务。股东如果想在专业化企业之间转移投资,就必须卖出股票并缴付相应的交易税费。同时,多元化经营可以使企业在不同业务之间转移亏损,而不必在时间上向前或向后分摊损失。也就是说,多元化经营企业税务抵消的预期比较高。Lewellen(1971)认为,非相关多元化可以使企业有更强的负债能力,高负债能力可以利用杠杆效应,享受税收屏蔽的好处。Majd 和 Myers(1987)研究表明,只要企业在某些年份有一个或更多部门亏损,总体的税收负担将低于这些部门独立经营时的税赋。

(5) 政府反垄断措施影响

反垄断法的实施是多元化经营产生的一个重要原因。1950 年《克莱顿法》的修订使横向兼并和纵向兼并的环境变得不利。新的反托拉斯条款更加严厉。由于要限制过高产业集中率的出现,当企业扩大某一产品市场份额超过反垄断法限制时,其扩张行为就要受到制止。因此,单纯的横向和纵向扩张就受到限制。为此企业常常改变扩张方向,谋求在不受法规限制的产业领域扩张成长,从而进行混合兼并、追求多元化经营成为企业进行扩张的一种重要手段。

2) 企业内部因素促使企业选择多元化经营

(1) 资源理论

资源理论是以 Edith Penrose(1959)的《企业增理论》为基础。资源理论认为寻租企业会利用过剩的资源进行多元化经营。当企业可以利用内部闲置资源或开拓一些技术性资源时,多元化经营便成为可能。企业的利润水平和多元化程度由其所拥有的剩余资源决定。Teece(1980,1982)指出,如果企业拥有的剩余资源可以在市场上出售或出租时,用资源理论解释企业多元化战略动机的基础就不存在;当企业无法将剩余资源在市场上出售、转让或出售、转让成本很高时,企业只好自行吸收,进入新的市场而形成多元化经营。

Montgery 和 Wernerfelt(1988)指出,企业的资源不是指企业的专用性资源。专用性资源只是应用在很少的行业,但其专用性会产生高回报率。相反,非专用性资源的广泛使用可以降低成本,为企业提供多元化经营基础。对拥有较少专用性资源的企业而言,相对高的多元化经营水平可以实现利润最大化;而对拥有较多专用性资源企业而言,以较低的多元化水平才能获得更高利润。

(2) 降低风险理论

单一经营企业在市场饱和或市场需求变化时风险极大。企业实行多元化战略,就如同投资多种股票,使企业分散风险。当公司所有权与经营权分离时,管理者可以如同股东在资本市场上分散投资一样,依靠多元化经营分散其经营风险,从而在市场竞争中处于有利地位。尤其是存在破产风险时,即使不具有经营协同效应的非相关多元化,也能通过降低破产风险带来好处。

另外,多元化经营还可以减少管理者和职工下岗风险。当企业赢利周期与用工周期波动密切相关时,多元化经营企业可以在企业内不同业务之间转移劳动力,这样多元化经营使波动平缓,从而使职工受益。国外研究表明,对多元化战略降低风险作用,企业经理比股东热情更高。因为经理更关心自己收入和职位的稳定性,而这两者都与企业的经济绩效密切相关。

(3) 降低交易成本论

企业成长长期成功要求业务扩大和扩张,而企业交易时存在一定交易成本。企业实行多元化战略,就可以将各种交易成本内部化处理,从而提高企业经营利润,增强市场竞争能力。企业内部可以通过行政手段对资源进行调整和配置,而企业与外部投资者之间则需通过市场进行资源配置。因此多元化企业可以降低交易成本,提高资源配置效率。

另外,多元化企业的内部资本市场可以将不同来源的资本集中投向高利润部门,大大提高资本利用效率。而企业利用外部资本市场时要支付费用(借贷利息、股票的认购成本等)。同时,内部资本市场可以扩大企业自身的财务能力,减少交易成本,保证企业有充足稳定的现金流。

(4) 目标差距论

企业发展总要制定战略目标。一般来说,如果能够达到既定目标,企业开拓新产业领域、实行多元化经营动机就不强烈;相反,当企业无法完成原定目标时,企业管理层就会考虑发展多元化经营。Cyert 和 March 在《企业行为论》中指出,当企业在经营中存在很大未完成目标差距时,企业不得不期望从多元化经营中得到满足,从而为多元化经营提供了内在条件。目标差距对多元化经营有杠杆效应,当目标差距越大时,企业进行多元化经营的动力越大。

(5) 代理理论

Mork、Shleifer 和 Vishny(1988)指出,当企业的管理层拥有很少股票,股东太分散而不能使股东价值最大化时，企业资产就会被用来满足企业经营者(管理层)而不是所有者(股东)的利益。Mueller(1972)、Jensen(1986)、Shleifer 和 Vishny(1986)认为，由于管理层没有企业所有权，他们会以牺牲企业所有者利益为代价，追求能使其自身利益最大化的战略。

企业多元化战略与企业成长关系和企业生长周期紧密相关。一般而言，新兴行业有许多获得利润的投资机会，而成熟行业的投资机会将会减少，这时企业管理层就会开始把现金流从早期投资转移到其他投资机会上，甚至进行过度投资。Jensen(1986)称其为"自由现金流"理论，他指出管理层为了控制资源、巩固权力，即使在没有好的投资机会时，也会将自由现金流用于过度投资，而不管是否会增加股东财富。管理层追求企业多元化还有另外的原因：①管理者为了满足"个人效用最大化"；②企业管理者会将多元化扩张作为减少企业风险方式，巩固自己的职位，而不管是否损害企业股东的权益。所以管理者容易选择那些能降低企业风险而净现值为负的项目着眼于稳定收入，开展多元化经营。

5. 多元化战略的交易内部化效应

除了像商标、专利、营销系统、技术诀窍之类的具有较高交易费用的剩余资源的交易内部化之外，企业多元化可以通过内部资本市场和劳动力市场实现资本、劳动力等生产要素交易内部化。即使范围经济不存在，企业也可能因为剩余资源的外部交易费用过高而多元化，建立内部市场，从而使交易内部化。如企业在利用外部资本市场时要支付费用(借贷利息、股票的认购成本等)，这促使企业发展内部资本市场。通过各种业务之间的资金流动，可以使整个多元化企业更加独立于外部资本市场。许多大企业进一步发展和扩大内部资本市场，使内部市场不仅成为融资成本最小的措施，而且成为一个重要的利润来源。我国许多企业集团内成立财务公司或结算中心，其目的也是在于实现内部资本市场，降低资本交易费用。但目前多数企业集团中的财务公司的职能尚待规范，而且应随着企业集团规模增大、市场体制的不断完善而自我调整。内部劳动力市场可以使雇员(包括经理和技术专家)在企业各事业部之间调剂和转移，通常要比在劳动力市场上雇用或解雇的成本小得多、时间上更及时。

我国许多大公司(特别在煤炭采选、石油开采业等传统产业)发展的多种经营业务，多为公司内部主业配套服务。从某种意义上说，是试图对"大而全、小而全"的改革，但效果并不理想，低级的自我配套状况没有发生根本变化。它们为了减少下岗人员，采用各种措施防止公司内部业务由外单位承担，理由是"肥水不流外人田"，这实际上也是一种交易内部化，虽然有利于解决下岗职工就业问题，但由于人为地保护内部市场，削弱了市场竞争性，容易助长企业内部的惰性，有时会影响多种经营业务的技术开发和企业创新能力的培育，影响多种经营人员素质的培养和提高，从长期来看，不利于增强集团的企业竞争力。因此，对于我国传统产业大企业集团的多种经营业务而言，如何在利用交易内部化的同时，逐步增强外部市场竞争压力，并与解决就业问题相结合，是现阶段亟待解决的一个问题。我国邯钢公司实行"成本倒逼、模拟市场"，就是把外部市场竞争机制引入企业内部交易，从而增强企业内部凝聚力和市场竞争力，取得显著成效。

## 5.2 稳定型战略

【小资料6】　　**山居小栈的经营策略**

山居小栈位于一个著名风景区边缘，旁边是国道，每年有大批旅游者通过这条公路来到这个风景名胜区游览(机会1：有市场发展潜力)。

罗生两年前买下山居小栈时是充满信心的，作为经验丰富的旅游者，他认为游客真正需要的是朴实但方便的房间——舒适的床、标准的盥洗设备以及免费有线电视，像公共游泳池等没有收益的花哨设施是不必要的。而且他认为重要的不是提供的服务，而是管理。在不断接到顾客抱怨后，他增设了简单的免费早餐(劣势1：不能满足顾客需求)。

然而经营情况比他预料的要糟，两年来的入住率维持在55%左右，而当地的旅游局统计数字表明这一带旅店的平均入住率是68%。毋庸置疑，竞争很激烈，除了许多高档饭店、宾馆外，还有很多家居式的小旅社参与竞争(威胁1：竞争对手多，竞争激烈)。

其实，罗生对这些情况并非一无所知，但是他觉得高档宾馆太昂贵，而家庭式旅社则很不正规，像山居小栈这样既具有规范化服务特点又价格低廉的旅店应该很有市场(优势1：有一定的市场定位)。但是他现在感觉到事情并不像他想的这么简单。最近又传来旅游局决定在本地兴建更多大型宾馆的消息，罗生越来越发觉处境不利，甚至决定退出市场。

这时他得到一大笔亲属赠予的遗产(优势2：资金充沛)，这笔资金使他犹豫起来，也许这是个让山居小栈起死回生的机会。他开始认真研究所处的市场环境。

从一开始罗生就避免与提供全套服务的渡假酒店直接竞争，他采取的方式是削减"不必要的服务项目"，这使得山居小栈的房价比它们低40%，住过的客人都觉得物有所值，但是很多游客还是转转看看然后去别家投宿。

罗生对近期旅游局发布的对当地游客调查结果很感兴趣：

(1) 68%的游客是不带孩子的年轻或年老夫妇；

(2) 40%的游客2个月前就预定好了房间并制定了旅行计划；

(3) 66%的游客在当地停留超过3天，并且住同一家旅店；

(4) 78%的游客认为旅馆的休闲娱乐设施对他们的选择很重要(劣势2：不能满足顾客需求)；

(5) 38%的游客是第一次来此地游览。

得到上述资料后，罗生反复思量，到底要不要退出市场，拿这笔钱来养老，或者继续经营？如果继续经营的话，是一如既往，还是改变山居小栈的经营策略？

**资料来源**：罗生. 山居小栈的经营策略. 世界经理人网站，2002-05.

**想一想：**

（1）导致山居小栈经营不理想的主要原因是什么？

（2）你认为山居小栈的发展前景如何？

（3）如何改变山居小栈现在的不利局面？

### 5.2.1 稳定型战略的类型

稳定型战略是指企业遵循与过去相同的战略目标，保持一贯的成长速度，同时不改变基本的产品或经营范围。它是对产品、市场等方面采取以守为攻，以安全经营为宗旨，不冒较大风险的一种战略。

稳定型战略主要有以下几种类型：

1. 无变化战略

无变化战略就是基本没有什么变化的战略。

2. 维持利润战略

维持利润战略是指为了维持目前利润水平而牺牲企业未来成长。

3. 暂停战略

经过一段时期的快速成长后，企业可能变得缺乏效率或者难以管理。通过购买或内部发展新增的事业部或分公司会使管理人员过度紧张，造成各种资源过于分散。暂停战略是在一段时期内降低企业目标水平，放慢快速成长步伐，使企业能够将各种资源合并在一起使用。

4. 谨慎前进战略

如果企业外部环境中的某一重要因素难以预测或变化趋势不明显，企业的某一战略决策就要有意识地降低实施进度，步步为营，这就是所谓的谨慎前进战略。

### 5.2.2 企业采用稳定型战略的原因

（1）企业目前经营状况良好，管理人员无法确定现行战略的实际运行情况，因此，自然采取一种“维持现状”的稳定战略。

（2）采用稳定型战略风险比较低，开发新市场和新产品风险较大，管理者认为不一定值得冒风险。特别是有的大企业安于现状，不求进取，进而不肯轻易改变战略。

（3）采用稳定型战略操作简便，也不费力，那些保守型的经理往往愿意采用此战略。

（4）企业经过一段快速成长后，为了克服由于成长过快产生的效率变低、管理不善等问题，巩固取得的已有成果并获得喘息的机会，企业也愿意采用稳定型战略。

（5）过高的市场占有率会导致竞争对手进入和攻击。为了不引起对手的注意，或避免政府的干预，一些企业在一定期间主动采取稳定型战略。

### 5.2.3 稳定型战略的优缺点

稳定型战略有明显的优点：

(1) 企业经营风险相对较小。由于企业基本维持原有产品和市场领域，从而可以用原有的生产领域、渠道，避免开发新产品核心市场的巨大资金投入以及激烈的竞争抗衡和开发失败的巨大风险。

(2) 能避免因改变战略而改变资源分配的困难。由于经营领域与过去大致相同，因而稳定战略不必考虑原有资源增量或存量的调整，相对于其他战略态势来说，显然要容易得多。

(3) 能避免因发展过快导致的弊端。在行业迅速发展时期，许多企业无法看到潜伏的危机而盲目发展，结果造成资源巨大浪费。

(4) 能给企业一个较好的休整期，使企业积聚更多的能量，以便为今后的发展做好准备。从这个意义上说，适时的稳定型战略将是增长性战略的一个必要的准备阶段。

但是，稳定型战略也有不少缺陷：

(1) 稳定型战略的执行是以市场需求、竞争格局等内外条件基本稳定为前提，一旦企业的这一判断没有得到验证，就会打破战略目标、外部环境、企业实力之间的平衡，使企业陷入困境。因此，如果环境预测有问题，稳定型战略也会有问题。

(2) 特定细分市场的稳定型战略也会有较大风险。由于企业资源不够，企业会在部分市场上采用竞争战略，这样做实际上是将资源重点配置在这几个细分市场上，如果对这几个细分市场把握不准，企业可能会更加被动。

(3) 稳定型战略会使企业风险意识减弱，甚至形成害怕风险、回避风险的企业文化，这会大大降低企业对风险的敏感性、适应性和冒风险的勇气，从而增加以上风险的危害性和严重性。

稳定型战略的优点和缺点都是相对的，企业在具体执行过程中必须权衡利弊，准确估计风险和收益，并采取合适的风险防范措施。只有这样，才能保证稳定型战略优点充分发挥。

## 5.3 紧缩型战略

**【小资料7】** **日BEST电器启动“收缩战线回归本地”战略**

日本前家电连锁霸主、现居行业第7位的BEST电器近日发布经营重建计划公告称，一方面，将继续推进效益不佳门店关店策略及削减人事费用的裁员计划；另一方面，将全面启动收缩外围区域门店，将经营资源集中到根据地九州地区的“收缩区域，回归本地”再造战略。

公告称，该公司计划2013年2月期合并决算实现营业利润60亿日元(10年2月期营业损失达52亿日元)，利用3年时间实现扭亏为盈的中长期重建目标。为实现这一目标，该公司计划3年内关闭63家门店(含已经关闭的11家门店)，预计将带来15亿日元左右的成本削减成果。同时，将收缩新毕业学生招收规模及推行提前退休计划，此举预计将带1000人左右的裁员效果及23亿日元左右的人员成本削减成果。此外，该公司还将通过进一步强化新兴业务(市场)投资等，借以实现3年后营业利润增加112亿日元的经营重建目标。

除此之外，该公司还计划以九州区域为中心对现有大型门店进行重装调整，改善门店形象，进一步降低销售价格，从而提升门店经营效益。尤其是在聚集了该公司7～8成直营店的九州各县，BEST电器将推行本地化营销策略，重新回到"九州人自己的BEST电器"市场定位上来。在太阳光发电系统及ALL电气化产品等新兴业务方面，采取区域密集型小店战略，3年内计划实现150亿日元销售增量。

中国消费电子渠道商联盟(中国CECA)筹委会负责人表示："从区域到全国，再到国际化；然后，关闭外区域门店，出售海外公司股权，重新回归到九州大本营。BEST电器走了一条耐人寻味的回头路。从这一点而言，时点意义上的行业霸主，门店数量、销售规模、社会贡献并不值得一提。能否实现规模效益并重，走上一条可持续发展的道路，才是家电连锁业各大巨头从BSET回头路案例中应该吸取的教训和亟待反思的问题。"

**资料来源**：李晓东. 日BEST电器启动"收缩战线回归本地"战略. 中国家电网讯，2005-06.

**想一想**：

(1) 什么是紧缩战略？

(2) 紧缩战略的特点是什么？

### 5.3.1 紧缩型战略的类型

紧缩型战略是指企业从目前的战略经营领域和基础水平收缩和撤退，且偏离战略起点较大的一种经营战略。这种收缩和撤退可能出于多种原由和目的，但基本原因是企业现有经营状况、资源条件以及发展前景不能应付外部环境变化，难以为企业带来满意的收益，以致威胁企业生存，阻碍企业发展，只有采取收缩和撤退措施，才能抵御对手的进攻，避开环境的威胁，保存企业实力，以保证企业的生存，或者利用外部环境有利机会重新组合资源，进入新的经营领域，实现企业的长远发展。

1. 转向战略

转向战略指当企业现有经营领域的市场吸引力微弱，失去发展活力而趋向衰退，企业市场占有率受到侵蚀，经营活动发生困难，或者发现更好的领域和机会，为了从原有领域脱身，转移阵地，另辟道路所实行的收缩。

2. 放弃战略

这是在企业采取选择性收缩战略和转向战略均无效时采取的紧缩战略。放弃是指将企业的一个主要部门转让、出卖或者停止经营。这个部门可以是一个经营单位、一条生产线,或者企业本身停止经营。

3. 清算战略

清算战略指企业受到全面威胁、濒于破产时,通过将企业资产转让、出卖或者停止全部经营业务结束企业生命。

### 5.3.2 企业采用紧缩型战略的原因

采取紧缩型战略往往是不得已而为之,其目的主要是为了应付企业面临的困境,力求通过重整资源激发企业内在潜力,从而尽快摆脱困境,实现新的发展和腾飞。采取紧缩型战略的原因是:

(1) 能帮助企业在外部环境恶劣情况下节约开支和费用,顺利地度过不利的处境。

(2) 能在企业经营不善情况下最大限度地降低损失。在许多情况下,盲目而顽固地坚持经营无可挽回或是陷入低谷的事业,而不是明智地采取紧缩型战略,会给企业带来致命的打击。

(3) 能帮助企业更好地实行资产最优组合。

如果不采用紧缩型战略,企业在面临新的机遇时,只能运用现有的剩余资源进行投资,这样做势必会影响企业在这一领域发展前景。相反,通过采取适当的紧缩型战略,企业可以将不良运作处的资源转移部分到新的发展点上,从而实现企业长远利益的最大化。

当然,紧缩型战略为企业带来的不利之处也不可掉以轻心。如实行紧缩型战略的尺度难以把握,因而如果盲目地使用紧缩型战略,可能会扼杀具有发展前途的业务和市场,使企业总体利益受到伤害。再如,一般来说,实施紧缩型战略会引起企业内外部人员的不满,从而引起员工情绪低落。实施紧缩型战略常常意味着不同程度的裁员和减薪,而且实施紧缩型战略在某些管理人员看来意味着工作的失败和不利。

## 5.4 公司战略的实施方法

**【小资料8】** **松下公司内部创业**

2000年年底松下启动的松下创业基金"Panasonic Spin up Fund"(PSUF)是内部创业代表之一。

首先,松下电器公司一开始就拿出100亿日元资金设立松下创业基金,明确表示用于支援松下员工的创业,而不仅仅限于员工从事与现有业务紧密联系的事情。在此基础上,松下公司提出，在今后的3年内，将每年进行3次员工创业计划征集活动，从资金上保证公司内部创业家的培养和支援。

松下的这一举动在为其赢得民心的同时赢得了更大的市场。

以前松下在影像器材领域仅限于销售，在推出PSUF计划之前，菅原淳之是松下公司从事室外大型影像装置业务一位能干的业务员。正因为对熟悉市场，他对松下公司仅销售影像硬件设备感到不满足。

“对于设置了显示终端的用户来说，他们肯定需要能同时提供影像信息传送的服务，两者一起做无疑能获得相乘的效果。”菅原淳之说。

但是，菅原淳之当时的地位决定他没有决策权力。随着宽带网的普及，为网络终端提供廉价的动画信息的环境条件日趋完善，这个市场已经开始显山露水。所以当松下公司启动PSUF后，菅原淳之就感到创业的机会来了。从菅原淳之身上松下公司发现自己的不足，并开始着手调整自身的一些战略。

这正是松下创办PSUF的目的，即松下公司在自身经营中发现存在许多问题，如何在经济不景气中让已被称为“沉滞呆重”的组织系统恢复活力是松下燃眉之急。为此，把埋没在公司里有创新精神的优秀人才发掘出来不失为明智之举，当然不能只是一两个，而应是大量的创新人才。这些优秀人才带来的旋风式的头脑风暴，会深深触动松下陈旧的企业风气，从而彻底扭转松下现状。

公司也通过PSUF向员工传达这样一个信息：培育具有勇于向新生事物挑战的开拓性人才，并尽可能留下他们，让他们成为下一代敢于挑起松下事业重担的精英人物。

与此同时，中国有越来越多的知名企业开始把创建内部创业体系纳入公司发展规划。国内通信业巨头深圳华为为解决机构庞大和老员工问题鼓励内部创业，将华为非核心业务与服务业务以内部创业方式社会化。通过相关政策提供一些资源给公司的优秀人才，帮助他们走出去创办企业，如广州市鼎兴通讯技术有限公司就是华为内部创业公司，他们承担华为公司湖南、江西市场、广东市场近1/3的工程安装调试工作。众多公司的存在为华为解决了很多后顾之忧，减少了市场运作成本，双方获利。用友软件公司则通过内部创业中的分公司制度，将总部优秀人才遣往全国各地，建立各地分公司，配备相关资源，给其更大的施展才能的空间，从而留住优秀员工。

**资料来源**：杨红. 内部创业：为员工，更为企业战略. 海外管理，2001(03).

**想一想**：

(1) 什么是内部创业？

(2) 松下公司的内部创业能不能被他人模仿，为什么？

### 5.4.1 内部创业

内部创业战略是指企业通过内部创新，以开发新产品进入新市场或者重塑市场，从而

进入一个新的行业。内部创新并不一定是最先进的创新，往往模仿者也采用这种战略。

企业选择内部创业战略进入新的经营领域，需要考虑以下几个适用条件：

(1) 行业处于不平衡状态，竞争结构还没有完全建立起来，这时候进入容易取得成功。

(2) 行业中原有企业所采取的报复性措施的成本超过由此所获的收益，这时这些企业对新进入者不急于采取报复措施，或采取报复措施但效果不佳。

(3) 企业的现有技术、生产设备和新经营项目有一定联系，导致进入该行业的成本较低。

(4) 企业进入该经营领域后，有独特的能力影响其行业结构，使之为自己服务。

(5) 企业进入该经营领域有利于发展企业现有的经营内容，如提高企业形象、改进分销渠道。

企业采用内部创业战略还需要注意它的两个特性：

(1) 时间性。根据实证研究，采用内部创业战略组成的新的经营单位一般要经过8年时间才有获利能力；经过10～12年时间，该单位的效益可以达到成熟业务水平；12年后，该单位将获得最高效益和很高的市场占有率。因此，企业在进行内部创业战略时，前几年的战略目标应放在提高市场占有率上，而不要只看中短期的获利能力。

(2) 进入规模。进入规模的大小对企业采用内部创业战略有重大影响。从长期来看，新的经营单位以较大的规模进入要比以较小的规模进入更容易获得较早的收益。企业大规模进入新的经营领域，需要大量资金，以便承受前8年的利润负增长。如果规模过小，该经营单位的风险就更大。

企业内部创业的失败率较高，原因主要来自以下三个方面：

(1) 企业进入规模过小。许多企业认为，大规模进入一旦失败，损失较大，于是更愿意采用小规模进入战略。在这种情况下，企业无法建立长期立足的市场占有率。正如前面所说，从短期看，规模小会损失较少，规模大则成本高且损失大。但从长期看，规模大的收益高。

(2) 商品化程度过低。采用内部创业的企业多为高技术企业。其研究开发多属于高技术领域。如何将高技术的研究成果进一步商品化，满足市场的需求，是成功运用内部化战略的关键。许多企业的失败在于过分追求科技结果领先，忽略市场的实际需求。这一点在计算机行业中表现得格外突出。

(3) 战略实施不当。在战略执行过程中，企业要考虑组织管理问题，要将科研项目研究与内部创业战略关系处理好，企业如果同时支持多项不同的内部创业，则会导致财力分散，不能保证最佳创新成果获得市场成功。同时，企业还应注意研究开发的成果并不一定都具有战略价值与市场价值，要对此做出正确的决策。此外，企业对上面提到的时间性问题也应考虑。面对需要8～12年才能产生利润的经营业务，企业不应过早转变方向。

企业要成功运用内部创业战略，必须抓好职能层次的研究开发与高层次的战略认识。具体来说，企业要做到以下几点：

(1) 确定战略目标，从总体上把握运用内部创业战略的时机、规模、资源和周期。

(2) 有效地运用企业的研究与开发能力，使企业的研究开发与总体战略目标保持一致。

(3) 加强研究开发与市场营销的联系，确保企业的研究开发是为了市场需求而进行，而不是为了研究而研究。

(4) 改善研究开发与生产制造的联系，提高企业生产新产品能力。

(5) 严格筛选与监控内部创新活动，确保实现预期的创新产品市场份额目标。

### 5.4.2 并购

1. 并购战略与公司战略的关系

企业实施一体化战略进入新的经营领域，或者实施多元化战略进入新的行业，既可以通过投资新建，也可以通过合作联盟，还可以通过并购进行。因此，并购战略是实现公司战略手段之一。企业并购是兼并(merger)与收购(acquisition)的合称。很多专业书籍将merger and acquisition联为一个专业术语，缩写为“M&A”。并购在经济学上的含义通常可理解为一家企业以一定的代价和成本(如现金、股权)取得另外一家或几家独立企业的经营控制权和全部或部分资产所有权的行为。不过，严格意义上讲，兼并与收购是有一定区别的。

近年来，随着全球一体化进程加快，世界各国大型企业之间的并购成为强化竞争优势的重要手段，而且并购的规模越来越大。表5-1是2009年世界十大并购案。

**表5-1 2009年世界十大并购案**

| 排名 | 购并双方名称 | 行　业 | 总额/亿美元 |
|---|---|---|---|
| 1 | 甲骨文收购Sun | 服务器和存储 | 74 |
| 2 | Xerox收购Affiliated | 计算机服务 | 64 |
| 3 | 戴尔收购Perot Systems | IT服务 | 39 |
| 4 | 思科收购Tanberg | 视频会议 | 34 |
| 5 | 思科收购Starent Networks | 无限网络 | 29 |
| 6 | 惠普收购3Com公司 | 交换机 | 27 |
| 7 | EMC收购Data | 数据存储 | 21 |
| 8 | 艾默生收购Avocent公司 | IT | 12 |
| 9 | IBM收购SPSS | 分析软件 | 12 |
| 10 | 爱立信收购Nortel Networks无线资产 | 通信 | 11.3 |

2. 兼并

兼并有吞并、吸收、合并之意。《大不列颠百科全书》对 merger 一词的解释是："指两家或更多的独立企业、公司合并成一家企业，通常由一家占优势的公司吸收一家或更多的公司。兼并的方法：A. 可用现金或证券购买其他公司的资产；B. 购买其他公司的股份或股票；C. 对其他公司股东发行新股票换取其所持有的股权，从而取得其他公司的资产和负债。兼并的形式：a. 横向兼并，双方公司为同一市场生产相同产品；b. 扩大市场的兼并，被兼并公司为不同市场生产相同的产品；c. 纵向兼并，被兼并的公司成为兼并公司的供应者或消费者。如果被兼并企业与兼并公司原有的业务无关，则新公司就称为跨行业公司。兼并的原因很多，或是为了减少竞争；或是提高生产改革；或是产品和市场多样化；或是减少赋税支出。"

通常兼并有两个层次的含义，一个是狭义的；另一个是广义的。狭义的兼并是指在市场机制作用下，企业通过产权交易获得其他企业的产权，使这些企业法人资格丧失，并获得它们控制权的经济行为。广义的兼并是指在市场机制作用下，企业通过产权交易获得其他企业产权，并企图获得其控制权的经济行为。

广义兼并和狭义兼并的共同点在于：

(1) 兼并是一种在市场机制作用下，具有独立法人财产权企业的经济行为，是企业对市场竞争的一种反应，而不是一种政府行为；

(2) 兼并是一种产权交易活动，它是一种有偿交换，不是无偿调拨。

交易可以通过购买资产，也可以通过购买股票进行，支付手段既可以是现金，也可以是股票、债券或其他形式的回报。

狭义兼并和广义兼并的主要差别在于：狭义兼并的结果是被兼并企业丧失法人资格，而兼并企业的法人地位继续存在。广义兼并的结果是被兼并企业的法人地位可能丧失也可能不丧失，而是被控股。兼并企业的法人地位不一定不丧失，因为可能兼并双方合并成立一个新的公司，原来的企业法人地位均丧失。换言之，狭义兼并发生后，被兼并企业必定解散，兼并企业不解散；广义兼并后，被兼并企业可能解散也可能不解散。同样，兼并企业可能不解散也可能解散。若兼并企业也解散，往往是指兼并双方产权联合或合并在一起，新设立一个企业，重新获得一个新的法人资格，从而原来兼并与被兼并双方的法人地位消失，即企业解散。

狭义的兼并相当于公司法和会计学中的吸收合并，而广义的兼并除了包括吸收合并以外，还包括新设合并与控股等形式。

3. 收购

收购是指一家企业用现金、债券或股票等购买另一家或几家企业的股票或资产，以获得对该企业的控制权行为。其特点在于目标企业经营控制权易手，但目标企业法人地位并不消失。收购有两种：资产收购(asset acquisition)和股权收购(stock acquisition)。

从狭义兼并的角度看，兼并与收购这两个概念是有所区别的，主要区别在于产权交易所涉及的目标企业法人地位保留与否。这种区别从法律角度和财务处理角度看是显著的，但从企业实际控制权易位看，两者却没有本质的区别：兼并直接使目标企业的资产处于兼并方的控制之下，收购使目标企业法人、进而使法人财产受收购方控制。因此，从广义的角度来说，收购也可以看做是兼并的一种。

4. 并购的趋势

并购已经在美国公司之间流行多年。甚至有人认为这种战略是促成20世纪80年代至90年代美国成功进行行业重组的核心动力。并购战略如此流行，以至于在20世纪80年代美国曾经出现所谓“并购狂潮”。在那10年间，在美国发生的大大小小的企业并购（包括整体合并和部分重组）总数在31 000～55 000。这些并购涉及的金额总共超过13 000亿美元。然而，与90年代比起来，80年代的并购潮就显得无足轻重了。1990年全球企业并购案涉及金额超过4 640亿美元，1998年这个数字猛增到25 000亿美元，1999年又增加到34 000美元。就美国国内而言，这个数字在1990年是1 950亿美元，1998年达到16 000亿美元，1999年则为17 500亿美元。

目前，并购战略在全球其他地区越来越盛行，包括欧洲经济圈。事实上，1999年第三季度数据显示，发生在欧洲大陆的并购案涉及的金额历史上第一次超过美国。所有战略选择都会影响企业的发展，所以在做出多元化发展选择时必须慎重考虑。成功地运用并购战略也是企业在竞争中追求差异化的一个表现。有效的差异化能够降低企业与其对手进行直接或正面竞争的风险。

收购战略的另一个趋势是来自不同国家的公司之间并购数量不断增加。这种收购被称为“跨地区并购”。与国内并购案有相似特点，跨地区并购也是企业为寻求增强竞争优势和高于平均水平投资回报而实施的一项战略。

战略管理要求通过并购不仅要增强企业竞争实力，而且要达到提高股东回报的目的。所以，实施并购战略，只能建立在能够通过并购其他公司的资产并加以利用达到增加公司经济价值的基础之上。

然而事实表明，至少对于实施收购的公司来说，并不总能达到预期的目标。最近来自会计咨询公司Kpmg的报告显示，大概有83%的并购案在增加股东价值方面是失败的。甚至有53%的个案中，实施收购的公司，其股东价值事实上是减少了。Kpmg的一名业内人士这样说道：“那些令人失望的兼并行动让很多此类公司深受其害，包括Federal-Mogul集团、Mattel公司以及Clorox公司等。”这样的结果与一些理论研究者的结果不谋而合，即通常被收购公司的股东往往能获得高于平均水平的投资收益，而实施收购公司的股东却常常会蒙受损失，特别是兼并后的赢利回报经常接近于零。很明显，市场投资者也正确地预测到这一事实。在接近2/3的并购案中，实施收购的公司的股票价格在并购意向一宣布之后即告下跌。这种市场的负面反应被认为是“投资者”普遍怀疑收购者是否有能力在合并之后既保持原有业务的价值，同时又获取新公司的整合优势。

5. 并购的类型

企业并购的方法可以有多种，比如，用现金或证券购买其他企业的资产；购买其他公司的股份或股票；对其他公司股东发行新股票以换取其所拥有的股权，从而取得其他公司的资产与负债。

如果从并购双方所处的行业区分，企业并购的类型主要有三种：

(1) 横向并购，是指处于相同行业生产同类产品或生产工艺相近的企业之间的并购。这种并购实质上是资本在同一产业和部门内集中，它是企业迅速扩大生产规模、提高市场份额、增强企业竞争能力和赢利能力的捷径。

(2) 纵向并购，是指生产或经营过程相互衔接、紧密联系的企业之间的并购。其实质是通过处于生产同一产品不同阶段的企业之间的并购，实现纵向一体化。纵向并购除可以扩大生产规模、节约共同费用外，还可以促进生产过程各个环节的密切配合，加速生产流程、缩短生产周期、节省运输、仓储能源。

(3) 混合并购，是指处于不同产业部门、不同市场，且这些产业部门之间没有特别生产技术联系的企业之间的并购。包括三种形态：产品扩张型并购，即生产相关产品的企业间的并购；市场扩张型并购，即一个企业为了扩大竞争地盘而对其他地区生产同类产品的企业进行并购；非相关多样化并购，即生产和经营彼此毫无联系的产品或服务的若干企业之间的并购。

混合并购可以降低一个企业长期处于一种行业带来的风险，另外通过这种方式可以使企业的技术、原材料等各种资源得到充分利用。

如果从并购的策略和方式划分，企业并购又可分为公开并购、直接并购、间接并购、杠杆并购、善意并购、敌意并购等。

企业并购包括吸收合并、新设合并和购受控股权益三种方式。

(1) 吸收合并是指两家或两家以上的企业合并，其中一家公司存续，另外的企业被吸收从而被取消法人地位的行为。在吸收合并中，存续公司仍保有法人地位和原有公司名称，且有权获得其他被吸收公司的资产和债权，同时承担其债务，被吸收企业不再存在。

(2) 新设合并(又称创立合并或联合)是指两家或两家以上的企业通过合并均取消法人地位，形成一个新的公司，由新公司接管参与新设合并的其他企业的全部资产和业务的合并行为。

(3) 购受控股权益是指由一家企业购受另外一家企业时达到控股百分比股份的合并行为。这种控股股份理论上为持有具有投票权的普通股的51%。但在被购受企业规模较大、股份比较分散的情况下，常常只要控制了30%甚至更少的股份比例，就可以有效地实施控股。

6. 企业并购理论的经济学动因

企业并购作为一种市场经济下的企业行为,在西方发达资本主义国家100多年的发展史上经久不衰,其后必然有深刻的企业经济动机和驱动力,有着深刻的政治、经济、社会等多方面的原因。西方学者对企业并购给予极大的关注,对于企业并购的经济学动因,学者们从多个角度进行了解释,提出形形色色的理论和假说,下面对其中有代表性的8种理论进行介绍。

1) 规模经济理论

该理论认为企业可通过并购扩大经营规模,实现规模经济,从而提高企业效益。这里的规模经济包括工厂规模经济和公司规模经济两个层次。规模经济是由于某种不可分性而存在的,譬如通过企业并购,企业原有的有形资产或无形资产(如品牌、销售网络)可在更大的范围内共享,企业的研究费用、一般管理费用、营销费用等投入也可分摊到大量的产出上,这样有助于降低单位成本,增大单位投入的收益。获得规模经济的前提是,产业确实存在规模经济,而且并购前企业经营活动尚未达到规模经济。

西方国家20世纪70年代流行该理论,目前我国较流行。事实上,规模经济在企业并购中的效应并没有想象中的那么大。纽博尔德的研究表明,只有18%的公司承认其并购活动的动机与规模经济有关。

2) 管理协同效应理论

以威廉姆逊、克莱茵等为代表的经济学家于1975年提出企业管理效率的高低是企业并购的主要动力。如果A企业的管理效率优于B企业,而且A企业具有剩余管理资源,则A企业并购B企业后,一方面可将B企业的效率提高到A企业的水平;另一方面A企业释放了多余的管理能力,从而提高整个经济效率。

该理论隐含两个假设前提:①假设并购公司不能无条件地释放其过剩的管理资源,其管理层是一个整体,并且受不可分割性或规模经济的制约,解雇过剩的人力资源是不可行的。②假设被并购企业不能在相关时段内通过直接雇用方式组成一个有效的管理队伍。因为管理资源的使用价值具有一定的特殊性,一般只能对特定行业发挥作用,相对而言,该理论似乎只对解释横向一体化更具有说服力。

3) 经营协同效应理论

经营协同或经营经济(operating economy)可通过横向、纵向或混合并购获得。建立在经营协同基础上的理论假定在行业中存在规模经济,并且在合并之前,公司的经营活动水平达不到实现规模经济的潜在要求。该理论认为由于企业间存在生产要素和企业职能的互补性,使两家或两家以上的企业合并为一家企业时,可以共同利用对方优势而产生"2+2>4"的整合效应。如企业A在研究和开发方面较强,而管理和市场营销方面较弱,企业B恰恰相反,则两企业的合并能够克服它们各自经营上的瓶颈,互为补充,提高总体效率,带来额外的增值。

4）财务协同效应理论

20世纪60年代，混合公司的涌现使人们对管理协同假说在纯粹混合并购中的适用性产生了怀疑。马克汉姆和普雷斯科特、维斯切尔分别于1973年和1980年通过对混合并购活动研究，发现并购可能源于财务方面的动机，财务协同效应主要体现为两个方面：

(1) 在具有很多的内部现金但缺乏好的投资机会的企业，与具有较少的内部现金但有很多投资机会的企业之间，通过企业并购，可使资金低成本地在企业内部流动，节约了外部筹资成本和交易费用；

(2) 并购后企业的负债能力大于并购前单个企业举债能力之和，且能节省投资收入税。

5）价值低估理论

企业并购的动因在于股票市场价格低于目标公司的真实价值。企业市场价值被低估的原因有企业现有的经营管理未能发挥应有效率，并购方掌握普通投资者所没有的关于公司真实价值的内部信息，公司的市场价格与重置价格之间存在一定的差距等，企业并购能使目标企业的市场价值得以恢复。

托宾以Q值反映企业并购发生的可能性。其中Q为企业股票的市场价值与其实物资产的重置价格的比值。当Q<1时，形成并购的可能性较大。美国20世纪80年代并购高涨期间，企业的Q值一般在0.5～0.6。譬如，如果目标公司的Q值为0.6，而兼并该公司的股票溢价50%，那么收购价与重量价的比值为0.9，即收购目标公司还是比新建一个同样的企业有利可图。但问题在于并不是所有价值被低估的企业都会被兼并，而兼并的企业也不全都是价值被低估企业。

6）代理理论

詹森和梅克林系统地论述了代理问题的含义。当管理者只拥有公司一部分股份时，便会产生代理问题。目前从代理角度分析企业并购动机的理论有代理成本理论和管理主义理论。

(1) 代理成本理论。

这一理论主要是对现代大公司的委托—代理现象进行分析。詹森和麦克林指出，代理问题源于经理人员不是企业的完全所有者这一事实。在经理人员只拥有少量公司股权的情况下，经理人员可能会不十分努力地工作，偏向于追求额外消费，如豪华办公室和小轿车，而这些消费成本的大部分是由其他股东承担的，同时一般个人股东无法很好地监视这些内部人的一举一动，从而产生很高的代理成本。在股权分散的大公司中，这种代理问题更加突出。股东一般通过组织机制和市场机制两方面的制度安排尽可能地降低代理成本。其中，并购接管是解决代理问题的最后外部控制机制(Manne，1965年)，通过公开收购等代理权争夺活动将会改组现任经理和董事会，撤换不称职经理和董事。Manne指出，如果由于低效或代理问题而使企业经营业绩不佳，那么并购机制使得接管威胁始终存在。故从某种意义上讲，并购是一种修正低效管理的可能良方。

(2) 管理主义理论。

该理论认为在所有权与经营权分离的现代公司制度下，股东与经营管理者的价值目标并不完全一致。企业管理层往往会从自身效用最大化，考虑企业并购问题。

穆勒(Mueller)用管理主义解释混合并购问题，并对其进行了详尽阐述。穆勒假定管理者的报酬是公司规模的函数，由此推出管理者有扩大企业规模的动机，并接受较低的预期投资利润率。富斯(1980)发现并购方公司经理在公司并购后2年内平均收入增加33%，而没有并购活动发生的公司，经理的年均收入只增加20%。马克斯和惠廷顿(1975)，发现公司规模是影响经理收入的主要因素。上述证据证实了这一理论。施雷福和维师尼(Shieifer and Vishny，1986)的研究提出，在位经理可以通过对需要他们特殊专业技术的资产进行过度投资，造成撤换这些经理的成本十分高昂，从而提高自身的职业保障程度，而对特殊资产的投资意味着并购活动的发生。

7) 市场势力理论

该理论认为，并购活动的主要动因经常是因为可以借并购活动减少竞争对手，从而增强对企业经营环境的控制，提高市场占有率，增加长期获利机会。下列三种情况可能导致以增强市场势力为目的的并购活动：①在需求下降、生产能力过剩、削价竞争且遭受外来势力的强烈渗透和冲击下，企业间通过合并组成大规模联合企业，对抗外来竞争；②由于法律变得更为严格，企业之间并购包括合谋以取得合理化的、比较有利的地位；③国际市场竞争使国内市场壁垒等成为非法，通过并购可以使一些非法的做法“内部化”，以继续控制市场。

8) 税收诱导理论

该理论的主要代表人物有斯莫劳克、贝蒂和梅耶德，他们认为并购活动发生的动机在于税收最小化诱惑。不过这种基于税收方面的考虑是否会引起并购活动，取决于是否存在可获得相同税收好处的可替代方法。例如，美国《1981年经济复兴税收法案》提供从加速折旧法的使用中所产生的“税收抵减的出售”(sale of tax credit)。公司资产的“售出与租回”安排引起这种税收抵减在不同公司间的转移。这些做法减轻了税收对并购活动的刺激作用。

为了获取税收好处而进行的并购活动常被看做是财政部的“零和游戏”。如果这些并购活动涉及真实资源的使用或通过增加经济系统中其他部门的税收而造成税收体系的扭曲，那么并购对于整个社会而言就是不可取的。然而，由税收减免引发的并购也可能会通过消除税收方面的损失促进更有效率的经济行为。

税收除了影响并购动机外，也影响并购进程。通过并购，目标公司的税收属性可能转移到并购方，而目标公司股东也有可能延迟支付资本所得税。主要有三种途径：①净营业亏损和税收抵免的递延；②逐渐增加资产税基；③用资本利得代替一般收入。当然，如果目标公司股东必须立即支付资本利得税，支付给他们的并购价格也必然有所不同(即更昂贵)。

并购是实现公司战略,主要是一体化战略和多元化战略的重要手段。其主要的经济学逻辑是寻求并购企业与被并购企业之间有价值且稀有的协同。并购战略的动因和价值体现在:①增强市场力量;②克服进入障碍;③降低新产品研发成本;④加快进入市场速度;⑤降低新产品开发风险;⑥适应产品多元化需要;⑦重构企业竞争力范围。并购战略会遇到一些特有的困难和问题。要进行有效的并购必须遵循一些基本原则,特别要注意做好前期调查评估和后期整合工作。

## 本章小结

本章主要介绍企业的发展战略、稳定性战略、紧缩战略以及公司的战略实施手段,根据公司所处的不同阶段和环境特征,选择合适的发展战略,促进企业健康长远的发展。

## 案例分析

### 阿高公司——增加顾客最需要的服务

怎样把创新者的逻辑变成企业在市场上的产品?我们考察了阿高的案例。在20世纪80年代中期,法国的廉价旅馆业非常不景气。阿高的两位主席保罗·杜布鲁尔(Paul Dubrule)和杰拉德·佩利森(Gerard Pelisson)要求公司的管理层为顾客创造一个价值跃升,管理者被要求忘记他们所熟知的一切,包括现有的规则、惯例和行业的传统。经理们被要求回答如果阿高重新开始,应该如何去做。

当阿高推出Ⅰ号计划(Formule Ⅰ,一系列便宜的旅馆)时,在廉价旅馆业存在两个不同的市场层次:第一个层次包括无星级和一星级旅馆,每个房间每夜的平均价格是60~90法郎,顾客完全是冲着低价而来;另一个层次是二星级旅馆,每个房间每夜的平均价格是200法郎,这些稍微贵一些的旅馆通过提供比无星级和一星级旅馆更好的住宿环境吸引顾客。人们希望能够物有所值:要么多花钱得到一晚舒适的睡眠,要么少付钱忍受劣质的床和噪音。

阿高的管理者首先确定所有廉价旅馆(无星、一星和二星)顾客的共同需要:以低廉的价格获得一夜良好的睡眠。根据这一广泛的共同需要,阿高的管理者看到克服行业强迫顾客做出让步的机会。他们向自己提出以下四个问题:

(1) 本行业被赋予的要素中,哪种要素是应该取消的?

(2) 哪些要素应该削减到行业标准之下?

(3) 哪些要素应该提升到行业标准之上?

(4) 哪些要素是从未提供过而应该由企业创造的?

第一个问题迫使管理者考虑公司是否确实能给顾客提供价值。通常这些要素被认为是天赋的，尽管它们没有价值甚至会降低价值。有时顾客的价值发生了根本性的改变，但是企业却仍然紧盯着行业标准，不会因此而有所行动，甚至不会察觉这种变化。第二个问题迫使管理者确定是否为了在竞争中对抗和取胜，使自己的产品和服务在功能设计方面过剩。第三个问题迫使管理者发现并取消本行业强迫顾客做出的妥协。第四个问题帮助管理者打破现有的行业界限，发现全新的、能给顾客带来价值的源泉。

在回答这些问题的过程中，阿高提出旅馆业的一个新概念，从而导致Ⅰ号计划的推出。首先，公司取消诸如高消费餐馆和吸引人的休息室这些标准酒店的特色。阿高认为就算会失去一部分顾客，但没有了这些设施，大多数人仍会入住。

阿高的经理们相信廉价旅馆对顾客的服务在别的方面同样有些过度。在这一点上，Ⅰ号计划比许多无星旅馆所提供的要少。例如，只有在旅馆入住和离店的高峰时间，才会使用大堂接待员。在其他时间，顾客使用的是自动答录机。在Ⅰ号计划中，旅馆的房间很小，只有一张床和很少的必需品(没有文具、桌子或者装饰，代替壁橱和镜橱的是一些架子和房间角落的衣竿。房间本身是由工厂生产的组合模块组合而成)。这个方法带来生产上的规模经济、高品质的质量控制和良好的隔音能力。

Ⅰ号计划给阿高带来了相当大的成本优势，公司建造一间房间的平均成本减少了一半。企业的人力资源成本从占销售收入的35%～25%(行业平均水平)下降到23%～20%。节省的成本使阿高得以改善顾客最看重的服务，使其远远超过法国一般的二星级旅馆的水平，但其价格仅比一星级旅馆略高一些。

顾客对阿高的价值创新给予很高的评价。公司不仅吸引了法国廉价旅馆的大部分顾客，而且扩大了市场。从卡车司机——以前他们通常睡在自己的车里，到只需几个小时休息时间的商人，新的顾客被廉价旅馆吸引过来。Ⅰ号计划摆脱了竞争。根据最新统计，Ⅰ号计划在法国的市场份额比排在其后的5个旅馆所占市场份额的总额还大。

**资料来源**：佚名.阿高公司——增加顾客最需要的服务.易迈管理学习网，2007-01-25.本书引用时有所删改。

**思考题：**

(1) 你对阿高公司战略有何评价？

(2) 阿高公司的价值曲线是否发生了改变？

(3) 阿高公司的战略是否具有可持续性？

(4) 阿高公司是否已很好定位以便在新世纪中具有竞争力？

## 战略管理实务操作

在国际经济环境处于金融危机阶段，我国外贸企业很多处于困难时期，针对目前的现状，简单考虑一下我国企业跨国并购的特点和机遇与挑战，并考虑有没有其他方法可供选择。

B&E

# 第 6 章

# 企业竞争战略的选择

孙子曰："上兵伐谋，其次伐交，其次伐兵，其下攻城。"

**学习目标**

**知识目标**：掌握企业竞争战略的基本类型及其风险，了解提高市场占有率的途径。

**技能目标**：能够运用所学的理论知识构建三种基本竞争战略。

## 开篇案例

### 格兰仕的成本领先战略

格兰仕前身是梁庆德在1979年成立的广东顺德桂州羽绒厂。1991年，格兰仕最高决策层普遍认为，羽绒服装及其他制品的出口前景不佳。大家达成共识：从服装行业转移到一个成长性更好的行业。经过市场调查，初步选定家电业为新的经营领域(格兰仕所在地广东顺德及其周围地区已经是中国最大的家电生产基地)，之后进一步选定小家电为主攻方向(当时大家电竞争较为激烈)，最后确定以微波炉为进入小家电行业的主导产品(当时国内微波炉市场刚开始发育，生产企业只有4家，其市场几乎被外国产品垄断)。

1993年，格兰仕试产微波炉1万台，开始从纺织业为主转向以家电制造业主为。自1995年至今，格兰仕微波炉国内市场占有率一直居第一位，大大超过国际产业和学术界确定的垄断线(30%)，达到60%以上。1998年5月，其市场占有率达到73.5%。格兰仕频频使用价格策略在市场上获得领导地位。1996—2000年，格兰仕先后5次大幅度降价，每次降价幅度均在20%以上，每次都使市场占有率总体提高10%以上。

格兰仕集团在微波炉及其他小家电产品市场上采取的是成本领先战略。格兰仕的规模经济首先表现在生产规模上。据分析，100万台是车间工厂微波炉生产的经济规模，格兰仕在1996年就达到这个规模，其后，每年以2倍于上一年的速度迅速扩大生产规模，到2000年年底，格兰仕微波炉生产规模达到1200万台，是全球第二位企业的2倍多。生产规模的迅速扩大带来生产成本的大幅度降低，成为格兰仕成本领先战略的基础。格兰仕规模每上一个台阶，价格就大幅下调。当规模达到125万台时，就把出厂价定在规模为80万台的企业成本价以下。此时，格兰仕还有利润，而规模低于80万台的企业，多生产一台就多亏一台。除非对手能形成显著的品质技术差异，在某一较细小的利基市场获得微薄赢利但同样技术来源又连年亏损的对手如何形成技术差异？当规模达到300万台时，格兰仕又把出厂价调到规模为200万台的企业的成本线以下，使对手缺乏追赶上其规模的机会。格兰仕这样做的目的是要构成行业壁垒，摧毁竞争对手的信心，将散兵游勇的小企业淘汰出局。格兰仕虽然利润极薄，但是凭借价格构筑了自己的经营安全防线。格兰仕的微波炉在市场上处于绝对统治地位，低成本领先战略是其发展壮大战略组合中的重要一环。

**资料来源**：翁向东. 格兰仕：总成本领先战略的成功典范，中国营销传播网，2007-06-21.

**想一想**：

(1) 格兰仕实施成本领先战略的基本逻辑是什么？

(2) 有人建议格兰仕从现在开始采取差异化战略，专注于高端产品，树立更好的产品形象。你是否同意这一建议？差异化战略与成本领先战略是否有优劣和高级与低级之分？

## 6.1 竞争战略的基本类型

### 6.1.1 竞争战略

企业战略是一个战略体系。在这个战略体系中，有竞争战略、发展战略、技术开发战略、市场营销战略、信息化战略、人才战略等。各种企业战略有同有异，相同的是基本属性，都是有关企业发展的谋略，都是有关企业整体性、长期性、基本性问题的计谋；不同的是谋划问题的层次与角度。无论哪个方面的计谋，只要涉及的是企业整体性、长期性、基本性问题，就属于企业战略范畴。

竞争战略只是企业战略的一部分，它并不等同于企业战略。竞争战略由美国哈佛商学院著名战略管理学家迈克尔·波特提出。竞争战略又称为业务层次战略或SBU战略，它是在企业总体战略制约下，指导和管理具体战略经营单位的计划和行动。企业竞争战略要解决的核心问题是，如何通过确定顾客需求、竞争者产品及本企业产品这三者之间的关系，奠定本企业产品在市场上的特定地位并维持这一地位。

**【小资料1】**

竞争战略着眼于怎样竞争、怎样打胜仗，发展战略着眼于怎样发展、怎样为打胜仗创

造条件；竞争战略侧重于市场及竞争关系等分析，发展战略侧重于发展基础、发展矛盾、发展条件及发展机遇等分析；竞争战略的要素是竞争内容、竞争对手、竞争策略、竞争手段等，发展战略的要素是发展方向、发展步骤、发展重点、发展措施等。

**资料来源**：孙延海．企业发展战略概论．国研网，2004-07-09．

### 6.1.2　竞争战略的基本类型

迈克·波特认为，企业建立竞争优势时需要弄清两个中心问题：①影响产业长期赢利性的吸引力及其他因素；②在产业内，决定竞争地位的因素，即产业的关键成功要素是什么。前一个因素可以通过五力模型分析产业的竞争结构；后一个因素可以通过企业自身战略选择解决。换言之，企业竞争优势的建立不仅取决于企业对外界环境的反应，而且也可通过自身的战略选择影响竞争环境，形成有利于企业的竞争环境。

尽管企业在与竞争对手竞争时可以显示出各种优势，但是一个企业所拥有的最基本的竞争优势只有两个：低成本(low cost)或差异化(differentiation)。低成本和差异化主要来源于产业结构，即企业能够比其竞争对手更好地对影响产业结构的五力模型做出反应。

将企业可能拥有的两种最基本的竞争优势与企业的竞争范围组合在一起，就得到企业的三种基本竞争战略(generic competitive strategy)：成本领先战略(cost leadership)、差异化战略(differentiation)、集中战略(focus)。如表6-1所示。

**表6-1　三种基本竞争战略**

| | | 竞争优势 | |
|---|---|---|---|
| | | 低成本 | 差异化 |
| 竞争范围 | 宽泛目标 | 1. 成本领先战略 | 2. 差异化战略 |
| | 较窄目标 | 3A. 成本集中战略 | 3B. 差异化集中战略 |

企业必须从这三种战略中选择一种作为其主导战略。要么把成本控制到比竞争者更低的程度；要么在企业产品和服务中形成与众不同的特色，让顾客感觉到你提供了比其他竞争者更多的价值；要么企业致力于服务于某一特定的细分市场、某一特定的产品种类或某一特定的地理范围。这三种战略架构上差异很大，成功地实施它们需要不同的资源和技能。由于企业文化混乱、组织安排缺失、激励机制冲突，夹在中间的企业还可能因此而遭受更大的损失。

从表6-1可见，成本领先与差异化战略追求的是较广的产业竞争范围，而集中战略(包括成本集中和差异化集中)则在较窄范围内寻求建立自己的优势。

在上述三种基本竞争战略理论中，竞争优势是任何一种战略的最核心的内容，而获得竞争优势要求企业进行战略选择——明确在哪个领域进行竞争以及选择哪种优势进行竞争。

### 6.1.3 成本领先战略

成本领先战略也许是三种通用战略中最清楚明了的。在这种战略指导下，企业的决定将使企业成为所在产业中实行低成本生产的厂家。企业经营范围广泛，为多个产业部门服务，甚至可能经营属于其他有关产业的生意。因为企业的经营面往往对其成本优势举足轻重。

成本优势的来源因产业结构不同而异。它们可以包括追求规模经济、专利技术、原材料优惠待遇和其他因素。例如，在电视机方面，取得成本上的领先地位需要有足够规模的显像管生产设施、低成本设计、自动化组装和有利于分摊研制费用的全球性销售网络。在安全保卫服务业，成本优势要求极低的管理费用、源源不断的廉价劳动力和因人员流动性大而需要的高效率培训程序。追求低成本的生产厂商地位不仅需要向下移动学习曲线，而且必须寻找和探索成本优势的一切来源。典型的低成本生产厂商强调从一切来源中获得规模经济的成本优势或绝对成本优势。

如果一个企业能够取得并保持全面成本领先地位，那么它只要能使价格相等或接近于该产业的平均价格水平，就会成为所在产业中高于平均水平的超群之辈。当成本领先的企业的价格相当于或低于竞争厂商时，它的低成本地位就会转化为高收益。

尽管一个成本领先的企业是依赖其成本上的领先地位取得竞争优势，而它要成为经济效益高于平均水平的超群者，必须与竞争厂商相比，在产品别具一格的基础上取得的价值相等或价值近似的有利地位。产品别具一格基础上的价值相等使成本领先的企业得以将其成本优势直接转化为高于竞争厂商的利润；产品别具一格基础上的价值近似意味着为取得令人满意的市场占有率所必需的降低幅度还不至于冲销成本领先企业的成本优势，因此，成本领先企业能赚取高于平均水平的收益。一旦成本领先的企业的产品在客户眼里不被看做是与其他竞争厂商的产品不相上下或可被接受时，它就要被迫削减价格，使之大大低于竞争厂商的水平以增加销售额。这就可能抵消它有利的成本地位带来的好处。得克萨斯仪器公司（Texas Instruments，手表工业）和西北航空公司（Northwest Airlines，航空运输业）就是两家陷于这种困境的低成本厂商。前者因无法克服其在产品别具一格方面的不利之处，退出了手表业，后者则因及时发现问题，并着手努力改进营销工作、乘客服务和为旅行社提供服务，使其产品进一步与其竞争对手的产品并驾齐驱。

成本领先地位战略一般必然要求一个企业就是成本领先者，而不只是争夺这个位置的若干厂商中的一员。许多厂商未能认识到这一点，从而在战略上铸成大错。当渴望成为成本领先者的厂商不止一家时，他们之间的竞争通常很激烈，因为每一个百分点的市场占有率都被认为是至关重要的。除非一个企业能够在成本上领先，并“说服”其他厂商放弃其战略，否则，对赢利能力以及长期产业结构产生的后果就可能是灾难性的。所以，除非重大的技术变革使一个企业得以彻底改变其成本地位，否则小成本领先就是特别依赖于先发制人策略的一种战略。

成本领先战略的成功取决于企业日复一日地实施该战略的技能，是艰苦工作和持之以恒地重视成本工作的结果。企业降低成本的能力有所不同，甚至当它们具有相似的规模、相似的累计产量或由相似的政策指导时也是如此。要改善相对成本地位，与其说需要在战略上做出重大转变，还不如说需要管理人员更多的重视。

1. 成本领先战略的类型

成本领先战略也称为低成本战略，是指企业通过有效途径降低成本，使企业的全部成本低于竞争对手的成本，甚至是在同行业中最低的成本，从而获取竞争优势的一种战略。根据企业获取成本优势的方法不同，我们把成本领先战略概括为以下几种主要类型：

(1) 简化产品型成本领先战略，就是使产品简单化，即将产品或服务中添加的花样全部取消；

(2) 改进设计型成本领先战略；

(3) 材料节约型成本领先战略；

(4) 人工费用降低型成本领先战略；

(5) 生产创新及自动化型成本领先战略。

2. 成本领先战略的适用条件

(1) 现有竞争企业之间的价格竞争非常激烈；

(2) 企业所处产业的产品基本上是标准化或者同质化的；

(3) 实现产品差异化的途径很少；

(4) 多数顾客使用产品的方式相同；

(5) 消费者的转换成本很低；

(6) 消费者具有较大的降价谈判能力。

企业实施成本领先战略，除具备上述外部条件之外，企业本身还必须具备如下技能和资源：

(1) 持续的资本投资和获得资本的途径；

(2) 生产加工工艺技能；

(3) 认真的劳动监督；

(4) 设计容易制造的产品；

(5) 低成本的分销系统；

(6) 培养技术人员。

3. 成本领先战略的收益

采用成本领先战略的收益在于：

(1) 抵挡住现有竞争对手的对抗；

(2) 抵御购买商讨价还价的能力；

(3) 更灵活地处理供应商的提价行为;

(4) 形成进入障碍;

(5) 树立与替代品的竞争优势。

4. 成本控制

成本控制是企业根据一定时期预先建立的成本管理目标,由成本控制主体在其职权范围内,在生产耗费发生以前和成本控制过程中,对各种影响成本的因素和条件采取的一系列预防和调节措施,以保证成本管理目标实现的管理行为。它是成本管理的一部分,致力于满足成本要求。满足成本要求主要是指满足顾客、最高管理者、相关方以及法律法规等对组织的成本要求。

成本控制的对象是成本发生的过程,包括设计过程、采购过程、生产和服务提供过程、销售过程、物流过程、售后服务过程、管理过程、后勤保障过程等所发生的成本控制。成本控制过程是运用系统工程原理对企业在生产经营过程中发生的各种耗费进行计算、调节和监督的过程,同时也是一个发现薄弱环节、挖掘内部潜力、寻找一切可能降低成本途径的过程。

按成本形成过程划分:

1) 产品投产前的控制

这部分控制内容主要包括产品设计成本,加工工艺成本,物资采购成本,生产组织方式,材料定额与劳动定额水平等。这些内容对成本的影响最大,可以说产品总成本的60%取决于这个阶段的成本控制工作质量。这项控制工作属于事前控制方式,在控制活动实施时,真实的成本还没有发生,但它决定成本将会怎样发生,基本上决定了产品的成本水平。

2) 制造过程中的控制

制造过程是成本实际形成的主要阶段。绝大部分的成本支出在这里发生,包括原材料、人工、能源动力、各种辅料的消耗、工序间物料运输费用、车间以及其他管理部门的费用支出。投产前控制的种种方案设想、控制措施能否在制造过程中贯彻实施,大部分的控制目标能否实现,和这阶段的控制活动紧密相关,它主要属于始终控制方式。由于成本控制的核算信息很难做到及时,会给事中控制带来很多困难。

3) 流通过程中的控制

流通过程中的控制包括产品包装、厂外运输、广告促销、销售机构开支和售后服务等。在目前强调加强企业市场管理职能时,很容易不顾成本地采取种种促销手段,反而抵消了利润增量,所以也要做定量分析。

按成本费用的构成划分:

1) 原材料成本控制

在制造业中原材料费用占总成本比重很大,一般在60%以上,高的可达90%,是成本

控制的主要对象。影响原材料成本的因素有采购、库存费用、生产消耗、回收利用等，所以控制活动可从采购、库存管理和消耗三个环节着手。

2）工资费用控制

工资在成本中占有一定的比重，增加工资又被认为是不可逆转的。控制工资与效益同步增长，减少单位产品中工资的比重，对于降低成本有重要意义。控制工资成本的关键在于提高劳动生产率，它与劳动定额、工时消耗、工时利用率、工作效率、工人出勤率等因素有关。

3）制造费用控制

制造费用开支项目很多，主要包括折旧费、修理费、辅助生产费用、车间管理人员工资等，虽然它在成本中所占比重不大，但因不引人注意，浪费现象十分普遍，是不可忽视的一项内容。

4）企业管理费控制

企业管理费指为管理和组织生产发生的各项费用，开支项目非常多，也是成本控制中不可忽视的内容。

上述这些都是绝对量控制，即在产量固定的假设条件下使各种成本开支得到控制。在现实系统中还要达到控制单位成品成本的目标。

**【小资料2】**

在成本控制工作中，定额制定、标准化和制度建设是成本控制的起点或者说基础工作。成本控制的结果应能使被控制的成本达到规定的要求。为使成本控制达到规定的、预期的成本要求，就必须采取适宜的和有效的措施，包括作业、成本工程和成本管理技术和方法。如VE价值工程、IE工业工程、ABC作业成本法、ABM作业成本管理、SC标准成本法、目标成本法、CD降低成本法、CVP本—量—利分析、SCM战略成本管理、质量成本管理、环境成本管理、存货管理、成本预警、动量工程、成本控制方案。科学地组织实施成本控制可以促进企业改善经营管理，转变经营机制，全面提高企业素质，使企业在市场竞争环境下生存、发展和壮大。

**资料来源**：美国管理行政学院（IOMA）. 成本控制最佳实务。莫正林译. 北京：经济科学出版社，2006.

### 6.1.4　差异化战略

差异化战略又称别具一格战略、差别化战略，是指为使企业产品、服务、企业形象等与竞争对手有明显的区别，以获得竞争优势而采取的战略。这种战略的重点是创造被全行业和顾客都视为是独特的产品和服务。

差异化战略的方法多种多样，如产品差异化、服务差异化和形象差异化。实现差异化战略也可以有许多方式：设计或品牌形象、技术特点、外观特点、客户服务、经销网络及其他方面的独特性。最理想的情况是公司使自己在几个方面都差异化。应当强调的是，差异化战略并不意味着公司可以忽略成本，但此时成本不是公司的首要战略目标。

实现差异化战略可以培养用户对品牌的忠诚。因此，差异化战略是使企业获得高于同行业平均水平利润的一种有效的竞争战略。因为它建立起防御阵地对付五种竞争力量，虽然其防御的形式与成本领先有所不同。

波特认为，推行差异化战略有时会与争取占有更大的市场份额的活动相矛盾。推行差异化战略往往要求公司对于这一战略的排他性有思想准备。即这一战略与提高市场份额两者不可兼顾。建立公司差异化战略的活动中总是伴随很高的成本代价，如广泛的研究、产品设计、高质量的材料或周密的顾客服务，有时即便全产业范围的顾客都了解公司的独特优点，也不是所有顾客都愿意或有能力支付公司要求的高价格。

1. 差异化战略的类型

1）产品差异化战略

产品差异化是指产品的特征、工作性能、一致性、耐用性、可靠性、易修理性、式样和设计等方面的差异。也就是说，某一企业生产的产品，在质量、性能上明显优于同类产品的生产厂家，从而形成独自的市场。对于同一行业的竞争对手来说，产品的核心价值，基本相同，所不同的是在性能和质量上，在满足顾客基本需要的情况下，为顾客提供独特的产品是差异化战略追求的目标。

2）服务差异化战略

服务差异化是指企业向目标市场提供与竞争者不同的优异的服务。尤其是在难以突出有形产品的差别时，竞争成功的关键常常取决于服务的数量与质量。区别服务水平的主要因素有送货、安装、用户培训、咨询、维修等。售前售后服务差异就成为对手之间的竞争利器。例如，同是一台电脑，有的保修1年，有的保修3年；同是用户培训，联想电脑、海信电脑都有免费培训学校，但培训内容各有差异；同是销售电热水器，海尔集团实行24小时全程服务，售前售后一整套优质服务让每一位顾客赏心悦目。

在日益激烈的市场竞争中，服务已成为全部经营活动的出发点和归宿。如今，产品的价格和技术差别正在逐步缩小，影响消费者购买的因素除产品质量和公司形象外，最关键的还是服务的品质。服务能够主导产品的销售趋势，服务的最终目的是提高顾客的回头率，扩大市场占有率。而只有差异化服务才能使企业和产品在消费者心中永远占有“一席之地”。

3）人事差异化战略

训练有素的员工应能体现六个特征：胜任、礼貌、可信、可靠、反应敏捷、善于交流。

4）形象差异化战略

形象差异化是指通过塑造与竞争对手不同的产品、企业和品牌形象取得竞争优势。

形象是公众对产品和企业的看法和感受。塑造形象的工具有名称、颜色、标识、标语、环境、活动等。以色彩来说，柯达的黄色、富士的绿色、乐凯的红色、百事可乐的蓝色、非常可乐的红色等都能让消费者在众多的同类产品中很轻易地识别这些产品。再以我国的酒类产品形象差别为例：茅台的国宴美酒形象、剑南春的大唐盛世酒形象、泸州老窖的历史沧桑形象，金六福的福酒形象以及劲酒的保健酒形象等各具特色。

**【小资料3】**

在实施形象差异化时，企业一定要针对竞争对手的形象策略以及消费者的心智采取不同的策略。企业巧妙地实施形象差异化策略会收到意想不到的效果。例如，为了突出自己纯天然的形象，农夫山泉在红色瓶标上除了商品名外，又印了一张千岛湖的风景照片，彰显了其来自千岛湖的纯净特色。农夫山泉为了表现公司的形象差异化，2001年推出"一分钱"活动支持北京申奥，2002年推出"阳光工程"支持贫困地区的基础体育教育事业。通过这些公益活动，农夫山泉获得了极好的社会效益，提升品牌价值，实现了形象差异化。在短短几年的成长过程中，这些差异化策略和战略对农夫山泉具有今天的地位起到非常关键的作用。可以说，没有这些形象的差异化，农夫山泉就没有今天的发展。

**资料来源**：冯丽云．差异化营销．北京：经济管理出版社，2006．

2．差异化战略的特征

（1）基础研究能力强（产品创新）；

（2）有机式的组织结构，各部门之间协调性强；

（3）超越思维定式的创造性思维能力和洞察力；

（4）市场运作能力强（市场研究能力、促销能力），使市场认可产品是有差异的；

（5）基于创新的奖酬制度；

（6）公司在产品质量和技术领先方面的声望。

3．差异化战略的适用条件

（1）可以有很多途径创造企业与竞争对手产品之间的差异，并且这种差异被顾客认为是有价值的；

（2）顾客对产品的需求和使用要求是多种多样的，即顾客需求是有差异的；

（3）采用类似差异化途径的竞争对手很少，即真正能够保证企业是"差异化"的；

（4）技术变革很快，市场上的竞争主要集中在不断地推出新的产品特色。

除上述外部条件之外，企业实施差异化战略还必须具备如下内部条件：

（1）具有很强的研究开发能力，研究人员要有创造性眼光；

（2）企业具有以其产品质量或技术领先的声望；

（3）企业在这一行业有悠久的历史或吸取其他企业的技能并自成一体；

（4）很强的市场营销能力；

(5) 研究与开发、产品开发以及市场营销等职能部门之间具有很强的协调性；

(6) 企业要具备能吸引高级研究人员、创造性人才和高技能职员的物质设施；

(7) 各种销售渠道强有力的合作。

4. 差异化战略的收益

实施差异化战略的意义在于：

(1) 建立顾客对企业的忠诚。

(2) 形成强有力的产业进入障碍。

(3) 增强企业与供应商讨价还价能力，这主要是由于差异化战略提高了企业的边际收益。

(4) 削弱购买商讨价还价能力。一方面，企业通过差异化战略使得购买商缺乏与之可比较的产品选择，降低购买商对价格的敏感度。另一方面，通过产品差异化使购买商具有较高的转换成本，使其依赖于企业。

(5) 由于差异化战略使企业建立起顾客的忠诚，这使得替代品无法在性能上与之竞争。

### 6.1.5 集中战略

集中战略也称专一化战略、目标聚集战略、聚焦战略、利基战略，是指把自己的产品或服务重点放在某一地区或某一些特殊顾客方面，把力量集中于为某些特定的用户服务或重点经营产品品种中的特定部分或市场中的特定层面。企业集中使用资源，以快于过去的增长速度增加某种产品的销售额和市场占有率。这种战略不同于前两种(成本领先战略和差异化战略)，前者是寻求全行业范围内的成本领先或经营特色，而这种战略是寻求对特定对象的良好服务。它可以是降低成本的，也可以是具有某种特色的，甚至两者兼有。这种战略的成功运用同样可以使企业在竞争中处于有利地位。

该战略的前提思想是：企业业务的专一化能以更高的效率和更好的效果为某一狭窄细分市场服务，从而超越在较广阔范围内竞争的对手们。这样可以避免大而弱的分散投资局面，容易形成企业的核心竞争力。企业实施集中战略的关键是选好战略目标。一般原则是，企业要尽可能选择那些竞争对手最薄弱的目标和最不易受替代产品冲击的目标。

1. 集中战略与其他竞争战略的比较

(1) 集中战略与其他两种竞争战略的相同点：

集中战略与其他两种竞争战略一样，可以防御行业中的各种竞争力量，使企业在本行业中获得高于一般水平的收益。

集中战略可以用来防御替代品的威胁，也可以针对竞争对手最薄弱的环节采取行动。形成产品差异化；或者在为该目标市场的专门服务中降低成本，形成低成本优势；或者兼有产品差异化和低成本的优势。在这种情况下，竞争对手很难在目标市场上与之抗衡。

企业在竞争战略中成功地运用集中战略，就可以获得超过行业平均水平的收益。

应当指出，企业实施集中战略，尽管能在其目标市场上保持一定的竞争优势，获得较高的市场份额，但由于其目标市场相对狭小，企业的市场份额的总体水平较低，集中战略在获得市场份额方面具有局限性。因此，企业选择集中战略时，应在产品获利能力和销售量之间进行权衡和取舍，有时还要在产品差别化和成本状况之间进行权衡。

(2) 集中战略与其他两种竞争战略的区别：

集中战略与其他两种基本竞争战略不同。成本领先战略与差别化战略面向全行业，在整个行业的范围内进行活动；集中型战略则围绕一个特定目标进行密集型的生产经营活动，要求能比竞争对手提供更为有效的服务。公司一旦选择目标市场，便可以通过产品差别化或成本领先方法形成集中战略。也就是说，采用集中型战略的公司，基本上是特殊的差别化或特殊的成本领先公司。由于这类公司的规模较小，采用集中战略的公司往往不能同时进行采用差别化和成本领先方法。如果采用集中型战略的公司要想实现成本领先，可以在专用产品或复杂产品上建立自己的成本优势，这类产品难以进行标准化生产，不容易形成生产上的规模经济效益，因此难以具有经验曲线优势。如果采用集中型战略的公司要实现差别化，可以运用所有差别化方法达到预期目的，与差别化战略不同的是，采用集中型战略的公司是在特定的目标市场中与实行差别化战略的公司进行竞争，而不在其他细分市场上与竞争对手竞争。在这方面，采用集中战略的公司由于其市场面狭小，可以更好地了解市场和顾客，提供更好的产品与服务。

2. 集中战略的适用条件

(1) 购买群体在需求上存在差异，甚至具有完全不同的用户群：

在相关市场内缺乏一个完善的产品系列(产品系列缺口)；

通往相关市场或在相关市场内的销售渠道体系不完善或不健全(销售缺口)；

现有市场潜力没有得到充分利用(利用缺口)；

竞争对手的销售缺口(销售缺口)。

(2) 行业中各细分部分在规模、成长率、获得能力方面存在很大差异。整个行业中有很多的小市场和细分市场。一家公司没有足够的资源和能力进入整个市场中更多的细分市场，从而集中型的厂商能够选择与自己强势和能力相符的有吸引力的目标细分市场。

(3) 目标市场足够大，可以赢利，且目标市场具有很好的成长潜力。具体而言，企业的目标市场在市场容量、成长速度、获利能力、竞争强度方面具有相对吸引力。

(4) 小市场不是主要竞争厂商成功的关键，或者在相同的目标市场群中，其他竞争对手不打算实行集中战略。

(5) 企业资源不允许其追求广泛的细分市场，但拥有有效服务目标——小市场的资源和能力。

(6) 采取集中战略的公司能够凭借建立起来的顾客商誉和公司服务防御行业中的竞

争者。定位于多细分市场的竞争厂商很难满足目标小市场的专业或特殊需求，或者如果满足这个市场的专业化需求，代价往往极其高昂。

3. 集中型战略的优点与缺点

集中型战略追求的目标不是在较大的市场上占有较小的市场份额，而是在一个或几个市场上占有较大的甚至是领先的市场份额。其优点是适应本企业资源有限这一特点，可以集中力量向某一特定子市场提供最好的服务，而且经营目标集中，管理简单方便，使企业经营成本得以降低，有利于集中使用企业资源，实现生产专业化，实现规模经济效益。

集中型战略对环境的适应能力较差，有较大风险。放弃其他市场机会，必然包含利润率与销售额之间互以对方为代价的关系。如果目标市场突然变化，如价格猛跌、购买者兴趣转移、产品或服务市场萎缩，企业就有可能陷入困境。因此，企业在使用单一产品或服务的集中增长战略时要谨慎。

4. 集中化战略收益的主要表现

(1) 集中化战略便于集中使用整个企业的力量和资源，更好地服务于某一特定的目标；

(2) 将目标集中于特定的部分市场，企业可以更好地调查研究与产品有关的技术、市场、顾客以及竞争对手等各方面的情况，做到“知彼”；

(3) 战略目标集中明确，经济效果易于评价，战略管理过程容易控制，从而带来管理上的简便。

## 6.2 竞争战略的风险

### 6.2.1 战略风险

对战略风险概念的定义目前学术界尚存在分歧，但基本上都没有脱离战略风险字面的基本含义。风险的基本定义是损失的不确定性，战略风险就可理解为企业整体损失的不确定性。战略风险是影响整个企业发展方向、企业文化、信息和生存能力或企业效益的因素。战略风险因素也是对企业发展战略目标、资源、竞争力或核心竞争力、企业效益产生重要影响的因素。

影响战略风险的因素很多，将战略风险定义为一个复杂的系统更恰当。既然作为一个系统研究，那么系统的结构即构成要素和相互关系就成为最基本问题。罗伯特·西蒙将战略风险的来源和构成分成四个部分：

(1) 运营风险；

(2) 资产损伤风险；

(3) 竞争风险;

(4) 商誉风险。

当企业出现严重的产品或流程失误时,运营风险就转变为战略风险;如果是对实施战略有重要影响的财务价值、知识产权或者是资产的自然条件发生退化,资产损伤就变成一种战略风险;产品或服务与众不同能力受损伤的竞争环境的变化,竞争风险就会变成战略风险。商誉风险是上述三个方面的综合结果,当整个企业失去重要关系方的信心而使价值减少时,就产生商誉风险。

### 6.2.2 三种基本竞争战略的风险分析

企业竞争战略主要有三种基本形式:成本领先战略、差异化战略和集中战略。这三种通用的基本竞争战略在给企业带来竞争优势的同时,也包含着不同的风险。表6-2列举了每一种基本战略包含的不同风险。

**表6-2 三种基本竞争战略的风险分析**

| 成本领先战略风险 | 差异化战略风险 | 集中战略风险 |
| --- | --- | --- |
| 成本领先地位无法保持 | 经营差异性无法保持 | 集中战略被效仿或目标市场结构无吸引力 |
| 1. 竞争对手模仿 | 1. 竞争对手效仿 | 1. 结构侵蚀 |
| 2. 技术变革 | 2. 差异化的基础对客户的重要性削弱 | 2. 需求消失 |
| 3. 成本领先的其他基础受到侵蚀 | | |
| 经营差异性的相应地位丧失 | 成本的相应地位丧失 | 多目标竞争对手主宰细分市场<br>细分市场与其他市场的差异减小<br>多品种的生产优势加强 |
| 成本集中的企业获得细分市场上更低的成本 | 差异化集中的企业在细分市场上更具差异化经营 | 新的集中战略的企业细分产业市场 |

通用的基本竞争战略对竞争对手来说除非是可以持久的,否则就不会带来高于平均水平的效益。基本战略的持久性要求企业具有增加战略模仿困难的壁垒。然而,仿制的壁垒并非不可逾越,企业通常要通过投资不断改善自己的地位,给竞争厂商提供一个移动的目标。改善产业结构的措施哪怕是模拟性的,也有可能提高整个产业的赢利能力。三种通用战略的持久性都需要企业的竞争优势能经得住竞争对手行为或产业发展的考验。

每一种通用战略也是对其他战略的一个潜在威胁,每一种通用战略都会轻易遭到采用不同类型战略企业的攻击,如表6-2所示。表6-2也可以用于分析如何向一个采用一种通用战略的竞争对手进攻。例如，进攻全面奉行差异化战略的企业，可以是那些打开大的成本缺口、缩小差异化程度、把客户要求的差异化形象转移到其他方面或集中一点的厂商。

通用战略思想的前提是取得竞争优势有多种途径，这又取决于不同产业结构的具体情况。在一个产业里，假如所有厂商都遵循竞争战略原则，那么每个企业都会把竞争优势建立在不同的基础上，尽管并非所有的厂商都能成功，但通用战略为获得超额效益提供可供选择的途径。某些战略计划设想仅仅狭隘地依据取得竞争优势的一种途径。最为突出的是依据成本战略。这种设想非但不能解释许多企业成功的原因，而且还将一个产业里所有的厂商都引向以同样的方式追求同一种形式的竞争优势，其结果一定是一败涂地。但是，在某些产业里，产业结构或竞争厂商的战略排除了获取一种或多种通用战略的可能性。例如，有时根本不存在使一个企业获得重要成本优势的可行方式，因为在规模经济、原材料货源或其他决定成本的因素方面，若干厂商的处境不相上下。同样，在细分市场甚少或细分市场之间区别甚微的产业里，如低密度聚乙烯业，采取集中战略的机会微乎其微。因而，通用战略的组合因产业而异。假如两个或更多的厂商选择奉行同样基础上的同样的通用战略，其结果可能是一场旷日持久而又得不偿失的混战。最坏的情况是几家厂商为全面的成本领先地位而争斗。然而，在许多产业里，只要企业奉行不同的战略，这三种通用战略就能共存并赢利。产业中有若干个实力强大的厂商在奉行以不同的客户价值来源为基础的差异化战略，这种产业往往是获利尤多的。这有助于改善产业结构和形成稳定的产业竞争。

### 6.2.3 实施成本领先战略的风险与误区

1. 实施成本领先战略的风险

采用成本领先战略的风险主要包括：

(1) 降价过度引起利润率降低；

(2) 新加入者可能后来居上；

(3) 丧失对市场变化的预见能力；

(4) 技术变化降低企业资源的效用；

(5) 容易受外部环境的影响。

2. 实施成本领先战略的误区

1) 集中于生产活动成本，别无他顾

提起“成本”，大多数管理人员都会自然而然地想到生产。然而，总成本中即使不是绝大部分，也是相当大一部分产生于市场营销、推销、服务、技术开发和基础设施等活动，而它们在成本分析中却“常常很少受到重视”。审查一下整个价值链，常常会得出能大幅度降低成本的相对简单的步骤。例如，近年来电脑和电脑辅助设计的进步对科研工作的成本有着令人瞩目的影响。

2）忽视采购

许多企业在降低劳动力成本上斤斤计较，而对外购投入却几乎全然不顾。它们往往把采购看成是一种次要的辅助职能，在管理方面几乎不予重视；采购部门的分析也往往过于集中在关键原材料的买价上。企业常常让那些对降低成本既无专门知识又无积极性的人采购许多东西，外购投入和其他价值活动的成本之间的联系又不为人们所认识。对于许多企业来说，采购方法稍加改变便会产生成本上的重大效益。

3）忽视间接的或规模小的活动

降低成本的规划通常集中在规模大的成本活动和（或）直接的活动上，如元器件制作和装配，占总成本较小部分的活动难以得到足够的审查。间接活动如维修和常规性费用常常不被人们重视。

4）对成本驱动因素的错误认识

企业常常错误地判断它们的成本驱动因素。例如，全国市场占有率最大的又是成本最低的企业，可能会错误地以为是全国市场占有率推动了成本。然而，成本领先地位实际上可能来自企业所经营地区的较大的地区市场占有率。企业不能理解其成本优势来源则可能使它试图以提高全国市场占有率降低成本。其结果是，它可能因削弱地区上的集中一点而破坏自己的成本地位。它也可能将其防御战略集中在全国性的竞争厂商上，而忽视了由强大的地区竞争厂商所造成的更大的威胁。

5）无法利用联系

企业很少能认识到影响成本的所有联系，尤其是和供应厂商的联系以及各种活动之间的联系，如质量保证、检查和服务。利用联系的能力是许多日本企业成功的基础。松下电器公司和佳能公司认识和利用了联系，即使它们的政策与传统的生产和采购方法相矛盾。无法认识联系也会导致犯以下一类错误，如要求每个部门都以同样的比例降低成本，而不顾有些部门提高成本可能会降低总成本的客观事实。

6）成本降低中的相互矛盾

企业常常企图以相互矛盾的种种方式降低成本。它们试图增加市场占有率，从规模经济中获益，又通过型号多样化抵消规模经济。它们将工厂设在靠近客户的地方以节省运输费用，但在新产品开发中又强调减轻重量。成本驱动因素有时是背道而驰的，企业必须认真对待它们之间的权衡取舍问题。

7）无意之中的交叉补贴

当企业不能认识到成本表现各有不同的部分市场存在时，常常不知不觉地卷入交叉补贴之中。传统的会计制度很少计量上述产品、客户、销售渠道或地理区域之间所有的成本差异。因此企业可能对一大类产品中的某些产品或对某些客户定价过高，而对其他的产品或客户却给予价格补贴。例如，白葡萄酒由于变陈的要求低，因此需要的桶比红葡萄酒的便宜。如果酿酒厂商根据平均成本对红、白葡萄酒制定同等的价格，那么成本低的白葡萄酒的价格就补贴了红葡萄酒的价格。无意之中的交叉补贴常常使那些懂得成本利用成本削价抢生意以改善自身市场地位的竞争厂商有机可乘。交叉补贴也把企业暴露在那些仅仅在定价过高的部分市场上集中一点的竞争厂商面前。

8）增值的考虑

为降低成本所做的努力常常是在现有的价值链争取增值改善，而不是寻求重新配置价值链的途径。增值改善可能会达到收益递减点，而重新配置价值链却能通往一个全新的成本阶段。

9）损害差异化的形象

企业在降低成本中一旦抹杀了它的客户差异化特征，就可能损害其与众不同的形象。虽然这样做可能在战略上是合乎需要的，但这应该是一个有意识选择的结果。降低成本的努力主要侧重在对企业差异化没有什么好处的活动方面。此外，成本领先的企业只要在任何不花大钱就能创造差异化形象的活动方面下工夫去做，也会提高效益。

### 6.2.4 实施差异化战略的风险与误区

1. 采用差异化战略的风险

(1) 可能丧失部分客户。如果采用成本领先战略的竞争对手压低产品价格，使其与实行差异化战略的厂家的产品价格差距拉得很大，在这种情况下，用户为了大量节省费用，放弃取得差异的厂家所拥有的产品特征、服务或形象，转而选择物美价廉的产品。

(2) 用户所需的产品差异因素下降。当用户变得越来越老练时，对产品的特征和差别体会不明显时，就可能出现忽略差异情况。

(3) 大量的模仿缩小了感觉得到的差异。特别是当产品发展到成熟期时，拥有技术实力的厂家很容易通过逼真的模仿减少产品之间的差异。

2. 实施差异化战略的误区

实施差异化战略易出现以下误区：

(1) 无价值的独特性；

(2) 过度差异化；

(3) 定价过高；

(4) 忽视对价值信号的需要；

(5) 只重视产品而不重视整个价值链。

### 6.2.5 实施集中战略的风险

实施集中战略的企业放弃其他市场机会，必然包含利润率与销售额之间互以对方为代价的关系，而且对环境的适应能力较差，有较大风险。如果目标市场突然变化，如价格猛跌、购买者兴趣转移、产品或服务市场萎缩，企业就有可能陷入困境。因此，企业在使用集中战略时要谨慎。企业在实施集中战略的时候，可能会面临以下风险：

(1) 产品销量可能变小，产品要求不断更新，造成生产费用增加，使得采取集中化战略的企业成本优势得以削弱。

(2) 由于企业全部力量和资源都投入一种产品或服务或一个特定的市场，当出现技术进步、替代品出现，价值观念更新、消费者偏好变化等多方面的原因时，目标市场与总体市场之间在产品或服务的需求差别变小，企业原来赖以形成集中战略的基础也就失去。

(3) 以较宽市场为目标的竞争者采用同样的重点集中战略；或者竞争对手从企业的目标市场中找到可以再细分的市场，并以此为目标采取重点集中战略，从而使原来采用重点集中战略的企业失去优势。

(4) 在较宽范围经营的竞争对手与采取集中战略的企业在成本上的差异日益扩大，抵消了企业为目标市场服务的成本优势，或抵消了通过集中战略取得的产品差别化，导致重点集中战略失败。

### 6.2.6 夹在中间

波特认为，三种基本战略是每一个公司必须明确的，因为徘徊其间的公司处于极其糟糕的战略地位。一个公司未能沿三个基本战略方向中的任何一个方向制定自己的竞争战略，即被夹在中间。夹在中间的公司几乎注定是低利润的。除非产业结构非常理想，并且其竞争对手也都处在夹在中间的境地。然而，产业的成熟会加大采取基本战略的企业和夹在中间的企业之间的差距。夹在中间的企业面对成本优势的竞争对手，会失去大量的低价格偏好客户；而对于高利润业务，又无法战胜那些做到了全面产品差异化的公司，最终只能寻找市场空隙，在夹缝中生存。夹在中间的企业是不折不扣的二流企业，其失败的原因是由于模糊不清的企业文化、相互冲突的组织结构、矛盾而无效的激励机制。

**【小资料4】**

拉克航空公司是一个典型的夹在中间的例子，它最初在北大西洋市场，采取不提供不必要服务的非常明确的成本聚集战略，其目的是针对那些对价格极为敏感的客户。然而，一段时间后，拉克航空公司又开始增加不必要的花样，增设新的服务，开设新的航线。这种变化使原有形象变得含糊不清，使服务和交货系统由优变劣。结果是灾难性的，拉克航空公司最终破产了。

**资料来源**：M.波特.竞争优势.北京：华夏出版社，1997.

### 6.2.7 战略钟模型

战略钟模型(strategic clock model,SCM)是由克利夫·鲍曼(Cliff Bowman)提出的。“战略钟”是分析企业竞争战略选择的一种工具,这种模型为企业的管理人员和咨询顾问提供思考竞争战略和取得竞争优势的方法。

战略钟模型假设不同企业产品或服务的适用性基本类似,那么,顾客购买时选择其中一家而不是其他企业可能有以下原因:

(1) 这家企业的产品和服务的价格比其他公司低;

(2) 顾客认为这家企业的产品和服务具有更高的附加值。

战略钟模型将产品、服务价格和产品、服务附加值综合在一起考虑,企业实际上沿着如图 6-1 所示 8 种途径中的一种完成企业经营行为。其中一些路径可能会成功;另外一些可能导致企业失败。

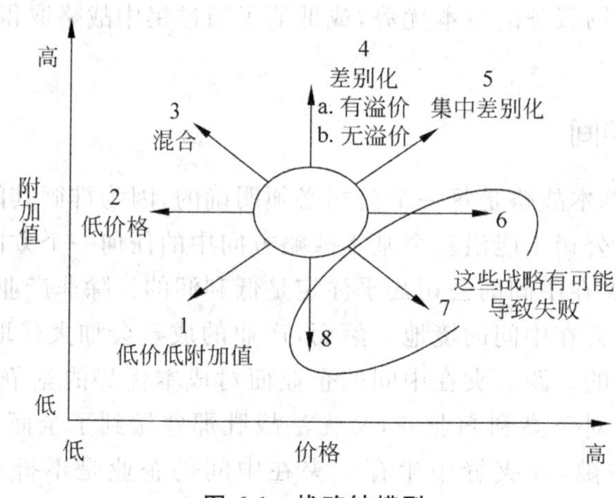


图 6-1 战略钟模型

1. 低价低值战略

采用途径 1 的企业关注的是对价格非常敏感的细分市场的情况。企业采用这种战略是在降低产品或服务的附加值的同时降低产品或服务价格。

2. 低价战略

途径 2 是建立企业竞争优势的典型途径,即在降低产品或服务价格的同时包装产品或服务质量。但是这种竞争策略容易被竞争对手模仿。在这种情况下,如果一个企业不能将价格降低到竞争对手的价格以下,或者顾客由于低价格难以对产品或服务的质量水平做出准确的判断,那么采用低价策略可能是得不偿失的。要想通过这一途径获得成功,企业必须取得成本领先地位。因此,这个途径实质上是成本领先战略。

3. 混合战略

采用途径3的企业在为顾客提供可感知的附加值同时保持低价格。这种高品质低价格策略能否成功,既取决于企业理解和满足客户需求的能力,又取决于是否有保持低价格策略的成本基础。这种策略难以被模仿。

4. 差别化战略

采用途径4的企业以相同和略高于竞争对手的价格向顾客提供可感受的附加值。其目的是通过提供更好的产品和服务获得更多的市场份额,或者通过稍高的价格提高收入。企业可以通过采取有形差异化战略,如产品在外观、质量、功能方面的独特性,也可以采取无形差异化战略,如通过服务质量、客户服务、品牌文化获得竞争优势。

5. 集中差别化战略

采用途径5的企业可以采用高品质高价格策略在行业中竞争,即以特别高的价格为用户提供更高的产品和服务附加值。但是采用这样的竞争策略意味着企业只能在特定的细分市场中参与经营和竞争。

6. 高价撇脂战略

采用途径6、途径7、途径8的企业一般都是处在垄断经营地位,完全不考虑产品成本和产品或服务的附加值。企业采用这种经营战略的前提是市场中没有竞争对手提供类似的产品和服务。否则,竞争对手很容易夺得市场份额,并很快削弱采用这一策略的企业的地位。

### 6.2.8 战略风险管理

战略风险管理(strategic risk management)一词首次出现于凯特·米勒(Kent Miller)《国际商业中的综合风险管理架构》中,该文1992年发表在《国际商业研究杂志》第23卷第2册上。Miller指出企业对于战略环境不确定性的五种一般反应:规避(being avoidance)、控制(control)、合作(cooperation)、模仿(imitation)以及适应(flexibility)。

1. 规避

不确定性规避发生于当管理者认为与给定产品或市场相关联的风险是不可接受的情况下。对于一个公司来说,如果已经运作于一个高度不确定性的市场环境,不确定性规避表现为剥离一部分特殊资产以适应这个市场需要。对于还未进入不确定性市场环境的公司来说,不确定性规避则表现为推迟进入市场,直至不确定性降低至可接受水平。

2. 控制

公司可能也可以通过控制关键性意外环境变化降低不确定性。

管理人员设法控制不定的可变物,而不是被动地对待不确定性。控制战略的具体措施包括:①政治活动(如对法律、规章、贸易限制进行游说);②获取市场力量;③采取战略行动威胁竞争对手进入更易预测的行为模式。

3. 合作

合作反应与控制反应不同，指企业为了降低战略环境的不确定性，介入多边合作而不是单边控制。运用合作手段进行不确定性管理，是企业相互依赖程度逐渐提升和企业协调组织治理权不断下降的结果。合作战略包括：①与供应商或客户签订长期合约；②志愿性竞争限制条件；③联盟或合资；④特许经营；⑤技术使用协定；⑥参与行业公会。

4. 模仿

公司亦可通过模仿竞争对手战略应对不确定性。

这种方法最终可能导致行业内各竞争对手实现协调一致。但是这种协调的基础和控制与合作战略下的协调有着明显区别，在此情况下，没有直接的控制或合作机制。而且，竞争对手的模仿行为很容易被行业领袖预测到，因为竞争者的模仿与行业领袖的战略行动只是存在一个时间差而已。模仿战略(亦称为“行业领袖行动追随战略”)一般包括价格模仿战略和产品模仿战略。

对产品和流程技术进行模仿，对一些行业来说可能是比较可行的低成本战略。但是在应付竞争对手不确定的潜在技术优势时，这一战略就不那么灵验了。

5. 适应性

面对不确定性环境的第五种战略反应是提高组织适应性。

不同于控制与合作战略，它们旨在提高组织对外部不确定性环境的预测能力，适应性战略反应旨在提高组织的内在反应能力，对于外部因素的预测能力则保持不变。战略管理文献关于适应性战略引用最多的例子是产品多元化和地域市场多元化。多元化战略通过同时采用多条产品线或进入多个不同市场，以此规避风险，与此同时，市场回报较之单独开发最为相关的产品或市场也要有所减少。

战略风险管理的步骤：

(1) 风险辨识与评估(严重性、可能性、时间性，不同时间的可能性)；

(2) 风险测绘(制作战略风险图)；

(3) 风险定量(采取通用的量度标准，如经济资本风险、市场价值风险)；

(4) 风险机会辨识(公司是否能够将风险转变为机会)；

(5) 风险降低行动方案规划(由风险管理团队负责)；

(6) 资本调整决策(从资本配置与资本结构两个方面着手)。

## 6.3 提高市场占有率的途径

### 6.3.1 市场占有率

市场占有率又称市场份额，是指在一定时期内，企业所生产的产品在其市场的销售量或销售额占同类产品销售量或销售额的比重。市场占有率是企业产品在市场上所占份额,能直接反映企业所提供的商品和劳务对消费者和用户的满足程度,也能表明企业的商品在市场上所处的地位,以及企业对市场的控制能力。市场占有率越高,表明企业经营、竞争能力越强。企业市场占有率的不断扩大可以使企业获得某种形式的垄断,这种垄断既能带来垄断利润又能保持一定的竞争优势。一般来讲,在两种情况下,高市场占有率意味着可以带来高额利润。

(1) 单位成本随着市场占有率的提高而降低。这是由于市场领导者所经营的工厂较大,享有成本上的规模效益,另外成本经验曲线下降较快,所以单位成本下降。

(2) 公司提供优质高价产品,同时价格的升高要超过高质量带来的额外成本,提高产品质量并不会增加公司的成本,因为公司也因此减少了废料和售后服务等消耗。如果其特色非常适合消费者需要,他们宁愿为此支出超过成本的价格。这种既可增加市场占有率又能带来赢利的策略已经被日本索尼公司所采用。

市场占有率根据不同市场范围有四种测算方法:

(1) 总体市场占有率(又称绝对市场占有率),指一个企业的销售量(额)在整个行业所占的比重。行业是指生产同一类产品(严格地说是生产互为密切替代品)的企业在同一市场上的集合。

使用总体市场占有率这一指标要确定行业的统计口径和销售计量单位。

首先,要确定行业范围,如在计量空调行业的销售量(额)时,要考虑是否将家用空调、商用空调、中央空调和家用中央空调算在一起。

其次,要确定计量单位,是用销售量,还是用销售额。一般而言,销售额涵盖数量和价格两方面因素,更为全面。

总体市场占有率是反映市场占有的最简单指标,它表明企业产品在整个市场上的"势力范围",因而是衡量产品市场地位的重要标志。不过,总体市场占有率对于大企业更具有现实分析意义。对中小企业来说,由于它们的销售额对于大企业来说微不足道,总体市场占有率极低,既使销售额比往年有大幅度上升,从总体市场占有率上也难以看出这种变化。再者,许多中小企业是在区域市场销售产品,因而总体市场占有率并不能准确反映其竞争能力,因此对中小企业分析意义不大。

(2) 目标市场占有率(客户份额),指一个企业的销售量(额)在其目标市场,即它所服务的市场中所占的比重。一个企业的目标市场范围小于或等于整个行业的服务市场,因而它的目标市场占有率总是大于它在总体市场中的份额。

(3) 相对于3个最大竞争者的市场占有率(又称相对市场占有率),指一个企业的销售量和市场上最大的3个竞争者的销售总量之比。如一个企业的市场占有率是30%,而它的3个最大竞争者的市场占有率分别为20%、10%、10%,则该企业的相对市场占有率就是30%÷40%=75%,如4个企业各占25%,则该企业的相对市场占有率为33%。一般来说,一个企业拥有33%以上的相对市场占有率,就表明它在这一市场中有一定实力。

(4) 相对于最大竞争者的市场占有率(相对市场占有率),指一个企业的销售量与市场上最大竞争者的销售量之比,若高于100%,表明该企业是这一市场的领袖。当本企业市场份额最大(市场领导者)时,相对市场份额就是本企业市场份额与市场中第二大企业市场份额之比。

$$本企业某项业务的相对市场份额=\frac{本企业该项业务市场份额}{最大竞争者该项业务市场份额}$$

如该值>1,本企业是市场领导者;如该值=1,本企业与最大竞争者竞争能力相当;如该值<1,本企业竞争能力较弱。

### 6.3.2 市场占有率理论(market share theory)

一个企业在目标市场上市场占有率的高低,说明该企业在此目标市场销售商品或者提供劳务的数量在交易总额中所占比例的大小。在需求不变的情况下,该企业市场占有率高就意味着竞争对手在这一目标市场中提供的商品或者劳务的数量很低。市场占有率状况是反映企业在目标市场区划中地位的首要指标,是企业竞争地位最集中、最综合、最直接的反映。

市场占有率理论指出:在一个适当界定的目标市场区划中,销量最多的制造者,即市场占有率高的企业能享受到的低成本和高利润要优于其他竞争者。对此,可以从以下三个方面理解和分析。

1. 规模经济

市场占有率理论与经济生产规模理论(规模经济相关内容详见第3章),具有很深的血缘关系和密不可分的联系。根据资金筹集、商品生产、市场和成本等因素,占有率高的企业获得较高的收益是很好理解的,因为这反映了企业经营规模的作用。如果对某一特定市场进行简单考察,拥有40%市场占有率的企业,其规模为同样拥有生产技术的和20%市场占有率的企业的1倍。由于经营规模大,经营效果也自然比占有率为20%的企业好,这是理所当然的。

2. 竞争能力

占有率高的企业之所以获得比占有率低的企业较高的收益率的另一个原因,是因为竞争力强、资金雄厚、成本较低、推销得法,即便稍稍降低价格也会取得收益,而且可以左右价格。某些特种商品还可以比其他企业商品稍高的价格出售。此外,高市场占有率的品牌往往是赢得顾客信任的有效方法,故而占有极大品牌名称上的优势。

3. 经营者能力

在上述市场占有率与收益率关系中,两者共同的内在因素是经营者的能力。优秀的经营者之所以能使本企业商品在市场上获得高占有率,是采取了成本管理措施和最大限

度地提高了员工生产积极性，同时进一步研制新产品开拓新市场领域，从而取得本行业带头人地位。在兢兢业业继续前进的状况下，其他企业难以赶上。

然而，企业也不能认为有了市场占有率的增加，就会自动改善企业收益。事实上，这还要视企业为取得市场占有率增加采取的策略而定，为了获得更高的市场占有率，所花费的成本远远超过其收益价值，显然是不值得的。因此，企业在盲目追求市场占有率提高之前，应该首先考虑以下三个因素：

第一个因素是激起反垄断法干涉的可能性。如果位居领导地位的企业进一步扩大其市场占有率，可能会引发其他企业群起指责其独占行为。这种风险的提升可能会削减追求更高市场占有率吸引力。

第二个因素是经济成本因素。在市场占有率超过某一水准后，若想更进一步增加市场占有率，可能会使收益下降。一般而言，存在下列情况时，想追求更高的市场占有率是不合适的：只有少量经济规模或经验；存在不具有吸引力的市场区划；购买者希望拥有多方面的供应来源；推出障碍相当高。领导者可能宁愿将力量集中于扩展整个市场规模，而不愿为更进一步提高市场占有率而奋战。有时甚至可以选择性地放弃弱势地区的市场占有率，以取得某些居于主宰地位的市场。

第三个因素是企业可能在它争取更高的市场占有率时，采用的营销组合策略有错，以致于企业的利润无法增加。虽然某类特定的营销组合变数在建立市场占有率上甚具效力，但是使用这些变数并不一定会导致较高的利润。

### 6.3.3 市场增长率

市场增长率是指产品或劳务的市场销售量或销售额在比较期内的增长比率。

$$\text{市场增长率}=\frac{\text{比较期市场销售量(额)}-\text{前期市场销售量(额)}}{\text{前期市场销售量(额)}}\times 100\%$$

在比较前后两期的销售额时，应消除价格变动因素。

市场增长率代表的是某项业务所处的行业在市场上的吸引力，它与本公司该项业务所处的地位无关。以它代表市场吸引力是出自产品生命周期概念。产品生命周期理论主要是从市场销售量变化划分产品投入、成长、成熟和衰退四个时期。这种概念对战略规划有重要意义。在一个增长迅速的市场中，企业可以在市场上积极渗透，扩大市场占有率而不致严重威胁竞争对手的总销量，行业中大部分成员都能扩大其销售量，因而竞争还不很激烈。相反，在一个成熟或衰退行业中，企业要在不减少竞争对手销售量条件下扩大市场占有率，困难就大多了。

如何确定高增长和低增长的分界线？如果企业所经营的多种业务属于同一行业，可以将行业的平均增长率作为分界线。在分界线之上，可以看成是处于投入或成长期，在分界线之下则属于成熟期或衰退期。如果公司经营的各种业务很分散，缺乏共性，可以把国民生产总值(或全国、全省、全市的工业总产值)的增长率作为分界线,也可以以各项业务的加权平增长率作为分界线,还有以全公司的目标增长率作为分界线,以此决定应拉高或拉低全公司增长率。

市场增长率指标是判断产品生命周期的基本指标,产品在不同的生命周期阶段其市场增长率表现出不同特点:

(1) 在产品成长阶段,产品具有巨大的增长潜力,市场增长率保持较高水平。这一阶段是企业争取新顾客,扩大市场占有率的最佳时期,可以为下一阶段取得较多稳定的利润创造条件。企业也只有通过提高销售增长率和扩大市场占有率、增加产品销售、降低成本实现规模效益。

(2) 在产品的成熟阶段,产品市场规模趋于稳定,市场增长率很小,此时顾客比较固定,企业难以提高市场占有率,但企业必须注意保持其市场份额。为增强竞争能力,企业不仅要努力稳定销售收入,而且要加强生产环节管理,致力于降低生产成本。

(3) 在产品的衰退期,产品市场规模逐渐缩小,市场增长率为负数,为此产品利润逐步下降到行业平均利润以下,因此企业即便拥有较高的市场占有率,也应做出逐步退出该市场的决策。或者企业尽早推出新产品,以争取新产品在市场上的占有率。

### 6.3.4 增加市场占有率的战略

市场占有率策略也是一种市场竞争策略。企业销售竞争结果一般能通过市场占有率大小反映出来。增加市场占有率战略的目的是大幅度提高而且持续地增加企业的市场占有率。因此,这个战略一般要求企业改变原有竞争地位。例如,该战略会要求一个竞争能力差的企业成为具有中等竞争水平企业,或使一个具有中等竞争水平的企业成为市场领先企业。企业改变市场占有率的幅度一般是根据所在行业结构而定。在正常情况下,这种变化应该是目前企业市场占有率的100%~150%,最低不少于目前市场占有率的50%。

提高市场占有率,其实质是三种基本竞争战略在企业实践中的具体运用。为了达到增加市场占有率的目标,企业可以从多个角度进行考虑。

(1) 建立企业信誉,提高产品品质,改善服务,提高企业或商品的无形资产,在此基础上,运用一定的营销策略。

(2) 降低单位产品成本。

(3) 提供差异化的、消费者认同的产品。

(4) 企业投入高于行业内同样规模企业的正常投资水平的投资。在具体做法上,这要求企业除了自筹一部分资金外,还必须能够吸引更多的资金。此外,企业还可以进行某种形式的联合,或在某些方面形成可以超越竞争对手的主要优势,促成市场占有率的变化。

(5) 纵向发展策略。

此策略的特点是在现有市场基础上挖掘企业经营潜力,运用各种市场推销手段向市

场深度发展，从而提高现有市场占有率。此策略较适合于中小型企业。由于纵向发展策略是以现有市场为基础，因此，要提高市场占有率，必须强化商品圈企业与客户之间的关系，不仅要拉紧老客户，还要发展新客户。其中要特别注意两点：①掌握商品圈的变化，如新企业的建立、新产品与新技术的出现、需求情况的变化等；②要掌握商品圈内客户情况，如客户的变动、竞争对手给予客户的优惠条件等。

(6) 横向发展策略。

如果说纵向发展策略强调的是销售的密度，那么，横向发展策略强调的是销售的"表面积"，它是以销售的广度为提高占有率条件。此策略大型企业运用得较多。由于横向发展策略是以扩大市场的广度为基础，因此必须强化市场圈，扩大产品销售渠道，增加推销人员，不受区域范围限制，通过广泛的销售提高企业的总体经营业绩。当然，这种销售广泛也应在企业实力的"射程距离"之内，不要在"射程距离"之外打消耗战。例如，家用电器经营在销量不大而又无维修点的情况下进行市场推销，是劳而无功的。

(7) 深刻理解行业竞争基础的演变，在此基础上有效提高市场占有率。

在一般情况下，市场占有率会在产品—市场发展周期的开始阶段或整顿阶段发生变化。在这些阶段里，行业的竞争基础会发生变化，同时行业的产品—市场发展阶段也常表明企业有可能建立的竞争优势类型。例如，在开发阶段，许多行业的竞争基础离不开产品设计、产品定位和产品质量。在整顿阶段，行业的竞争基础通常转向产品特性、市场细分、定位、销售和服务效能上。

当然，企业即使了解了产品—市场阶段上的这些变化，也还需要一个有创造性的决策过程，才能形成有效的增加市场占有率战略。这主要是因为：

① 企业即使知道行业中存在新的竞争基础，仍需要有创见地找出在这些新领域里进行竞争的最好办法。也就是说，企业要了解在这些阶段市场所需要的产品设计、产品定位和产品特性，才能更好地竞争。

② 上述所有阶段性变化只是一般性变化，并不适用于所有行业。例如，高技术产品寿命较短，在市场上增长得快，衰退得也快，一般不存在整顿阶段、成熟阶段和饱和阶段。因此，当它们还处在产品—市场发展的初级阶段，价格、生产能力和销售渠道比产品设计和产品质量更为重要。

③ 如果在这些阶段行业中发生了巨大变化，也会影响市场占有率的增长速度。例如，行业领先企业出现失误、产品生产技术发生重大突破、企业有意进行重大投资都会使企业的市场占有率发生大幅度变化，甚至可能会影响产品—市场发展其他阶段企业的竞争地位。

总之，企业在产品—市场发展的某些阶段上比较容易形成某种竞争优势，但必须有在某些方面超过竞争对手的主要竞争优势，才能形成增加市场占有率战略。这取决于企业对行业竞争基础演变的理解与驾驭能力。

(8) 灵活运用并购手段提高市场占有率。

企业并购有横向并购、纵向并购和混合并购三种基本形式(基本内容详见第5章)。比较而言,横向并购对增加企业市场控制能力效果最为明显,纵向并购次之,混合并购则主要起到间接作用。企业市场势力的扩大有可能引起垄断,因此,各国反托拉斯法对出于垄断目的的并购活动都加以严格管制。下面详细剖析并购对市场占有率提高的影响。

1. 横向并购

横向并购有两个明显效果:实现规模经济和提高行业集中程度。横向并购对市场权利的影响主要是通过行业集中进行的,通过行业集中,企业市场实力得到扩大。横向并购对行业结构的影响主要有以下三个方面:

(1) 减少竞争者的数量,改善行业结构。当行业内竞争者数量较多而且势均力敌时,由于激烈的竞争,行业内所有企业只能保持最低利润水平,通过并购使行业相对集中,行业由一家或几家企业控制时,能有效降低竞争的激烈程度,使行业内所有企业保持较高的利润水平。

(2) 解决行业整体生产能力扩大速度和市场扩大速度不一致的矛盾。在规模经济支配下,企业不得不大量增加生产能力才能提高生产效率。但企业扩大生产能力往往与市场需求的增加不一致,从而破坏供求平衡关系,使行业面临生产能力过剩。实行企业并购,使行业内部企业得到相对集中,既能实现规模经济要求,又能避免生产能力的盲目增加。

(3) 并购降低了行业的退出壁垒。某些行业由于它们的资产具有高度专业性,并且固定资产占较大比例,这些行业中的企业很难退出这一经营领域,只能顽强地维持下去,致使行业内过剩的生产能力无法减少,整个行业平均利润保持在较低水平。通过并购和被并购,行业可以调整其内部结构,将低效和陈旧的生产设备淘汰,解决退出成本过高问题,达到稳定供求关系、稳定价格的目的。

横向并购通过改善行业结构使并购后的企业增强对市场的控制力,并在很多其情况下形成垄断,从而降低整个社会经济的运行效率。因此,对横向并购的管制一直是各种反托拉斯法的重点。

2. 纵向并购

纵向并购是企业将关键性的投入—产出关系纳入企业控制范围,以行政手段而不是市场手段处理一些业务,达到提高企业对市场控制能力的一种方法。它主要通过对原材料和销售渠道及用户的控制实现这一目的。纵向并购使企业明显提高同供应商和买主的讨价还价能力。这种讨价还价的能力主要是由买卖双方的行业结构,以及它们之间的相对重要性决定的,企业通过纵向并购降低供应商和买主的重要性,特别是当纵向并购与行业集中趋势相结合时,能极大地提高企业的讨价还价能力。

纵向并购往往导致连锁效应,一个控制了大量关键原料或销售渠道的企业,可以通过对原料和销售渠道的控制，有力地控制竞争对手的活动。因此，即使纵向一体化不存在明显的经济效益，为防止被竞争对手控制，当一家企业率先纵向并购时，其余企业处于防卫目的，也必须考虑实行纵向一体化。

3. 混合并购

从表面上看，很难看出混合并购对市场势力有何明显影响。混合并购对市场势力的影响多数是以隐蔽方式实现的。在多数情况下，企业通过混合并购进入的往往是与它们原有产品相关的经营领域。在这些领域中，它们使用与主要产品一致的原料、技术、管理规律或销售渠道，这方面规模的扩大，使企业对原有供应商和销售渠道的控制加强了，从而提高它们对主要产品市场的控制。另一种最为隐蔽的方式是：企业通过混合并购增加企业的绝对规模，使企业拥有相对充足的财力，与原市场或市场竞争者进行价格战，采用低于成本的定价方法迫使竞争者退出某一领域，达到独占或垄断某一领域的目的。由于巨型混合一体化企业涉及很多领域，对其他相关领域中的企业形成强大的竞争威胁，使一般企业不敢对它的主要产品市场进行挑战，以免引起它的报复，结果造成这些行业竞争强度降低。

虽然以上三种形式都可以增加企业市场控制能力，但比较而言，横向并购的效果最为明显，纵向并购次之，而混合并购的效果是间接的。企业市场势力的扩大有可能引起垄断，因此，各国反托拉斯法对出于垄断目的的并购活动都加以严格的限制，问题是有时很难确切地说企业进行并购就是为了达到垄断目的，并购的各种后果往往是混合在一起的。

### 6.3.5 提高市场占有率的不足之处

公司的市场占有率并不一定总与利润率成正相关。有的时候，公司追求增加市场占有率反而会得不偿失，降低利润率。例如，大规模广告促销需要额外支出；减价促销牺牲了短期利润却不一定换来客户对本品牌的忠诚；从专门经营利润率高的高档产品扩展到低档产品市场，也可能降低总利润率。

总体而言，市场占有率策略主要有一个如何才能提高问题，但也包括有意识降低问题，如对一些没有前途或获利不多的产品，就应有意识地降低占有率。因此不能机械地根据市场占有率大小评价企业经营成败。

## 本章小结

本章介绍了企业竞争战略的三种基本类型及其风险，在此基础上提出提高市场占有率的几种有效途径。

企业在与竞争对手竞争时可以显示出各种优势，但是一个企业所拥有的最基本的竞争优势只有两个：低成本和差异化。低成本和差异化主要来源于产业结构，即企业能比竞争对手更好地对影响产业结构的五力模型做出反应。将企业可能拥有的两种最基本竞争优势与企业竞争范围组合在一起，就得到企业的三种基本竞争战略：成本领先战略、差异化战略、集中战略。

市场占有率状况是反映企业在目标市场区划中的地位的首要指标，是企业竞争地位最集中、最综合、最直接的反映。

## 案例分析

### 苹果成功的十大关键因素

2010 年 5 月 26 日 14 点 30 分，苹果公司成为技术领域的最大公司，并且仅次于埃克森美孚公司，成为全美第二大公司。过去数年间，苹果公司的发展历程恰似航天火箭的发射过程，一系列快速紧密有序的加速后直冲苍穹。苹果公司本身、它的领导者及它的产品已经变成为一种文化通用语。戴尔公司想成为商业领域的苹果公司；Zipcar 亦想在汽车共享领域成为苹果公司；戏剧演员比尔·马赫甚至说，如果苹果公司总裁做总统，政府将能提供更好的服务。

一个公司或个人怎样才能成为"某某领域的苹果"？在与苹果公司前雇员、现任合伙人以及其他一些长期关注苹果的专业人士进行探讨交流后，我们可以清晰地看到这个问题的答案，苹果的成功围绕以下十大关键因素展开。

1. 不落俗套

在 20 世纪 80 年代领导苹果工作团队设计产品时，在"笔记本看起来应该像什么"这个问题上，斯蒂芬·乔布斯经常亲自指导工程师们。"有一次他在百货商店看到一个异常精美的厨具。"安迪·赫兹菲尔德说，"然后他就要求设计师把笔记本设计成他看到的那个样。""还有一次他要设计师把产品设计成保时捷的模样。"很明显，仅通过跟随硅谷市场动向，通过技术专家或是其他俗套的设计，很难吸引顾客。而苹果的魔力，恰恰在于自己钻研，从而不落俗套地吸引其目标客户。

2. 逾越常规

技术专家普遍认为，源代码开放是大势所趋，且体现共享原则。在这一背景下，苹果被视为略显封闭。

但在苹果的哲学里，封闭与自由并不冲突。"我们正竭尽所能地让用户体验到预想效果。"乔布斯在给莱恩·塔特的电子邮件中写道。此前，莱恩在博客中抨击苹果禁止在 iPhone 和 iPad 上使用 Flash 技术。"你可以不赞同我们，但我们的动机是纯洁的。"乔布斯写道，"禁止该技术是因为苹果商店提供了太多自由，你能买到盗取个人隐私的程序，也能买到摧毁电池的程序，还能买色情影片。"

尽管如此，程序员们一直抱怨苹果商店过于封闭，他们认为苹果商店在设计应用程序上一直持独裁态度。即问题不在于它是封闭的，而在于它在规则制定方面是独断专行的、

隐蔽的、频繁变动的。如果苹果公司能放宽透明度，就能避免上述大部分争议。

但苹果根本不在乎争议。虽然批判仍在持续，但是苹果商店已经取得巨大的成功，就连其反对者也不得不承认它极其便捷且妙趣横生。

3. 拒绝复杂

“拒绝”可能是乔布斯在苹果公司扮演的首要角色。“他简直是个过滤器。”苹果电脑工程师赫兹菲尔德说。每一天都会有设计者向乔布斯展示关于新产品和在现有产品上加入新特征的创意，而他的回答几乎都是拒绝。“我为那些我们没有去做的产品感到骄傲，正如同我为那些我们做出来的产品感到骄傲一样。”乔布斯在2004年接受采访时说。

乔布斯拒绝的原因，不仅出于对复杂设计的一贯反感，还有成本考虑，以及制造期待效应。对一些复杂的设计说不可以使成本降得更低，减少一些产品的特征还能制造一种期待。“故意忽略一项人们想拥有的产品特征，会激发人们对它的渴望。”苹果公司的前工程师雷德说，“当你在新版本中将这个功能加入时，用户得偿所愿，则更加高兴。”

苹果公司一遍又一遍地运用这个策略，最新的例子是iPhone O S4，它添加了多任务操作功能。事实上，这些功能用户们从2007年起就开始要求。再来看看iPad，真的没法添加摄像装置吗？

4. 服务客户

不管你的产品有多好，它总有出问题的时候。近年来，在笔记本和手机领域，苹果的竞争对手们大多采取回避客户而非服务客户的策略。它们关掉自身的客户服务部门，并将这项业务外包给由低薪员工组成的电话服务中心。它们甚至要客户自己去网上寻找常见问题的解答。

20年前，苹果公司制定零售策略时就明确了一个压倒一切的优先目标，即创立一种让客户完全联想不到计算机工业的零售商店。他们致力于在商店中营造一种类似四季酒店大堂的友好氛围。

GeniusBar便是代表。GeniusBar里的工作人员会为你诊断每一款苹果公司的产品，不管你从哪里买的，除非过了保质期，公司对上述服务不收取任何费用。苹果公司为何如此慷慨呢？曾在Genius Bar工作过的德尔说：“有时候客户进来是为寻求帮助，但在离开时却购买了新产品。”

5. 忽略意见

乔布斯总是在各种场合频繁引用亨利·福特的名言：“如果我问客户他们需要什么，他们总是说要‘一匹更快的马！’。”乔布斯用这句话说明苹果公司信奉的哲学，即人们预想不到他们真正需要的东西。客户会告诉你一大堆他们所需要的东西，但是当你按照他们的意图制造出来时，又不是他们想要的。将那些尚不存在的东西形象化并不是一件容易的事。

不过乔布斯也不是将客户的反馈视为无物。他将其看做是鼓舞，而非方向；是方式，而非结果。所以苹果总是能推出既能满足客户需求同时又超越客户想象的新产品。

6. 处处营销

如同 Genius Bar 已被证明是天才创意一样，如今风行全球的苹果宣传口号“换种方式思考”也被证明不是空话，因为苹果粉丝们的思考方式确实与众不同。粉丝对苹果的忠诚度堪比基督徒对耶稣的忠诚度。苹果的品牌是如此强大和有吸引力，以至于对有些人而言，苹果已经成了一种信仰。

苹果公司通过一系列精细入微的方式培养粉丝对苹果品牌的热爱，包括渲染产品的神秘等。而最重要的方式，是强化苹果产品的象征意义，最有效的市场营销策略植根于产品本身。苹果公司用颜色、声音、形状等元素的组合构建清晰的品牌形象。苹果通过这些策略使其品牌形象深入人心。

这一点在苹果发布新产品时表现得尤为明显。通过一系列统一协调的步骤，苹果调动大众的胃口，吸引更多人关注。在公众注意力高度集中时，苹果再适时对外公布其早就准备好的信息或新产品。这一切都是围绕营销进行的。

7. 推陈出新

如果有一天苹果推出一款没有桌面的电脑，不要感到惊讶。仅仅是幻想吗？绝对不是，这些都将写进苹果的专利申请文件里。虽然还没有看到这些产品，但我们丝毫不应怀疑苹果的创新能力。事实上，没有任何一家公司像苹果那样频繁地对所在领域的基础环节进行反思和重构。在过去短短几年间，苹果公司就对其笔记本电脑的生产工艺进行了大幅度革新，这也是笔记本生产设计领域有史以来进行的最迅捷最大规模的革新，除苹果外，没有任何其他公司做到这些。

苹果完全无视 IT 领域所强调的兼容性概念，这对诸如微软这样的竞争者来说是福亦是祸。在苹果公司的历史上，它数次采用新的操作系统和新的芯片构造，这些决定总是使它原来的生产组装基地立刻变得过时。苹果总是不停地否定过去设计中的不合理及不足之处，不断地推陈出新，使其产品总能以独特的风格傲立于时代前沿。

8. 适当“独裁”

2000 年，作为苹果阿斯塔特美国业务分部的运营经理，麦克·伊万杰李斯特负责 DVD 刻录技术研发，即将这种 DVD 装在高端电脑上，并且在未来将其转变为 iDVD。该项目界面呈现出来的是多种多样的窗口和菜单选项，以及大段的功能解释文字。“这时乔布斯走了进来，”伊万杰李斯特回忆说，“他没有仔细看我们的工作，而是在白板画了一个框。”“这就是新设计。”乔布斯说，“只要一个窗口，将音像资料推入窗口，然后点击一个叫播放的按钮，这是我们要的。”“所有人呆若木鸡。”伊万杰李斯特说，这种风格与他以前所就职的公司迥异。技术领域追求具有包容性的、彻底的、集合大众智慧的创新。苹果的工程师则要花费 100% 的时间设计由一小部分资深经理或是乔布斯一个人计划的产品。有权做出决策的人如此之少，以至于苹果一年仅能够推出一项或两项创新产品。

9. 重新发明

“革命性”是乔布斯最喜欢的词之一。他极力夸赞苹果的每个发明创造都是独一无二的和有创造性的。

苹果的产品到底具不具有革命性,取决于我们对革命性这个词的定义。苹果公司善于搜集汇总技术领域的最新创意,并通过转化将其变为己有。苹果擅长发现别的同类产品存在的问题和不足,并在其推出的产品上将上述问题和不足予以解决,或者对货架上的其他同类产品在苹果的模式下进行改良革新。

iPad 就是一个典型例子。早在 2001 年比尔·盖茨就推出一款具备几乎相同功能的建立在 Windows 操作系统基础上的产品,但是当时在交互界面,应用软件开发方面存在诸多需要解决的问题,微软公司没有继续坚持下去。乔布斯发现在苹果公司现有的技术基础上,上述问题的解决都不成问题,于是 iPad 横空出世。在刚推出的 2 个月里,iPad 就卖出 200 万台。

10. 有条不紊

iPad 上市几周后,惠普、微软及其他一些公司相继推迟同类产品上市。它们正试图制作出比 iPad 更加精密、功能更加齐全的产品。它们致力于创造自己版本的“快马”,于是它们,又回到设计室。与此同时,苹果的其他竞争者如 Google、Intel 等也快马加鞭地在该领域排兵布阵。

苹果公司并没有为这种竞争态势所牵制,它严格地按照自己的时间表行事。苹果公司的时间表是严格按照其自身的经营策略和长期愿景目标制定的,受市场态势和竞争者状况影响较为轻微,这样苹果公司总能掌握主动权,适时地推出一些新产品,占尽市场先机。

**资料来源**:辛灵.苹果成功秘诀:十大关键因素导致与众不同.南方都市报,2010-06-29.

**思考题:**

(1) 苹果的竞争优势来源是什么?

(2) 本案例给你哪些有益启示?

## 战略管理实务操作

访问一家实施差异化战略或者成本领先战略、集中战略的企业网站,了解该企业在产业内实施相应战略是否成功,其成功或失败的根本原因是什么。

B&E

# 第7章 国际经营战略

孙子曰："夫兵形象水，水之形，避高而趋下，兵之形，避实而击虚。"

**学习目标**

**知识目标**：了解企业国际化经营的动因，熟悉企业国际化经营的环境，理解企业国际化经营战略的选择，掌握企业进入国际市场的方式，熟悉中国企业的海外市场进入模式。

**技能目标**：能够运用所学的理论知识识别企业国际化经营的战略选择以及进入国际市场的方式。

## 开篇案例

### GE的全球化

在20世纪90年代，GE（通用电气）主要追求的是四大理念：全球化、服务、六西格玛和电子商务。GE是一家全球性公司。早在19世纪，托马斯·爱迪生就在伦敦和霍尔邦高架桥安装了电力照明系统，规模达3000只灯泡。20世纪初，GE在日本建造了最大的发电厂。

20世纪80年代早期，GE唯一真正的国际化业务是塑料制品和医药系统。GE过去只在美国进行资产投资，其他业务或多或少地涉及全球性销售，其中两项业务——飞机引擎和动力系统规模较大。但是，这些基本上都属于出口业务，相关设施无一例外地都在美国。70年代，GE与法国国营飞机发动机研究和制造公司Snecma成立一家合资企业，其业务范围是制造飞机引擎，服务于最普及的商业飞机——波音737飞机。

20世纪90年代初期，GE将最好的人才投入全球化工作中，通过收购和建立联盟继续推动全球化发展的车轮。1991年年底，GE采取两个重要步骤：一是任命GE最好的CEO吉姆·麦克纳尼承担新设立的职位——GE亚洲总裁。吉姆到亚洲不是去经营任何企业，而是促进该地区的发展。他的全部工作是寻找交易机会、建立商务关系、努力成为

GE在亚洲的“吹鼓手”。他是个说服力很强的人，具有不凡的影响力。二是吉姆在亚洲上任8个月后，GE又将负责动力发电企业销售和市场营销工作的德尔·威廉森派到中国香港，负责全球销售工作。将销售中心转移到中国香港是符合市场需求的，因为商业机会在亚洲。从心理角度讲，看到德尔这样的人物在“远离故乡”的地方从事高层经营管理工作，对于整个公司的意义也是巨大的。

这两个动作的象征意义震动了整个系统。人们在说，“他们是动真格的了，全球化真的动起来了。”数字说明了问题，10年间，GE的全球销售额增长了近6倍，全球销售额占总收入的比例也翻了一番。

**资料来源**：符正平.公司国际化经营.北京：中国人民大学出版社，2004.

## 7.1 企业国际化经营的动因

第二次世界大战后，国际直接投资迅速发展，西方学者对之给予广泛关注和深入的研究。他们以发达国家的跨国公司作为基本研究对象，从不同视角提出许多观点不一的国际化理论，主要有垄断优势理论、产品生命周期理论、内部化理论、国际生产折中理论、边际产业转移理论。传统的国际化理论是以跨国公司为研究对象，对发达国家企业国际化经营做出很好的解释。但是20世纪80年代以来，发展中国家跨国经营企业迅速崛起，不仅改变了全球跨国投资的格局，而且也对传统理论提出挑战。20世纪80年代以来理论界相继出现一些新的研究，也出现一些针对发展中国家的理论观点，传统的国际化经营理论重新修正和发展，使其能够适用于分析发展中国家对外投资问题。主要有小规模技术理论、技术地方化理论、技术创新产业升级理论、投资发展周期理论。

### 7.1.1 垄断优势论

美国麻省理工学院学者斯蒂芬·海默(S. Hymer)1960年在其博士论文《国内企业的国际化经营：关于对外直接投资的研究》中，对美国1914—1956年对外直接投资(FDI)的统计资料进行了实证分析。分析结果显示，FDI与对外证券投资存在明显差异，传统的资本流动理论并不能对此做出合理的解释。为此，海默创造性地将产业组织理论中的垄断理论运用于跨国公司的FDI分析中，提出“垄断优势论”，该理论被称为当代对外直接投资理论的基石。海默认为，完全竞争不仅是一种纯粹的理论假设，并且在完全竞争下对外直接投资并不会发生，现实经济生活中普遍存在的是各种不同类型的不完全竞争市场，市场的不完全性是垄断优势理论依据的基本理论前提，也是FDI理论与传统的国际资本流动理论的最大区别。传统的国际资本流动理论包含完全竞争市场假设。按照这一假设，资本的价格等于资本的边际生产力，从而资本流动受利率影响。不完全竞争是指在这种市场结构中，众多生产者生产和销售同类产品，但是具有差异性，这种差异性不仅表现在产品的质量、性能、档次、规格等，还表现在产品的品牌、商标等方面。在不完全竞争条件下，存在价格和非价格竞争。海默认为跨国投资虽可以冲破生产要素的地理限制，实现资源最优配置，但也会面临海外经营引发的成本与风险，所以企业必须具备由于市场不完全导致的多方面的垄断优势，以便在海外经营的竞争过程中超越当地企业，并力图借此优势从海外谋取更大利润。大企业正是凭借其特定的垄断优势从事对外直接投资，开了对外直接投资理论研究的先河。但是，海默并没有具体分析不完全竞争市场的类型。

海默的导师金德尔伯格(Kindleberger)1969年的论著《美国企业跨国经营：对外直接投资六讲》中对海默的理论做了进一步补充。金德尔伯格将不完全竞争市场分为四种类型：第一种是不完全竞争产品市场，包括产品差异、商标、市场技能、价格联盟等；第二种是不完全竞争要素市场，包括专利、专有技术、管理经验和进入资本市场的差异等；第三种是在企业规模经济和外部经济上的不完全竞争市场；第四种是因政府政策扭曲造成的不完全竞争市场，如政府有关税收、利率、汇率等政策导致市场不完全竞争。前三种不完全竞争市场使得企业拥有垄断优势，这种优势足以抵消跨国竞争和国外经济引起的额外成本；第四种市场则导致企业通过对外投资获得垄断优势。

经金德尔伯格完善后的垄断优势论被称为海默—金德尔伯格理论，该理论开创了跨国公司对外直接投资的新思路，但是却没有深入研究垄断优势的本质和构成。20世纪60—70年代，西方学者在该理论框架下从不同方面论述垄断优势来源，进一步发展和完善了垄断优势理论，主要有凯夫斯(R. E. Caves)的产品差异论，约翰森(H. G. Johnson)等的占有能力论从产品差异、占有管理和信息解释跨国公司垄断优势的来源，尼克博克(F. T. Knickerbocker)和格雷厄姆(E. M. Graham)的寡占反应论从寡头之间的博弈行为分析跨国公司之间的交叉直接投资行为。更有其他学者，如Teece(1976，1977)、Wolf(1977)和Lall(1980)等从企业规模、技术动态变化、要素投入等角度解释企业垄断优势的形成。

企业的垄断优势主要包括以下五个方面：

1. 资本和货币

为适用规模经济和克服对外直接投资较高风险的需要，企业一般需要具有资金方面的优势。这种优势可来自两个方面：①企业拥有的巨额资金；②有较强的筹资能力。其中第二个方面是最主要的，美国跨国公司凭借其庞大的规模和良好的信誉度可较容易地在国内外金融市场上以较低的成本融资，包括东道国银行和其他跨国银行的贷款，这一点是一般企业难以做到的。跨国公司对外投资的重要动因来自于为这些资金寻求较高的收益。

2. 技术资产优势

技术资产优势包括如专利、专有技术、管理技能、知识、信息等要素的优势。其中新产品、新生产工艺和产品差异化能力是最具实质性的构成部分。跨国公司通过其庞大的科研队伍和雄厚的资金不断开发出新产品和新工艺，使其生产效率成倍甚至几十倍地提高，从而抵消跨国投资成本高的不利因素。跨国公司的垄断优势主要来自研究与开发新产品、新技术、新生产工艺，并通过知识产权对这些技术优势加以充分保护。

3. 规模经济优势

规模经济优势有利于降低成本，从而增大企业在市场上的竞争能力。跨国公司通过垂直的或水平的一体化对外直接投资，可以取得东道国企业不能达到的生产规模，从而可以降低成本，获得竞争优势。此外，跨国公司垄断优势还来自非生产活动的规模经济性，主要包括集中性的研究和开发，建立大批规模销售网络，进行集中的市场采购，资金筹措和统一管理等。

4. 组织管理优势

跨国公司通常拥有受过较好训练和教育并具有丰富经验的管理人员，其组织结构也具有高效率。这些管理上的优势在企业规模较小时不能充分体现。通过对外直接投资，扩大企业经营规模，可以充分利用管理资源优势扩展管理潜能，从而驱动更多有用的要素，发挥其巨大的潜力。

优秀的管理人才、统一的管理体系和具有良好市场反应的组织结构，以及快速、全面获取全球市场信息的能力，使得跨国公司拥有普通企业不具备的组织管理上的优势。

5. 信誉和商标优势

悠久的历史和显赫的信誉度以及由此产生的驰名商标成为跨国公司巩固老市场和开拓新市场的锐利武器，这一点也是一般企业难以具备的。

垄断优势理论是最早研究对外直接投资的独立的理论，奠定了对外直接投资理论研究的基础，指出培养和提升各自的垄断优势是跨国公司对外直接投资的必要前提条件。但垄断理论的产生背景是对实力雄厚且具有明显垄断优势的美国跨国公司的研究。20世纪80年代以来，没有垄断优势的发展中国家跨国公司对外直接投资逐渐兴起，这一理论在解释没有垄断优势的发展中国家对外直接投资方面具有一定的局限性。此外，垄断优势理论也无法说明产品出口、技术转让与对外直接投资三种参与国际经济活动的适用条件，无法解释有垄断优势的企业放弃出口和技术许可证转让直接对外直接投资的原因。

### 7.1.2 产品生命周期论

美国哈佛大学教授雷蒙德·弗农(Raymond Vernon)在1966年5月《经济学季刊》上发表的《产品周期中的国际投资和国家贸易》一文中首次提出“产品生命周期理论”，将企业的垄断优势、产品生命周期以及区位因素结合起来，动态地调整跨国公司的对外投资行为。该理论后来经过弗农和威尔斯(Louis Wells)等人的发展逐步完善。

产品生命周期(product life cycle)简称PLC，是产品的市场寿命，即一种新产品从开始进入市场到被市场淘汰的整个过程。弗农从美国制造业情况出发，将产品生命周期分为起始创新阶段、成熟阶段、标准化阶段三个阶段，还假设世界上存在三种类型国家和地区，第一类通常是最发达国家，是产品创新国，如美国；第二类是较发达国家或地区，如欧洲、日本、新兴工业化国家；第三类是发展中国家。产品生命周期在不同技术水平的国家里，发生的时间和过程是不一样的，期间存在一个较大的差距和时差，正是这一时差，表现为不同国家在技术上的差距，它反映了同一产品在不同国家或地区市场上竞争地位的差异，从而决定国际贸易和国际投资的变化。

1. 产品创新阶段(new product stage)

新产品创新企业拥有技术垄断优势，市场上很少有仿制品或替代品，企业处于垄断地位。由于垄断新产品的需求价格弹性很小，生产成本的差异对企业的区位选择影响很小。此时技术尚不完善，产品也尚未定型，所需原料、加工工艺等变化很大，并且要不断根据市场上的反馈信息加以改进，需要与消费者和供应商保持密切联系。由于发达国家研发实力雄厚，因而发达国家企业率先进行新产品的开发与生产。从需求上看，国内市场潜力巨大，市场需求主要来自国内高收入阶层，其他国家或地区的需求可以通过从发达国家进口满足。

2. 产品成熟阶段(mature product stage)

由于新技术日益成熟，产品的需求价格弹性急剧增大，企业日益面临成本和价格方面的压力，尽管该阶段追求产品差异化仍然是市场竞争的重要途径。在此阶段，国外出现竞争者，开始仿制这种产品。因为这些竞争者的生产成本低于发达国家的创新企业，所以为了继续占有市场，发达国家的创新企业绕过贸易壁垒，同时也减轻运输成本压力，被迫进行防御性对外直接投资，在当地进行生产与销售。投资地区通常是经济技术水平与本国需求结构相似的发达国家——较发达国家。

3. 产品标准化阶段(standardized product stage)

这一阶段产品和技术都已经完全标准化，发达国家在技术上的垄断优势已经完全丧失，这种技术不仅在发达国家、较发达国家已经普及，而且已扩散到一些发展中国家。发展中国家生产成本较低，生产该产品具有价格优势，因此，此时产品的竞争主要表现为产品价格竞争和生产成本竞争。为了保持竞争优势，发达国家企业开始主动在发展中国家进行直接投资，转让已经标准化了的技术，同时大规模减少或停止在国内生产同类产品，本国的需求越来越多地由进口满足，产品出口将出现逆流现象。此时，发达国家的创新企业应转向开发新的产品，寻求新的垄断优势。

产品生命周期理论从动态角度揭示了发达国家进行对外直接投资的动机、时机与区位选择之间的关系，也从一个侧面阐述了企业国际化经营的动机。该理论对美国制造业在20世纪五六十年代对欧洲发达国家直接投资的快速发展给予了有效的解释。但是该理论也有一些不足之处。首先，该理论本质上是基于美国的经历，并且只限于高度创新的行业的最终产品市场，而对于资源、技术开发型的对外投资现象解释乏力；其次，该理论难以解释非代替出口投资的增加以及跨国公司海外生产非标准化产品现象；再次，该理论不能解释企业直接在国外开发新产品并组织跨国生产现象，特别是20世纪70年代以后，为适应技术更新速度的加快和激烈的市场竞争，跨国公司经常将新产品直接迅速地投入世界各地市场；最后，20世纪70年代以后，出现越来越多发达国家之间的双向投资、发展中国家对发达国家的投资，发展中国家之间的投资也在迅速增长，这一趋势也是产品生命周期理论无法解释的。

### 7.1.3 内部化理论

内部化理论来源于交易费用理论，科斯在1937年发表的《企业的性质》中指出，企业和市场是相互替代的两种资源配置方式，企业代替市场会降低利用市场机制的交易费用，同时又会带来企业管理费用的上升。但是，内部化理论是在20世纪70年代产生的。英国里丁大学经济学家巴克莱(Peter J. Buckley)和卡森(Mark C. Casson) 在1976年合著的《跨国公司的未来》(*The Future of Multinational Enterprise*)中首次系统地阐述了内部化理论。加拿大经济学家拉格曼(Allan M. Rugman) 1981年在《跨国公司的内幕》(*Inside the Multinationals*)一书中进一步发展了这一理论。

内部化理论建立在三个假设基础上：①在不完全竞争市场条件下，企业经营目标仍然是追求利润最大化；②当中间产品市场不完全时，企业可能以内部市场取代外部市场；③企业内部化行为超越国界就产生跨国公司。内部化理论强调特定的技术和知识等无形资产是形成企业跨国投资垄断优势的关键因素，这些无形资产可称为中间产品，企业既可以通过外部市场将其转让给外国企业直接获取利润，也可以将其通过内部让渡给设在海外的子公司，再以出售最终产成品的形式间接获取利润。所以理论上说国际贸易和跨国投资是等价的。但是，现实的情况是中间市场不完全，由于市场信息的不完全性和中间产品(除了通常意义上的原材料和零部件外，更重要的是指专有技术、专利、管理及销售技术等信息与知识产品) 价格难以确认，造成企业利用市场的交易成本很高，公司为了克服各种经营障碍、保证企业获得最大利润，就有动力形成一个内部化市场，以企业内部市场代替外部市场，将中间产品的配置和使用置于统一的行政管辖之下，这样不仅使资源和产品在各子公司之间进行合理配置和充分利用，还可以有效地防止技术扩散，保护企业的知识产权。更为重要的是，内部化能够减少交易成本，最大限度地提高公司的利润。跨国投资便是内部化超过国界的表现。

内部化理论是目前国际直接投资理论的主流思想之一，是西方学者跨国公司理论研究的一个重要转折。该理论首次将交易成本引入对跨国直接投资的理论分析，研究各国企业之间的产品交换形式与国际分工的组织形式，适用于不同发展水平的国家。但内部化理论仅从跨国公司的主观方面探寻国际直接投资的动因和基础等内部因素，对国家的政策以及其他外部环境因素的变化考虑不够，对跨国公司的国际分工、生产、经营的布局以及区位选择也缺乏总体认识。

### 7.1.4 国际生产折中理论

1977 年，英国著名跨国公司问题专家、里丁大学国际投资和国际企业教授约翰·邓宁(John Dunning)在其发表的论文《贸易、经济活动的区位和跨国企业：一种折中理论探索》中，在借鉴垄断优势论和内部化理论并引入区位理论的基础上，采用折中的方法首次提出跨国公司对外直接投资的一般理论——国际生产折中理论。1981 年，他在《国际生产和跨国企业》一书中对折中理论又作了进一步阐述。

邓宁认为，早期的跨国公司理论只是在实证分析的基础上，对各自国家特定时期的跨国公司的解释，不能成为跨国公司的一般理论。对外直接投资、产品出口和特许权转让往往是同一企业面临的不同选择，不应该将三者割裂开来，应该建立一种综合理论，系统说明跨国公司对外投资的动因和条件。

邓宁综合垄断优势理论、内部化理论，并结合国际贸易理论中的资源禀赋学说等理论优点，从所有权优势、内部化优势、区位优势分析对外直接投资动因、投资决策和投资方向，提出跨国投资的"三优势模式"(OLI Paradigm)。所谓"三优势"，是指决定一国企业对外直接投资的三个条件，即所有权优势(ownership specific advantage)、内部化优势(internalization specific advantage)和区位优势(location specific advantage)。所有权优势是指一国企业拥有或能够获得的国外企业没有或无法获得的资产及其所有权带来的优势，包括产权和无形资产优势，如研究开发、管理技能、营销网络和手段、商标和品牌信誉；还包括共同管理优势，如跨国生产带来的效率、规模经济。内部化优势是指企业通过将其中间产品内部化获得的消除买方不确定性、保证中间产品质量、控制投入和销售渠道、避免或利用政府干预带来的各方面优势。区位优势是指东道国所拥有的地理位置、自然资源、市场潜力、劳动力要素成本等不可移动的要素禀赋优势，以及东道国政府灵活优惠的政策优势。

国际生产折中理论认为，所有权优势和内部化优势是企业对外直接投资的必要条件，而区位优势是企业对外直接投资的充分条件。企业要发展成为跨国公司，应该同时具备这三种优势。如果企业缺少所有权优势和区位优势，应该采取出口贸易或技术转让方式参与国际经济活动；如果企业只拥有所有权和内部化两项优势时，意味着缺乏适宜的国际投资场所，只能将有关优势在国内加以运用，并组织生产，进行出口；如果企业只拥有所有权优势而没有内部化优势和区位优势，意味着企业难以内部利用自己的优势，应该通过许可证贸易形式将这种所有权优势转让给别的企业。

国际生产折中理论对对外直接投资有较为完整的解释力，一直被认为是较为完善的对外直接投资理论。但是，该理论的研究对象仍是发达国家的跨国公司，很难解释那些并不具备各种优势的发展中国家。

### 7.1.5 边际产业转移理论

20 世纪 70 年代末,日本中小企业对发展中国家的直接投资迅速增加。以日本跨国企业对外直接投资情况为背景,日本学者小岛清(Kiyoshi Kojima)教授运用赫克歇尔—俄林的资源禀赋差异导致比较优势原理,把贸易与对外直接投资结合起来,以 20 世纪 50—70 年代日本对外直接投资为考察对象,以投资国和东道国的比较成本为基础,着重分析对外直接投资的贸易效果,提出对外直接投资的边际产业转移理论。其基本思想是对外直接投资应该从本国(投资国)已经处于或即将陷于比较劣势的产业——边际产业开始,将其投向东道国具有显在比较优势或潜在比较优势的同类产业,由于投资与贸易之间是互补关系而非彼此替代关系,这样能更好地促进双方贸易发展。

边际产业转移理论从宏观角度分析对外直接投资动机,具有开创性并且对对外直接投资与对外贸易的关系进行有机结合的统一解释。该理论比较符合日本国情,能够很好地解释日本 20 世纪 60—70 年代对外直接投资的实践,但是无法解释日本 80 年代以后对外直接投资的实践,也无法解释发展中国家的对外直接投资。另外,该理论认为,对外直接投资应该从发达国家流向发展中国家,不能用于指导发展中国家对外直接投资的实践,具有一定的局限性。

### 7.1.6 小规模技术理论

美国哈佛大学教授刘易斯·威尔斯(Louis J. Wells)在 1977 年发表的《发展中国家企业的国际化》一文中提出小规模技术理论,并在 1983 年出版的《第三世纪跨国公司》专著中对该理论做了较系统的阐述。

小规模技术理论认为发展中国家企业可以利用其小规模生产技术在竞争中获得优势。威尔斯认为,发展中国家跨国企业的竞争优势来自低生产成本,这种低生产成本与其母国的市场特征紧密相关。威尔斯主要从三个方面分析发展中国家跨国企业的比较优势:

*1. 拥有为小市场提供服务的规模生产技术*

需求有限是低收入国家制成品市场的一个普遍特征,大规模生产技术无法从这种小市场需求中获得规模收益,这个市场空档正好被发展中国家跨国企业所利用,他们以此开发满足小市场需求的生产技术而获得竞争优势。这种小规模技术往往是劳动密集型的,生产有很大的灵活性,与大企业相比反而具有相对优势,适合小批量生产。

*2. 发展中国家在民族产品和海外生产颇具优势*

发展中国家对外投资的另一特征表现在鲜明的民族文化特点上,发展中国家对外直接投资能够提供具有民族文化特点的特殊产品,在某些时候它甚至可以成为压倒性的经营优势。根据威尔斯的研究,以民族为纽带的对外投资在印度、泰国、新加坡、马来西亚以及中国台湾、中国香港的投资中都占有一定比例。

3. 低价产品营销战略

与发达国家跨国公司产品相比,生产成本低、物美价廉是发展中国家的特点,发展中国家跨国公司在广告促销方面支出的费用较少,主要采取低价格营销策略。而发达国家的跨国公司其产品的营销策略往往是投入大量的广告费用,树立产品形象,以创造品牌效应。

小规模技术理论被学术界认为是研究发展中国家跨国公司的开创性成果,该理论"即使是技术不够先进、经营范围和生产规模较小的发展中国家企业,也能够进行通过对外直接投资参与国际竞争"观点,对发展中国家企业特别是我国中小企业开展对外直接投资活动具有十分积极的意义。小规模技术理论没有一概而论地认为发达国家企业就具有竞争优势,而是区别不同产品和不同市场,认为在民族产品、与小规模技术相联系的非名牌产品上,以及在发展中国家市场上,发展中国家的企业与发达国家的企业相比是可能具有竞争优势的。威尔斯的理论摒弃了那种只能依赖垄断技术优势打入国际市场的传统观点,把发展中国家跨国公司竞争优势的产生与这些国家自身的市场特征结合起来,在理论上给后人提供了一个充分的分析空间,对于分析经济落后国家企业在国际化的初期阶段怎样在国际竞争中争得一席之地是颇有启发的。

但是,威尔斯显然继承了弗农的产品生命周期理论,认为发展中国家所生产的产品主要是使用"降级技术"生产在西方国家早已成熟的产品。再有它将发展中国家跨国公司的竞争优势仅仅局限于小规模生产技术的使用,可能会导致这些国家在国际生产体系中的位置永远处于边缘地带和产品生命周期的最后阶段。同时该理论很难解释一些发展中国家的高新技术企业对外直接投资生产具有较高技术含量和竞争力产品的行为,也无法解释当今发展中国家对发达国家的直接投资日趋增长现象。

### 7.1.7 技术地方化理论

英国经济学家拉奥(Sanjaya Lall)在1983年出版的《新跨国公司:第三世界企业的发展》一书提出用"技术地方化理论"解释发展中国家对外直接投资行为。技术地方化是指发展中国家跨国公司可以对外国技术进行消化、改进和创新,从而使得产品更适合自身经济条件和需求。拉奥深入研究了印度跨国公司的竞争优势和投资动机,认为发展中国家对发达国家的技术引进不是单纯的模仿和复制,而是对引进技术加以消化、改进和创新的再生过程,正是这种创新活动给引进技术赋予了新的活力。尽管发展中国家跨国公司的技术特征表现为规模小、使用标准化技术和劳动密集型技术,但这种技术的形成却包含着企业内在的创新活动,有自己的特定优势(proprietary advantage)。这些特定优势的形成条件有:①发展中国家技术知识的当地化往往与一国的要素价格及资源禀赋相联系。被当地化的技术可能是某些发达国家已经过时的技术，这些技术难以被发达国家企业重新利用。②发展中国家通过对进口技术和产品进行某些改造，使其生产和产品与当地供需紧密结合，更好地满足当地或邻国市场的需要。③创新活动中所产生的技术在小规模生产条件下具有更高的经济效益。④发展中国家企业生产的产品与名牌产品不同，当东道国市场较大，消费者的品位和购买能力有很大差别时，来自发展中国家的产品有一定的竞争力。

与威尔斯的小规模技术理论相比，拉奥更强调企业技术引进的再生过程。虽然拉奥的技术地方化理论对企业技术创新活动的描述是粗线条的，但它把发展中国家跨国公司研究的注意力引向微观层次，证明落后国家企业以比较优势参与国际生产和经营活动的可能性。技术地方化理论不仅分析了发展中国家企业的国际竞争优势是什么，而且更强调形成竞争优势所特有的企业创新活动。在拉奥看来，企业的技术吸收过程是一种不可逆转的创新活动，这种创新往往受当地生产供给、需求条件和企业特有学习活动的直接影响。但是技术地方化理论把发展中国家企业定位在产品生命周期的末端，认为发展中国家企业的创新活动只是发达国家企业创新活动的延续和补充，从而忽视了发展中国家企业的自主创新能力，没有把这些国家经济发展过程中的特殊性与技术创新活动以及企业成长其他方面的活动联系起来，因此对发展中国家跨国公司形成的超阶段性不能给予解释，不能反映发展中国家跨国公司实力增强后出现的与发达国家跨国公司之间多目的、多形态、多结果的竞争格局。

### 7.1.8 技术创新产业升级理论

20 世纪 80 年代中期以后，发展中国家对外直接投资出现加速增长趋势，特别是一些新兴工业化国家和地区的对外直接投资投向发达国家，并成为当地企业有力的竞争对手。如何解释发展中国家对外直接投资的新趋势，是国际直接投资理论界面临的重要挑战。英国里丁大学坎特韦尔(John A. Cantwell)和托兰惕诺(Paz Estrella Tolentino)在 20 世纪 90 年代初期共同提出技术创新产业升级理论，用以解释 20 世纪 80 年代以来发展中国家和地区对经济发达国家的直接投资加速增长趋势。坎特韦尔是托兰惕诺的博士生导师，与托兰惕诺共同从事发展中国家对外直接投资问题研究。该理论提出后，受到经济理论界的高度评价，托兰惕诺的博士论文《技术创新与第三世界跨国公司》获得 1989 年年度理查得·法默国际商务学会最佳博士论文奖。

技术创新产业升级理论从技术累积论出发，解释发展中国家和地区的对外直接投资活动，从而把这一过程动态化阶段化了。他们提出两个基本命题：①发展中国家和地区产业结构升级说明发展中国家企业技术能力的稳定提高和扩大，这种技术能力的提高是不断积累的结果；②发展中国家和地区企业技术能力的提高与其对外直接投资的增长直接相关。该理论的基本结论是：发展中国家和地区对外直接投资的产业分布和地理分布是随着时间的推移而逐渐变化的，并且是可以预测的。

技术创新产业升级理论认为,现有的技术能力水平是影响企业国际生产活动的决定因素,同时也影响发展中国家跨国公司对外投资形式和增长速度。发达国家靠大量研究和开发投入掌握开发尖端高科技,引导技术发展潮流;发展中国家没有很强的研究开发能力,主要利用特有的"学习经验"和组织能力掌握和开发生产技术。新兴工业化国家的竞争优势表现在工业产品、轻工消费品,如纺织、服装和鞋帽、玩具以及电子产品。这些企业的技术创新最初来自外国技术进口,并使进口技术适合当地的市场需求。随着生产经验积累,对技术的吸收、消化带来技术创新,这种技术创新优势又随着管理水平、市场营销水平的提高而得到加强。

坎特韦尔和托兰惕诺还分析了发展中国家跨国公司对外直接投资的产业特征和地理特征。根据他们的研究,发展中国家跨国公司对外直接投资受其国内产业结构和内生技术创新能力的影响。在产业分布上,首先是以自然资源开发为主的纵向一体化生产活动,然后是进口替代和出口导向为主的横向一体化生产活动。从海外经营地理扩展看,发展中国家跨国公司在很大程度上受"心理距离"影响,其对外直接投资遵循以下发展顺序:①在周边国家进行直接投资,充分利用种族联系;②随着海外投资经验积累,种族因素的重要性下降,逐步从周边国家向其他发展中国家扩展直接投资;③在经验积累基础上,随着工业化程度的提高,产业结构发生明显变化,开始从事高科技领域的生产和开发活动,同时,为获得更先进复杂的制造业技术,开始向发达国家投资。如中国台湾省的跨国公司在化学、半导体、计算机领域,新加坡的跨国公司在计算机、生物技术、基因工程、电子技术领域,韩国、中国香港特区企业在半导体、软件开发、电信技术等领域都占有一席之地。这些国家和地区对发达国家的投资也表现出良好的竞争力。

技术创新产业升级理论解释了20世纪80年代以来发展中国家,尤其是新兴工业化国家和地区对外投资结构由发展中国家向发达国家、由传统产业向高技术产业流动的轨迹,对于发展中国家通过对外投资加强技术创新与积累,进而提升产业结构和加强国际竞争力具有普遍指导意义,为发展中国家对外直接投资的区位选择提供了思路,并且为不具备绝对优势的发展中国家企业参与国际竞争提供了技术积累路径,受到西方经济理论界的高度评价。

## 7.2 企业国际化经营的环境因素分析

国际经营环境包含一系列多样化的政治、法律、经济、技术、社会人文、地理等环境因素,与国内经营环境相比,它具有更多的不确定性、不可控性和高风险性。通过对国际经营环境的宏观考察,企业应认清各种环境要素的现状及未来发展趋势,把握国际经营环境的最新动向,确定哪些因素的变化将对企业的国际化经营产生影响以及影响程度的大小等。下面分述企业在走向国际化经营时所应考虑的环境因素。

1. 国际贸易体制

国际贸易体制主要包括关税、非关税壁垒、国际贸易支付方式。

关税可以为增加国家收入而制定,也可以为保护本国企业而制定;非关税壁垒是指除关税以外的限制商品进口的各种措施,非关税壁垒名目繁多,据《关税与贸易总协定》统计,非关税壁垒已有850多种。国际贸易需要将一国货币兑换成另一国货币,由于各国货币价值经常波动,对汇率会产生一定影响。

2. 政治与法律环境

政治环境包括政局稳定性、政府经济发展战略,对待外国投资者的态度和政策、贸易政策、税收政策等。如有的国家对外国企业表示积极欢迎,鼓励外国企业投资,为外国企业准备工业布局条件或基础设施等;有的国家对外国企业不持友好态度,禁止外国独资企业经营、限制外国企业投资份额等,这将对企业国际化经营产生严重影响。

法律环境主要包括东道国法律体制、法律健全程度以及司法程序完善程度等。涉及国际化经营的法律主要有保护消费者权益的法律、保护生产者和销售者的工业产权法、公平竞争法以及调整国际贸易、国际投资行业的法律等。

3. 经济环境

世界各国的经济环境不同,形成不同的市场需求,从而对产品和服务的数量、质量、价格提出不同要求。

(1) 经济体制。世界各国经济体制不尽相同,有以公有制为主体的经济,也有以私有制为主体的经济。在市场经济体制中,具体的组织形式和经济调控程度也不尽相同。在国际化经营中,首先要对东道国的经济体制予以充分了解,然后才能制定相应的营销策略。

(2) 经济发展水平。一个国家的总体经济发展水平不仅决定着出口该国商品的种类,也影响着投资类型和方向。

(3) 国际收支。一方面,国际收支影响该国本位货币的币值;另一方面,国际收支影响该国政府的经济政策以及对外资态度。一般市场开放的国家欢迎国外直接投资,这有利于该国经济发展与国际收支稳定。

(4) 国内生产总值总量及其分布。国内生产总值总量反映一个国家的总体经济实力,其分布状况主要影响市场需求结构和需求规模,其增长率可以明确一个国家的经济运行状况和前景。

此外,经济稳定性、集团贸易与区域性经济等也会对企业国际化经营产生一定影响。

4. 技术环境

技术环境包括东道国整体科技水平、企业准备涉及的经营领域的技术水平、工业生产技术水平以及相关的所有影响经营项目发展的技术因素。

5. 社会、人文环境

这是与跨国经营管理密切相关的“软环境”。

人口状况。人口总量及其分布和结构都对消费需求总水平有决定性影响，是确定目标国家市场规模大小的重要指标。

基础设施。基础设施越发达，国际企业就越能顺利地在目标国开展投资、生产、销售活动。否则，企业就必须付出很大的经营代价，甚至在经营成本很高时不得不放弃这个市场。

教育水平。人们受教育程度不同，对商品的需求和鉴别接受能力也就不同，接受文字宣传能力也有区别。如果目标国家教育程度很低，国际企业就要多派管理和技术人员到该国发展业务。

宗教信仰。不同的宗教信仰影响人们认识事物的方式、行为准则、价值观念以及对商品的需求。

6. 自然环境

自然环境包括地理位置、面积地形、城市分布、自然资源、气候条件等。一个国家的地形与气候条件不仅影响产品的生产与适应能力，也影响市场的建立与发展。自然资源的位置、质量、可供应量影响投资的规模和技术选择。

## 7.3 企业国际化战略的选择

企业国际化战略是企业产品与服务在本土之外的发展战略，是公司在国际化经营过程中的发展规划，是跨国公司为了把公司成长纳入有序轨道，不断增强企业竞争实力和环境适应性制定的一系列决策的总称。企业的国际化战略将在很大程度上影响企业国际化进程，决定企业国际化的未来发展态势。实施国际化战略（区别于本土化战略）的一个主要原因是国际市场存在新的潜在机会。雷蒙德·弗农（Raymond Vernon）阐述了国际多元化的经典原理。他认为，如果一个公司在本国市场上（尤其是发达国家，比如美国）推出一项创新产品，在其他国家的市场上也会产生对这个产品的需求，于是就会有产品出口。当国外市场上需求增长到一定程度，特别是当国外厂商也开始生产这种产品以满足增长的需求时，本国公司就会直接投资国外市场、开办工厂、生产产品。随着产品的标准化，这个公司可能会追求经营合理化，把工厂移到生产成本最低的地方。所以，弗农认为这些公司实行国际多元化以延长产品的生命周期。

企业的国际化战略可分为国际战略、多国本土化战略、全球战略、跨国战略四种。

1. 国际战略

国际战略是指企业将其具有价值的产品与技能转移到国外市场以创造价值的举措。大部分企业采用国际战略是转移其在母国开发出的具有差异化产品到海外市场，从而创造价值。在国际战略下,企业总部一般严格控制产品与市场战略决策权,设立海外分支机构的主要目的是通过增加产品销售以支持母国公司本部的技术开发和管理服务,或者是为了获得和控制关键原材料与零部件。海外经理人员大都从母国总部派出,这些人往往懂东道国语言或者曾经在东道国生活过,不一是根据其管理能力选派。在管理思维上,采用国际战略的企业仍然是以母国为中心,如宝洁公司是美国大型日用消费品公司,在洗涤剂、清洁用品以及个人护理市场上,在全球具有领先地位。第二次世界大战后,宝洁公司通过实施国际战略向国外扩张,把在美国本土发展起来的品牌和营销技术转移到西欧、中国和世界其他地方,取得巨大成功。

2. 多国本土化战略

为了满足所在国的市场需求,企业可以采用多国战略。这种战略与国际战略的不同是根据不同国家的不同市场,提供更能满足当地市场需要的产品和服务。相同的是,这种战略也是将自己国家开发的产品和技能转移到国外市场,而且在重要的国家市场上从事生产经营活动。因此,这种战略的成本结构较高,无法获得经验曲线效益和区位效益。为了发展当地市场,采取多国本土化战略的企业往往给予子公司较大的自主决策权,以便对当地市场需求做出快速反应。东道国子公司的经理人员往往是当地人,对当地市场非常熟悉。在多国战略下,因子公司享有较大独立性,往往导致整个跨国公司系统设施重复建设,各国的子公司各自为政。如通用汽车公司在欧洲建立一套自成体系的开发与生产制造系统,导致其汽车生产高成本。

3. 全球化战略

全球化战略是向全世界市场推广标准化产品和服务,并在较有利的国家集中进行生产经营活动,由此形成经验曲线和规模经济效益,获得高额利润。企业采取这种战略主要是为了实行成本领先战略。采用全球化战略的企业应将生产基地选择在全球成本最低的区位,建立全球一体化的制造与营销系统,进行统一的全球品牌构建,每个分支机构的经理人员都具备全球思维,能够在世界范围内流动。

4. 跨国战略

跨国战略是要在全球激烈竞争情况下,形成以经验为基础的成本效益和区位效益,转移企业内的核心竞争力,同时注意当地市场需要。为了避免外部市场的竞争压力,母公司与子公司、子公司与子公司的关系是双向的:不仅母公司向子公司提供产品和技术,子公司也可以向母公司提供产品与技术。整个跨国企业是一个学习型组织和知识创新系统。

## 7.4 企业进入国际市场的方式

企业进入国际市场方式也是企业国际化的实现形式,是企业将产品、技术、人力、管理经验和其他资源转移到其他国家的方式。根据产销活动布局和组织协调方式的不同，企业国际化市场进入方式可分为出口进入方式、契约式进入方式、股权式进入方式三种。

1. 出口进入方式

出口是企业将在本国/地区生产的产品运往其他国家/地区市场进行销售，同时积累国际化经营经验，它是对国外市场介入程度最低的方式，大多数生产性企业将出口作为它们进入国际市场初始策略。根据企业对产品出口过程参与程度，出口可以分为间接出口与直接出口。

1）间接出口进入方式

间接出口进入方式是指国际化经营企业通过设在本国的中间商向国外市场销售本企业产品，这是国际市场进入方式中风险最小的一种。间接出口主要有以下两种不同类型出口中介机构：

（1）驻在国内的出口商

驻在国内的出口商可以是本国开设的国际贸易公司或出口商行，也可以是常驻国内的国外买主。这些中间商收购企业商品，自己承担责任向国外销售。

（2）国内出口代理人

出口产品由出口代理人寻找国外买主，代表国外买主订货、运货、支付货款，出口代理人收取一定佣金，但不拥有出口产品所有权，企业要承担全部风险。另一种形式是利用经纪人进行产品出口。经纪人只负责寻找国外顾客，收取佣金，并不直接办理与销售有关的服务，不承担风险。出口代理人和出口经纪人之间的相同之处是都不拥有产品的实际所有权，受人委托安排双方客户的合同和沟通它们之间的联系，促成交易后由委托人按照交易额的一定比例支付佣金。但是，经纪人和委托出口企业之间的关系通常不是长久的，当经纪人促成一项交易后，这种关系便告终止。出口代理人通常与出口企业签订长期代理合同，这种关系往往要保持好几年或更长一段时间。

间接出口模式下，出现企业国际化与企业产品国际化分离，企业产品走向世界，而企业的生产营销活动都是在国内进行的，因此间接出口和一般的国内销售差别不大。间接出口的企业不需要自己从事与出口贸易相关的商务活动，也不需要承担因出口引起的相关风险，投入资金少，灵活性大。但是间接出口过程完全掌握在他人手里，使得企业严重依赖出口中介商，企业自身对出口过程缺乏控制，不利于企业了解国际市场环境和与国外客户保持密切联系。此外，由于企业要向中间商支付较高的手续费，因而非直接出口赢利性不高。

2）直接出口进入方式

间接出口在与国外终端客户沟通方面存在不便，因此当企业出口达到一定规模时，就需要考虑设立自己的出口部门或国际业务部门从事直接出口活动。直接出口使得企业不同程度地直接参与出口产品的国际市场营销活动。

(1) 国外代理商或经销商

外国代理商是独立中间商，它对出口企业的产品没有所有权。代理商的主要任务是将货物销给其他中间商(批发商、零售商)或最终买主，他的报酬按常规是销售佣金。国外经销商对出口企业的产品拥有所有权，以自己的名义购买商品，并将其转销给其他中间商或最终买主，从商品加价中获取利润。

(2) 建立国外销售代表处或销售子公司

企业在国外设立销售代表以及设立销售子公司极大地提高了企业的国际化程度，企业可以获得更快更多的市场信息，准确掌握国际市场需求变化，更细致地改制产品或制定针对性更强的定价策略，有利于品牌营销及营销活动的控制，提高国际营销水平。但是，直接出口容易遇到目标国各种贸易壁垒阻碍。此外，如果选择国外中介商，出口业务易为国外中介商所控制，如果自己设立国外销售机构，则需要一批熟悉国际营销的专门人才。

无论是间接出口还是直接出口，都能减少在其他国家的加工和生产成本，实现规模经济生产，有利于实施全球战略，特别是在为全球市场提供标准化产品方面表现出较强的优势。但是出口不利于充分利用其他国家可能存在的低成本生产优势，运输费用较高，容易受到进口国设置的关税障碍限制或制裁。

2. 契约式市场进入方式

契约式市场进入方式是国际化经营企业与目标国家法人之间在转让技术、工艺等方面签订非股权性合作合同，获得报酬并进入国际市场。契约式市场进入方式与出口进入方式不同，它主要转让的是技术和工艺等；契约式市场进入方式与投资进入方式也不同，它不对目标国进行股份投资。契约式市场进入方式以下几种形式：

1) 许可证贸易

许可证贸易是指技术许可方将其交易标的的使用权通过许可证协议或合同转让给技术接受方，并由被许可方支付一定报酬的一种贸易方式。许可证的标的，通常是“软技术”，可以是专利、设计、工业 模型、商标及版权，也可以是专有技术(诀窍)。IBM每年都有大量专利产生，从20世纪90年代开始，IBM改变了原来的专利自己使用的原则，改为向市场甚至竞争对手出售自己开发的专利，IBM董事长郭士纳形象地被称为“敞开仓库”。

根据授权范围的大小可以将许可证贸易分为五种类型，不同的许可类型，合同双方所享受的权利和所承担的义务是不一样的。

(1) 独占许可。许可方给予被许可方在规定地区、规定期限内有权制造、使用和销售某项技术产品的独占权或垄断权，而技术许可方及任何第三者都不得在这个规定地区内制造、使用或销售该技术产品。

(2) 排他许可。指技术许可方和被许可方在规定的地区内有制造、使用和销售的权利，但许可方不得将此种权利给予第三者。

(3) 普通许可。指技术许可方给予被许可方在规定地区内有制造、使用和销售的权利,而许可方仍保留自己或转让给第三者在这个地区内制造、使用和销售的权利。

(4) 可转让许可。即技术的被许可方有权将其所得到的权利以自己的名义再转让给第三者。

(5) 交换许可。即双方以各自拥有的专利技术或专有技术等价交换使用。

许可证进入方式的最大优点是省时,企业不需要承担开拓市场的成本和风险。但是许可证进入方式有技术失控风险。当企业把技术授给国外企业时,有可能造成对技术失控,购证方利用取得的技术和自己的优势成为售证方的竞争者。例如美国的RCA公司由于向日本公司授权而痛失对彩电技术的控制。日本公司迅速模仿使用RCA公司的技术,然后利用这些技术进入美国彩电市场。此外,许可证还有品牌和声誉受损风险,如果购证人不能保证按合同标准从事经营活动,则有可能损害售证人在国际上的声誉。

2) 特许经营

特许经营是指特许经营权拥有者以合同约定的形式,允许被特许经营者有偿使用其名称、商标、专有技术、产品及运作管理经验等从事经营活动,被特许经营者要向特许经营权拥有者支付一定金额特许费的商业经营模式。

特许经营是许可证贸易向深层经营领域的延伸和扩展,许可证贸易只是个别经营资源的授权使用,而特许经营是整个经营体系的转移使用。在特许经营中,除了转让企业商号、注册商标和技术外,特许者还要在组织、市场及管理等方面帮助特许证人,以使专营能持续下去。特许经营可以分为两大类:产品商标特许经营和经营模式特许经营,前者被称为第一代特许经营,后者被称为第二代特许经营。1987年肯德基在中国开业标志着特许经营真正进入中国,其后,相继有一批国际特许经营组织进入中国市场,餐饮业、酒店业、服装专卖、便利店领域表现得最为明显。如麦当劳、假日酒店等就是这种特许经营模式的典型代表。

特许经营可以使企业充分利用国外企业的资金和人力资源得到迅速扩展,使其在国际上发展迅猛。但是特许经营的方式可能使企业失去对产品质量和知识产权等的控制,一些国家政府出面干预会使特许经营进入方式的扩展受到限制,特许经营的快速扩张也会给授权方带来很多问题。

3) 合作生产

企业与国外制造商签订合同,由国外制造商生产产品,而企业主要负责产品销售,一般是将产品销往制造商所在国家的市场或其他地区。为了获得制造商按照说明生产的产品,国际化经营的企业一般要向当地的制造商转让技术和提供技术帮助。

合作生产只需较少资金和管理资源投入,可以很快进入目标国家;因不涉及股权问题,能够避免当地的所有权问题;它允许企业对销售过程和售后服务实行控制;如果国外制造商的生产成本低,则合作生产就会大大提高企业产品的竞争能力。但是,合作生产对生产过程的控制力很小，也不容易找到合适的当地制造商企业。

4）管理合同

管理合同是指企业与目标国法人签订合同，由该企业负责对方的一部分或全部业务管理，并以此进入对象国市场的方式。管理合同仅仅是管理技术的转让，转让方并不拥有接受方的所有权，只拥有接受方的经营管理权。

以管理合同开拓国外市场，企业可以利用管理技巧而不需要投入资金获取收入，容易了解目标国经营环境和市场需求情况，为进一步扩展业务奠定基础。有时作为提供管理技术的附加条件，管理方可以出口有关产品或设备，获得一定程度的补偿。但是，这种方式要求企业有大量优秀的管理人才和技术人才，通过帮助管理对方的业务很有可能培植今后的竞争对手，并且一旦合同中约定任务完成，企业就必须离开目标国，除非有新的管理合同签订。

5）建筑或交钥匙工程合同

建筑或交钥匙工程合同把标准的建筑工程合同向前推进了一步，它要求承包人在将国外项目交给其所有者之前，应使其达到能够运行的程度。甚至在建筑工程全部完成后，为了使所有者进行项目准备，承包人有责任提供诸如管理、操作培训一类服务。

这种安排有时被称为“交钥匙附加承包”。在签订和执行交钥匙承包合同中，承包人应该充分落实该合同，要明确规定工程项目计划和设备、各方的义务和责任、不可抗力的含义和合同违约后的法律后果以及解决争端的程序等事项。

3. 股权式市场进入方式

股权式市场进入方式是一种以所有权为基础的进入方式，企业通过在目标国家占有部分或全部所有权，将技术、人力、管理经验及其他产权转移到目标国家。股权式市场进入方式可以是合资也可以是独资。

合资是国际经营企业和目标国家的投资商共同投资在当地兴办企业，双方都对企业拥有所有权和经营权，即共同投资、共同管理、共担风险和共享利益。合资进入方式有利于通过合资双方的优势互补实现双赢，企业可以得益于当地企业对目标国竞争、文化、语言、政治体制和商业体制的了解，可以和当地企业分摊市场进入的成本和风险。在一些国家，由于贸易障碍的限制，合资是唯一的或最可行的进入市场方式。例如，德国大众汽车公司通过与上海合建上海大众汽车公司，与“一汽”合资组建一汽大众汽车公司进入中国市场。美国柯达公司为了稳固它在中国2.5亿元的胶卷市场，与中国乐凯公司建立一家合资企业，柯达公司的投资既帮助乐凯解决资金问题，又使柯达公司避免了60%的进口税。但是，合资可能会使本企业失去对技术的控制权，不利于企业执行全球统一协调战略。合资双方经常会因为投资决策、市场营销、财务控制等问题发生利益上的争端，这种利益冲突常常会导致合资经营解体。

独资是指一国投资者，按照东道国法律，经政府批准，在东道国境内单独投资、独立经营、自负盈亏的一种国际直接投资方式。独资是企业国际化经营的最高阶段。如果国外市场需求潜量很大，企业具有国际化经营的经验和能力时，企业可能考虑采用这种进入方式。独资经营具有以下优点：可以在国外市场获得便宜劳动力和廉价原料，或者受到外国政府的投资鼓励，节省运费等，因而可降低产品成本；企业可以积累更多的国际化经营经验；投资给东道国带来的就业机会，企业可以在该国树立良好的形象；企业可与东道国政府、顾客、当地供应商、经销商等保持密切联系，使产品更适合当地市场环境；企业能完全控制投资的使用，最大限度地减少技术失控风险，使企业制定出一体化的长远的国际战略，使子公司的目标与母公司的目标保持一致。但是，独资经营是成本最高的进入国际市场的方式，独资企业具有以下缺点：要承担巨额投资风险，这对企业财务来说是很大的压力；独资公司常被东道国政府以及当地社会视为外国企业，易遭排斥，面临的国家风险比较大；由于对东道国的社会政治经济环境不够熟悉，在争取东道国各方面的理解与合作、处理与东道国各方面的纠纷时常常比较困难；某些东道国对独资企业与合资企业实行差别待遇，往往对独资企业只给予较少的优惠，限制却比较多。

独资企业市场进入的具体途径可以在国外直接建立子公司，也可以通过并购国外企业建立全资子公司。20 世纪 80 年代掀起国际并购浪潮，1994 年美国公司在国外并购了 1173 家企业，而美国企业被国外企业并购的有 668 家。

## 7.5 中国企业的海外市场进入模式

面对国际市场的诱惑及国内市场的激烈竞争，国际化经营成为企业获利的战略途径，越来越多的中国企业开始放眼全球、进军海外，开展国际化经营，寻找新的战略发展空间。为了深入了解中国企业在“走出去”战略背景下的对外投资现状及意向，了解影响和决定企业对外投资的因素以及企业对我国政府相关政策和服务体系的看法，2008 年 12 月至 2009 年 2 月中国国际贸易促进委员会开展第三次“中国企业对外投资现状及意向调研”。超过半数的企业在国外建立自己的销售办事处，表明这种方式仍然是对外投资最常见的方式。与当地企业建立股份制合资公司紧随其后。然后才是设立自己的零售商店和营销网络，以及建立全新的独资公司。通过并购方式对外投资的企业只有不到 8%，并购还没有成为中国企业对外投资的主流选择。

1. 贸易式进入模式

通过出口将企业产品销往国际市场、拓展企业生存空间，无论是采用间接出口还是直接出口，在跨国经营理论与实践中都被认为是比较保守、安全、低成本高效率以及便于管理的海外市场进入模式。尤其是在企业还处于规模小、资金缺乏、海外市场经验不足的情况下，这一模式更是被推为首选方式。贸易式进入方式是很多中国企业通过出口实施跨国经营战略的第一步。例如，中国最大制药企业三九集团的制造基地和研发中心等均在国内,海外公司主要是营销机构。自1992年以来,三九集团先后在中国香港、俄罗斯、马来西亚、德国、美国、南非、新加坡、日本、中东地区等十几个国家和地区设立营销公司。这些营销公司作为三九集团在海外的窗口,担负着让这些国家和地区的消费者了解三九产品,开拓三九产品海外销售市场的重任。海外营销公司的发展壮大,使三九集团产品市场由单一国内市场逐步演变为全球性市场。

2. 契约式进入模式

对于采用契约模式进入国际市场的企业而言,无形资产(如商标、专利、企业名称)的跨国经营具有突出意义。在一些契约模式下(如特许经营模式),合作各方主要靠无形资产特许契约建立联结关系。尽管中国国际化经营的步伐以连年快速增长之态势发展,但是在国际市场上,中国企业的无形资产经营仍然处于萌芽阶段。由于没有无形资产所有权优势,绝大多数开展跨国经营的中国企业都难以开展无形资产特许经营。但是,在以契约模式进入国际市场的过程中,会有越来越多的中国企业以低价优质的竞争力树立起良好的国际形象,这种良好的国际形象也是企业不可或缺的无形资产,它会使企业获得更多的机会。在采用契约模式进入国际市场的中国企业当中,华为具有典型意义。对于电信服务领域,交钥匙工程是其最主要的契约进入方式,华为在这一领域产生极大的国际影响,积累了丰富的交钥匙工程方面的相关经验。

3. 投资式进入模式

中国企业通过投资方式进入国际市场的,在独资与合资的选择上更加倾向于合资方式;在进入方式上选择新建还是并购企业方面,由于海外并购企业方式比新建方式在经营管理能力上要求高很多,我国企业更倾向于采用新建方式。但是进入21世纪以来,加入WTO的全球化竞争压力加快了海外并购的步伐。海尔集团收购意大利电冰箱制造厂、北京东方电子集团收购韩国现代电子、中国海洋石油有限公司购并西班牙瑞普索公司在印尼五大油田的部分权益、中国石油天然气股份有限公司出资2亿多美元收购印尼油气田资产、中国网通(香港)公司牵头收购亚洲环球电信网络资产、华立集团收购飞利浦在美国圣何塞的CDMA移动通信部门、上海制皂集团有限公司收购美国SPS公司和Polystor公司可充电电池生产资产项目、联想集团收购IBM的PC业务等都属于这类海外并购模式。

**【小资料1】　　堪称经典的可口可乐的许可证国际市场进入方式**

数年前曾有媒体戏言,世界上有三个秘密是人们不知道的:英国女王的财富,巴西球星罗纳尔多的体重和可口可乐的秘方。我们此处最关心的,当然是当今世界最大的商业秘密,即可口可乐饮料的秘方。正是该秘方外加许可证市场进入模式,使可口可乐成为名副其实的全球性企业。

世界上第一瓶可口可乐1886年诞生于美国,距今已有120多年的历史。这种神奇的饮料以它不可抗拒的魅力征服了全世界数以亿计的消费者,成为"世界饮料之王",甚至享有"饮料日不落帝国"的赞誉。而可口可乐公司的经营信条正是:保住秘密,即保住了市场。

有了秘方和因此建立的品牌形象之后,可口可乐便以许可证模式作为其进入国际市场并使其产品风靡全球的最主要方式。在这一模式下,可口可乐公司推行了"彻底的本土主义"原则,即除了由可口可乐公司向全球各地生产厂商批发供应制造的原液,并且由美国总公司负责必要的指导和宣传之外,其余从企业雇员到原材料采购等各个环节,一律实行本土主义原则。可口可乐在许可证模式下的本土主义做法主要体现在:

首先,在雇员方面。在海外合作企业中,从最高层领导到生产员工和推销员,全部都由当地人充任,美国人一个也不参加。只是在关系紧密的公司(如日本可口可乐公司)中,才有两三名美国的高层管理人员。

其次,在采购方面。饮料中原液外的99.69%的其他成分包括水、碳酸、砂糖、香料及其他各种添加物,都由当地工厂调配。不仅如此,像瓶、罐、罐装机械、输送工具、冷却器、搅拌机、纸杯及工作服全部都是在当地取料制造的。

最后,在事关可口可乐公司最重要利益的资本方面。按照每一个合作项目事前签订的许可证协议,可口可乐公司的资金投入总是不足1%,但其反过来却要收取相当多的保证金。出售可口可乐原液的价格,一般约占生产成本的1/10左右。除此之外,可口可乐采取了不与当地企业分利的原则。

总之,秘方当然是可口可乐公司成功的法宝,但没有许可证模式的成功运作,秘方这一无形资产同样也无法体现出其巨大的商业价值。

**资料来源**:鲁桐.中国企业海外市场进入模式研究.北京:经济管理出版社,2007.

## 本章小结

本章介绍了企业国际化经营的动因,主要有针对发达国家企业国际化经营动因的垄断优势理论、产品生命周期理论、内部化理论、国际生产折中理论、边际产业转移理论,针对发展中国家企业国际化经营动因的小规模技术理论、技术地方化理论、技术创新产业升级理论、投资发展周期理论;阐述了企业的国际化的战略选择,包括国际战略、多国本土化战略、全球战略、跨国战略四种;总结了企业进入国际市场的方式,出口进入方式、契约式进入方式、股权式进入方式;最后对中国企业进入国际市场的方式加以简要概括。

## 案例分析

### 瑞典宜家公司的国际化经营

在瑞典,于20世纪40年代由英格瓦·坎普拉德创立的宜家公司近年来增长迅速,已成为一家世界上最大的居家陈设的零售商。1974—1997年，宜家从拥有10个店铺的一家公司发展成为一个在28个国家拥有138家店铺，销售额接近60亿美元的大型零售企业。1997年，总销售额中仅11%产生于瑞典，29.6%来自德国，42.0%来自西欧其他各国，14.4%来自北美。随着在中国店铺的开张，宜家公司正在向亚洲进行扩展。

1. 为顾客提供物有所值的产品

宜家公司成功的基础是向消费者提供物有所值的商品。宜家公司的方法始于一个全球供应网络，现在世界65个国家中有2400家企业为其提供产品。作为宜家公司的供应商将从公司获得长期的合同、技术上的建议和租赁设备。作为回报，宜家要求订立专卖的合同以及低廉的价格。宜家公司设计人员的工作与供应商密切结合，从一开始就把产品设计成能以低成本进行生产。宜家公司在外地的店铺中展示了多达一万多种产品，它销售的绝大多数家具都是配套原件，由消费者拿回家自行装配。因公司店铺的规模而获得了巨大的规模经济；在全世界销售同样的产品又使大批量生产成为可能。

2. 调整企业战略以适应新市场

在全球化扩张阶段，宜家公司基本上无视各国的嗜好与偏好，坚持其创始人提出的看法：无论在世界何地经营都应该销售“典型的瑞典式的”产品系列。公司也基本保持以生产为导向，很少研究公众的需求究竟是什么。在其国际广告宣传上，公司也强调它的瑞典根基，甚至对其店铺坚持用“瑞典的”蓝色与金色的基调作布置。这样一方面有利于降低成本；另一方面也有利于为各地的消费者提供标准化的服务。

这一战略在1985年宜家公司决定进入北美市场前一直运作良好。1985—1996年宜家公司在北美开了26家商店，然而这些商店并未像该公司在欧洲的商店那样快速赢利。宜家公司的主要问题在于其一成不变的产品策略上。宜家公司一成不变的瑞典产品在欧洲很畅销，但是却与美国人的品味相左。瑞典人的床较窄，美国人则喜欢较宽的床；宜家公司的卧室衣柜抽屉在美国消费者看来太浅；公司错误地推销欧洲规格的窗帘并不适合美国的窗户。正如事后某经理开玩笑时说的那样：“美国人不会降低其天花板高度来适应我们。”

到1991年，公司的高层管理部门认识到，如果要在北美取得成功，必须要调整产品策略，使之适合北美人的偏好。宜家公司现在也销售美国式的大床铺，且用英制衡量。它还重新设计了厨房的橱柜，使其更适合美国人的审美观。公司同时扩大了当地生产的产品份额，从1990年的15%增加至1997年的45%。1997年，宜家公司供应的全部产品中，约有1/3是由美国本地设计的。这一对宜家传统战略的调整取得了成效。1990—1994年，宜家公司在北美的营业额增至原来的3倍，达到4.8亿美元；到1997年几乎又翻了一番。

3. 建立富于竞争力的企业文化

经过几十年的发展，宜家公司已形成了自己独特的企业文化和价值观念。公司特别重视朴素。公司员工穿整洁的便装——牛仔加毛衣。公司的办公环境也比较简单,不像有些公司的办公室装饰得非常豪华,在宜家公司每个员工都在简易轻松的环境中工作。公司的创始人说:“简单给我们力量,能够激励我们努力工作。”宜家的管理也强调简易,强调重视细节。坎普拉德说:“我们讨厌复杂的管理规章。”公司也反对任何的官僚作风,要求公司所有的管理人员和职工都要充分了解公司的运作过程。每年管理人员应该至少到一线工作一周。

除了朴素之外,公司也特别强调成本控制。坎普拉德说:“在宜家,浪费资源就相当于犯罪,高成本的方法绝对是平庸的方法。”公司不仅在整个运作流程中重视成本控制,而且对旅行和娱乐也进行控制。一位高层经理回忆说:有一次,他有一个很紧急的会议,但是经济舱都订满了,他给坎普拉德打电话希望能够乘坐商务舱。坎普拉德回答“在宜家,没有商务舱”而拒绝了请求。结果这位高层经理不得不打的到目的地。像其他公司一样,公司也重视创新,坎普拉德说:“惧怕创新是一种官僚主义的作风,是发展的巨大障碍。”坎普拉德常常鼓励员工进行各种创新。

**资料来源**:查尔斯·希尔.国际商务:全球市场竞争.第三版.北京:中国人民大学出版社,2002.

**思考题**:

宜家公司能够成功开展国际化经营的前提条件有哪些?

## 战略管理实务操作

收集资料,了解联想收购 IBM 的 PC 业务的始末,在此基础上回答以下问题:

(1) 分析联想收购 IBM 的 PC 业务的动因。

(2) 总结联想收购 IBM 的 PC 业务的利弊。

# 第8章

# 企业战略的选择分析

孙子曰："兵者，国之大事，死生之地，存亡之道，不可不察也！"

**学习目标**

**知识目标**：掌握行业评价、投资组合分析以及战略环境分析的常用方法，了解影响企业战略选择的因素。

**技能目标**：能够运用所学的理论知识进行行业评价、投资组合分析以及战略环境分析。

## 开篇案例

### 苏宁的跨界新生意

2010年6月18日，位于上海浦东南路1101号的苏宁"浦东第一店"人头攒动。从这天起，这栋大楼整整700平方米的一层场地将用来销售乐器。苏宁为此采取的模式是"店中店"，并取了一个单独的名字——Musicvox(音乐箱)。

苏宁电器副总裁凌国胜说："'音乐箱'只是作为苏宁国际化走出去、引进来战略的重要一步，但不是最后一步。"据可靠消息称，苏宁接下来还将尝试动漫游戏、玩具模型、3C家电周边配套产品的销售。

与此同时，国美电器也协助其兄弟公司国美锐动进军体育用品。两大家电连锁巨头不约而同选择了大尺度的跨界经营。

1. "卖"乐器

苏宁电器公关部主管闵涓清对《中国经营报》记者介绍，Musicvox乐器店目前已经引进约150家品牌，累计3500余款乐器。店内所有产品苏宁都采取买断经销方式，即直接从厂家采购。乐器店的工作人员也清一色皆是苏宁员工，不会出现传统家电卖场的厂家促销，"通俗地说，我们变成了一个乐器经销商"。

2. 多元化延续

苏宁意欲拓展经营范围、丰富产品结构的想法由来已久。细心的消费者早就发现苏宁电器销售的东西越来越“杂”：空调罩、冰箱除臭剂、石英钟、鱼缸，甚至包括一些数量不多的锅碗瓢盆——越是大型的苏宁门店，这样的趋向越是明显。苏宁总裁孙为民认为，无论是美国的百思买还是日本的山田，都在做类似的事情，而且很成功，“苏宁不进行尝试是没有道理的”。苏宁3C旗舰店宣传词的变化准确地反映了这一趋向，以前的广告语是“买电器到苏宁”，现在则是“你想要的总能找得到”。

光大证券行业分析师唐佳睿认为，苏宁产品多元化是其自身业态多元化的必由之路。他说：“苏宁电器规模更上一层楼的先决条件就是要把目前相对单一的家用电器业务扩张到综合类产品(尤其是毛利率较高的产品)。”在他看来，苏宁产品“多元化”的转型正呈现出一种集中趋势。比如边缘电子产品越来越多(数码电子钟、数码宠物、数码玩具)，开始涉足家电相关配套产品销售；比如在空调大类旗下，增加空调罩、净化空气设施等高毛利率配套产品销售。此外，乐器零售、动漫游戏、玩具模型、进口手表这些销售则是为了配合Laox的业务整合。

3. 转型不易

国美涉足运动产品、苏宁转身乐器零售。家电零售巨头的跨界转型显然已经成为一种行业趋向。对此，中投顾问流通行业研究员黎雪荣犀利地指出：“这是家电零售企业‘老本行’受阻，寻找突破口的不得已举措。”她向本报提供了一组数据：2008年国美、苏宁门店总数增长率分别维持在33.5%、28.5%，但到了2009年，扩张步伐明显减缓，苏宁的门店增长率降为15.9%，而国美则出现负增长，增长率为-14.1%。另一方面，连锁巨头在三四线市场的扩张并不顺利。2009年家电下乡登记销售额达到692亿元，但作为家电零售市场的老大和老二，国美和苏宁加起来销售占比却不足5%。

黎雪荣认为，目前，国美、苏宁正面临从规模扩张向集约化经营模式转型的挑战。方式之一就是提高单店的赢利能力。如近一年来苏宁精品店ELITE的推出、国美生活馆的尝试，都是两家进行业态创新、门店改革的表现。双方都在主动扩大商品经营范围和品种。相比家电产品，体育用品和乐器都属于“高附加值、高利润产品”。如体育用品行业零售业务的利润率最高可达到30%(远远超过家电零售业约15%利润率，有消息称大型电器的净利润已经降到10%以下)。另一个原因是这两个行业都在从小众型消费向大众型消费普及，且目前都没有大的、规模性的零售巨头，抢先占位意味着未来可能有极大的收获空间。

前景美好，但转型风险依旧不容忽视。“高利润、高附加值商品的市场被看好的同时，也可能因为高端市场还不够成熟会带来经营上的压力；另外涉足一个全新的市场，能否充分发挥其在家电行业的供应链优势、作为新进的竞争者如何应对经验丰富的其他竞争者，这些都是可能面临的挑战。”黎雪荣说。

**资料来源**：李娟.苏宁的跨界新生意.中国经营报，2010-06-25.

**想一想：**

(1) 苏宁跨界经营的动因是什么？

(2) 本案例留给你的是什么样的思考？

# 8.1 行业评价方法

## 8.1.1 相关概念

1. 行业的定义

行业，有时又称产业，是指提供相似产品或服务的企业的集合。如汽车业、银行业。"相似的产品"是指那些消费者认为可以互相替代的产品。

正确确定产业边界，找出企业所在的产业，是企业外部分析的起点，具有非常重要的意义。首先，它帮助经理人员决定本公司在哪里参与竞争；其次，对产业边界进行定义使公司能够集中关注竞争对手，使公司能分清它的竞争对手和替代品生产者，这对公司制定竞争战略至关重要；再次，对产业边界进行定义能够帮助企业主管决定关键成功要素；最后，对产业边界进行定义是企业主管理另一个评估企业目标的基础。

对产业边界的界定既要小心又要有想象力。小心是十分必要的，因为这个工作没有精确的标准，而且不适宜的定义可能导致不适当的计划。想象力也是十分必要的，因为每个产业在竞争、技术和消费者需求的影响下发生着重要的变化。有时候，经理人员发挥想象力，突破现有的产业界限，重建市场边界，以摆脱竞争，开创蓝海，往往能获得意想不到的成效。企业在确定产业边界时，越是认同那些常识成规，它们的竞争战略越是趋同。要想从现有市场竞争中突围，企业必须遵循一些基本原则，打破某些产业界限，跨越市场边界系统地看待市场。在分析市场时，企业需要跨越他择性产业、战略集团、买方群体、互补性产品和服务、产业的功能与情感导向，甚至跨越时间，才能获得理想的绩效。

2. 产业结构

产业结构指产业主体的数量、规模，产业主体之间的相互作用及相互联系。产业结构在企业的市场竞争中起着重要作用。以梅森教授为首的哈佛学派学者认为，有什么样的产业结构就有什么样的市场行为，而企业的市场绩效取决于市场行业。即在市场结构、市场行业、市场绩效之间存在递进制约的因果关系，市场结构决定企业的市场行为，而企业的市场行为决定市场配置资源的绩效。这就是哈佛学派在产业组织方面著名的SCP框架理论。

既然产业结构影响企业的市场行业和绩效，那么，影响产业结构的因素又有哪些呢？或者说我们应该如何衡量产业结构的变化？答案就在于检查产业中的四个变量：①产业集中度；②规模经济；③产品差异；④进入壁垒。这些因素引导和制约企业的市场行业，包括价格行为、产品行为、销售行为、投资行为等。

1）产业集中度

产业集中(industrial concentration)通常是指在社会生产过程中企业规模扩大的过程。它表现为全部企业中仅占很小比例的企业或数量很少的企业，积聚或支配着占很大比例的生产要素。因此，集中又可以分为工业集中与产业集中。工业集中是以整个工业为考察范围，对各个不同产业生产能力分布状况的一种综合反映。产业集中是以某个具体的产业为考察对象，反映产业内资源在不同企业间分布的状况。集中度即集中的程度。

产业集中度是针对特定产业而言的集中度。传统产业组织理论以产业集中度作为衡量产业竞争性和垄断性的最常用指标，用以反映市场竞争程度高低。它的基本逻辑是：较高的集中度表明更多的销售额或其他经济活动被很少一部分企业所控制，从而这一小部分企业拥有相当的市场支配力，特别是价格支配力，使市场的竞争性较低。但非传统的产业组织理论对这一逻辑提出质疑。该理论认为，市场的竞争性不仅与单个企业的市场份额有关，还与市场进入障碍等其他因素有关。正如保罗·萨缪尔森指出的那样，一个由单个企业构成的产业的集中度可能为100%，但是如果潜在的供给弹性足够大的话，该厂商的垄断势力可以为零。如果存在一种能带来垄断利润的价格，那么现有的垄断就会受到新进入者或该产业中原有边际厂商扩张引起的冲击。也就是说，在特定的市场条件下(如潜在的供给弹性足够大)，集中度高并不意味着市场的竞争性弱，高集中度可能与激烈的竞争并存，尤其是在当今国际竞争的大环境下。

具体来说，产业集中度是指市场上的某种行业内少数企业的生产量、销售量、资产总额等方面对某一行业的支配程度，它一般是用这几家企业的某一指标(大多数情况下用销售额指标)占该行业总量的百分比表示。一个企业的市场集中度如何，表明它在市场上的地位高低和对市场支配能力的强弱，是企业形象的重要标志。

影响产业集中度的因素主要有经济发展、产业竞争、技术水平和政策环境等。就经济发展来说，国内需求的放量增长，是产业快速发展的根本原因。中国巨大的国内需求也吸引了跨国公司开发中国市场，加剧了产业内的竞争。但中国城乡、东中西地区经济发展的不平衡形成了多层次的市场需求，往往会削弱品牌的集中程度。在政策环境方面，政府采取行政手段对一些产业设的发展进行调整，对产业集中度具有一定影响。一般情况下，技术要求不高的行业，集中度往往较高。市场激烈的竞争会淘汰许多落后的企业，可以使产业集中度有一定程度的提高，企业之间的并购也可以促使产业集中度提高，与此同时，已经形成规模的企业投入一定的资金用于技术研发，相关企业可建立某种形式的联盟，同样可以为提高产业集中度创造条件。

2）规模经济

规模经济(economics of scale)又称“规模利益”(scale merit)，指在一定科技水平下生产能力扩大使长期平均成本下降的趋势，即长期费用曲线呈下降趋势(详见第3章)。长

期费用曲线的下降不是无限的，曲线最低点称为最小最终规模。随着技术进步和生产工艺水平的提高，最终规模不断变化；不同产业因其生产技术特性不同，工厂及企业规模经济的利用途径和形式亦有所不同。现代消费需求的多样化与个性化并没有使规模经济因此丧失，而是通过产品的系列化和高度完整的标准化，实行"多品种、少批量、大量生产体制"，使规模经济依然深刻地影响企业的生产经营和发展。

3）产品差异

按照产业组织理论，产品差异是市场结构的一个主要要素，企业控制市场的程度取决于它们使自己产品差异化的成功程度。除了完全竞争市场（产品同质）和寡头垄断市场（产品单一）以外，通常产品差异是普遍存在的。企业对于那些与其他产品存在差异的产品拥有绝对垄断权，这种垄断权构筑了其他企业进入该市场或行业的壁垒，形成竞争优势。同时，企业在形成产品实体的要素上或在提供产品过程中，造成足以区别于其他同类产品以吸引购买者的特殊性，从而导致消费者的偏好和忠诚。这样，产品差异化不仅迫使外部进入者耗费巨资征服现由客户忠实造成的某种障碍，而且又在同一市场上使本企业与其他企业区别开来，以产品差异为基础争夺市场竞争的有利地位。因此，产品差异化对于企业的营销活动具有重要意义。

4）进入壁垒

进入壁垒（barriers to entry）是影响市场结构的重要因素，是指产业内既存企业对于潜在进入企业和刚刚进入这个产业的新企业所具有的某种优势的程度。换言之，是指潜在进入企业和新企业若与既存企业竞争可能遇到的种种不利因素。进入壁垒具有保护产业内已有企业的作用，也是潜在进入者成为现实进入者时必须首先克服的困难。进入壁垒可以理解为打算进入某一产业的企业而非已有企业所必须承担的一种额外的生产成本。进入壁垒的高低，既反映市场内已有企业优势的大小，也反映新进入企业所遇障碍的大小。可以说，进入壁垒的高低是影响该行业市场垄断和竞争关系的一个重要因素，同时也是对市场结构的直接反映。具体内容详见第3章进入障碍相关内容。

3. 行业细分

行业细分（industry segmentation）是行业内部结构分析的一种方法，可以帮助企业选择特定的经营领域。行业细分的实质是企业根据自身战略制定需要，将整个行业的生产领域（产品或服务）和市场领域（顾客或用户）分别按照若干特定的变量划分后再组合。行业细分与市场营销学上的市场细分相比，它扩展了市场细分的概念。

从行业角度看，行业是由与其产品或服务有关的因素组成。其中，用户和生产厂家是最基本的因素。用户行为的差异性和生产厂家行为的差异性不仅影响整个行业的竞争格局，而且还使行业内部出现差异。这种行业差异，表现在部分用户和部分厂家行为的结合部上。不同的结合部形成行业内不同的经营领域。因此，行业细分的基本变量就是用户变量和反映企业行为的产品变量。产品变量通过产品特性划分，用户变量根据用户特性划分。产品变量通常指产品的内在功能、外观、材质、包装、价格、服务标准化、系列化和技术水平等。用户变量通常与市场细分的标志相同，如消费者市场按性别、年龄、收入水平、地区、购买方式和购买行为划分，生产者和经营者市场按行业、规模、地区、经营方式、奉行的战略等划分。

正确地选择产品变量和用户变量是行业细分的关键。对企业而言，除了要运用多年积累的经验外，还要细心识别产品变量和用户变量存在的有价值的差别，这样才能使行业细分结果具有战略意义。

行业细分可以通过行业细分矩阵进行。当行业产品和用户特征比较复杂时，直接进行行业细分往往难以下手，这时可采用矩阵合并方法，先分别处理好用户变量和产品变量，然后再进行行业细分。其过程如下：

1）设置变量

（1）用户变量 C

**表 8-1 用户变量设置**

| 用户类型 T | 用户购买数量 N | 用户地区 G |
|---|---|---|
| 工业用户 CT1<br>个人用户 CT2 | 购买数量大 CN1<br>购买数量小 CN2 | 东北地区 CG1<br>华北地区 CG2<br>西北地区 CG3<br>国外 CG4 |

（2）产品变量 P

**表 8-2 产品变量设置**

| 技术水平 S | 价格 J | 售后服务 M |
|---|---|---|
| 高技术水平 PS1 | 高价格 PJ1 | 无服务 PM1 |
| 中技术 PS2 | 中价格 PJ2 | 部分服务 PM2 |
| 低技术 PS3 | 低价格 PJ3 | 全套服务 PM3 |

2）用户变量矩阵合并过程

**表 8-3 用户变量矩阵合并过程**

| 用户变量选择结果 | 代　　号 |
|---|---|
| 东北地区工业大量用户 | CT1,CN1,CG1 |
| 东北地区个人大量用户 | CT2,CN1,CG1 |
| 华北地区工业大量用户 | CT1,CN1,CG2 |
| 西北地区工业少量用户 | CT1,CN2,CG3 |
| 国外工业少量用户 | CT1,CN2,CG4 |

3）产品变量矩阵合并过程

表 8-4 产品变量矩阵合并过程

| 产品变量选择结果 | 代号 |
| --- | --- |
| 高技术高价全套售后服务 | PJ1，PS1，PM3 |
| 中技术高价全套售后服务 | PJ1，PS2，PM3 |
| 低技术中价部分售后服务 | PJ2，PS3，PM2 |
| 低技术低价不提供售后服务 | PJ3，PS3，PM1 |

4）行业细分矩阵

用合并了的用户变量和产品变量形成行业细分矩阵，从而划分经营领域，如表 8-5 所示。

表 8-5 行业细分矩阵

| 细分结果 | | |
| --- | --- | --- |
| 经营领域 | 用户 | 产品 |
| 1 | 东北地区工业大量用户 | 高技术高价全套售后服务 |
| 2 | 东北地区工业大量用户 | 中技术高价全套售后服务 |
| 3 | 东北地区个人大量用户 | 低技术低价不提供售后服务 |
| 4 | 华北地区工业大量用户 | 中技术高价全套售后服务 |
| 5 | 西北地区工业少量用户 | 中技术高价全套售后服务 |
| 6 | 国外工业少量用户 | 高技术高价全套售后服务 |

在上述过程中，当用户变量与用户类别、用户数量、用户地区等因素有关时，采用矩阵合并法时参见步骤 2)；当产品变量与技术水平、价格、销售服务等因素有关时，参见步骤 3)；将第 2)与第 3)步骤合并，就是一个行业细分矩阵，矩阵右边是细分结果。在实际运用这一方法时，需要认真审查每一步产品变量选择和用户变量选择的理由，以确保不遗漏重要因素，保证行业细分结果符合客观实际和经营领域的战略制定要求。

除此之外，还应分析行业内战略集团，具体内容详见第 3 章。

### 8.1.2 行业评价方法

行业评价是介于宏观经济与微观经济分析之间的中观层次分析，是发现和掌握行业运行规律的必经之路，对指导行业内企业的经营规划和发展具有决定性意义。通过行业评价可以解释行业本身所处发展阶段及其在国民经济中的地位，分析影响行业发展的各种因素(行业经济的运行状况、产品生产、销售、消费、技术、行业竞争力、市场竞争格局、行业政策、行业胜败关键因素、机会威胁、行业的变革驱动因素等)，判断其对行业的影响力度,预测并引导行业的未来发展趋势,判断行业投资价值,为各组织机构投资决策提供依据。

在行业评价中,除了运用波特五力模型对行业的五种竞争力进行分析评价外,还需要对行业进行行业生命周期、行业吸引力、行业风险等其他方面的分析评价,从而确定公司在行业中的定位与策略。

1. 行业生命周期分析

行业生命周期理论是一种定性的理论,行业生命周期曲线是一条近似的假设曲线。行业生命周期分析在运用上有一定的局限性,因为生命周期曲线是一条抽象化的典型曲线,各行业按照实际销售量绘制出来的曲线远不是这样光滑规则的,因此,有时要确定行业发展处于哪一阶段是困难的,识别不当容易导致战略上的失误。行业生命周期曲线忽略了具体产品型号、质量、规格等差异,仅仅从整个行业的角度考虑问题。然而影响销售量变化的因素很多,关系复杂,整个经济中的周期性变化与某个行业的演变也不易区分开来。再者,有些业是的演变是由集中到分散,有的行业行由分散到集中,无法用一个战略模式对应。因此,应将行业生命周期分析法与其他方法结合起来使用,才不至于陷入片面性分析。

行业生命周期分析详见第 11 章。

2. 行业吸引力分析

行业吸引力(industry attractiveness/industry attraction)是企业进行行业比较和选择的价值标准,也称为行业价值。行业吸引力取决于行业发展潜力、平均赢利水平等因素,同时也取决于行业的竞争结构。

行业吸引力由影响企业生存一系列外部因素组成,经过判断决策,行业吸引力可分为高吸引力、中等程度吸引力和低吸引力。经营实力是由影响企业生存和发展的一系列内部因素组成,经过判断决策可以定出企业的经营实力是高、是中还是低。

行业吸引力是决定企业赢利能力的基本因素,行业选择是企业市场竞争战略选择遇到的首要问题,因而竞争战略必须从对决定行业吸引力的竞争规律的深刻理解中产生。

如果行业吸引力大,而且企业在这个领域有相当的竞争能力,一般来说,企业在这个行业里就能占据领导地位。反之,行业吸引力很小,且企业在这领域里面没太强的实力,这个行业就不要进入,或采取回收投资及时退出战略。实际上,国际上大企业扩张时也有一些收缩的例子。前一段时间 IBM 的 PC 业务出售给联想引起很大轰动。为什么 IBM 要卖掉 PC? 通过行业吸引力分析,道理很简单:首先,现在制造 PC 赢利能力和增长前景没有 10 年前那么好,PC 制造业不算是一个真正意义上的高科技行业,这个行业对 IBM 来讲不会有很大的吸引力。其次,IBM 在 PC 业务领域里面临非常激烈的竞争形势。

行业吸引力大小取决于下列因素:市场规模、市场增长率、利润率、竞争激烈程度、周期性、季节性、规模经济效益(单位产品成本随生产和分销规模的扩大而降低的行业,吸引力大)、学习曲线(单位产品成本有可能随着经营管理经验的增长而降低)。行业吸引力分析是在行业特征分析和主要机会、威胁分析的基础上,找出关键性行业因素,并以此为据对行业吸引力大小做出综合评判。方法如下:

行业吸引力的一般影响因素有:市场规模、市场增长率、利润率、市场竞争强度、技术要求、周期性、规模经济、资金需求、环境影响、社会政治与法律因素等。可以采用专家打分法或德尔菲法从中识别几个关键因素,并根据每个关键因素相对重要程度定出各自的权数。权重表示该因素的重要程度,分值在0～1。再对每个因素按其对企业某项业务经营的有利程度逐个评级,其中非常有利为5,有利为4,无利害为3,不利为2,非常不利为1。最后,用加权得出行业吸引力值(如表8-6所示)。

表8-6 行业吸引力评价表

| 关键行业特征因素 | 权重 | 得分 | 加权数 |
| --- | --- | --- | --- |
| 市场潜力 | 0.15 | 2.63 | 0.39 |
| 销售增长率 | 0.12 | 2.60 | 0.31 |
| 行业生产规模 | 0.15 | 2.10 | 0.32 |
| 竞争结构 | 0.05 | 2.15 | 0.11 |
| 行业赢利水平 | 0.20 | 1.12 | 0.22 |
| 通货膨胀承受能力 | 0.05 | −2.84 | −0.14 |
| 政府关于行业的政策 | 0.05 | 1.00 | 0.05 |
| 相关科技发展趋势 | 0.05 | 2.67 | 0.13 |
| 社会的限制 | 0.10 | −2.85 | −0.29 |
| 法律、法规 | 0.08 | 1.60 | 0.13 |
| 合计 | 1.00 | | 1.24 |

注:加权数合计值为1～3,行业吸引力大为−1～1,行业吸引力中等为−3～−1,行业吸引力小。

因为行业结构和行业评价因素提供的信息是比较局部和静态的,考虑大多数情况下每个行业都处于不断变化之中,所处宏观环境也在不断变化,给行业带来机会和威胁。因此,行业吸引力(价值)大小应该把行业本身特征和宏观环境变化带来的主要机会和威胁结合起来进行评价,这样能真正作为企业战略选择的依据。表8-6中各项行业关键特征因素就是在此基础上确定的,权重表示该因素的重要程度,分值在0～1。

3. 行业风险分析

行业风险分析主要通过成本结构分析、行业成熟期分析、行业周期性分析、行业赢利性分析、行业依赖性分析、产品潜在性分析、法律和政策环境分析,了解整个行业的基本状况和发展趋势,对企业竞争情况和经营环境等行业相关因素做出分析评价,估计其总体风险,把握行业内一段时期内的潜在风险及产生风险的相关原因,如市场风险、结构风险(原材料、集中度调整)、环保风险、政策风险。

行业风险分析一般采用定量分析和定性分析相结合的方法。行业风险分析的主要评价指标如下：①行业对国民经济重要性；②行业进入壁垒；③产品供求状况,发展潜力；④赢利能力；⑤行业价格控制能力；⑥和供应商谈判时的地位,控制成本和费用能力；⑦现金流量充足程度及稳定性；⑧政策风险；⑨企业管理难度；⑩投资报酬率和社会平均利润率比较；⑪亏损风险等。

行业风险不仅和企业所处的行业紧密相关,也与企业在行业内的地位紧密相连,因此在行业风险分析中,不应当只单纯地考虑行业风险,应当将行业风险和企业在行业中所处的竞争地位结合起来分析。

## 8.2 投资组合分析方法

### 8.2.1 波士顿矩阵(BCG Matrix)

波士顿矩阵又称市场增长率—相对市场份额矩阵、四象限分析法、产品系列结构管理法等。该方法是由波士顿咨询集团(Boston Consulting Group,BCG)开发的,是制定公司层战略最流行的方法之一。BCG矩阵将组织的每一个战略事业单位(SBUs)标在2维矩阵图(如图8-1所示)上,显示出哪个SBUs提供高额潜在收益,哪个SBUs是组织资源的漏斗。BCG矩阵的发明者、波士顿公司的创立者布鲁斯认为:“公司若要取得成功,就必须拥有增长率和市场份额各不相同的产品组合。组合的构成取决于现金流量的平衡。”如此看来,BCG的实质是通过业务的优化组合实现企业的现金流平衡。

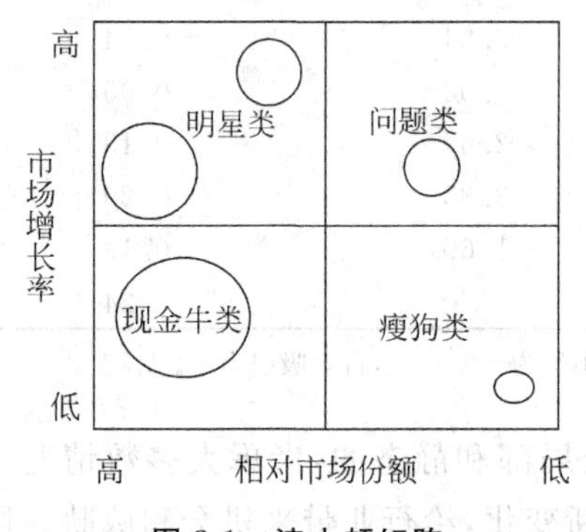

图8-1 波士顿矩阵

波士顿矩阵认为决定业务结构的基本因素有两个:市场引力与企业实力。市场引力包括企业销售量(额)增长率、目标市场容量、竞争对手强弱及利润高低等。其中最主要的是反映市场引力的综合指标销售增长率,这是决定企业业务结构是否合理的外在因素。企业实力包括市场占有率,技术、设备、资金利用能力等,其中市场占有率是决定企业业务结构的内在要素,它直接显示企业竞争实力。销售增长率与市场占有率既相互影响又互为条件:市场引力大,销售增长率高,可以显示业务发展的良好前景,企业也具备相应的适应能力,实力较强。如果仅有市场引力大,没有相应的高销售增长率,说明企业尚无足够实力,该种业务也无法顺利发展。相反,企业实力强,而市场引力小的业务也预示该业务的市场前景不佳。以上两个因素相互作用会出现四种不同性质的业务类型,形成不同的业务发展前景:①销售增长率和市场占有率“双高”的业务群(明星类业务)；②销售增长率和市场占有率"双低"的业务群(瘦狗类业务)；③销售增长率高、市场占有率低的业务群(问题类业务)；④销售增长率低、市场占有率高的业务群(现金牛类业务)。波士顿矩阵如图8-1所示。

(1) 评价各项业务前景。BCG用"市场增长率"这一指标表示发展前景。这一步的数据可以从企业经营分析系统中提取。

(2) 评价各项业务的竞争地位。BCG用"相对市场份额"这个指标表示竞争力。这一步需要做市场调查才能得到相对准确的数据。计算公式是把一个单位的收益除以其最大竞争对手收益。BCG选取市场份额作为一个重要评价指标的原因是：按照波士顿公司的经验,企业某项业务的市场份额越高,体现在这项业务上的经验曲线效应和规模效应也就越高,企业就越有成本优势,相应地获利能力就越强。如果一个企业某项业务的市场份额是竞争者该项业务市场份额的2倍,那么这个企业在这项业务上就具有较之竞争者20%～30%的成本优势。BCG认为市场份额能导致利润,这其实就是"成本领先战略"。

(3) 表明各项业务在BCG矩阵图上的位置。具体方法是以业务在二维坐标上的坐标点为圆心画一个圆圈,圆圈的大小表示企业每项业务的销售额。

(4) 确定纵坐标"市场增长率"标准线,将"市场增长率"划分为高、低两个区域。

比较科学的方法有两种：

把该行业市场的平均增长率作为界分点；

把多种产品的市场增长率(加权)平均值作为界分点。

需要说明的是,高市场增长定义为销售额至少达到10%年增长率(扣除通货膨胀因素后)。

(5) 确定横坐标"相对市场份额"标准线,将"相对市场份额"划分为高、低两个区域。

波士顿咨询集团的布鲁斯认为,这个界分值应当为2,他认为"任何两个竞争者之间,2∶1的市场份额似乎是一个均衡点。在这个均衡点上,无论哪个竞争者要增加或减少市场份额,都显得不切实际,而且得不偿失。这是一个通过观察得出的经验性结论"。布鲁斯在另一篇文章中说得更为明确："明星的市场份额必须是仅次于它的竞争者的2倍,否则其表面业绩只是一种假象。"按照布鲁斯的观点,市场份额之比小于2,竞争地位不稳定,企业就不能回收现金,地位难保。

但在实际的业务市场上,市场领先者市场份额是紧随其后的竞争者2倍的情况极为少见。所以和上面的市场增长率的标准线确定一样,由于评分等级过于宽泛,可能会造成两项或多项不同的业务位于一个象限中或位于矩阵的中间区域,难以确定使用何种战略。所以在划分标准线时要尽量占有更多资料,审慎分析这些数字范围在运用中根据实际情况的不同进行修改。而且不能仅注意业务在BCG矩阵图中现有的位置,还要注意随着时间推移历史的移动轨迹。每项业务都应该回顾它去年、前年甚至更前时候位于哪里,用以参考标准线的确定。

一种比较简单的方法是,高市场份额意味着该项业务是所在行业的领导者市场份额。需要说明的是,当本企业是市场领导者时,这里的“最大的竞争对手”是行业内排行老二的企业。

BCG矩阵区分出4种业务组合。到了这一步公司就可以诊断自己的业务组合是否健康。一个失衡的业务组合是有太多的瘦狗类或问题类业务,或太少的明星类和现金牛类业务。例如有三项问题业务,不可能全部投资发展,只能选择其中的一项或两项集中投资发展;只有一个现金牛业务,说明财务状况是很脆弱的;有两项瘦狗业务,这是沉重的负担。

(1) 问题型业务(question marks,指高增长、低市场份额)

处在这个领域中的业务可能利润率很高,但占有的市场份额很小。这往往是一个公司的新业务,为发展问题业务,公司必须建立工厂,增加设备和人员,以便跟上迅速发展的市场并超过竞争对手,这些意味着大量的资金投入。“问题”非常贴切地描述了公司对待这类业务的态度,因为这时公司必须慎重回答“是否继续投资,发展该业务”这个问题。只有那些符合企业发展长远目标、企业具有资源优势、能够增强企业核心竞争力的业务才能得到肯定的回答。得到肯定回答的问题型业务适合于采用战略框架中提到的增长战略,目的是扩大SBUs市场份额,甚至不惜放弃近期收入达到这一目标,因为要问题型要发展成为明星型业务,其市场份额必须有较大的增长。得到否定回答的问题型业务则适合采用收缩战略。

如何选择问题型业务是用BCG矩阵制定战略的重中之重,也是难点,这关乎企业未来的发展。对确定增长战略中各种业务增长方案优先次序,BCG也提供了一种简单方法。通过图8-2选择ROI(投资报酬率)相对高,需要投入的资源不太多(宽度不太大)的方案。在图8-2中,A、B、C是应该保留下来的业务。

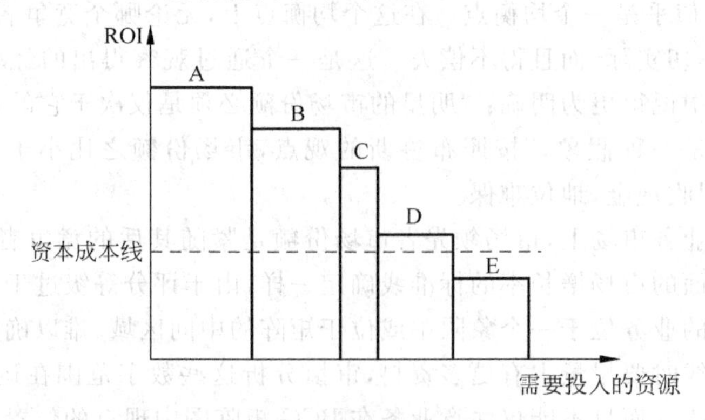


**图8-2 业务增长方案选择示意图**

(2) 明星型业务(stars,指高增长、高市场份额)

这个领域中的业务处于快速增长的市场中,并且占有支配地位的市场份额,但也许会也许不会产生正现金流量,这取决于新工厂、设备和产品开发对投资的需要量。明星型业务是由问题型业务继续投资发展起来的,可以视为高速成长市场中的领导者,它将成为公司未来的现金牛业务。但这并不意味着明星业务一定可以给企业带来源源不断的现金流,因为市场还在高速成长,企业必须继续投资,以保持与市场同步增长,并击退竞争对手。企业如果没有明星业务,就失去希望,但群星闪烁也可能导致企业管理者做出错误的决策。这时必须具备识别能力,将企业有限的资源投入到能够发展成为现金牛的明星型业务上。同样的,明星型业务发展为现金牛业务适合于采用增长战略。

(3) 现金牛业务(cash cows,指低增长、高市场份额)

处在这个领域中的业务产生大量现金,但未来的增长前景是有限的。这是成熟市场中的领导者,它是企业现金的来源。由于市场已经成熟,企业不必大量投资扩展市场规模,同时作为市场中的领导者,该业务享有规模经济和高边际利润优势,因而给企业带来大量现金流。企业往往用现金牛业务支付账款并支持其他三种需大量现金的业务。现金牛业务适合采用战略框架中提到的稳定战略,目的是保持 SBUs 的市场份额。

(4) 瘦狗型业务(dogs,指低增长、低市场份额)

这个剩下领域中的业务既不能产生大量的现金,也不需要投入大量现金,这些产品没有希望改进绩效。一般情况下,这类业务常常是微利甚至是亏损的。瘦狗型业务存在的原因更多的是由于感情上的因素,虽然微利但仍在经营,但像人养了多年的狗一样不忍放弃。其实,瘦狗型业务通常要占用很多资源,如资金、管理部门的时间,多数时候是得不偿失的。瘦狗型业务适合采用战略框架中提到的收缩战略,目的在于出售或清算业务,以便把资源转移到更有利的领域。

BCG 矩阵的精髓在于把战略规划和资本预算紧密结合起来,把复杂的企业行为用两个重要的衡量指标分为四种类型,用四种相对简单的分析应对复杂的战略问题。该矩阵帮助多种经营公司确定哪些产品宜于投资,宜于操纵哪些产品以获取利润,宜于从业务组合中剔除哪些产品,从而使业务组合达到最佳经营成效。

### 8.2.2 GE 矩阵

针对波士顿矩阵存在的问题,美国通用电气公司(GE)开发了新的投资组合分析方法——GE 矩阵。GE 矩阵(GE Matrix)又称为通用电器公司法、麦肯锡矩阵、九盒矩阵法、行业吸引力矩阵。GE 矩阵可用来根据事业单位在市场上的实力和所在市场的吸引力对这些事业单位进行评估,也可以表述一个公司的事业单位组合,判断其强项和弱点。其基本假设和很多局限性都和 BCG 矩阵相同,最大的改善在于用了更多的指标衡量两个维度,纵轴用多个指标反应产业吸引力,横轴用多个指标反应企业竞争地位,同时增加中间等级。由于 GE 矩阵使用多个因素，可以通过增减某些因素或改变它们的重点所在，很容易使 GE 矩阵适应经理的具体意向或某产业的特殊要求，在需要对产业吸引力和业务实力进行广义而灵活的定义，可以以 GE 矩阵为基础进行战略规划。

在战略规划过程中，应用 GE 矩阵必须经历以下步骤：

(1) 确定战略业务单位，并对每个战略业务单位进行内外部环境分析。根据企业实际情况，或依据产品(包括服务)，或依据地域，对企业业务进行划分，形成战略业务单位，并针对每一个战略业务单位进行内外部环境分析。

(2) 确定评价因素及每个因素权重。确定市场吸引力和企业竞争力的主要评价指标及每一个指标所占权重。市场吸引力和企业竞争力的评价指标没有通用标准，必须根据企业所处行业特点和企业发展阶段、行业竞争状况确定。但从总体上讲，市场吸引力主要由行业发展潜力和赢利能力决定，企业竞争力主要由企业财务资源、人力资源、技术能力和经验、无形资源与能力决定。确定这些因素可以采取头脑风暴法或名义群体法等，关键是不能遗漏重要因素，也不能将微不足道的因素纳入分析中。确定评价指标的同时还必须确定每个评价指标的权重。

(3) 进行评估打分。根据行业分析结果，对各战略业务单位的市场吸引力和竞争力进行评估和打分并加权求和，得到每一项战略业务单元的市场吸引力和竞争力最终得分。

(4) 将各个战略单位标在 GE 矩阵上。按产业吸引力和业务自身实力 2 个维度评估现有业务(或事业单位)，矩阵坐标纵轴为业务实力，横轴为产业吸引力，每个维度分三级，分成 9 个格以表示 2 个维度上不同级别的组合。根据每个战略业务单位的市场吸引力和竞争力总体得分，将每个战略业务单位用圆圈标在 GE 矩阵上。在标注时，注意圆圈的大小表示战略业务单位的市场总量规模。有的还可以用扇形反映企业的市场占有率。

(5) 对各战略单位策略进行说明。根据每个战略业务单位在 GE 矩阵上的位置，对各个战略业务单位的发展战略指导思想进行系统说明和阐述。通常，处于左上方 3 个方格的业务最适合采取增长与发展战略，应优先分配资源；处于右下方 3 个方格的业务一般采取停止、转移、撤退战略；处于对角线 3 个方格的业务采取维持或有选择地发展战略。

在应用 GE 矩阵时，必须注意以下几个问题，否则可能无法客观准确地确定每项业务的定位和策略。

(1) 评价指标尽量定量化，没法定量化的要划分量级，对每个量级的得分进行统一规定。

(2) 不同业务之间每个评价指标的权重可以不同。由于每一项战略业务单元所处生命周期不同，每一项业务特点也不同，企业关注每项业务的侧重点也不同。比如对于成长型业务，企业可能更关注该业务增长潜力和发展速度，对于成熟型业务，企业可能更关注市场总量和赢利能力。因此，评价指标权重的确定必须根据每一项业务的特点进行。不

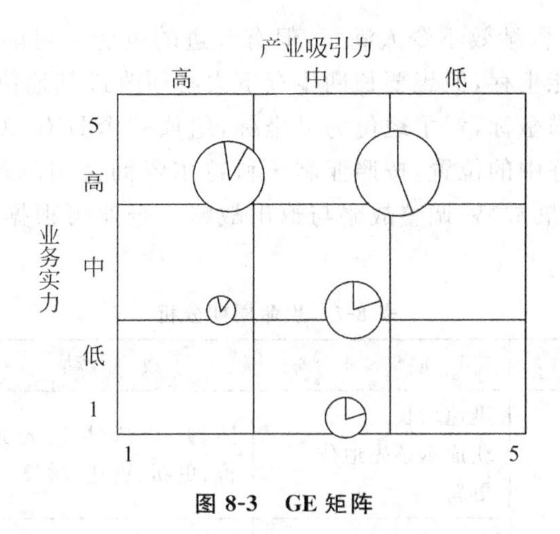


图 8-3 GE 矩阵

同业务单元之间，企业竞争力评价指标权重也不相同，因为对于不同的战略业务单元，企业所处的市场地位不同，企业关注和追求的目标不相同，所以评价指标的权重也不同。

### 8.2.3 生命周期分析法

生命周期分析法是运用生命周期分析矩阵，根据企业的实力和产业的发展阶段分析评价战略适宜性的一种方法。利用它进行战略选择，可以缩小选择范围，做到有的放矢。

生命周期法由亚瑟·利特尔咨询公司提出，并被战略管理学界接受。该方法以两个参数确定公司中各个经营单位所处的位置：行业成熟度，战略竞争地位。生命周期法认为，任何行业根据所表现的特征，可划分成下列四个阶段：孕育阶段、发展阶段、成熟阶段和衰退阶段。在划分行业成熟程度时，一般考虑下列因素：增长率、增长潜力、产品线范围、竞争者数目、市场占有率分布状况、市场占有率稳定性、顾客稳定性、进入行业难易程度、技术等。确定一个经营单位的战略竞争地位需要一定的定性判断，这种判断一般基于以下多项指标：产品线宽度、市场占有率、市场占有率变动以及技术改变等。应用生命周期法，一个经营单位的战略竞争地位可分成：主导地位、强劲地位、有利地位、可维持地位和软弱地位五种类型。

(1) 主导地位：能够控制竞争者行为，具有较广的战略选择，且战略能独立于竞争者做出。

(2) 强劲地位：能够遵循自己的战略和政策，不会危及其长期地位。

(3) 有利地位：可能具有一定的战略优势，有能保持其长期地位的好机会。

(4) 可维持地位：具有证明其运营可继续存在的满意的经营绩效，通常以忍耐抵御最重要的竞争对手，有能维持其长期地位的一般机会。

(5) 软弱地位：经营绩效不令人满意，但有改进的可能。可能具备较好地位特点，但有主要弱点。短期内能生存，但想要长期生存下去必须改进其地位。

以行业成熟度为横坐标，竞争地位为纵坐标，组成一个具有 20 个单元的生命周期矩阵。根据各业务在矩阵中的位置，按照亚瑟·科特尔咨询公司的建议，有四种战略选择：发展战略、有重点地发展战略、调整战略与退出战略。企业可根据具体情况予以选择(如表 8-7 所示)。

**表 8-7 生命周期分析**

| | 幼　稚 | 成　长 | 成　熟 | 衰　退 |
|---|---|---|---|---|
| 主导 | 迅速增长<br>开创 | 迅速增长<br>获成本领先地位<br>更新 | 防御、获成本领先地位、更新、迅速、增长 | 防御、集中一点、更新、随行业增长发展 |
| 企业较强 | 开创<br>差异化<br>迅速增长 | 迅速增长、赶超获成本领先地位差异化 | 获成本领先地位更新、集中一点、差异化、随行业发展增长 | 寻找新市场、固守旧市场、随行业发展增长、收获 |
| 竞争有利 | 开创<br>差异化<br>集中一点 | 差异化<br>集中一点<br>赶超<br>随行业发展而发展 | 收获、寻找新市场、固守旧市场、更新、转变方针、差异化集中一点、随行业发展增长 | 紧缩转变方针 |
| 实力维持 | 开创<br>随行业发展而增长<br>集中一点 | 收获<br>赶超<br>固守阵地<br>寻找避风地<br>转变方针集中一点<br>随行业发展自然增长 | 收获<br>转变方针<br>寻找避风地<br>紧缩 | 放弃紧缩 |
| 脆弱 | 寻找避风地<br>迎头赶上<br>随行业发展自然增长 | 转变战略<br>紧缩 | 撤退<br>放弃 | 撤退 |

生命周期分析法对战略方案的评价和选择很有意义，但也存在不少应用上的局限性，具体表现在：

(1) 生命周期曲线的抽象性

生命周期曲线是一条经过抽象典型化了的曲线，同时，不同行业生命周期各个阶段的长短也不尽相同。所以，判断某一个经营单位某一时刻所处阶段是很困难的。如果判断出现偏差，很容易导致战略上的失误，特别是容易导致过早地放弃某些需求暂时下降但尚有赢利能力的经营单位。

(2) 行业演变的单一性

行业的演变并不总是遵循S形曲线,有的行业衰退后又重新振兴,有的行业甚至会跳越某个阶段,比如直接从投入期进入成熟期。其中的原因是多方面的,比如投资过度。此外,整个经济的周期性现象和某个行业的演变也不易区别开来。

(3) 生命周期的不可控性

行业生命周期—企业竞争地位矩阵假定行业生命周期是企业不可控的外部因素,企业只能适应而不能改变它,但实际中企业往往可以通过革新产品等措施影响行业生命周期。

(4) 生命周期不同阶段适用战略模式化

在生命周期的各个阶段不同行业具有不相同的竞争特点,如有的行业从分散演变为集中,有的行业则从集中演变为分散。行业的竞争特性不同,所要求的适宜战略也就不同。这样,生命周期法根据不同阶段特征提出的战略其通用性就令人怀疑。

### 8.2.4 产品—市场演变矩阵

产品—市场演变矩阵又称霍夫矩阵,是由美国查尔斯·霍夫(C. W. Hofer)教授首先提出的。霍夫矩阵是从所经营产品的市场发育阶段(生命周期状态)和企业竞争地位分析企业各经营单位的战略位置。该方法用纵横坐标分别表示产品—市场发育阶段和企业竞争地位。产品—市场发育阶段按产品生命周期分为开发、增长、成熟、饱和、衰退五个阶段,企业竞争地位与GE矩阵一样分为强、中、弱三档,这样霍夫矩阵由15个象限构成。圆圈表示行业规模或产品/细分市场。圆圈内扇形阴影部分表示企业各项经营业务的市场占有率。矩阵模型如图8-4所示。

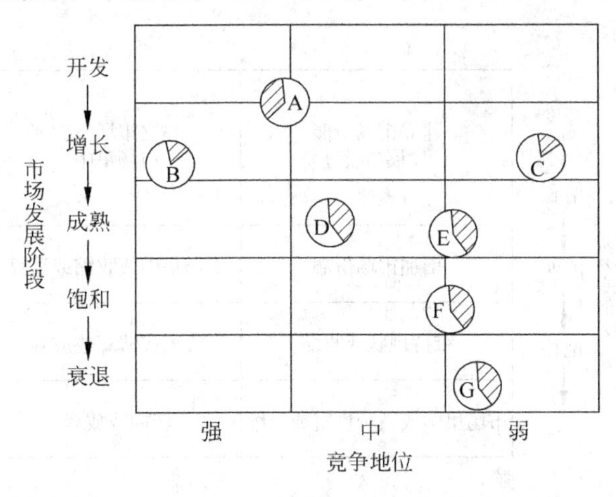


**图8-4 产品—市场演变矩阵**

1. 业务单位 A

业务单位 A 看起来是潜在的明星，它占相对较大的市场份额，加上它处于产品—市场发展开发阶段，以及它所具有的获得较强竞争地位的潜力，使它成为接受公司资源支持的很有希望的候选者。

2. 业务单位 B

业务单位 B 在某种程度上有点像 A，然而对 B 单位投资多少将取决于为什么 B 部门相对于其强大的竞争地位竟然具有如此低的市场份额这一个问题答案。为此，单位 B 应当实施能够改变它较低市场份额战略，以便为争取更多的投资提供依据。

3. 业务单位 C

在一个增长相对较小的行业中，业务单位 C 占有较小市场份额并拥有较弱的竞争地位，必须实行一种能够克服其低市场份额和弱竞争地位战略，争取未来投资。单位 C 很可能是一个有待脱身的对象，以便将其资源运用于单位 A 或单位 B。

4. 业务单位 D

业务单位 D 处于扩展阶段，占有相对大的市场份额，并处于相对弱的竞争地位。对单位 D 应当进行必要的投资，以保持其相对强的竞争地位。从长期看，D 应当成为现金牛。

5. 业务单位 E 和业务单位 F

业务单位 E 和业务单位 F 是现金牛，应当用来创造现金。

6. 业务单位 G

业务单位 G 看起来像波士顿矩阵中的瘦狗。如果可能的话，短期内它应当被监控，用于创造现金，从长期来看，它更有可能被施以脱身战略或者清算战略。

希尔和琼斯两位学者运用霍夫矩阵方法，直接将企业应采用的战略写入各个区域，具体模式如图 8-5 所示。

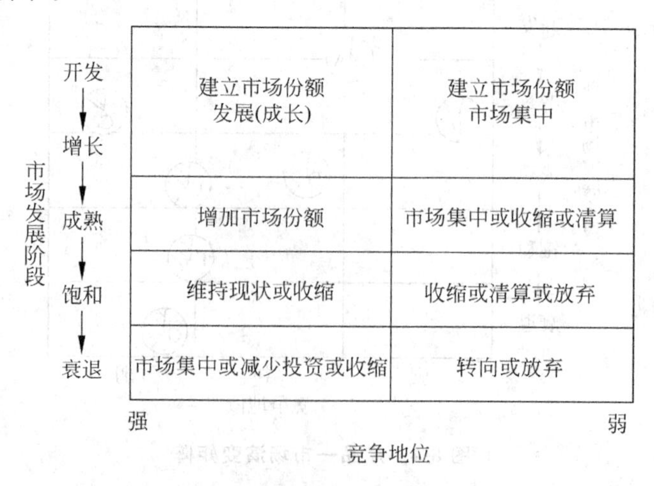


**图 8-5　产品—市场演变矩阵**

这种方法的特点是将竞争地位划分为强、弱两档，而且使用产品生命周期概念。从图 8-7 可以看出，竞争地位弱的单位比竞争地位强的单位应当提早考虑紧缩或撤退问题。当它们在行业中尚处于成长阶段时，就应当注意寻找较小的细分市场以求生存；而在行业进入扩张阶段后，就要考虑放弃或清算了。

霍夫矩阵由于考虑了经营产品的生命周期状态，因此它不仅反映经营业务目前的战略位置，而且还预示未来，这是该方法的一个重要特点。另一方面，由于产品—市场发育阶段分为 5 个等级，形成 15 个象限矩阵，因此，它能更加细化地反映经营单位的战略位置。

### 8.2.5 汤姆森和斯特克兰方法

汤姆森和斯特克兰方法建立在波士顿咨询公司的增长率—市场占有率矩阵方法基础上，经汤姆森(A. Thornson)和斯特克兰(A J. Strickland)二人加以完善之后提出。它用市场增长率和竞争状况作为经营单位选择战略的两个参数。市场增长状况分为迅速和缓慢两级，竞争地位分为强和弱两级。图 8-6 为市场增长状况与竞争地位四种组合，以及每个象限内的战略方案组合。

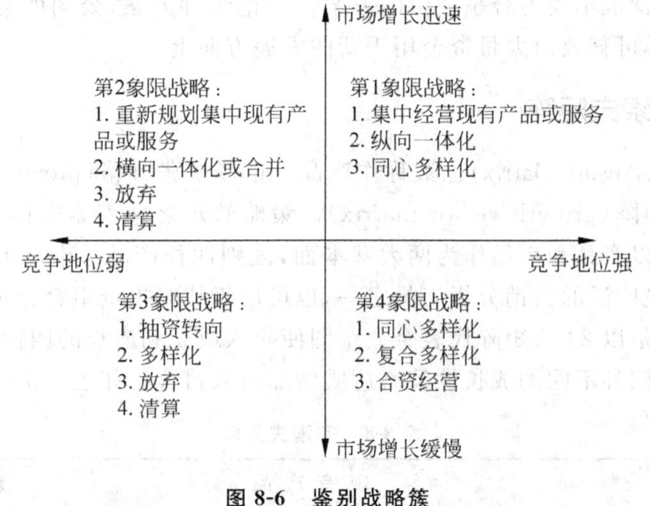


**图 8-6 鉴别战略簇**

(1) 第 1 象限中的企业(快速的市场增长与强劲的竞争地位)处于优越的战略地位，因此，最合理的战略是集中经营现有产品或服务，预期企业做出努力可以保持或提高市场占有率，进行必要的投资可以继续处于领导地位。此外，处于象限 1 的公司还可考虑实行纵向一体化，作为巩固市场地位和保持利润收益的一种战略选择，这在企业具有财力资源和有工艺导向时更应如此。企业突出的优势还可为公司进行同心多样化发展提供机会，可作为分散风险的一项措施。

(2) 第2象限中的企业有良好的市场，但竞争地位弱。推荐的战略首先是集中经营现有产品或服务。然而实施这一战略必须回答两个基本问题：为什么目前的措施导致很弱的竞争地位？应采取什么措施成为有效的竞争者？在市场迅速扩大条件下，如果公司有资源并能克服战略上或组织上的弱点，它总能找到有利的空隙市场。如果公司缺少成功实施集中生产现有产品或服务战略条件，可与具有此种条件的公司实现横向一体化或合并。假若以上战略方案都不可行，最合逻辑的战略是跳出该行业。有多种经营业务的公司可考虑放弃某一经营单位，生产单一产品的公司可采取清算拍卖战略。

(3) 第3象限中的公司处于停滞市场中，而且公司又具有较弱的竞争地位，这样的公司最为虚弱。可选择的战略依次为：抽资转向战略，释放无生产率的资源用于可能的发展项目上；多样化战略或同心多样化或复合多样化；放弃战略，放弃这一业务，跳出该行业；清算战略。

(4) 第4象限中的公司虽然市场增长率低，但竞争地位强劲。这种条件可使公司利用来自现有业务的多余现金开展多样化项目。同心多样化战略是第一选择，它可利用公司显著优势取得主导地位。但如果同心多样化机会不那么特别吸引人，可考虑复合多样化战略。合资经营也不失为合乎逻辑的方案。不论哪种方案，公司的意图是减少对现有设施的投资，这样可释放出大量资金用于新的发展方向上。

### 8.2.6 安索夫矩阵

安索夫矩阵(Ansoff Matrix)也被称作产品—市场扩张方格(product market expansion grid)、成长矢量矩阵(growth vector matrix)。策略管理之父安索夫博士于1975年提出安索夫矩阵。它以产品和市场作为两大基本面，区别四种产品—市场组合和相对应的营销策略，是应用最广泛的营销分析工具之一，也可用于战略投资组合分析。

安索夫矩阵是以2×2矩阵代表企业企图使收入或获利成长的四种选择，其主要逻辑是企业可以选择四种不同的成长性策略达成增加收入目标。如表8-8所示。

**表8-8 安索夫矩阵**

| | 现有产品 | 新产品 |
|---|---|---|
| 现有市场 | 市场渗透 | 产品延伸 |
| 新市场 | 市场开发 | 多样化经营 |

(1) 市场渗透(market penetration)，以现有的产品面对现有的顾客，以其目前的产品市场组合为发展焦点，力求增大产品市场占有率。采取市场渗透策略，借由促销或提升服务品质等方式说服消费者改用不同品牌产品，或是说服消费者改变使用习惯，增加购买量。

(2) 市场开发(market development),提供现有产品开拓新市场,企业必须在不同市场上找到具有相同产品需求的顾客,其中往往产品定位和销售方法会有所调整,但产品本身的核心技术不必改变。

(3) 产品延伸(product development),推出新产品给现有顾客,采取产品延伸策略,利用现有顾客关系借力使力。通常是扩大现有产品深度和广度,推出新一代或相关产品给现有顾客,提高该厂产品在消费者支出中所占比率。

(4) 多样化经营(diversification),提供新产品给新市场。此时由于企业既有专业知识能力可能派不上用场,因此是最冒险的多样化策略。其中成功的企业多半能在销售、通路或产品技术等上取得某种协同效应,否则多样化失败概率很高。

**【小资料1】**

安索夫矩阵可以帮助企业科学地选择战略模式,但在使用该工具时,必须掌握其核心步骤:考虑在现有市场上,现有的产品是否还能得到更多的市场份额(市场渗透战略);考虑是否能为其现有产品开发一些新市场(市场开发战略);考虑能否为其现有市场发展若干有潜在利益新产品(产品开发战略);考虑是否能够利用自己在产品、技术、市场等方面的优势,根据物资流动方向,采用使企业不断向纵深发展的一体化战略。

**资料来源**:菲利浦.科特勒.营销管理.王永贵等译.上海:格致出版社,2009.

### 8.2.7 市场成熟度/协同度矩阵

市场成熟度/协同度矩阵采用两个分析维度:①新业务的市场成熟度,即这一业务是否得到市场确认,或者是不是现有的成熟市场。市场成熟度反映业务的市场风险,一些新兴的业务可能最终无法形成有效的产业,因此介入该业务的风险极大。现有市场这方面的风险已经被充分释放。②新业务与现有业务的协同度。协同度可从技术上的协同程度(是否在技术上存在相似性或相关性)、生产上的协同程度(是否可以利用现有的制造资源)、财务上的协同程度(资金上能否进行互补)以及市场上的协同程度(是否属于同一市场)四个方面进行评价。协同度的高低意味着企业成功开发新业务的概率,协同度越高,成功的可能性越大;协同度越低,成功的可能性越小。用两分法把新业务状态分为四个象限,如图8-7所示。

| | 低协同度 | 高协同度 |
|---|---|---|
| 不成熟市场 | 2<br>动态跟踪 | 1<br>重点关注 |
| 成熟市场 | 3<br>积极探索 | 4<br>优先发展 |

**图8-7 市场成熟度—协同度矩阵**

在第1象限,新业务与现有业务的协同度较高,但市场未得到确认,因此对这类业务应采取重点关注策略。

第2象限的业务与企业现有业务的协同度较低,市场风险较大,最理性的选择是保持对业务的跟踪,以便进一步做出决策。

第 3 象限的业务与现有业务的协同度较低，但是市场已得到确认，企业可对这些业务进行一些尝试和探索，有可能为企业发掘出一个新的业务增长点。

第 4 象限的业务与企业现有业务的协同度较高，市场需求也得到确认，应作为发展重点。

市场成熟度—协同度矩阵是企业确认多元化战略以后的后续分析工具，它主要解决具体业务选择问题。

## 8.3 战略环境分析方法

企业战略环境是指对企业战略可能产生重大影响的内外部环境因素。环境的变化不仅要求企业战略与其相适应，同时也会引起关键资源和竞争能力变化。战略环境分析是指对企业所处的内外部竞争环境进行分析，发现企业面临的机会与威胁以及企业自身的优势和劣势，确定关键战略要素，明确企业发展方向、途径和手段。战略环境分析是战略管理过程的第一个环节，也是制定战略的基础和开端。战略是根据环境制定的，是为了使企业发展目标与环境变化和企业能力实现动态平衡。

企业战略环境分析包括外部环境和内部环境分析。外部环境分析包括企业所处政治、法律、经济、技术、社会文化、自然环境等宏观环境分析，行业(中观)环境分析，以及竞争对手分析、客户分析等企业经营环境(有时又称为竞争环境、任务环境)分析。

【小资料 2】 **进行企业战略环境分析的目的**

任何一个组织的生存和发展都要受其所在环境的影响和制约，战略管理与日常管理的一个重要区别在于战略管理更为关注广泛的环境变量对企业生存和发展的影响，希望通过对环境变化分析发现企业发展的新机会，避免这些变化可能带来的威胁。

**资料来源**：杨锡怀等. 企业战略管理：理论与案例. 北京：高等教育出版社，1999.

进行企业战略环境分析的常用方法有 PEST 分析、波特五力模型、行业生命周期分析、S-C-P 模型、行业内战略群分析、价值链分析、企业能力分析、SWOT 分析等，这里不再赘述。以下仅对其他几种常用的企业战略环境分析方法加以介绍。

### 8.3.1 关键成功因素分析法

关键成功因素法最初是信息系统开发规划方法之一，由哈佛大学教授 William Zani 于 1970 年提出。目前，关键成功因素已成为探讨产业特性与企业战略之间关系的常用概念。关键成功因素(key success factors，KSF，critical success factors，CSF)是指那些对竞争地位和经营业绩产生重要影响、对企业成功起关键作用的因素。对于关键成功因素，必须加强控制才能确保成功，任何疏忽都会导致失败。关键成功因素法是以关键因素为依据确定系统信息需求的一种 MIS 总体规划方法。在现行系统中，总存在多个变量影响系

统目标实现,其中若干个因素是关键的和主要的(即成功变量)。通过对关键成功因素识别,找出实现目标所需关键信息集合,从而确定系统开发的优先次序。通俗地讲,关键成功因素法就是通过分析找出企业成功关键因素,然后再围绕这些关键因素确定需求并进行规划。即结合企业本身特殊能力,对应环境中重要的要求条件,获得良好的绩效。

关键成功因素重要性置于企业其他所有目标、策略和目的之上,如果企业能掌握少数几项关键成功因素(一般关键成功因素有5~9个),便能确保相当的竞争力;如果企业想要持续成长,就必须对这些少数关键领域加以管理,否则将无法达到预期目标。关键成功因素有四个主要来源:

(1) 个别产业的结构。不同产业因产业本身特质及结构不同,有不同的关键成功因素。这些因素决定于产业本身的经营特性,该产业内的每一公司都必须注意这些因素。

(2) 竞争策略、产业中的地位及地理位置。企业的产业地位由过去的历史与现在的竞争策略决定。在产业中每家公司因其竞争地位不同关键成功因素也会有所不同。对于由1~2家大公司主导的产业,领导厂商的行动常为产业内小公司带来重大问题,所以对小公司而言,大公司竞争者的策略,可能就是其生存的、竞争的关键成功因素。

(3) 环境因素。外在因素(总体环境)的变动会影响每个公司的关键成功因素。如在市场需求波动大时,存货控制可能会被高层主管视为关键成功因素之一。

(4) 暂时因素大部分是由组织内特殊理由而来,往往指在某一特定时期对组织的成功产生重大影响的活动领域。

由此可见,即便是处于同一产业内的企业,其关键成功因素也会有所不同。在企业战略管理中,主要采用以下八种方法识别、确认关键成功因素。

(1) 环境分析法。包括将要影响或正在影响产业或企业绩效的政治、经济、社会等外在环境的力量。

(2) 产业结构分析法。应用波特所提出的产业结构五力分析架构作为此项分析的基础。此架构由五个要素构成,每个要素和要素间关系的评估可为分析者提供客观数据,以确认及检验产业的关键成功因素。另外,此架构提供很完整的分类,可以以图形方式找出产业结构要素及其之间的主要关系。

(3) 产业—企业专家法。向产业专家、企业专家或具有知识与经验的专家请教,除可获得专家累积的智慧外,还可获得客观数据中无法获得的信息。

(4) 竞争分析法。分析公司在产业中应如何竞争,以了解公司面临的竞争环境和态势。研究焦点的集中可以提供更详细的资料,且深度分析能有更好的验证性。

(5) 产业领导厂商分析法。产业领导厂商的行为模式可当作产业关键成功因素重要信息来源,有助于确认关键成功因素。

(6) 企业本体分析法。针对特定企业,对某些构面进行分析,如优劣势评估、资源组合、优势稽核及策略能力评估。

(7) 突发因素分析法。针对特定企业，通过对企业相当熟悉专家协助识别关键成功因素。这种方法虽然较主观，却常能揭露一些其他传统客观技术无法察觉的关键成功因素，甚至可以获得一些短期的关键成功因素。

(8) 市场策略对获利影响分析法(PIMS Results)。针对特定企业，以PIMS(profit impact of market strategy)研究报告结果进行分析。此技术的主要优点为其实验性基础，缺点在于“一般性的本质”，即无法指出这些数据是否可直接应用于某一公司或某一产业，也无法得知这些因素的相对重要性。

**【小资料3】**

一个完整的关键成功因素(KSF)分析方法主要有五个步骤：①公司定位；②识别KSF；③收集KSF情报；④比较评估KSF；⑤制定行动计划。

### 8.3.2 PIMS分析

PIMS是Profit Impact of Market Strategy的缩写，又称战略与绩效分析、PIMS数据库分析方法，是数据库技术在战略分析中的运用，是竞争对手分析的重要构成部分。PIMS研究最早于1960年在美国通用电气公司内部开展，主要目的是找出市场占有率高低对一个经营单位业绩到底有何影响。以通气电器公司各个经营单位的一些情况作为数据来源，经过几年研究和验证，研究人员建立了一个回归模型。该模型能够辨别出与投资收益率密切相关的一些因素，而且这些因素能够较强地解释投资收益率的变化。后期PIMS研究的主要目的是发现市场法则，即要寻找在什么样的竞争环境中经营单位采取什么样的经营战略，会产出怎样的经济效果。具体来说，它要回答下面几个问题：

(1) 对于一个给定的经营单位，考虑到它的特定市场、竞争地位、技术、成本结构等因素，什么样的利润水平是正常的和可以接受的？

(2) 哪些战略因素能够解释各经营单位之间经营业绩的差别？

(3) 在给定经营单位中，一些战略性变化如何影响投资收益率和现金流量？

(4) 为了改进经营单位绩效，应进行怎样的战略性变化，以及在什么方向上做出这些变化？

1. PIMS研究的数据库

PIMS项目的研究对象是各公司中的战略经营单位。因此，PIMS项目的数据库是关于这些战略经营单位情况的大汇总。目前，PIMS数据库已采取2000多个经营单位4～8年的信息资料。对每一个经营单位所收集的信息条目达100多项，它们可归为下列几大类：

经营单位环境特性：

(1) 长期市场增长率；

(2) 短期市场增长率；

(3) 产品售价的通货膨胀率；

(4) 顾客的数量及规模；

(5) 购买频率及数量。

经营单位的竞争地位：

(1) 市场占有率；

(2) 相对市场占有率；

(3) 相对于竞争对手的产品质量；

(4) 相对于竞争对手的产品价格；

(5) 相对于竞争对手提供给职工的报酬水平；

(6) 相对于竞争对手的市场营销努力程度；

(7) 市场细分模式；

(8) 新产品开发率。

生产过程结构：

(1) 投资强度；

(2) 纵向一体化程度；

(3) 生产能力利用程度；

(4) 设备生产率；

(5) 劳动生产率；

(6) 库存水平。

可支配的预算分配方式：

(1) 研究与开发费用；

(2) 广告及促销费用；

(3) 销售人员的开支。

经营单位业绩：

(1) 投资收益率；

(2) 现金流量。

2. PIMS研究的主要内容

经过多年研究，PIMS项目已得出九条关键结论。但在这九条关键结论中，第四条结论，即战略要素对利润率和净现金流量的影响具有极其重要的意义。这里重点介绍第四条结论内容。

PIMS研究人员运用多变量回归方法对2000多个经营单位建立上述战略要素与经营绩效关系。通过分析发现，下述几个战略要素对投资收益率和现金流量有较大影响。如何运用这些重要战略要素，在80%程度上决定一个经营单位的成功或失败。将这些战略要素的影响按照其重要程度分述如下：

1）投资强度

投资强度以投资额对销售额的比值度量，或更准确地说，以投资额对附加价值的比率表示。总体来说，较高的投资强度会带来较低的投资收益率 ROI 和现金流量。然而，对于资本密集的经营单位来说，可以通过以下措施减低投资强度对利润的影响：集中于特定的细分市场；扩大产品线宽度；提高设备生产能力利用率；开发在能力和用途上有灵活性的设备；尽可能租赁设备而不购买。

2）劳动生产率

它以每个职工平均创造的附加价值表示。劳动生产率对经营业绩有正面影响。劳动生产率高的经营单位较劳动生产率低的经营单位具有良好的经营业绩。

3）市场竞争地位

相对市场占有率对经营业绩有较大的正面影响，较高的市场占有率会带来较高的收益；反之，低市场占有率和高投资强度会带来现金枯竭。

4）市场增长率

一般来说，较高的市场增长率会带来较多的利润总额，但对投资收益率没有什么影响，对现金流量有不利影响。也就是说，处于高市场增长率行业的经营单位需要资金维持或发展其所处的竞争地位，因而需要耗费资金，减少现金回流。

5）产品或服务的质量

产品质量与经营业绩密切相关。出售高质量产品（服务）的单位较出售低质量产品（服务）的单位具有较好的经营业绩。并且还发现，产品质量与市场占有率具有强正相关关系，二者起互相加强作用。当一个经营单位具有较高的市场占有率并出售较高质量产品时，其经营业绩也最好。

6）革新或差异化

如果一个经营单位已经具有较强的市场竞争地位，则采取开发出较多新产品，增加研究与开发费用以及加强市场营销努力等措施会提高经营业绩。反之，如果经营单位市场竞争地位较弱，采用上面措施会对利润有不利影响。

7）纵向一体化

一般来说，对处于成熟期或稳定市场中的经营单位，提高纵向一体化程度会带来较好的经营业绩。在迅速增长或处于衰退期的市场，在一定条件下，提高纵向一体化程度对经营业绩有不利影响。

8）成本因素

工资增加、原材料涨价等生产成本上升对经营业绩的影响程度及方向是比较复杂的。这取决于经营单位如何在内部吸收成本上升部分或怎样将增加的成本转嫁给客户。

9）现时的战略努力方向

改变上述任一因素，都会以这一因素对业绩影响因相反方向影响经营单位的未来业

绩。譬如,较高的市场占有率会产生较多的现金流量,但是如果经营单位试图提高市场占有率,会消耗现金。

除此以外,PIMS研究还发现,产品特点与企业业绩没有关系,起决定作用的是如上所述的经营单位特点。无论是生产钢铁产品的经营单位,还是化工产品的经营单位,如果它们的特点基本相似,它们会有相似的经营业绩。

# 8.4 SWOT分析方法

## 8.4.1 SWOT分析概述

1. SWOT分析的应用价值

著名竞争战略专家迈克尔·波特提出的竞争理论,从产业结构入手对一个企业"可能做的"方面进行透彻的分析和说明,能力学派管理学家则运用价值链解释企业的价值创造过程,注重对公司资源和能力的分析。SWOT分析在综合前面两者的基础上,以资源学派学者为代表,将公司内部分析(即20世纪80年代中期管理学界权威们所关注的研究取向,以能力学派为代表)与产业竞争环境的外部分析(即更早期战略研究所关注的中心主题,以安德鲁斯与迈克尔·波特为代表)结合起来,形成自己结构化的平衡系统分析体系。

与其他分析方法比较,SWOT分析从一开始就具有显著的结构化和系统性特征。就结构化而言,首先,在形式上,SWOT分析法表现为构造SWOT结构矩阵,并对矩阵的不同区域赋予不同分析意义;其次,在内容上,SWOT分析法的主要理论基础也强调从结构分析入手对企业的外部环境和内部资源进行分析。另外,早在SWOT诞生之前的20世纪60年代,就已经有人提出SWOT分析中涉及内部优势、弱点,外部机会、威胁这些变化因素,但只是孤立地对它们加以分析。从20世纪80年代开始,人们对SWOT分析方法给予极大关注,并形成完整的体系。SWOT分析方法的重要贡献在于用系统思想将这些似乎独立的因素相互匹配起来进行综合分析,使得企业战略计划的制定更加科学和全面。

SWOT方法自形成以来,广泛应用于企业战略研究与竞争分析,成为战略管理和竞争情报的重要分析工具。分析直观、使用简单是它的重要优点。即使没有精确的数据支持和更专业化的分析工具,也可以得出有说服力的结论。但是,正是这种直观和简单,使得SWOT分析不可避免地带有精度不够的缺陷。例如SWOT分析采用定性方法,通过罗列S、W、O、T各种表现形成一种模糊的企业竞争地位描述。以此为依据做出的判断不免带有一定程度的主观臆断。所以,在使用SWOT方法时,要注意方法局限性,在以罗列作为判断依据事实时,要尽量真实、客观、精确,并提供一定定量数据弥补SWOT定性分析不足,构造高层定性分析基础。

2. SWOT 分析模型的含义

SWOT 分析代表分析企业优势(strength)、劣势(weakness)、机会(opportunity)和威胁(threats)。因此,SWOT 分析实际上是将对企业内外部条件各方面内容进行综合和概括,同时对企业的外部环境进行剖析,进而分析组织的优势和劣势、面临的机会和威胁的一种方法。

优劣势分析主要是着眼于企业自身的实力及其与竞争对手的比较,机会和威胁分析将注意力放在外部环境的变化及对企业的可能影响上。在分析时,应把所有的内部因素(即优劣势)集中在一起,然后用外部的力量对这些因素进行评估。

1) 机会与威胁分析(OT)

随着经济、社会、科技等诸多方面的迅速发展,特别是世界经济全球化、一体化过程的加快,全球信息网络的建立和消费需求的多样化,企业所处的环境更为开放和动荡。这种变化几乎对所有企业都产生深刻的影响。正因为如此,环境分析成为一种日益重要的企业职能。

环境发展趋势分为两大类:一类表示环境威胁;另一类表示环境机会。环境威胁指的是环境中一种不利的发展趋势或因素形成的挑战,如果不采取果断的战略行为,这种不利趋势或因素将导致公司竞争地位受到削弱。环境机会是对公司行为富有吸引力的领域,在这一领域中,该公司将拥有广阔的发展空间或竞争优势。

对环境的分析也可以有不同的角度。比如,一种简明扼要的方法就是 PEST 分析,另外一种比较常见的方法是波特的五力分析。

2) 优势与劣势分析(SW)

识别环境中有吸引力的机会是一回事,拥有在机会中成功所必需的竞争能力是另一回事。每个企业都要定期检查自己的优势与劣势,这可通过"企业经营管理检核表"方式进行。企业或企业外的咨询机构都可利用这一格式检查企业的营销、财务、制造和组织能力。每一要素都要按照特强、稍强、中等、稍弱或特弱划分等级。

当两个企业处在同一市场或者说它们都有能力向同一顾客群体提供产品和服务时,如果其中一个企业有更高的赢利率或赢利潜力,那么,我们就认为这个企业比另外一个企业更具有竞争优势。换句话说,竞争优势是指一个企业超越其竞争对手的能力,这种能力有助于实现企业的主要目标——赢利。但值得注意的是:竞争优势并不一定完全体现在较高的赢利率上,因为有时企业更希望增加市场份额,或者多奖励管理人员或雇员,这样会增加企业成本。

竞争优势可以指消费者眼中一个企业或它的产品有别于其竞争对手的任何优越的要素,它可以是产品线的宽度、产品的大小、质量、可靠性、适用性、风格和形象,以及服务的及时、态度的热情等。虽然竞争优势实际上指的是一个企业比其竞争对手有较强的综合优势,但是明确企业究竟在哪一个方面具有优势更有意义,因为只有这样,才能知己知彼,才可以扬长避短,或者以实击虚。

由于企业是一个整体,并且由于竞争优势来源的广泛性,所以在做优劣势分析时,必须从整个价值链的每个环节上将企业与竞争对手做详细对比。如产品是否新颖,制造工艺是否复杂,销售渠道是否畅通,价格是否具有竞争性等。如果一个企业在某一方面或几个方面的优势正是该行业企业应具备的关键成功要素,那么,该企业的综合竞争优势也许就强一些。需要指出的是,衡量一个企业及其产品是否具有竞争优势,只能站在现有潜在用户角度上,而不是站在企业的角度上。

企业在维持竞争优势过程中,必须深刻认识自身的资源和能力,采取适当的措施。因为一个企业一旦在某一方面具有竞争优势,势必会吸引竞争对手的注意,这可能,引发竞争者的快速反击。一般来说,企业经过一段时间努力建立起某种竞争优势,然后就处于维持这种竞争优势态势,随后竞争对手开始逐渐做出反应,如果竞争对手直接进攻企业的优势所在,或采取其他更为有力的策略,就会使企业的优势受到威胁。SWOT 分析矩阵如表 8-9 所示。

**表 8-9 SWOT 分析矩阵**

| | 潜在外部机会(O) | 潜在外部威胁(T) |
|---|---|---|
| 外部环境 | 纵向一体化<br>市场增长速度<br>可以增加互补产品<br>能争取到新的客户群<br>有进入新市场的可能<br>有能力进入更好的企业集团<br>在同行业中竞争业绩优良<br>扩展产品线,满足用户需要及其他 | 市场增长较慢<br>竞争压力增加<br>不利的政府政策<br>新竞争者加入<br>替代品销售额正逐步上升<br>供应商和购买议价能力的上升<br>顾客的需求和爱好正逐步转变<br>通货膨胀递增及其他 |
| | **潜在内部优势(S)** | **潜在内部劣势(W)** |
| 内部环境 | 产权技术<br>成本优势<br>竞争优势<br>特殊能力<br>产品创新<br>具有规模经济<br>良好的财务资源<br>高素质的管理人员<br>公认的行业领先者<br>买主的良好印象<br>适应力强的经营战略<br>其他 | 竞争劣势<br>设备老化<br>战略方向不明<br>竞争地位恶化<br>产品线范围太窄<br>技术开发滞后<br>营销水平低于同行业其他企业<br>管理不善<br>战略实施历史记录不佳<br>不明原因导致的利润率下降<br>资金拮据<br>相对于竞争对手的高成本及其他 |

一般来讲，影响企业竞争优势持续时间主要有以下三个关键因素：

(1) 建立这种优势要多长时间？

(2) 能够获得的优势有多大？

(3) 竞争对手做出有力反应需要多长时间？

如果企业分析清楚这三个因素，就会明确自己在建立和维持竞争优势中的地位。

显然，公司不应纠正它的所有劣势，也不是对其优势不加利用。主要问题是公司应研究：企业究竟是只局限在已拥有优势的机会中，还是获取和发展一些优势以找到更好的机会。有时，企业发展慢并非因为其各部门缺乏优势，而是因为它们不能很好地协调配合。例如一家大电子公司工程师们轻视销售员，视其为“不懂技术的工程师”，而推销人员则瞧不起服务部门的人员，视其为“不会做生意的推销员”。因此，评估内部各部门的工作关系作为一项内部审计工作非常重要。

波士顿咨询公司提出，能获胜的公司是取得公司内部优势的企业，而不仅仅是只抓住公司核心能力。每一家公司必须管好某些基本程序，如新产品开发、原材料采购、对订单的销售引导、对客户订单的现金实现、顾客问题的解决时间。每一道程序都创造价值和需要内部部门协同工作。虽然每一部门都可以拥有一个核心能力，但如何管理这些优势能力和这些能力的开发仍是一个挑战。

### 8.4.2 SWOT 分析步骤

SWOT 分析具体包括以下几个步骤：

(1) 确认当前的战略是什么。

(2) 确认企业外部环境的变化(波特五力模型或者 PEST)。

(3) 根据企业资源组合情况确认企业的关键能力和关键限制。

(4) 按照通用矩阵或类似方式打分评价。

把识别出的所有优势分成两组，划分时以两个原则为基础：是与行业中潜在的机会有关，还是与潜在的威胁有关。用同样办法把所有的劣势分成两组：一组与机会有关；另一组与威胁有关。

(5) 将结果在 SWOT 分析图上定位，或用 SWOT 分析表(详见表 8-10)将所分析的优势和劣势按机会和威胁分别填入表中。

(6) 战略分析及选择见图 8-9。

### 8.4.3 SWOT 分析的原则

1. 成功应用 SWOT 分析法的简单规则

(1) 进行 SWOT 分析时必须对公司的优势与劣势有客观认识。

(2) 进行 SWOT 分析时必须区分公司的现状与前景。

表8-10 SWOT分析表

| | 内部优势(S) | 内部劣势(W) |
|---|---|---|
| 外部机会(O) | SO组合<br>依靠内部优势<br>利用外部机会 | WO组合<br>利用外部机会<br>克服内部劣势 |
| 外部威胁(T) | ST组合<br>依靠内部优势<br>回避外部威胁 | WT组合<br>减少内部劣势<br>回避外部威胁 |

(3) 进行SWOT分析时必须考虑全面。

(4) 进行SWOT分析时必须与竞争对手进行比较,比如优于或是劣于竞争对手。

(5) 保持SWOT分析法的简洁化,避免复杂化与过度分析。

(6) SWOT分析法因人而异。

一旦使用SWOT分析法决定关键问题,也就确定市场营销目标。SWOT分析法可与PEST分析和波特的五力模型分析等工具一起使用。市场营销课程的学生之所以热衷于SWOT分析法,是因为它易学与易用性。运用SWOT分析法时,要将不用的要素列入相关表格中去,很容易操作。

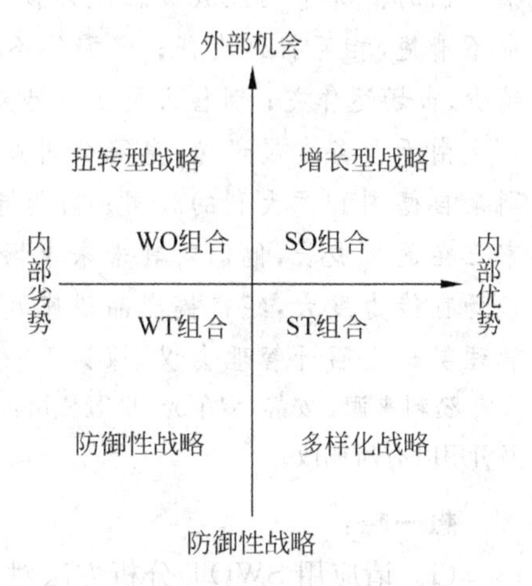


图8-8 战略选择评估矩阵

2. SWOT分析的局限性

和很多其他战略模型一样,SWOT模型已提出很久,带有时代的局限性。以前的企业可能比较关注成本、质量,现在的企业可能更强调组织流程。如以前的电动打字机被打印机取代,该怎么转型?是应该做打印机还是其他与机电有关的产品?从SWOT分析看,电动打字机厂商优势在机电,但是发展打印机又显得比较有机会。结果有的企业朝打印机方向发展,死得很惨;有的企业朝剃须刀生产发展却很成功。这就要看企业要的是以机会为主的成长策略,还是要以能力为主的成长策略。SWOT没有考虑企业改变现状的主动性,企业是可以通过寻找新的资源创造企业所需要的优势,从而达到过去无法达成的战略目标。

在运用SWOT分析法过程中会碰到一些问题,就是它的适应性。因为有太多的场合可以运用SWOT分析法,所以它必须具有适应性。然而这也会导致反常现象产生。基础SWOT分析法产生的问题可以由更高级的POWER SWOT分析法得到解决。

**【小资料 4】** **皇冠公司 SWOT 分析**

皇冠公司是一家中美合资企业，主要业务是装配及销售中小型压缩机和制冷机组。公司有大约 60 名员工，其中总经理为澳大利亚人，在中国居住已长达 8 年之久；市场销售部由 1 名总监、2 名地区经理、5 名销售工程师以及 2 名技术工程师组成。公司总体目标及战略清晰，产品线 95%齐全，产品质量高，市场认可度高，价格战略被市场接受，库存齐全。皇冠的客户主要是 OEM 厂商及经销商，每位销售人员都要直接与用户和经销商打交道。但是，当前管理人员缺少经验和能力，在上海尚无市场经理，广州市场的发展在不得已的情况下已经放缓。此外技术工程师、分销人员不足；团队精神差，缺少沟通；职责不清楚，相互推卸责任；零配件不全，影响售后服务；经营网络、客户网络零散；宣传促销少，市场运作差；销售人员积极性差，工作不仔细等一系列问题，严重阻碍了企业的发展。

由于业务发展迅速，皇冠公司总体来说未来发展势头良好。竞争对手主要是两家分别来自德国和意大利的公司；当前市场潜力大，国内经济状况好；中国台湾和本地的厂家正在逐步成长，他们对其未来市场份额具有一定威胁，他们经销网络齐全，销售额理想，市场宣传力度大，经常搞产品讲座及展会，销售及服务队伍也积极主动。为此，皇冠公司管理层马上召开管理会议，探讨下一步的工作重点。

**资料来源**：安静，罗争光. 皇冠公司：SWOT 分析结果制定营销战术. 每日经济新闻，2005-08-10. 本书引用时有所删改。

**想一想**：

(1) 请应用 SWOT 分析方法对皇冠公司进行分析。

(2) 如果你是皇冠公司的管理者，请提出下一步工作建议。

# 8.5 战略影响因素

## 8.5.1 影响企业战略选择的决定性因素

关于企业战略选择决定因素的分析，管理学家和战略管理学家有过很多精辟的论述，总体来看可以分为两条线路：①从外部环境(特别是产业结构)的视角探讨企业战略选择的决定因素；②从内部资源和能力的角度研究企业战略选择的决定因素。

1956 年，美国哈佛大学教授贝恩(Bain)提出“结构—行为—绩效的分析模型”(structure-conduct-performance model，SCP 模型)，指出企业绩效依赖于企业行为，后者又依赖于市场结构。1962 年，钱德勒(Chandler)的《战略与结构——美国工业企业史的考证》一书则把贝恩教授的 SCP 模型具体应用于战略决策分析之中。在钱德勒看来，战略决策首先要以企业未来的发展为出发点决定企业的基本目标和与此紧密相关的经营目标和经营方针，然后是为实现经营目标和方针对企业所拥有的资源进行分配和调整的决策行动。钱德勒的理论开创了从外部环境(特别是产业结构)视角研究战略选择决定因素之先河，并为安索夫的计划学派和安德鲁斯的设计学派继承和发展。20世纪80年代，以SCP模型为基础，波特提出竞争定位理论，成为企业战略选择的主导理论。波特认为产业结构决定产业内的竞争状态，进而决定企业的战略选择行为，并最终决定企业绩效。

正当波特的理论红火之际，鲁默尔特提醒人们注意"产业内的利润差异甚至比产业间的差异还要大"，而且过分强调市场作用往往会诱导一些企业进入利润很高但缺乏经验或与自身优势毫不相关的产业。于是，学者们重新思索美国管理学家切斯特·巴纳德(Chester I. Barnard)的观点：企业组织生存和发展的必要条件取决于企业对外部各种机会的利用能力和企业自身调动职工积极性的能力两个方面。沿着巴纳德的理论逻辑发展了两大理论流派，即资源学派和能力学派。资源学派的核心思想是：企业竞争优势是建立在企业所拥有的独特资源，及它在特定的竞争环境中配置这些资源的方式基础之上的，如果一个企业拥有异质性的有价值的资源，那么这个企业在资源占有上就具备一种类似于"垄断"的市场地位，由此而产生持久的竞争优势，获取长期的超额利润。资源学派强调要素市场的不完全性，认为企业不可模仿、难以复制、非完全转移的独特的资源是企业可持续竞争优势的源泉。以普拉哈拉德和哈默尔为代表的能力学派认为，企业竞争优势的根源在于组织内部的能力(组织内部的技能和集体学习及对组织的管理技能)，能力是企业持续竞争优势的源泉。能力学派强调以企业生产、经营过程中的特有能力为出发点制定和实施企业竞争战略。

综上所述，按照竞争优势的来源可以将战略选择的决定因素分成两类：①外界环境，强调外界环境的机遇与威胁以及产业结构是导致企业战略选择的基本因素；②内部资源和能力，强调企业战略是合理配置企业内部独特资源、整合企业内部各种能力适应环境的变化，才能获取可持续的竞争优势。

### 8.5.2 认知能力、价值观和控制权对企业战略选择的影响

一般来说，企业的战略选择是为了发挥企业内部的资源、能力、知识、文化优势适应外界环境的变化，从而击败竞争对手获取可持续的竞争优势。外界环境的机遇与威胁、同行业不同企业的战略竞争是企业战略选择的外在动力；企业内部特有的资源、技术、能力、知识、文化等因素是战略选择的内在约束条件。只有与企业内部资源、能力、知识、文化相匹配的战略才能适应外界环境的变化，才能使企业获取可持续的竞争优势。但是，由于外界环境的多变性、信息不对称性以及人的有限理性，面对同行业不同企业的战略竞争，战略实施的结果并不能完全达到预期的结果，必须重新思索具体战略实施结果，不断调整企业战略，因而，企业的最优战略是一个随着高层管理者认知能力的提高而不断适应内外环境的动态的调整过程(图8-9双虚线部分)。

然而，企业又是一个人力资本和非人力资本的特别合约，企业最核心的资源是人。企业的战略选择不可能完全忽视人的价值观，也不可能不考虑个人行为交互作用的影响，因而，影响企业的战略选择的内在深层因素是控制权与个人价值观。价值观是个人在特定的地域环境、文化环境以及社会习俗、道德环境下形成的一种对世界的看法。由于人们生活地域环境、文化环境、社会习俗的不同，人们的认识能力存在差别，接受新思想的容量和方式都有差别，因而，不同的人形成自己独特的价值观的基础不同。一旦个人的价值观产生并最终确定，价值观就会引导人的努力方向，告诉人们往何处努力，达到何种人生目标。因此，价值观决定个人行为选择的最基本方向。控制权主要来源于职权，控制权的大小取决于企业股权份额、组织结构等，个人的人格魅力的高低则可能增加控制权实施的效率。公司的具体战略选择是公司内部参与者之间的一个博弈过程，谁拥有了公司控制权谁就会选择与自己价值观相吻合的战略，以保证个人价值观的实现。当掌握企业控制权之人的价值观与企业理性一致时，企业所选择的战略就是利用企业内部资源、能力、知识和文化优势适应外界环境变化；当掌握企业控制权之人的价值观与企业理性相悖时，所选择的战略往往是以牺牲企业理性为代价保证个人价值观的实现或维持。但是，面对同行业不同企业的战略竞争，战略实施的结果如果超过企业成本和资源容忍范围，掌握企业控制权之人就会反思自己的价值观，做有限度的战略调整（图 8-9 实线部分）。

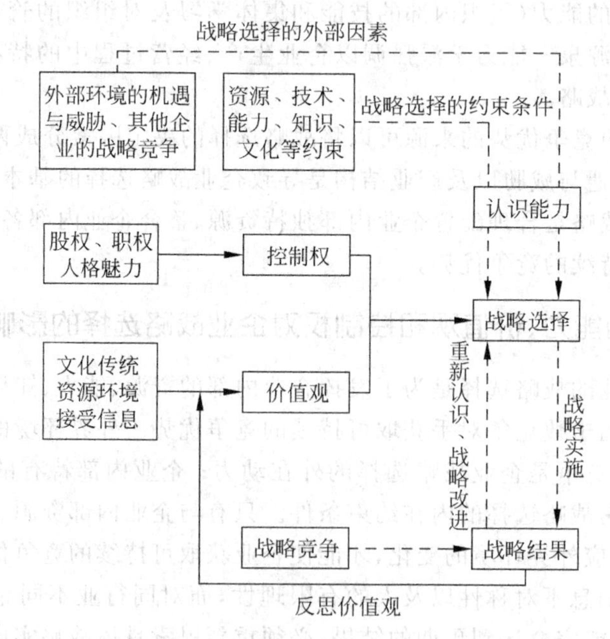


图 8-9　认知能力、价值观、控制权与战略选择逻辑框架

### 8.5.3 影响企业战略选择的其他因素

公司的战略选择会对企业的未来产生重大影响，因而这一决策必须非常慎重。在实际工作中，企业管理者往往在经过对各项可能的战略选择进行全面评价后，发现好几种方案都是可以选择的，在这种情况下，一些因素会对最后决策产生影响。这些因素在不同企业和不同环境中起到的影响作用是不同的，了解这些因素对企业管理者制定合适的战略方案非常必要。总的来说，这些影响因素有：

1. 企业过去的战略

对大多数企业来说，过去的战略常常被当成战略选择过程的起点，这样，一个很自然的结果是：进入考虑范围的战略数量会受到企业过去战略的限制。由于企业管理者是过去战略的制定者和执行者，因此，他们常常不倾向于改动这些既定战略，这就要求企业在必要时撤换某些管理人员，以削弱失败的目前战略对企业未来战略的影响。

2. 管理者对风险的态度

企业管理者对风险的态度影响企业的战略选择。风险承担者一般采取一种进攻性战略，以便在被迫对环境变化做出反应之前做出主动的反应。风险回避者一般采取一种防御性战略，只有环境迫使他们做出反应时，他们才不得不这样做。风险回避者相对来说更注重过去的战略，而风险承担者则有更为广泛的选择。

3. 企业对外部环境的依赖性

企业总是生存在一个受到股东、竞争者、客户、政府、行业协会和社会的影响之中。企业对这些环境力量中的一个或多个因素的依赖程度也影响企业战略管理过程。对环境的较高的依赖程度通常会减少企业在其战略选择过程中的灵活性。此外，当企业对外部环境依赖性特别大时，企业还会不得不邀请外部环境中的代表参加战略态势的选择。

4. 企业文化和内部权势关系

任何企业都存在或强或弱的文化。企业文化和战略选择是一个动态平衡、相互影响过程。企业在选择战略时不可避免地要受到企业文化的影响。企业战略选择只有充分考虑目前的企业文化和未来预期的企业文化相互包容、相互促进，企业战略才能被成功地实施。另一方面，企业中总存在一些非正式组织，由于种种原因，某些组织成员会支持某些战略，反对另一些战略，这些成员的看法有时甚至能够影响战略的选择，因此在现实企业中，战略选择或多或少地都会打上这些力量的烙印。

5. 时期性

时期性指进行战略选择的时间限制。时间限制的压力不仅减少能够考虑的战略方案的数量，而且也限制了可以用于评价的方案的信息和数量。有研究表明，在时间的压力下，人们倾向于把否定的因素看得比肯定的因素更重要，往往制定更加具有防御性的策略。时期性的第二点包括战略规划长短，即战略的时期着眼点。战略规划期长，外界环境预测相对复杂，因而在做战略选择时的不确定性因素更多，这会使战略方案的复杂性大大增加。

6. 竞争者反应

在战略选择中，还必须分析和预计竞争对手对本企业不同战略方案的反应，企业必须对竞争对手的反击能力做出恰当的估计。在寡头垄断的市场结构中，或者市场上存在一个极为强大的竞争者时，竞争者反应对战略选择的影响更为重要。

## 本章小结

本章主要介绍企业战略选择分析的思路和一些常用方法。首先介绍行业评价方法，在此基础上介绍几个常用的战略投资组合分析模型，用于企业进行具体的战略选择分析。行业评价是介于宏观经济与微观经济分析之间的中观层次分析，是发现和掌握行业运行规律的必经之路，对指导行业内企业经营规划和发展具有决定性意义。除了运用波特五力模型对行业的五种竞争力进行分析评价外，还需要对行业进行行业生命周期、行业吸引力、行业风险等其他方面的分析评价，从而确定公司在行业中的定位与策略。在行业评价的基础上，综合运用波士顿矩阵、GE矩阵、生命周期分析法、产品—市场演变矩阵、安索夫矩阵等投资组合分析模型，可以为企业具体战略选择指明方向。

本章还介绍了几种常用的战略环境分析方法以及影响企业战略选择的因素。

## 案例分析

### 中粮集团的“全产业链”战略

体制内创新从来都是一场戴着镣铐的舞蹈。在求稳胜于求新的老牌央企文化中，如何诞生出为成长不惜放下身段的新业务部门？

在宁高宁上任以来，中粮集团就开始为“全产业链”战略展开布局。考虑直接与消费者接触的品牌屈指可数，寻求扩大终端市场出口的新品牌迫在眉睫。基于这一战略，中粮一方面通过并购蒙牛、五谷道场迅速实现外延式拓展；另一方面致力于自主创新，实现内涵式增长。

一开始，宁高宁也设想过把产品创新的工作交给集团旗下的某一个部门。但高层讨论认为，快消品在产品创新、研发、调研、进场和广告等方面会面临巨大的前期投入和风险管控问题，集团内任何一个部门都将难堪重任。于是，中粮集团决定首先实现组织架构上的突破，在投入资金、输送资源的同时，用产品开发思维统领跨部门的协同合作。为了给品牌创新、产品创新创造宽松环境，2006年一个全新的部门——创新与品牌管理部在集团内应运而生。中粮创新食品公司总经理赵平原表示，创新与品牌管理部是新部门工作最为关键的一环：前期投入要在这里见成效，新产品能否进入市场面对竞争，完成销售并稳步增长，取决于对这个平台的运营。按照职能和品牌，创新与品牌管理部细分为多个独立部门，例如产品创新部、研发部、新品推广部、悦活事业部、滋采事业部等。各部门平时独立运营，但在开发一款新产品时，各个部门会抽调人员，组成一个跨部门小组共同开发。比如，产品创新经理从整体上把握概念，研发部派出技术人员，创新食品公司出一些市场人员，组成一个项目共同开发。这种“跨部门协同效应”不仅体现在创新与品牌管理部内部各事业部之间，也体现在集团各部门之间。

以新部门推出的第一款新产品悦活果汁为例，在产品开发之初，“悦活”就被设计成一个代表“自然生活态度”的品牌。当产品描述确定以后，研发中心要把“自然生活”概念变成成品。前端研发尽管复杂，但接受市场检验才是最难的，赵平原把最后的这个阶段称作“孵化”。中粮集团充分利用“跨部门协同效应”，当第一批悦活果汁下线时，中粮只是在内部小范围试销，然后进入北京地区商超系统进行大范围试销，最后才逐渐在全国范围内铺货。

同时，悦活果汁还借助中粮旗下长城葡萄酒在餐饮、酒店类的经销商和资源进行布局。2009年，品牌推广部与《三联生活周刊》展开合作，借用周刊的平台推出一本《悦活》双月刊，让“悦活”品牌的传播效应得到品质上的提升。伴随悦活果汁的成功推广，悦活蜂蜜、谷物和燕麦将成为继果汁之后的延伸产品。

在成功孵化悦活的过程中，中粮集团接二连三地推出福临门、滋采和我买网。2008年，中粮集团向旗下可得福贸易公司注资1亿元人民币，进行增资扩股。2009年4月更名为中粮创新食品有限公司，承担起新产品孵化器功能。赵平原指出：“把所有的新产品都集中起来放在这个平台上经营，是为了集中资源，提高新品牌的上市成功率。”

**资料来源**：安邦咨询.中粮集团的“全产业链”战略.中国经营网，2010-06-04.

**思考题**：

(1) 中粮集团的“全产业链”战略背后的战略逻辑是什么？

(2) 此案例对你有何启示？

## 战略管理实务操作

通过互联网或其他媒体搜索一家多元化发展公司，获得足够的资料，然后完成下列各项活动：

(1) 对该公司所属某一行业进行评价，找出关键成功因素。

(2) 选取适当投资组合分析方法，对该公司进行战略投资组合分析。

# 第 9 章
# 企业战略的实施

孙子曰:“故不尽知用兵之害者,则不能尽知用兵之利也。善用兵者,役不再籍,粮不三载,取用于国,因粮于敌,故军食可足也。”

**学习目标**

**知识目标**:了解企业战略实施的原则,掌握企业战略实施的内容。

**技能目标**:学会分析企业战略的实施情况,能够运用所学理论知识对企业战略实施的内容进行分析。

## 开篇案例

### 百事可乐巴西成长战略的失败

巴西是全球第三大软饮料市场,仅次于美国和墨西哥。百事可乐公司在巴西软饮料市场上的占有率只有 10 %。可口可乐公司却控制着50%的市场。可口可乐公司成功地把许多相互独立的罐装厂按照区域合并,扩大罐装厂规模。新组成的可口可乐区域罐装厂与当地联系紧密,资金预算大、分销系统发达。

为了挑战可口可乐公司的垄断地位,百事可乐公司于 1994 年制定一个雄心勃勃的成长战略,计划占领巴西主要城市至少 20%的市场,每年的饮料销售量达到 2.5 亿箱。为此,百事可乐公司选择查尔斯·比奇(Charles Beach)作为合作伙伴。比奇完成百事可乐在波多黎各和阿根廷的市场占有率目标之后,又获得在巴西的特许权。

比奇用自己的罐装公司——布宜诺斯艾利斯英博特拉朵拉沙公司(Buenos Aires Embotelladora SA,简称贝萨)扩大软饮料生产能力及其市场占有率。在得到百事可乐公司鼓励前提下,贝萨在巴西建立 4 个工厂,使总生产能力达到 2.5 亿箱,是百事可乐在巴西最高销售量的 2 倍。贝萨没有采取利用啤酒车分销产品(巴西大多数软饮料公司都这么做)方式,而是购买了 700 辆新卡车,建立自己的分销车队。公司推出 4 种新口味的卡斯(Kas) 系列果汁汽水,这些是百事可乐公司专门为巴西研制的新配方。贝萨不仅生产

可回收瓶装饮料，也生产罐装和塑料瓶装饮料。有一点让产业分析师感到迷惑，贝萨和百事可乐发誓让巴西工厂在1年内投入生产。

公司一开张，就受到生产问题困扰。由于突击安装、员工培训不够等原因，新建的罐装厂经常被迫停工。贝萨发现自己扔掉的变形和穿孔饮料罐是竞争对手的10倍。管理层频繁更换更是一个严重问题，许多管理人员都不能跟上贝萨快速前进的步伐，不能完成比奇发来的命令。有一次比奇解雇了20名经理人员，这些经理都是从其他跨国公司招聘来的，在这里仅仅工作了3个月。尽管贝萨的债务已经从1993年(在巴西进行扩张之前)的1540万美元增加到1995年的3.74亿美元，还是计划在巴西购买两个罐装厂。到1996年，贝萨的债务增加到7.45亿美元。

1996年5月，百事可乐公司宣布，比奇的公司不再负责巴西的运营，总公司将承担贝萨的运营控制。当年8月，贝萨公布，一个季度亏损2.5亿美元，该罐装厂拖欠3400万美元债务，销售量没有达到预期数额。除了出售一些特许权外，贝萨还关闭一家新工厂，解雇1500多名员工。百事可乐雄心勃勃的巴西成长战略宣告失败。百事可乐全球饮料部的新领导克雷格·威斯拉普(Craig Weatherup)说："我想我们太性急了，可能走得太快。"

**资料来源**：J.戴维·亨格等.战略管理精要.王毅等译.北京：电子工业出版社，2002.

**想一想**：

(1) 百事可乐精心计划的巴西市场成长战略为什么会失败？

(2) 百事可乐进军巴西市场的战略实施失败留给你什么样的思考？

# 9.1 企业战略实施概述

## 9.1.1 战略实施的内容

企业战略管理的根本任务不仅在于制订适宜、优秀的方案，更要重视将其转化为企业的经营效益。企业的战略思想只有通过转化为实际行动才能发挥作用，体现战略的价值所在。如果企业投入大量的时间、人力和资源用于战略的制定和选择，而忽视战略实施的条件、方法、成本和收益，这样做的结果只能是事倍功半，大量浪费资源。战略实施(strategic implementation)又称作战略执行，指管理层为实现战略计划采取的具体行动。战略实施需要企业全体成员参与。对于某一项战略实施来说，所需要的资源和组织结构不一样。战略实施的主要内容如下：

1. 编制战略计划

战略计划是将战略分解为方案和项目，最终将其转化为具体预算和职能等。在企业中，下一级管理层次要根据上一层制订的计划制订自身的计划，同时该层的计划也决定下一个层次计划的制订。这就要求企业必须根据本企业的使命明确具体目标，通过目标制订战略计划。战略计划的制订是组织各个层面管理人员的一项基本职能，管理人员必须具备制订和实施战略计划的能力，对于不同层级的管理人员要求有所不同。战略实施过程是将企业战略分解成若干阶段，根据不同的战略阶段设置不同的目标。企业必须根据不同的目标设置不同的时间表，同时根据不同的部门设置不同的目标，根据时间表检查战略实施情况。战略实施的最终目标是不同阶段分目标的完成。

2. 具体配置企业资源

企业内部资源是有限的，企业为了战略目标的实现必须对内部资源进行合理分配，这样才能保证企业战略实施，最终完成企业战略目标。企业整体战略目标分为不同职能部门目标，也就是说，企业战略目标的实现是取决于不同部门分目标完成情况。企业要想很好地实施企业战略，必须保障不同部门的分目标实现，要想保障分目标的实现，必须在各个不同部门之间进行资源分配，资源分配不当很可能造成有些部门目标实现后还有资源剩余，另外其他部门很可能由于资源不够导致目标无法实现。如果某个分目标没有完成就会影响整体目标。为了合理分配资源必须编制预算，预算详细计算完成每一项战略行动计划所需要的具体费用。

3. 建立与战略相适应的组织结构

企业的组织结构需要根据不同的战略做出相应的变化，在实施企业战略时不能根据企业原有的组织结构实施，而是要重新建立企业组织结构。一个好的企业战略需要通过与其相适应的组织结构完成，不适应的组织结构会影响好的战略计划实施。因此，企业的组织结构是随着战略制定而改变的。同时新的组织结构应具有实施战略所需的活动、方案和项目的职权及责任，在相应的单位与人员之间进行合理分配，使新的组织结构成为一个有机的整体。

4. 营造良好的管理制度

好的管理制度涉及企业组织能否高效地实施企业战略，同时好的管理制度有利于员工发挥个人积极性，为企业战略的实现提供必要的支持。企业管理制度主要涉及两个方面：

(1) 要转变领导观念，发挥领导者的作用。由于企业领导者在组织中起主导作用，是战略实施的决定性因素。领导工作的重要性在于调动员工的积极性，更好更高效地完成工作，同时要保障员工心情愉悦，能够为组织做出更大的贡献。领导者是战略能否正常实施的关键，要把战略实施的实际效果纳入到对于领导者的考核范围，成为其工作是否合格的检验标准。

(2) 必须要营造良好的企业文化。战略实施必须依托良好的企业文化，组织原有的文化很难适应战略的改变，因此，新的战略实施必然带来企业文化的变化。如果企业文化不做出相应的改变，战略实施也不可能实现。只有通过对企业文化的适当变革，才能为企

业战略实施提供帮助。所以企业在实施新战略的同时要注意引导企业新的文化形成，适度调整企业文化是战略实施的必然选择。

**【小资料1】**

某公司精心制定的一项战略得到普遍认同，但是战略的实施却以失败告终。公司的CEO百思不得其解，无论如何也弄不明白问题究竟出在哪里。一天夜晚，这位身心疲惫的CEO在办公室向一位访者袒露自己的心声。

"太令人沮丧了，"他说道，"一年前，我从各部门抽调人员，组成一个小组。我们举行了两次会议，建立了工作标准，并制定一套完的规章制度。麦肯锡公司也来帮助我们。每个人都对这项战略表示认可，都觉得这将是一个伟大的战略，而且市场前景也不错。我们的团队是这个行业中最出色的，没有人怀疑这一点。我分了阶段性目标，并向每个人放权——给予他们足够的空间施展拳脚。每个人都知道自己的任务所在，我们的激励系统非常完整，每个人也了解详细的奖惩标准。工作的时候，我们充满力量，信心十足，但我终搞不懂，我们怎么会失败呢？

1年过去了，我们的各项目标均没有实现，这太让我失望了。在去的9个月里，我被迫4次降低收益估计。华尔街也不相信我们了。估计董事会已经对我失去信心。我不知道该怎么办，而且也不清楚情况到底会糟到什么程度。坦白地说，我估计董事会很可能会解雇我。"

CEO的判断是正确的。几周以后，董事会果然炒了他的鱿鱼。许多公司的CEO，包括一些跨国公司的领导者都有类似遭遇。人们一旦发现公司没有兑现对自己的承诺，往往会把矛头指向CEO，认为是CEO选择了错误的战略。但是研究发现，在大多数情况下，导致战略失败的原因，不是战略方案本身存在缺陷或不合理，而是战略实施的失败，没有达到预期的目标。

**资料来源**：王建民.战略管理学.第二版.北京：北京大学出版社，2006.本书引用时有所删改。

### 9.1.2 战略实施的基本原则

制定企业战略是在对现实情况加以判断的基础上，对于未来情况的一种预测。企业在经营战略的实施过程中常常会遇到许多问题，这些问题在制定战略时未估计到或者不可能完全估计到，所以在战略实施中必须遵守以下三项基本原则。

1. 适度合理性的原则

由于在经营目标和企业经营战略的制定过程中，信息的不准确、决策时间上的限制和对事物的认识能力等因素会制约企业战略的制定，战略的制定者很难对未来进行准确的预测，所以制定的企业经营战略也不可能是最优的。在战略实施过程中，由于企业外部环境及内部条件变化较大，情况比较复杂，因此只要在主要的战略目标上基本达到战略预定目标，就应当认为这一战略的制定及实施是成功的。在现实的条件下，企业很难完全按照原先制定的战略计划行事，因此战略的实施过程不是一个简单机械的执行过程，而是需要执行人员大胆进行创新，因为新战略形成就是对原有战略以及原有战略相关的文化、价值观念进行新的变革，如果组织缺乏必要的创新精神，新战略就无法得到实施。因此，战略实施过程也是对战略的创造过程。在战略实施中，战略的某些内容和特征的改变可能是必需的，这些改变只要不影响总体目标及战略的实现，就是可以接受的。

另外，企业的经营目标和战略如果要想实现，就必须通过一定的组织机构进行必要的分工，也就是说，需要将庞大而复杂的总体战略进行分解，将整体战略划分为较为具体和简单的任务，这些任务便于组织进行管理和控制，该任务可以交由企业内部的各部门和各基层组织进行分工，得到贯彻和执行。组织机构的划分是为了适应企业经营战略的需要进行的，但一个组织机构一旦建立，就会为本单位的利益考虑，形成该部门的本位利益。该部门的本位利益会与组织中的其他部门，或者是和企业整体利益之间产生一系列的矛盾和冲突，由于以上原因，企业的高层管理者要做的工作就是解决这些矛盾和冲突，协调部门之间的工作，找到使各方面都能接受的解决办法。由于客观条件的存在，管理者很难做到绝对公平与合理。只要不损害总体目标和战略的实现，就是可以接受的，即在战略实施中要遵循适度的合理性原则。

2. 统一领导与统一指挥的原则

一般来说，企业的高层领导人员对于企业经营战略能有一个更加深刻的了解，他们相对于企业的中下层管理人员以及企业的一般员工拥有更多的信息资源，能够在整体上掌握企业战略各方面要求以及它们之间的相互联系，高层领导对战略意图体会最深，因此战略的实施应当在高层领导人员的统一领导与统一指挥下进行。企业战略的实施由高层管理人员统一领导和指挥能够合理进行资源的分配、组织机构的调整、企业文化的建设、信息的沟通及控制和激励制度的建立等企业管理的各方面，这样才能使各部门之间做到相互协调与共同发展，才能使企业为实现战略目标卓有成效地运行。

同时，要实现统一指挥原则绝对不允许出现多头领导问题，这就需要企业每个部门只能接受一个上级领导下发的命令。但在战略实施中所遇到的问题，还是要本着随时发生随时解决原则，能在小范围、低层次解决的问题，不要放到更大范围，更高层次解决，这样有利于节省时间和人力成本，缩短处理问题的时间。如果将问题放在较大范围和较高层次上解决，可能造成资源上的浪费，同时涉及的方面较多，容易造成问题复杂化，从而对组织产生较大影响。

统一指挥原则表面上并不复杂，但在实际操作中，由于企业缺少自我控制和自我调节机制或这种机制不健全，因而在实际工作中经常会出现违背这一原则现象。

3. 权变原则

企业经营战略是根据对于未来环境发展变化的预测制定的，在战略的实际实施中，环

境变化和企业对于环境变化的预测产生偏差是很正常的现象,战略实施过程本身就是解决问题的过程,但是一旦企业的内部和外部环境发生较为重大的改变,改变的程度使得原定战略实现不可能完成,这时必须要对原有战略进行较大幅度的调整,这就是战略实施的权变问题。权变理论认为什么都不是一成不变的,而是组织要随着客观环境的变化相应地做出改变。如果在企业内外部环境没有发生重要变化时就调整战略,会使企业的发展目标总在不断发生变化,使企业组织内部人员不知道应如何适应,同时不知道该如何做具体工作,造成人员心理浮动,带来消极后果,最终导致企业经营的全面失败。如果环境确实已经发生重大改变,企业仍然坚持实施既定战略,将最终导致无法挽回的失败后果。因此企业经营战略调整与否,关键在于如何衡量企业环境变化。

战略实施的整个过程中都应该注重权变观念的应用,从战略的制定到战略的实施,权变观念要求识别战略实施中的关键变量,并对它做出灵敏度分析,当这些关键性变量的变化超过企业可以承受的范围时,原定的战略就应当做出相应的调整,同时需要企业制定相应的替代方案,以便企业拥有更加充分的应变能力。当然,在实际工作中,对关键变量的识别和起动机制的运行都是很不容易的。

权变理论指出:在管理实践中要根据组织所处环境和内部条件的发展变化随机应变,没有一成不变的、普适的管理方法。

### 9.1.3 战略实施的模式

在实践中,企业战略实施主要有以下五种模式。

1. 指挥型

指挥型模式的特点是由企业总经理考虑怎样制定最佳战略的问题。实践操作中,总经理人员要根据计划人员提交的企业经营战略报告进行分析,然后得出结论。确定战略之后,向高层管理人员宣布企业战略,下层管理人员必须无条件接受并且执行。

这种模式的运用有以下约束条件:

(1) 总经理应具备较高的权威,靠其权威通过发布各种指令推动战略实施。

(2) 指挥型模式的适用条件是企业战略比较容易实施。该模式要求战略制定者的目标与战略执行者的目标高度统一,战略实施不会影响企业现行运作系统。企业组织结构权力相对较为集中,企业所处环境变化不大,企业经营范围较为集中,企业能够收集大量信息,企业具有较强的竞争实力,企业资源相对充分。

(3) 本模式要求企业能够准确有效地收集信息,同时能够将该信息及时汇总到企业高层。因此,该模式需要高效运作的信息系统。该模式不适应不稳定环境。

(4) 本模式需要规划人员具有客观判断能力。一旦企业权力下放到各部门,各事业部之间会因为只顾及自身利益而忽略企业总体战略。因此,具有全局观的规划人员是企业所需要的。这些规划人员能够协调各事业部的利益,使其更加符合企业总体要求。

这种模式的缺点是战略制定者与执行者相互脱离，即高层管理者进行战略制定，下层管理者只能被动接受并且执行，因此，下层管理者在执行战略时缺乏动力和创造精神，甚至会抵制战略的执行。

2. 变革型

在这种模式下，企业战略的具体实施方案成为企业经理们考虑的重点。在具体实施过程中，总经理会在外部市场干预下主导一系列改革，具体说来便是进行组织系统更新、信息系统升级、重新整合经营范围以及人事关系。为了保证改革顺利实施，通常会采取一些刺激和控制手段。为了增大战略决策的成功概率，企业战略决策人员一般采用如下三种方法：

(1) 运用更新后的组织形式和人事参谋向整个企业宣传企业战略核心部分，并主导企业员工的工作重心集中在战略的核心领域。

(2) 建立、健全完善的规划系统和评价机制，采用多种刺激员工积极性政策，确保战略的有效实施。

(3) 充分调动员工工作积极性，争取大部分员工的支持，是企业战略决策有效实施的根本保证。

较之指挥型模式，变革型模式在企业实际运行中更为有效。但它仍然没有解决提高获取信息准确性、单位利益与个人利益对战略决策的影响以及如何保证战略稳步实施的有效动力的难题。不仅如此，随着组织机构和控制系统的更新，企业的战略灵活性逐步丧失，这也使得企业在应对市场环境变化时显得更为滞后。从企业长远发展看，市场不明确的企业应尽量避开有损企业战略灵活性的举措。

3. 合作型

在这种形式下，总经理们主要考虑的是如何才能让其他中高层管理者从实施战略初始阶段就承担相应的战略责任。企业总经理会同其他高层主管就企业战略问题进行磋商和讨论，进而获得共识。在这种形式下，集体智慧得到进一步发挥，制定出的战略会得到整个公司的认可和实施，从而使企业中高层管理人员在企业战略制定实施的全过程中都能发挥自己的一份力量。

高层管理人员的交流形式很多，有的企业将各部门的主管组织起来，以小组为单位进行战略研究培训，以此获得不同观点和意见，并对其进行整理归纳，在不违背集体意志的基础上制定相应措施，保证战略能够成功实施。总经理的首要责任是领导好一支能够制定及实行企业战略的管理队伍，并使其正常运转。

合作型将以往指挥型和变革型的局限性一并解决，总经理可以近距离地与管理人员交流讨论，获得实时资料信息。另外，由于战略的建立服从集体利益，大大提高战略实施的成功率。

值得注意的是，合作型会因战略观点不同、目的不同成为参与者协商折中的平台，降

低战略经济理性。由于谋略者和执行者角度和利益不同，在发挥中高层管理者参与热情和智慧上仍然存在很大问题。

4．文化型

在这种形式下总经理主要考虑的是怎样才能将企业全部人员都纳入战略实施中来，即总经理不断向企业员工传递企业战略核心思想，建立共同的利益链、价值观和行为准则，使全体员工都能在同一个文化思想基础上实施企业战略活动。这种战略形式彻底模糊了战略制定者和战略执行者的界限，力求使全体员工都加入企业战略的制定和实施中来，因而使企业的各个机构人员都能在一个目标下为企业战略服务，从而加快战略的实施速度，降低战略实施风险，加速企业发展。

文化型也存在一些局限：

(1) 与企业员工素质息息相关，必须保证员工具有一定文化水平，而现实中这一点很难满足。正是受到文化修养影响，基层员工(尤指小型手工业企业中的员工)在战略制定上仍然受到很大限制。

(2) 企业中存在的某些问题会因为企业文化而被忽视，以至于积少成多，积小成大，严重影响企业的发展。

(3) 由于参与人数增多，人员和时间成本增加，加上企业高层权力的争夺，使这种形式在战略制定和实施过程中多流于形式。

5．增长型

在这种形式下总经理主要考量的是怎样才能进一步提高战略管理者和实施者的积极性和创造力，为扩大企业的整体利益服务。总经理需要认真评估下层人员提出的所有有益于企业的发展方案，只要具有可行性，符合整体发展战略，在完善内部问题解决方案后，即可批准该方案，以此激励员工的创新精神。这种模式一反以往企业战略自上而下推行的特点，采用自下而上推行，所以总经理应该意识到：

(1) 总经理不再可能掌控全部环节，必须给予下层管理者们更加宽松的企业环境，以鼓励其提出更有利于企业发展的建议。

(2) 总经理的权利受到限制，难以在各个方面都把自己的意志施加于其他成员。

(3) 总经理要想保证战略的正确制定和实施，就必须充分考量每个员工的积极性是否被激发出来，一个能被全体支持的“不完善”的战略，总是比不被接受的“完美”战略执行起来更有价值。

(4) 企业战略是全体人员智慧的总和，不是单一个体能够制定的。因而总经理必须坚持发挥集体智慧，尽力排除不利于集体智慧发挥的外界因素。

在20世纪60年代之前，业界对于管理权威无比推崇，因而指挥型是主要形式。60年代，钱德勒指出，想要使企业战略行之有效，必须升级企业组织人事结构，变革型由此产生。其他三种(合作型、文化型、增长型)模式较晚才问世。从战略实施过程可以发现，战略实施本身就充满矛盾和问题,因而在战略实施中要利用一切可以利用的积极因素,才会保证战略的成功实施。以上五种战略形式在制定和实施中各有侧重,指挥型和合作型侧重于制定战略,而将实施战略看做后续行为;文化型和增长型更多考量战略的实施细则。在实际操作中,企业往往将多种形式交互使用,以求各自互补。

在实践过程中,美国学者建立了7-S模型。该模型重点考量在实施战略时企业整体状况,既要考量企业本身的战略、组织结构和企业体制这三个硬指标,又要考量人员、作风、技能和共同价值观四个软指标,只有在这7点正确地适应协调时,企业的战略才能成功实施。7-S模型如图9-1所示。

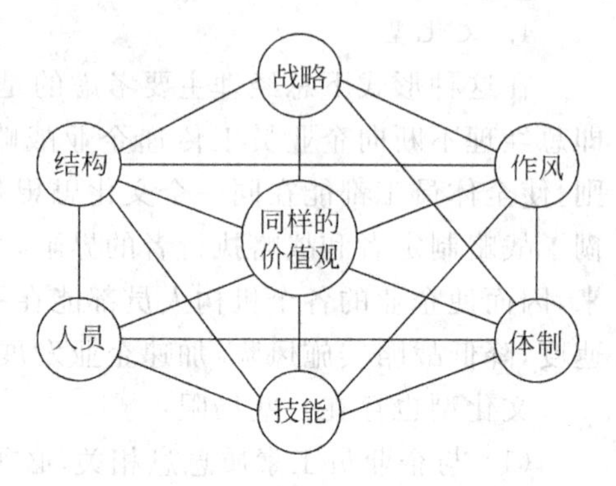

图9-1 美国学者建立的7-S模型

### 9.1.4 战略实施阶段

经营战略在实际运作之前只是纸上谈兵,战略实施是整个战略管理的实践,因而较之制定更为关键。在企业战略转化为战略实施过程中,有四个相互联系的阶段。

1. 发动阶段

在此阶段,领导人主要考虑如何将战略理想变成现实,使大多数员工拥护并且投身于实践新战略,因此要对企业员工进行战略培训,让他们掌握新理念、认同企业发展的新思想。陈旧观念和思想必须摒弃,这样才能让多数员工逐步接受、新战略。新事物刚刚问世时多数人会抱有很多疑问,因而战略革新要考虑各种疑问,并向多数人解释从而将其带入更高境界,只要大多数人认同此战略,该战略就能较为顺利地实施下去。由此看来,战略实施过程是更新改造员工的过程,要对广大员工进行企业战略培训,即使其了解企业实际面临的机遇与挑战、企业现存的弊病、新战略的意义和面临的困难等;让每个人认清形势,感受到新战略实施的紧迫性与必要性,建立信心,打消顾虑,为新战略的正确实施努力工作。在争取员工理解过程中,重点是要获得关键人员的支持,领导人要考虑机构人事任免等一系列问题,从而进一步扫清有碍于战略实施的各种不利因素。

2. 战略计划阶段

将经营战略分为具体几个阶段加以实施,每个阶段都有各自的目标,与之配套的还有各个阶段的阶段政策措施、部门政策和相应的其他方针等。各阶段时间表的制订需要统筹安排,要考虑各阶段目标及阶段与阶段的衔接。远期目标可以相对概括,近期目标和总体方针则应尽可能详尽。战略实施第一阶段是新旧战略的衔接,应当使其分目标和分计划更具体、更具有操作性,这样才能减少阻力,减少摩擦。具体来讲可以采取制订年度目标、部门方针、加大沟通力度、改进部门策略等措施，使战略实体化到企业各个部门，使各位员工明确自己承担的责任。

3. 战略运作阶段

企业的战略运作主要与六种因素有关：企业各级主管的素质和价值观；企业文化；企业组织人事机构；信息沟通；资源结构分配；控制和激励制度。以上六点落实到位，企业战略正式融入企业日常生产经营活动，真正成为企业的制度。

4. 战略的控制和评估阶段

在战略实践中，外部市场环境不断发展变化，企业只有加大控制与评估战略执行过程力度，才能真正适应市场环境的不断变化，完成既定的战略目标与任务。在这个阶段，企业要做好行之有效的控制系统、绩效监控和偏差评估、偏差修正与控制三个方面的工作。

## 9.2　资源配置与战略实施

### 9.2.1　企业战略实施资源的内容

在企业实施战略的准备中，战略资源的配置将直接影响战略目标的实现效果。好的资源配置能够为战略实施提供必要的帮助，较差的资源分配会造成好的战略无法产生应有的效益。

1. 战略资源的定义

战略资源是企业本身花费在战略行为本身，包含用于推行战略计划所消耗的人力、物力、财力总和。值得注意的是，时间和信息这两种无形的资源，虽然不为人所重视，但也是战略资源不可缺少的一部分，甚至在某种情况下时间和信息将成为直接影响企业战略能否成功实施的关键。战略转化需要企业具备相应的战略资源作为前提与保证。总的来看，战略资源涵盖：

(1) 采购和供给能力。企业是否占据供给主导地位，与本身能否协调好与供货商的关系、能否多渠道保证供给力、能否控制资源获取时的价格合理性息息相关。

(2) 产能与产品实力。包括规模合理与否，设备工艺是否能达到市场满意，产品本身的性能与质量能否被消费者接受，是否在同类产品中具有竞争力，产业结构是否合理等。

(3) 营销策略与销售实力。企业是否具有开辟更大市场所需实力，是否具有精明强干的营销团队，市场策略是否正确，等等。

(4) 财力。企业是否处在行业龙头位置，利润来源与分布是否合理，成本与各项财务指标是否超出正常水平，企业是否具备强大的融资实力。

(5) 人力资源管理水平。企业各级行政人员、技术人员素质是否过硬，专业技术是否能够推动企业发展，理念是否先进，企业凝聚力如何，等等。

(6) 产品研发实力。企业是否具备独立开发产品与更新技术能力，是否与高校以及科研单位有相应合作项目，储备的技术是否在本行业具有“领头羊”位置。

(7) 管理水平。管理体系是否适应市场变化，并能高效稳定地运行，对于新生事物的态度如何，是否具有一定的文化气氛，分工合作是否协调一致，组织是否强而有力。

(8) 对于无形资源的把握能力。企业能否从多种渠道获取并储备各种有价值信息，时间管理水平如何，等等。

2. 企业战略资源特点

(1) 战略规划决定资源流动速度和方向。

(2) 企业可支配的资源结构和总量具有很强的不确定性，在具体实施过程中，稀缺程度与结构会不断随市场变化而变化。

(3) 战略资源可替代度相对较高。由于战略实施周期较长，在具体实践中，原有缺少的资源可能会极大丰富，或是与之相反。

(4) 无形资产价值难以估计。

### 9.2.2 企业战略实施与资源的关系

实施战略过程中，必须优化资源配置，才能充分保证战略得以实施。资源与战略主要有以下几方面关系。

1. 资源保证战略实施

资源与战略关系是指在具体战略实施过程中，应有一定的资源加以保障。没有资源保障的企业主要原因有以下几点：

(1) 战略制定存在严重缺陷，没有重视资源的重要性，因此产生“空虚”的战略。

(2) 没有预测必要的资源需求，结果造成资源缺乏，以至整个战略决策难以执行。

(3) 没有有效地运用无形资源，甚至出现严重错误，对企业产生难以估量的负面影响。

2. 战略促进资源充分发挥作用

资源充裕的企业也不是无往不胜。资源过度利用不但会使企业失去眼前利益，更为严重的是会损害了企业获利能力。所以，在正确的战略制定完毕后，接着就要保证资源的合理分配使用，使其物尽其能。更为重要的是，战略本身可使资源的潜在能力得以发挥，尤其是那些无形资源。

3. 战略促进资源合理储备

资源本身在不断变化。在战略实施过程中，资源之间的不同组合不但会对战略本身产生不同效果，还会进一步产生新的资源。合理储备资源，就是要看准时机以最低的代价、最快的速度对所需资源进行合理的储备。具体可通过两种形态实现：

(1) 随着战略的实施本身演化出新的资源；

(2) 新资源及时用于其他战略,并成为必要的资源。

### 9.2.3 企业战略资源的分配

战略资源分配依据战略资源方案具体分配。在战略实施过程中,各种转换通过变更资源配置,即资源合理分配实现的。在资源分配过程中,有形资源可以衡量,无形资源包含人力资源则很难把握。因此战略资源分配可分为人力资源和资金分配两种。

1. 人力资源分配

人力资源分配包括三部分:

(1) 为关键岗位配备高技术、高素质管理人才,尤以战略岗位上的关键人才为重。

(2) 建立、健全储备人才机制,确保能为战略实施输送有用的人才。

(3) 在战略的实施过程中,确保整个团队实力的合理搭配。

2. 资金的合理分配

企业一般以预算形式初步分配资金。预算是运用财务指数直观地显示战略目标的文件。预算一般采用如下几种形式:

(1) 零基预算。采用彻底的成本—效益分析,并不依据上一年度的预算,以此保证预算的合理性,防止无效的预算。

(2) 规划预算。按照项目分配资源,具有期限较长特点,能与项目规划期达到同步,可以直接观察单项规划对资源的需求情况。

(3) 灵活预算。准许消费随产出变动,能有效克服“预算游戏”,加大预算本身的灵活性。

(4) 生命周期预算。产品的不同阶段对资金需求不同,不同阶段中的资金有不同的费用项目。生命周期预算根据产品各个阶段特点制订资金支出计划和支出原则。

资金合理分配应遵循两条最基本的原则:

(1) 根据不同企业、项目的侧重点设置资金的优先使用权,从而达到资金的高效利用。

(2) 开发各个战略单位对于资金的潜在协作能力。

### 9.2.4 战略与资源的动态组合

企业成长过程中,随着战略的不断更新,战略资源本身也在不断积蓄。制定现行战略时,必须充分考虑未来环境变化、资源损耗,并对其进行合理的再分配。同时应当明确这时的资源配置已经不再是单一的资源配置,这时的资源与战略已经合为一体,密不可分。这里提到的战略资源配置组合实际上是指战略和资源的动态组合。

随着战略的开展,新老资源的积蓄交织,形成未来的资源积蓄。在未来战略与现行战略之间的新的资源积蓄,成为连接两种战略的桥梁,产生战略与资源的动态组合。为了将

这个过程付诸实施,必须首先考虑两方面的问题:

(1) 应当选定何种战略作为当前战略;

(2) 未来战略应当如何实施。

接下来才可以在两者间适当调配资源。资源在这个进程中起到相辅相成的效果。

1. 动态相辅效果

动态相辅效果可分为物的动态相辅和资金的动态相辅两部分。

1) 物的动态相辅

物的动态相辅是指企业现行战略与未来战略能在何种程度上共享物的资源,换言之就是现行战略运行中的战略资源储备能在未来战略中起多大作用。从这个意义看,可转化的物的资源积蓄是比较好的。企业在考虑当前产品和市场战略时,应首先考虑使之转化成可能的相关的未来战略,此时采用同未来联系较多的战略是非常重要的。举个例子,建立生产线时,应考虑专用线能否用于其他领域生产,如果没有可能,要做好在激烈的市场淘汰下更新该生产线所用的人力、劳动、材料等方面的准备。

2) 资金的动态相辅

这里提到的资金指流动资金,流动资金对企业日常经营影响重大。企业应当在制定战略时考虑资金投入和回收效果。

在现实战略与未来战略之间,首要任务是制订资金组合。在现行战略上,企业会多元化经营,这从企业发展看来无可指责,但随着时间的推移各个领域都需要大量资金维持稳定运营,如何应对此类问题便成为企业不可回避的难题。企业这时首要的选择是完善现行战略发展后的资金积蓄,以应对未来可能的困境。此外,产业流动资金在时序上会呈现出不同的形态,某一时刻需要投资资金,另一时刻资金又回到企业。这就要求企业实现资金的动态权衡。在上述流动资金的变化形态中,有四个因素在起决定性作用:竞争战略、市场规模和企业壮大速度、企业在市场竞争中的优势、产品的各个生命周期。

要想实现资金流动动态相辅效果,企业就必须在现行产品和机制上同时具备多类型资金流动的产品和市场,以此实现资金的平衡流动。

2. 动态相乘效果

动态相乘效果指企业未来战略有效地利用现行战略中生成的无形资源。换句话说,企业当下运用与产生无形资源时,如果能与未来领域运用同种资源的时段重合,就可以形成强有力的动态相乘效果。

无形资源在战略施行时被积蓄。在现实市场竞争中,企业如果努力开展事业性活动,将会为其积蓄大量的无形资源。图 9-2 便直观地显示了这一点。

动态相乘效果可以认为是企业的本质。在人们描绘确保企业长期发展战略时,动态相乘效果常是其中的新话题。这是由于:

(1) 企业能够应对变化无常的市场环境,其原因就是无形资源的动态组合。

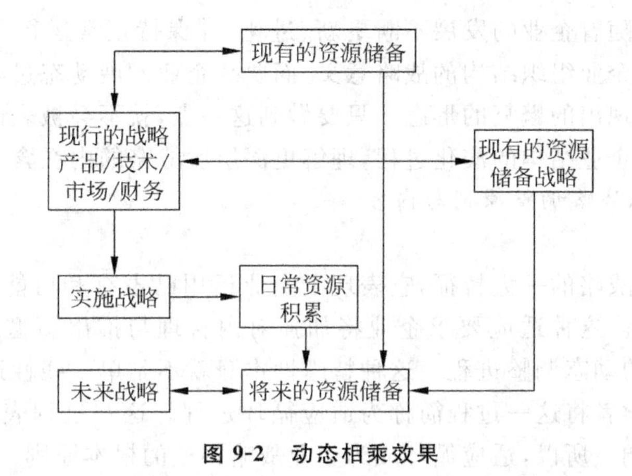


图 9-2 动态相乘效果

(2) 动态相乘的两个不同领域之间,资金的动态相辅效果更易于发生。

这里给出企业构建动态相乘效果三点建议:

(1) 在最初战略选取时,应优先选用无形资源容易积蓄的领域实施战略。

(2) 战略本身不能忽略企业活动的动态发展和程序。

(3) 要确保动态相乘的良性发展,就需要加入一些表面看似不合理、在某种程度上缺乏资源保障的战略实施,这样可以增强企业的内在动力,常常会收到意料之外的效果。

# 9.3 组织结构与战略实施

## 9.3.1 组织结构的战略含义及调整

1. 组织结构的战略意义

作为战略实现的一个重要途径,企业组织结构与战略适应协调才能发挥其应有的作用。事实说明,组织结构不配套将会直接损害企业战略实施,即使战略设计再完美也难以成功。所以,企业组织结构必需为企业战略而制定,且随着战略的变化不断调整。在企业战略实施过程中,采用哪种组织结构,决定权在决策者和执行者手中。对战略的理解,主要受客观条件和战略本身制约,也受到战略发展标准理解以及选择何种关键任务制约。

美国经济学家钱德勒提出,战略和结构之间的关系是以结构服从战略为基本出发点。也就是说,战略决定企业组织结构变化。这一基本策略使企业不仅要从现行结构考量企业战略,还要根据外部市场变化考量战略,从而反作用于组织结构。

稳定时期,企业组织结构分为区域组织、职能专业化、事业部组织、矩阵结构、战略经营单位和横向结构六大类。从发展即动态角度看,企业在不同时期必须采用不同的组织结构。结构本身也随着企业的发展不断更新、进化，并保持正常运行。所以，我们不能单靠静态的形态理解企业组织结构的战略意义，而要从企业发展动态过程分析其更新过程，以及在不同阶段表现出的繁复的形态。只要做到这一点，就不会被表面的假象蒙蔽，使我们能更准确地了解企业结构的演化过程，理解更深层次战略的内在含义。

2. 企业的组织战略调整原则与内容

1）调整原则

适应性是企业战略的一大特征，它表现了企业运用已占有和可能占有的一切资源适应内外条件的改变。这种适应要求企业将加强对内管理与推出新型结构有机地结合起来，是一种极复杂的动态调整进程。这种特殊性本身就不是单一线性运动，而是一个往复动态上升的过程，学者将这一过程简称为适应循环过程。这一过程表明结构如何与企业战略相适应、相协调。所以，适应循环成为企业战略调整的根本原则。

2）调整内容

战略与结构的适应工作包含三个内容：

(1) 立足企业实际，制订和开发出适应企业战略需要的组织结构。

(2) 划分企业内部管理层次，确定产、权、责协调的管理模式，确立保证战略成功实施的能力。

(3) 确定与关键岗位相适应的人才，保证战略能够有力地推行。

为使调整工作顺利实施，要做好以下铺垫工作：

(1) 保证战略实施的关键。企业应当从繁杂的活动，如市场开发、人员培训、制度建立，发掘对战略实施起关键作用的行为。

(2) 战略实施活动可划分为多个活动单元，事实上它们组成的就是调整组织构成的基本框架，从而使企业的战略被放在首位。

(3) 明确实施战略活动的权利与责任。实施企业战略应当考虑集权与分权的利弊，进而做出理智的判断，分配给每个单元适当的决策权，并保证各个战略单元能够遵照实施。

(4) 协调各个实施活动单元的关系。其中包括：①划分组织权利等级；②在实施整体战略过程中吸收各种单元，使之相互了解，相互关联，互相协调。

每种结构都存在利弊，在整个结构调整过程中一定要综合考虑各自实际，不应局限在单一形式上。组织结构本身并没有什么好与坏之分，关键是如何与战略适应。所以，必须从企业实际出发，对自身的组织结构进行合理的调控，使其在满足需要的同时尽量简便易行，同时要避免盲目追求结构上的膨胀和形式上的完美。

### 9.3.2 战略发展对组织结构的要求

1. 适应战略发展的组织结构标准

企业要充分了解员工的特点，并将其应用于战略的制定之中，使之调整和指导企业整

体组织，这便是企业组织结构适应战略的本质。适应战略发展的组织结构具有如下三个标准：

(1) 统一愿景

(2) 反映企业的发展趋势

(3) 具有鼓舞士气的精神力量

综合企业组织结构适应战略的三个标准，我们可以清晰地发现它们的内在顺序。首先是结构本身产生的共同愿景；进而将其凝聚并反映到企业的发展趋势之中；最后，为了使这种动力持久化，企业必须要使员工产生紧张感，精神张力将使企业在战略实施过程中永葆活力，不断前进。这三点相辅相成，构成企业组织的动态体系。如果没有"共同愿景"前提，则没有前进的趋势，也就没有精神张力；如果没有反映趋势的标准，则"共同远景"会出现无法可依的尴尬场面，精神张力会产生副作用；不能保证精神张力，"共同愿景"和"前进趋势"也就不可能成型。

2. 组织战略的调配和人员选择

战略实施的成败，很大程度上取决于关键岗位上关键人物的选择任用。关键人物的选择和任命是企业组织战略调整的重要任务。在选择关键人物的过程中，特别要注意以下几个方面：

1) 关键人物的主要能力要与企业战略相匹配相适应

企业战略实施过程中，关键人物是项目负责人的集合，包括主管经理和领导班子成员。人员选择应适应战略需求，要有承担战略责任的能力，能够独立判断和把握一些特定领域的战略问题，并在战略实施过程中发挥主导作用。同时，关键人物必须具备强烈的责任感和事业心；必须有较高专业的水准和独到的管理风格，有创新能力。此外，企业要考虑人员能力互补，对关键人物合理搭配使用。

2) 利用当前管理者贯彻新的战略

企业贯彻一项新的战略涉及的关键人物，一般是根据有限管理者贯彻落实。由现任管理者执行战略的基本根据是：

(1) 现任管理人员充分了解各种关键因素，对于战略和运用方法了如指掌，可以大大缩短培训周期。

(2) 现任管理人员具有较高的个人威信和业务水平。

(3) 现任管理人员能够协调多方面利益，充分凝聚企业内部各种力量。但是值得注意的是，由于工作具有连续性关系，会对机会与危险反应滞后。

3) 引进外来人才实施新战略

"筑巢引凤"作为现代企业常用方式存在如下优点：

(1) 为克服企业现有员工的惰性引进一批外来人才，为企业注入新鲜血液。

(2) 激励人心，增加企业活力。外来人才"初生牛犊不怕虎"，可能会干出一番大事业。

但同时也应考虑两个问题：

(1) 新人来自外部，需要花费较多时间培养并树立威信，增加实施周期。

(2) "临阵换将"会使重心发生转移，甚至弄巧成拙造成相当大的混乱，影响企业整体稳定。

4) 激励关键人物

即便是尽职尽责、尽心尽力贯彻企业战略的经理们也需要激励。由于战略执行过程较长，效果往往不能立即显现；战略制定及执行存在风险，可能中途夭折；为了达到目的所施行的行动有所不同，因此，有效激励变得异常艰难。此时可考虑采用以下方法：

(1) 将战略执行取得的进步与已经取得的成果区别开来；

(2) 以股权奖励关键人物；

(3) 进行适时适当的激励。

### 9.3.3 组织结构的基本形式

组织结构是表明组织内各部分的排列顺序、空间位置、聚散状态、联系方式以及各要素之间相互关系的一种模式，组织结构是组织的"框架"。组织结构随着生产力和社会的发展不断发展。常见的组织结构的类型有：直线制、职能制、直线职能制、事业部制、模拟分权式结构、超事业部制、矩阵制结构和委员会组织结构等。

1. 直线制组织结构

直线制是最早使用也是最为简单的一种结构，又称单线制结构，或军队式结构。其主要特点是组织中各种职位是按垂直系统直线排列的，各级主管负责人执行统一指挥和管理职能，不设专门的职能机构。其结构如图 9-3 所示。

直线制组织结构设置简单、权责分明，便于统一指挥、集中管理。缺点是没有职能机构当领导的助手，易于忙乱。所以，一旦企业规模扩大，管理工作复杂化，领导者势必因经验、精力不及而顾此失彼，难以进行有效的管理。这种组织结构只有在企业规模不大、职工人数不多、生产和管理工作都比较简单的情况下适用。

2. 职能制组织结构

职能制又称多线制组织结构，其特点是在各级主管负责人之下按专业分工设置相应的职能机构。这些职能机构在各自业务范围内有权向下级下达命令和指示，如图 9-4 所示。

职能制现代生产技术比较复杂和管理分工较细的企业，可提高管理的专业化程度，减轻各级主管负责人工作负担。其缺点也非常明显，由于每位职能人员都有指挥权，多头领导容易造成管理上的混乱。这种组织结构最早由泰罗提出。由于上述缺点，事实上不存在纯粹的职能制组织结构。

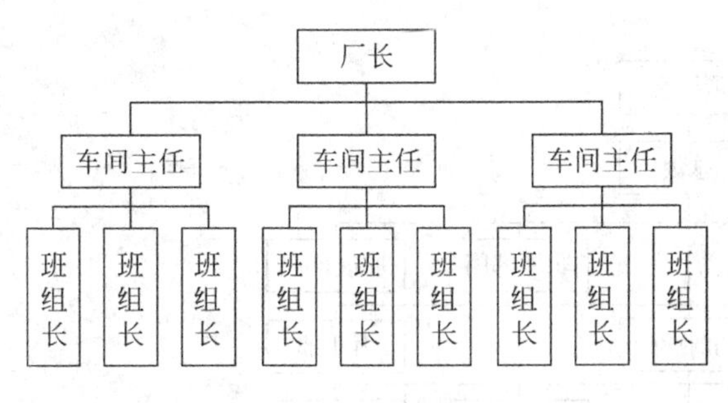


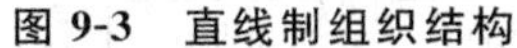
图 9-3 直线制组织结构

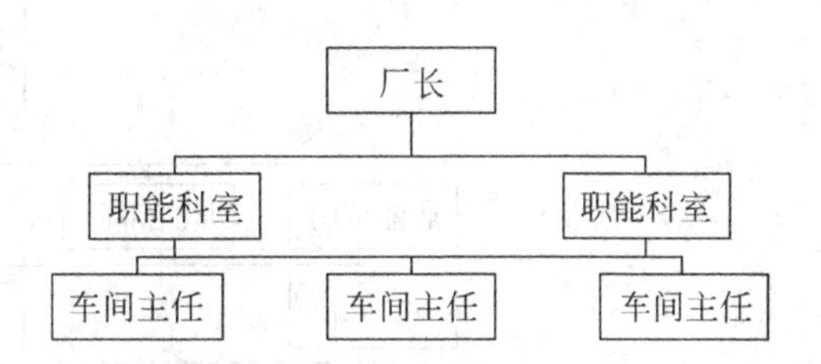


图 9-4 职能制组织结构

3. 直线职能制组织结构

直线职能制是把军队式的直线制和泰罗的职能制结合起来形成的,也称 U 型结构。其特点是以直线为基础,在各级主要负责人之下设置相应的职能部门,分别从事专业管理,作为该级领导者的参谋。职能部门拟定的计划、方案统一由直线领导批准下达,职能部门无权直接进行指挥,只起业务指导作用。实行主管人统一指挥与职能部门参谋、指导相结合。如图 9-5 所示。

直线职能制是在综合直线制和职能制特点、摒弃二者缺点基础上形成的。因此,它既保持了直线制的集中统一指挥的优点,又吸取了职能制专业管理的长处,可提高管理工作效率。直线职能制在管理实践中也有不足之处:权力集中于最高管理层,下级部门主动性和积极性的发挥受到限制;信息传递路线较长,反馈较慢,适应环境变化较难。实际上是典型的“集权式”管理组织结构。

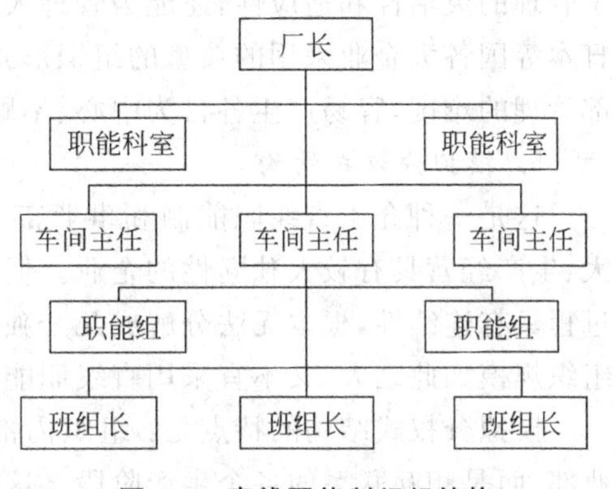


图 9-5 直线职能制组织结构

4. 事业部制组织结构

事业部制组织结构是由美国企业管理专家斯隆在 20 世纪 20 年代初,担任美国通用汽车公司副总经理时研究设计出来的,称为“斯隆模型”。分权的事业部制的管理原则是“集中政策,分散经营”。事业部制是西方经济从自由资本主义过渡到垄断资本主义后,在企业规模大型化、企业经营多样化、市场竞争激烈化条件下出现的一种分权式的组织形式,也称为 M 型结构。如图 9-6 所示。

事业部制的主要特点是在总公司的领导下,按产品或地区分别设立若干事业部,总公司只保留预算、人事任免和重大问题决策等权力,并运用利润等指标对事业部进行控制。每个事业部在经营管理上拥有很大的自主权,各事业部对总公司负有完成利润计划责任,各内部经营管理具有较大的独立性。

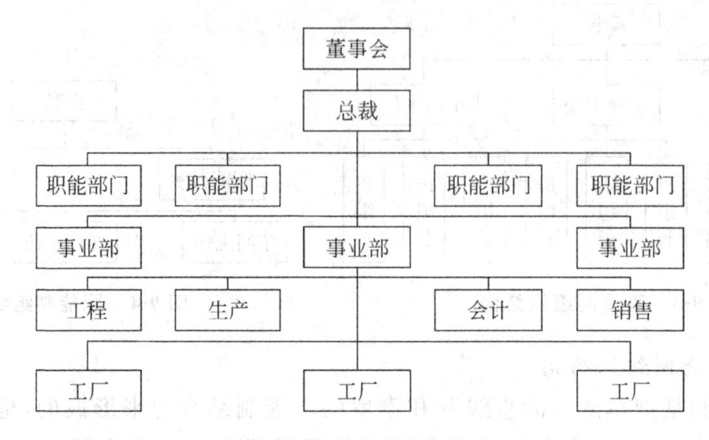


**图 9-6 事业部制组织结构**

事业部制的管理原则是“集中决策，分散经营”，即在集权领导下实行分权管理。由于各事业部具有独立经营的自主权，这样既有利于调动各事业部的积极性和主动性，又提高了管理的灵活性和适应性，还能为管理人才的成长创造良好的机会。因此，它成为欧美、日本等国各大企业采用的典型的组织形式。但是，事业部制也增加高层管理者对各事业部管理的难度，容易产生各自为中心、不顾全局的本位主义。

5. 模拟分权式结构

这是一种介于直线职能制和事业部制之间的组织结构。事业部制一般用于规模较大、生产经营具有较大独立性的企业。但仍有许多大企业，如连续生产的化工企业，生产过程具有连续性，根本无法分解成几个独立的事业部门，不宜采用分权的事业部制；而且组织规模如此之大，又不宜采用直线职能制，因此就产生模拟分权式结构。

模拟分权式结构的特点是：组织内部划分成不同的部门，但这些部门不是独立的事业部，而是相互联系的各个生产阶段。这些生产阶段具有自己的利润目标，各生产阶段半成品的转移以内部“转移价格”进行计价，独立核算。每个部门可视作模拟性的组织单位，拥有一定的经营自主权，拥有自己独立的外部市场，并且有自己的管理机构。其组织结构图如事业部制，只是采用模拟性分权管理的各事业部是按生产阶段划分。模拟分权式组织结构的优点：吸收了直线职能制和事业部制的优点，实行模拟性的独立核算，负有模拟性的盈亏责任，有利于分权管理和提高各部门生产经营的积极性。其缺点是：权力和责任都是模拟的，比较含糊，评估和考核也比较困难，不利于组织内部信息的沟通和协调。尽管模拟分权式结构与事业部制结构相比有明显的局限性，但对于大型材料工业企业，如玻璃、钢铁、造纸、化工，仍不失为适用的组织结构。

6. 超事业部制组织结构

超事业部制是直接在事业部制基础上发展起来的。这是 20 世纪 70 年代在美国和日

本一些大公司出现的一种新的组织形式。70 年代以来,由于企业规模已发展到超大型化,总公司领导的事业部过多,管理幅度过大,因而在总公司与各个事业部之间增加了一层管理机构——超事业部,以便协调各事业部的活动,增强企业经营的灵活性。增设超事业部的目的在于协调各事业部之间的活动,使管理体制在分权的基础上又适当集中,同时进一步减轻最高领导层的日常行政事务工作,有利于加强企业最高层领导决策。

7. 矩阵制组织结构

矩阵制是为了适应在一个组织内同时有多个项目需要完成,每一个项目又需要具有不同专长的人在一起工作才能完成这一特殊需要而形成的组织形式。其特点是既有按管理职能设置的纵向组织系统,又有按产品、项目、任务等划分的横向组织系统。横向组织系统的项目组所需人员,一般是由不同背景、不同技能、不同知识、分别选自不同部门的人员组成。他们既接受本职能部门的领导,又接受项目组的领导。一旦某一项目完成,该项目组即撤销,人员回原部门工作。

矩阵制有利于加强各部门间的配合和信息交流,便于集中各种专门知识和技能,加速完成某一特定项目;可避免各部门的重复劳动,加强组织的整体性;可随项目的开始与结束进行组织或予以解散,增加了组织的机动性和灵活性。这种组织形式的缺点是由于各成员隶属于不同部门,容易产生临时观点,不安心工作,因而组织的稳定性较差。矩阵制实行纵向和横向双重领导,由于每位成员都要接受两个以上上级领导,可能产生权责不清,互相扯皮问题,造成管理秩序混乱。矩阵制一般适用于创新性任务较多、生产经营复杂多变的组织。如图 9-7 所示。

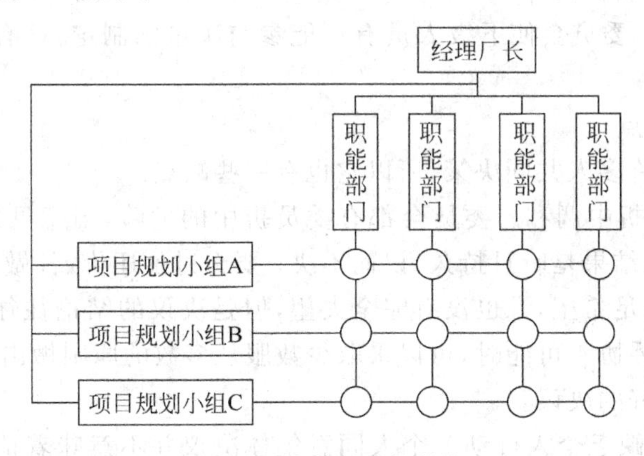


**图 9-7 矩阵制组织结构**

8. 委员会组织结构

1) 委员会的含义与类型

委员会也是一种常见的组织形式,它是执行某方面管理职能并实行集体行动的一组人。按时间划分,委员会可分为两种类型:一种是临时委员会,它是为了某种特定目的而组成的委员会，完成特定目的后即解散；另一种是常设委员会，它作为一个常设机构，促进协调、沟通与合作，行使制定和执行重大决策职能。按职权委员会也可分为两种类型：一种是直线式的，例如董事会，它的决策要求下级必须执行；另一种是参谋式的，它为直线主管人员提供咨询建议和方案等。委员会还可以分为正式的和非正式的，凡是属于组织结构的一个组成部分，并授予特定的责任和职权的委员会为正式的；反之，为非正式的委员会。

委员会在实践中随处可见，几乎各级组织都存在各种各样的委员会，如董事会、工人委员会、职称评定委员会、居民委员会。

2）委员会的优点

（1）集思广益。整个委员会所具有的知识、经验和判断均较其中一人丰富，相互一起讨论研究可以避免个别领导人的决策判断错误。委员会讨论的结果不是许多个别观点的简单综合，而是各种想法在一起重新创造，因此能产生解决问题的最好方案。

（2）集体决策。通常，委员会除有行政负责人参加外，尚有各方面专家，各部门、各层次代表。委员会中委员的权力是平等的，委员会最后以少数服从多数原则解决问题并采取行动。如此，可以避免权力过分集中于某一个人身上，既可以避免个人滥用权力，也可避免忽视某个层次、某方面人士的意见和利益。

（3）便于协调。委员会是很好地协调整个部门活动和各方面利益的场所。讨论问题的过程也是沟通协调的过程。当讨论和确定某项决策时，该项决策可能会使某一个部门面临什么问题，为执行这项决策各部门应做哪些配合，均能得到反映和考虑，这有助于相互了解、协调和决策的执行。

（4）鼓励参与。委员会使下级人员有可能参与决策的制定，这有助于调动人们的积极性。

3）委员会的缺点

由于委员会是许多人共同决策，所以它也有一些缺点。

（1）委曲求全、折中调和。委员会都有委员折中的危险，当意见发生不一致时，要么争执双方互不相让，结果是旷日持久，议而不决；要么讨价还价，各做让步，采取折中的方法，结果谁也没有满足希望，谁也没有完全失望，但是决议的结论往往由于妥协而没有多少实质性内容。在妥协不可能时，可以采取少数服从多数的原则做出决议，但有时多数赞成的决议不一定是好的决议。

（2）责任不清，缺乏个人行动。个人同意集体决议并不意味着他的观点完全与决议一致，个人对集体做出的决议或建议不承担责任。因此有人认为委员会处理执法性问题，如裁判、司法、审判性问题以及部门与部门之间的争论较为恰当。对于行使决策、组织、领导、执行等问题，委员会不是有效的形式。

（3）一个人或少数人占支配地位。委员会决议应反映集体智慧。往往是少数人把自己的意志强加给他人甚至整体。虽然委员会是由不同或相同级别的委员组成，但委员会主席往往是级别较高的主管，这种做法从根本上否定了委员会产生的前提。

4）如何有效地发挥委员会作用

有效发挥委员会作用应注意以下几点：

(1) 必须明确委员会的目标、任务和职责权力范围，不要让委员会做应当由个人做决策的事情，更不要让委员会议论小事，做无关紧要的决策。

(2) 精心挑选委员会的组成人选。委员们既要有一定的代表性，又要有完成委员会任务所需要的专门才干、品德和权威，这样的委员会才能实现组织目标。

(3) 委员会的规模不宜过大，能充分讨论问题、反映各方面意见、便于做出正确决策即可。

(4) 讨论的有关议题应事先通知，做好调查研究和数据准备。

(5) 委员会主席不应在委员中占支配地位，要有鼓励大家积极参与的能力，要能吸取他人的智慧，能引导和协调集体向组织目标努力。

**【小资料2】** **美林集团的组织结构**

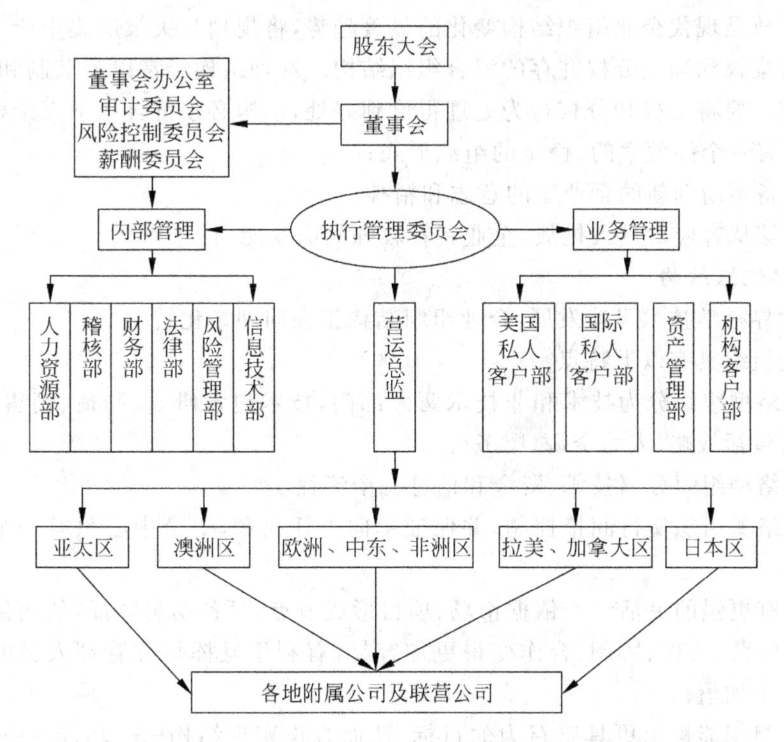


**资料来源**：任浩. 现代企业组织设计. 北京：清华大学出版社，2005.

**想一想**：美林集团组织结构的特点是什么？

### 9.3.4 企业组织的战略发展新趋势

为适应经济发展和社会形态变化，企业的组织结构必须进行创新。

1. 组织的软化趋势

组织软化使得企业组织小型化、简单化。组织软化的坚定支持者认为：

(1) 组织结构如果庞杂繁复，那么必然与人类本性相违背。越是小型化的组织，越能让人感受工作与人之间的紧密联系，从而更有利于人的能力的发挥。

(2) 小型化的组织结构使权力便于下放，从而保证企业整体稳定运作，可以发挥下级员工的积极性，更有利于调控。

软化组织能够使企业各组成员的行为方式由原来的死板教条向灵活应对靠拢。原来的组织中，各员工之间有明确的等级之分，人的行为被严格管制；而新的组织中，对于成员没有硬性的规定，工作程序也没有明文限制，只是利用社会心理调动人的积极性。由于员工之间的等级差减少，权利分散，因而沟通显得更加必要。

2. 混合新组织结构的建立

权力下放是现代企业组织结构变化的显著趋势，将规划与决策层集中于企业总部，进而形成高度集权和高度分权并存的混合组织结构。这种结构经常以分散制和超事业部的合作为代表。要将集权和分权行为处理得恰到好处，结构必须符合以下三个标准：

(1) 具有一个高效率的、稳定的组织形式；

(2) 具备不断创新的企业家的意志和精神；

(3) 能够从容应对重大挑战，企业具备较强的应变能力。

3. 网络组织结构

当今世界科学技术飞速发展，企业组织结构正在向网络化转型。

网络型组织具有以下特点：

(1) 网络型组织分为技术和非技术两大部门，技术包含研发、制造、销售、高技术等；非技术主要包括战略、人力资源、财务等。

(2) 网络型组织分离技术、资金和信息三个流程。

(3) 网络型组织实行间接控制，并保证单向责任权利，一个中心只有一个领导，避免了多头领导。

(4) 具有更强的灵活性。依据市场、项目形成节点，具备动态特征，从而保证高效率。

(5) 使经营、协作、协调、合作变得更加容易，有利于发挥每位管理人员的积极性，同时又具备高附加值。

网络型组织能提出更具感召力的目标，从而真正实现结构——功能——过程——价值的转变。

# 9.4　管理制度与战略实施

## 9.4.1　战略实施中的企业制度建设

企业制度是关于企业组织、运营、管理等一系列行为的规范和模式。企业制度体系是企业全体员工在企业生产经营活动中须共同遵守的规定和准则，其表现形式或组成包括法律与政策、企业组织结构（部门划分及职责分工）、岗位工作说明，专业管理制度、工作流程、管理表单等各类规范文件。企业组织制定战略以后，就需要全体成员积极有效地贯彻实施。企业制度是统一全体成员意志的一种重要手段。随着企业自身的发展，企业的组织规模在逐渐扩大，组织文化也在不断变化，因此战略的制定与实施与以往不同，所以需要新的企业制度与之匹配。由于企业制度的落后会影响企业战略实施，因此，在企业中合适的企业制度建设与企业战略是分不开的。

1. 企业制度建设原理

管理制度在企业的日常经营中涉及每个方面，企业管理制度对于企业经营来说是至关重要的。制度建设是企业的基础，同时它也是战略能够顺利有效实施的重要保障。企业管理处在不同阶段，其管理制度也有所不同。

(1) 企业制度建立初期，由于企业制度体系尚不完善，实际经营中会出现很多没有考虑到的问题，会遇到许多现有制度无法解决的问题，需要根据实际情况有针对性地解决。

(2) 企业制度发展时期。经过初期的不断改进，企业制度逐渐变得规范化，企业制度在这一阶段进一步完善。这一时期的重要工作是进行必要的员工培训，同时贯彻实施企业制度，使员工意识到企业制度的重要性。

(3) 企业制度发展高级时期。经过强化培训以及企业制度的有力实施，企业制度对于员工已成为一种习惯，这种习惯使员工可以自行遵守企业制度，不再需要刻意强化。

(4) 企业制度成熟时期。这一时期企业制度不再只是一种习惯，而是形成一种文化，成为企业员工共有的一种价值观，每位员工能够发自内心地赞同企业制度，向着企业制定的长期战略目标努力进取。

(5) 企业制度的自由时期。在这一时期，由于员工能够自觉地遵守企业制度，所以企业制度的建设不再是为了理性的约束，而是朝着人性化方向发展，做到人本管理思想与企业管理制度有机结合。

以上各个时期在企业实践中持续的时间长短不一，同时各个阶段之间会存在交叉现象，但却是按照这些阶段逐层发展的。企业制度建设需要完善和规范，但是良好的企业制度不是通过强制手段要求员工遵守，重要的是要使员工认可这些制度，自觉遵守制度，为了企业长远战略目标的实现做出自己的贡献。

2. 企业制度建设的特征

企业制度建设需要周密的规划，同时好的方式与方法也是不能缺少的。合适的管理制度能提高企业管理效率，降低企业管理成本，这就需要企业有一个清晰的管理思路。企业管理制度特征表现在以下几个方面：

1）系统性

系统性主要包含两方面内容：①企业制度管理的全面性。要求企业具备各项管理制度，这些管理制度能够充分满足企业经营的正常需要。②各项管理规范的完整性。它要求企业各项管理制度能充分满足各专项管理的需要。企业在建设具体制度过程中，首先需要解决系统性问题。系统性能解决企业管理制度中存在的内容与程序交叉、重复、冲突，以及形式不规范等问题，为企业提供一套有效可行的管理制度。

2）规范性

规范性主要涉及三方面内容：①行为规范。管理制度作为一种规范性文件，其存在的意义是要求员工在企业生产经营活动中共同遵守，要求员工在企业活动中按照与企业经营、生产、管理相关的规范与规则统一行动。②编制规范。编制规范一般包括规范性标准和规范性程序，属于规范性标准的有编制目的、编制依据、适用范围、制度构成等；属于规范性程序的有制度实施环节，实施的具体程序，控制制度实现或达成期望目标的方法及程序，以及形成、完善或修订制度的过程，制度生效的时间，与其他制度之间的关系等。③实施规范。保障企业管理制度规范实施的条件主要包括以下两点：编制的制度是规范的，符合企业管理学一般原理以及事物发展一般规律；实施制度的全过程是规范的，企业的职务划分，包括各个职务中的工作说明以及相应的工作程序是规范的。

3）动态性

在企业的发展过程中，企业管理制度和企业其他事物一样，不可能是不变的，只是在相应一定时间内具有相对稳定性。也就是说，企业管理制度具有一定的适应性，随着企业自身以及周边环境的不断变化，从长期发展看，企业管理制度是一个动态的发展过程。导致企业管理制度发生变化的因素主要包括以下三种：

（1）企业经营环境的变化。环境主要包括企业经营范围、经营产品和员工整体素质。经营范围主要涉及企业经营地域扩展，经营产品主要涉及种类增加，员工素质主要涉及受教育水平提高，这些变化会影响企业组织结构设计、职能部门再次划分以及工作岗位技能改变等，从而导致企业管理制度改变，规则做出相应调整。

（2）产品结构的变化。产品结构的改变主要是因为产品生产线长度发生变化，也可能是新技术的应用导致生产流程、操作程序发生改变，与之相关的管理制度因此做出相应的改变。

(3) 企业发展战略及竞争策略的调整。战略以及竞争策略的调整往往是由于外部竞争环境发生变化,原有的管理制度不再适应新的竞争环境,必须对原有管理制度进行相应的调整。

4) 创新性

企业管理制度的设计、编制过程实际上就是在创新。企业管理制度必须遵循企业管理基本原理,遵循事物发展的客观规律,根据企业自身实际情况,创造出适合企业自身发展的一套管理制度。每个企业在制定管理制度时,都是在前人成果基础上进行适当的创新。

3. 企业管理制度的设计

1) 设计思路

企业管理制度在设计时要充分注重组织与个人利益之间的平衡,在企业管理制度设计时要充分考虑员工的能动性,并充分利用使之为企业更好地服务。在设计企业管理制度时要让员工积极参与,这样有利于以后的执行。得到员工认可的制度更利于日后员工自觉遵守与维护。企业发展目标与员工成长目标一致,企业与员工能够实现双赢,这样设计出来的管理制度才是成功的。

2) 设计原则

企业制度体系设计应该遵循以下几个原则:

(1) 完整性。管理制度是企业实施经营管理的依据,是各项管理工作与规范的总和,是工作程序与岗位守则的完整体现。企业管理制度主要通过组织结构设计、职能部门划分、岗位工作设计、员工具体工作具体体现,同时企业管理制度需要量化的管理表单进行具体的统计与分析。这些系统性、专业性相统一的规定和准则,将满足企业生存和发展的需要,并促使企业在管理制度体系正常运行的情况下实现发展战略。

(2) 专业性。企业管理制度的设定是为了解决在企业实际经营中出现的各类问题,有了管理制度能够为各项管理工作提供依据,同时为解决问题提供程序化标准,有利于突发问题的解决。由于企业经营中分工已经做到科学化,因此相应的管理制度也必须要做到专业化,也就是要根据不同的工作内容设计不同的管理方式,主要包括人际管理和技术管理两项标准,人际管理侧重于企业日常行政管理,技术管理主要涉及生产环节的各项组织管理和具体的操作规范。

(3) 操作性。企业管理制度主要是为了解决企业经营中出现的各类问题,因此再完善的管理制度不具备操作性也是没有用的。企业管理制度的可操作性具体表现为管理环节职责明确,操作程序简洁可行。同时企业管理制度要做到权责相等,避免有权无责和有责无权现象的出现,因此需要建立与之相对应的考核和奖惩程序,制定的标准要科学、合理、规范。此外,企业管理制度要具有环境适应性,也就是在制定的时候考虑企业内外部环境的变化，充分考虑组织机构与经营战略调整的需要，体现“制度模块”的可兼容性。

### 9.4.2 战略实施中的领导作用

1. 战略管理对于领导层的要求

伴随经济一体化，企业面临来自市场各个方面的挑战，企业既要应对变化无常的外部环境，又要积极对待消费者对于产品本身更加苛刻的挑选和技术革命的冲击。此时，企业要想保持优势，必须制定和施行有利于企业发展的战略规划，正如前文所述，企业管理已经步入战略管理时代。作为战略管理的核心力量，企业的领导者本身也应具备高素质，满足市场对其更高的要求。

战略管理要求企业领导具备勇于创新的精神、机智果敢的头脑、广博的知识、长远的战略眼光和丰富的市场经验。只有如此，企业在战略制定过程中不会发生偏差。当然，战略管理要求企业管理人员有别于其他管理者，要求领导目光放得更远一些，能够从日常琐碎管理工作中解放出来，运用知识和技能制定一套符合企业长远发展的新战略，并能有效地推行该战略。一般管理者并不具备担任战略管理的条件，即便他们具备一些管理能力，在实际操作中，也仅仅是参与辅助实施战略而已。重任一定是落在企业领导者肩上。战略管理要求管理者统领大局，鼓励员工为实现企业战略努力奋斗。此时要求领导者在关键问题上发挥其应有的关键作用，从而确保战略平稳推进，同时为企业发展指出方向。

2. 战略指导小组的组建

(1) 确认首要领导。根据环境变化和具体战略实施需要选择一位合适的首要领导，让其发挥应有的核心作用。

(2) 由首要领导组阁。由已经确定的首要领导选择核心小组其他成员，再配以合适的监督机制，确保领导小组决策万无一失。

(3) 能力相匹配。战略决策小组成员能力应当互补。依据战略对领导能力的需要和外部环境的变化，选择具备特殊能力的人员进入，弥补首要领导的不足。

(4) 协作。在组建小组时，选择具有协作能力的管理人员进入领导小组，从而使小组内部的人际关系更加和谐。

(5) 优化组合。小组组建时会有许多人员搭配方案，此时应考虑最佳方案或是比较满意的方案，便于战略的制定和日后的有效实行。

3. 组建战略小组的途径

根据既定战略小组组建原则实际情况组建小组。

(1) 对当前小组成员进行调整，从中挑选一批作为新小组成员。即依靠现存小组承担新的战略职能。要对小组成员进行必要的培训，从而满足新战略的需求。这种方法的

优点：①熟悉内部状况，便于战略工作的开展；②内部人员相互熟悉，有利于合作的建立；③保证领导的连贯性，树立优秀典范，加强企业凝聚力。

(2) 聘用新人组建新班子。这种情况一般发生在企业内部人员不具备所需能力时。在一定条件下，这样反而能够更加彻底地贯彻新的战略。其优势在于：选择对于新战略充分信任的外部人员，可以避免执行新战略遇到的来自领导班子的障碍，新人可以很快进入新环境，承担起新的责任；新工作会使新人产生兴趣，激发人的内在潜力，使之完成承担的任务；新人很少受原有人际关系和旧条文的束缚，可以不受影响地贯彻新战略。但是，选用新人同样会产生一些问题，比如新人需要更多的时间熟悉环境、了解情况；新人很容易被原有企业员工排斥。因此，必须经过周密的分析和安排，选择合适的时机引进新人，组建新班子。

4. 对于战略领导小组人员的激励

战略领导人员是企业战略成功与否的关键性因素。领导小组人员的积极性直接影响企业管理效果。事实已经表明，即便是充满干劲的领导仍然需要激励。只有长期激励，才能强化战略领导人的行为，使其发挥创新能力，促使变革的产生。所以，激励政策在战略管理中具有至关重要的作用。

对领导人员的激励，主要意图在于使其对企业的长远规划、战略意图、创业精神给予足够的重视，同时鼓励他们随着市场的变化适时调整企业战略，极大地发挥战略管理者的主动性和积极性。激励的形式大体可分为物质的和非物质的两种。物质激励具体为增加工资补助、奖金、提高待遇等；非物质激励可以归结为表扬、记功、发放奖状等。在实际操作中，一般将激励与绩效挂钩，根据绩效确定奖励方案。因此，如何正确评估战略管理者的绩效便成为激励的关键问题。因为企业的经营活动一般与战略活动同时进行，所以必须正确区分日常经营活动与战略活动，建立双重绩效评估系统，正确地实施对战略管理人员的激励。

为了对战略行为进行适当的有效的激励，必须做好以下工作：

(1) 明确工作责任与步骤，正确区别战略的各个阶段。

(2) 根据目标确立每个阶段的成绩及完成程度。

(3) 制定考核标准。

(4) 对领导人的行为进行全面系统、客观公正的评价，同时给予鼓励。

5. 领导人的战略实行艺术

在战略管理中，企业战略贯彻实施的成败直接由领导人的管理技巧和战略实施艺术决定。一般来说，企业领导人员的战略实施艺术大体可分为五类：指令型、合作型、转化型、增长型、文化型，具体参见表9-1。

表 9-1 领导者的战略实施艺术类型

| 类型 | 领导者研究的企业战略问题 | 领导者扮演的角色 |
|---|---|---|
| 指令型 | 如何制定企业最佳战略 | 理性行动者 |
| 合作型 | 如何使战略管理人员从一开始就对企业战略承担责任 | 协调者 |
| 转化型 | 如何将已制定的战略推行实施 | 设计者 |
| 增长型 | 如何激励企业战略管理人员和全体员工执行已制定的企业战略 | 评价者 |
| 文化型 | 如何确保整个企业实施企业战略 | 指导者 |

**【小资料 3】**

已经过去的几十年,对领导力的关注我们达成许多共识。彼得·德鲁克在《卓有成效的管理者》中明确指出:"世界上可能有天生的领导者,但是可以依赖天资的人实在少之又少。换言之,领导力应该是学来的,而且也是可以学到的。"德鲁克给我们的启发是,领导力"宿命论"是不成立的。詹姆斯·库泽斯(James M. Kouzes)和巴里·波斯纳(Barry Z. Posner)合著的《领导力》在"领导者并非天生"的基础上,创造性地提出"每一个人都有可能成为领导者"。领导是一门科学,也是一门艺术。在库泽斯和波斯纳那里,一位卓越的领导者应肩负起以下使命:①明确自己的理念,找到自己的声音;②使行动与共同的理念保持一致,为他人树立榜样;③展望未来,想象令人激动的各种可能;④诉诸共同愿景,感召他人为共同的愿景奋斗;⑤通过追求变化、成长、发展、革新的道路寻找机会;⑥进行试验和冒险,不断取得小小的成功,从错误中学习;⑦通过强调共同目标和建立信任促进合作;⑧通过分享权力与自主权增强他人的实力;⑨通过表彰个人卓越表现认可其贡献;⑩通过创造一种集体主义精神庆祝价值的实现和胜利。其实,这囊括了我们现在对一位成功领导者的定义:道德信誉、以身作则、描绘愿景、感召他人、激励团队、促成合作、冒险进取等。我们可以对领导者作一个总结性的概括:领导者是指有下属的人;高效的领导者是让下属做正确事情的人;有人缘并不表示有领导力,卓有成效才是拥有领导力的证明。

**资料来源**:杨吉.未来领导者需要扮演的五个角色.博锐管理在线.http://www.guanli.sorg.cn.本书引用时有所改动。

## 本章小结

本章围绕企业战略实施问题进行分析。首先,介绍了企业战略实施的内容、原则和模式;其次战略实施的内容,分别研究了战略实施与企业资源配置之间的联系、战略实施与企业组织结构之间的联系、战略实施与企业管理制度之间的联系。通过对于上述问题的研究,其根本目的是为了保证企业战略的具体实施,同时保证效率。

这一章主要应用了管理的权变理论、组织理论、领导理论和激励理论等，对于企业战略实施进行了全面分析，即利用企业资源，建立合适的组织结构，采用有效的领导方式，通过激励的手段达到企业有效实施战略的目的。

## 案例分析

### 英特尔进入"蚁群时代"

新的CEO、新的组织架构、新的品牌、新的文化……英特尔已开始展现出有别于以往的特点。

他卖过热狗.在服装店做过库房伙计，在屠宰场拔过猪毛。他还搞过营销，做过财务。现在，他领导的是全球第五大品牌——英特尔公司。

对于英特尔这个技术巨头来说，选择欧德宁这个非技术出身的人作为CEO，本身就是极具标志性的事件。2006年1月3日，英特尔又宣布变更公司标识，那句著名的口号"Intel Inside"(内置英特尔)被"Leap alead"(超越未来)取而代之。

一个时代结束了。新的时代会辉煌依旧吗?

1. 平台化战略应对三大挑战

欧德宁抛弃的不只是英特尔的历史外壳，他正在从里到外重新塑造这家时势造就的技术英雄。

在欧德宁的前两任CEO葛鲁夫和贝瑞特期间，英特尔通过集中力量发展个人电脑芯片业务成为该领域无人能望其项背的霸主。欧德宁正在抛弃这种模式，推动英特尔走出个人电脑芯片领域，成为在消费电子、无线通信、医疗卫生等诸多领域扮演重要技术角色的公司。在他的推动下，英特尔正在从生产单纯的微处理器转变为制造融合各种芯片和软件的"平台产品"。

平台化战略的实施在欧德宁上任4个月前就开始了。2005年1月17日，英特尔宣布进行重大重组，新设五个事业部：即移动事业部、数字企业事业部、数字家庭事业部、数字医疗保健事业部和渠道产品事业部。英特尔副总裁、渠道产品事业部总经理比尔·休表示，此次重组标志着英特尔由纯粹以技术为导向的公司转变为以客户为导向的公司。

重组的主要目的是为了更好地实施平台化战略，而欧德宁正是该战略的主要制定者之一。平台化是与英特尔此前个人电脑芯片相对而言的说法。按照欧德宁的设想，英特尔要向客户提供由处理器、辅助芯片、网络零件及将它们连成一个整体所需的软件组成的"平台"。

迅驰(Centrino)的成功是"平台化战略"出台的结果，但其背后的原因并不简单。有分析师指出，英特尔面临三大挑战。

第一个挑战是技术方面的。多年来，英特尔一直致力于通过不断提高芯片运算速度实现产品的更新换代，并不断拉动市场需求，然而随着芯片速度越来越快，耗电量随之增加，发热问题越来越难以解决，芯片的运行稳定性日益受到影响；另外，AMD成功推出双核芯片也让英特尔看到一条速度之外的道路。

第二个挑战是个人电脑市场已经成熟。欧德宁前任们所处的时期是个人电脑快速增长期，因此可以依赖不断扩大的市场容量实现英特尔利润的两位数增长。但在市场成熟后，欧德宁必须在个人电脑市场或其他市场找到新的增长来源。

第三个挑战来自于此前英特尔一直不放在眼里的竞争对手AMD。后者在64位芯片、双核芯片方面的领先让英特尔蒙羞。不仅如此，AMD的冲击也造成英特尔品牌影响力的减弱。一家市场研究公司对2000多家企业客户所做的调查显示，有65%的客户不愿多掏钱购买使用英特尔处理器的服务器。惠普公司副总裁保罗·米勒的一句话非常耐人寻味，他说："客户不再说'为什么要买AMD的'，而是说'为什么不买AMD的'？"

平台化战略正是为了化解这三大挑战出台的。

首先，由于平台化产品是软硬件的组合，可以在保持芯片运算速度不变的情况下，通过升级软件或其他方面的改进实现平台的升级换代，从而避免"拼速度"必须克服的技术障碍。不仅如此，组合式的平台产品也能更有效地满足客户的个性化需求。多年来，英特尔设计生产的处理器是千篇一律的"制式"产品。然而，希望避免同质化竞争的技术公司们开始更多地关注并满足终端客户的个性化需求，"制式"产品显然已难以让他们满足。

其次，欧德宁希望平台化战略能使英特尔破解增长大幅放缓的难题。过去3年英特尔的年均营业收入增长为13%，利润增长达到40%。据分析师预测，2006年英特尔营业收入增长只能达到7%，利润增长预计只有区区的5%。

贝瑞特曾试图通过多样化战略保持英特尔的高速增长。1999—2000年两年间，英特尔投入87亿美元进行28项收购，但今天看来，收效并不明显。在网络芯片和手机芯片市场，英特尔目前的占有率大约只有6%～7%。2004年，英特尔还被迫取消了一个生产电视芯片的项目。

2005年年初的大规模重组体现了计算与通信融合的特点。英特尔移动事业部主要开发笔记本、掌上电脑和通信设备平台；数字企业事业部负责开发企业间端对端计算和通信设备平台；数字家庭事业部开发消费者在数字化家庭中的计算和通信平台，其中重点是家庭娱乐应用和消费电子设备。这些事业部能自主调用公司内的计算与通信资源。英特尔新成立的数字医疗保健事业部主要开发可用于医疗研究、诊断和生产等方面的产品。

由此可见，欧德宁试图通过改变英特尔以往计算与通信截然分开的情况，有效整合公司的资源，把握住3C融合的潮流[3C是计算机(computer)、通信(communication)和消费电子产品(consumer electronic)三类电子产品的简称。]，并以此为契机将英特尔的力量向消费电子和医疗领域延展，从而拉动英特尔未来的业绩增长。

"英特尔仅专注于微处理器设计以获得成功的日子已经一去不复返了。"欧德宁说：

“它必须更加注重发展能完成各种不同的特定任务的平台化产品。”

分析师埃里克·罗斯表示，英特尔实行平台化战略的原因，是英特尔需要从个人电脑芯片生产商转变为一家解决方案提供商，因为未来5年之内真正增长的领域是手机，未来10年之内的增长点则可能是消费电子，而英特尔在向这些领域渗透时做得并不好。

英特尔也希望，平台化战略的实施能让它压倒AMD和网络芯片公司Broadcom等专门生产某种芯片的竞争对手，因为从理论上说电脑制造商可能会更愿意购买组合式的产品，而不愿从不同供应商那里采购不同元件再将它们组装在一起。

不论是平台化战略还是选择欧德宁为掌门人，都反映出这样一个事实——随着成熟期的到来，英特尔需要的已不仅仅是技术上的领先。正如贝瑞特在评价欧德宁时所说的：“欧德宁不像我们中的一些人那样熟悉基础技术，这反而是他的一个优势，因为英特尔已不需要基础技术。”

2. 右转弯告别技术偏执

欧德宁将英特尔的转型称为“右转弯”。他认为，英特尔不应再继续单纯为了速度而速度，而应倾听客户的需求，要像营销人员而不是像工程师那样对待产品设计。“人们仍然看重性能，但他们也想要其他东西。”他说，“我们必须提供这些东西，以另外的方式来看待性能问题。”一些分析师也指出，英特尔不仅要以新的方式设计芯片，而且还要找到新的方式销售它们。从这个角度说，欧德宁似乎再适合不过了。

欧德宁的营销才能为人所称道。今年55岁的欧德宁本科毕业于旧金山大学，后又获得加州大学伯克利分校的MBA学位。在1974年进入英特尔时他搞的是财务。20世纪90年代初，欧德宁主管英特尔最大的部门——微处理器业务。1994年又转而负责英特尔的销售和营销。1997年前后，由于个人电脑价格持续下跌，英特尔利润受到威胁。为解决这个问题，欧德宁提出品牌分拆的想法，即高端芯片保留“奔腾”品牌，1 000美元以下的低性能电脑芯片则改用“赛扬”品牌。

2005年，欧德宁提拔原来在三星公司工作的营销奇才金炳国(Eric Kim)为首席营销官，与此同时开始酝酿对英特尔品牌进行重大调整。按照欧德宁的设想，从1993年开始使用的“奔腾”品牌最终将完全淡出。随着“欢跃”(Viiv)和“Core”两个新品牌相继投入使用，加上“迅驰”，英特尔的品牌结构呈现出三足鼎立之势。

金炳国是英特尔有史以来第一个直接向CEO报告的空降兵。欧德宁除了希望金炳国的加盟能加强英特尔的营销外，也希望能在公司中产生一种鲇鱼效应，推动英特尔的变革。

一般来讲，当企业陷入危机时，变革反而更易于推行。英特尔显然并不属于这种情况，它每月的利润收入仍高达10亿美元左右，阻力恰恰因此而生。有一次，英特尔执行副总裁马宏升(Sean M. Maloney)特地穿了一双雪鞋参加公司的销售会议，以此展示转型的艰难。

管理学专家杰伊·加尔布莱思说："当公司仍屹立巅峰时，变革非常困难。他（欧德宁）必须引进有新技能的外部人才。"对于"鲇鱼"角色，金炳国本人也在所不辞。尽管有些普通员工不免对金炳国和他的专断风格有些怨言，但他并不因此而道歉。他说："我对他们说，他们不只是要生产芯片，而是要使人们的生活得到改善，而且我们要向世人宣扬这一点。"

然而，摆脱技术偏执转而偏重营销也使一些分析师担心，在市场与远景的碰撞下，英特尔会不会牺牲长远利益以追求短暂增长。2005年12月1日，英特尔董事会任命贾斯廷·拉特纳为新一任首席技术官。他也是英特尔历史上第二位首席技术官，原来的首席技术官格尔辛格改任数字企业事业部联合总经理。

这是一个颇为微妙的人事安排。据说，格尔辛格在任首席技术官期间，将英特尔每年大约50亿美元研发经费的70%投入通信技术芯片研发中。然而也有反对者批评他只有远见没有执行能力，他们指责他过于关注长远，对英特尔的市场现实关注不够，而且制定英特尔根本无法实现的目标，危及英特尔在客户及投资者中的声誉。有分析师认为，将格尔辛格调离首席技术官一职似乎传达出一个信息，即英特尔将暂时搁置其宏大的愿景，转而依靠其市场力量以求稳妥发展。尽管这样一种看法值得商榷，但在关注市场的同时，如何平衡地保持英特尔技术上的领先也是欧德宁不得不考虑的。毕竟，在索尼前CEO出井伸之身上，人们可以看到过于偏重营销的经典教训。

3. 从蜂群到蚁群的变迁

据了解，包括2005年年初的调整在内，自1997年以来的8年时间里，英特尔已进行了4次重大结构和管理层调整。欧德宁表示，新的组织架构有助于英特尔更好地预测和满足市场需求，加快决策，确保良好的运营。

重组后，5个事业部都配备有工程师、软件编写人员以及营销人员。英特尔原来的组织架构是围绕产品搭建起来的分工严格的蜂群式组织，调整后变为在大的分工方向不变下更加强调协作的蚁群式组织。

在这次力度很大的调整中，英特尔9.8万名员工大部分都被调整了工作岗位。2005年英特尔还新雇了2万名员工，其中有许多新员工，包括软件开发员、社会学家、人种学者甚至医生，都不是以前英特尔雇用那类。另外，在聘请新员工时，欧德宁还特别注重他们的营销能力，因为在他看来，英特尔要想在新市场获得成功，就只有加强与客户的沟通与交流。他说："现在销售技术必须化繁为简，你不能尽是谈比特和字节。"

伯恩·申是一位有15年从业经验的内科医生，2005年下半年才加入英特尔。他主要负责协助开发数字化医疗技术，比如与英特尔的人种学者一起，摸清楚哪些技术有助于监测老年人的重要病征，或者跟踪老年痴呆症患者的饮食。他说："他们聘请我本身就是新英特尔的标志之一。"

为了加速变革，欧德宁从外部聘请了更多的经理。正是在这样一种背景下，前诺基亚

公司的史蒂芬·格雷(Steven Gray)加入英特尔，成为其移动事业部的中坚力量之一。以前一直在手机行业工作的萨姆·阿尔迪蒂被任命为英特尔副总裁。

与此同时，英特尔在产品开发方式、激励制度乃至公司文化方面都发生了不同程度的变化。以前，工程师们开发出芯片，然后让营销人员设法卖掉。现在的英特尔往往成立由具有各方面技能的员工如芯片工程师、软件开发员、营销人员及市场专家等组成的小组进行产品开发，这种模式的成效今年将得到检验。据估计，2006年将是英特尔新产品推出数量最多的一年。

新体制也动摇了英特尔的既有文化。在葛鲁夫和贝瑞特任内，任何员工只要从事的不是英特尔核心的个人电脑芯片业务，就会被视为二等公民。贝瑞特指出，在该公司的战略中，微处理器处于至高无上的地位，以至于其他业务无法在它周围萌芽。他将这个问题比喻为石碳酸灌木。石碳酸灌木是一种生长在沙漠中的高大树木，会分泌出一种有毒的油，杀死它附近生长的所有植被。葛鲁夫还强调经理们要有“建设性冲突”，这也是葛鲁夫和贝瑞特时代英特尔文化的一大特点。

平台化战略本身就要求员工与员工之间以及部门与部门之间建立起更为密切的协作。英特尔的移动事业部和数字企业事业部都是两人领导，如果缺乏有效沟通，这种结构安排可能就会造成灾难性后果。欧德宁实际上冒着不小的风险。

为了鼓励协作，英特尔改变了过去单纯看个人表现的业绩评定方法，引入对团体的评定。比如，当英特尔自己进行的内部合作伙伴满意度调查达到某个预设目标值后，每位员工都能得到奖励。

然而，任何一项改革都不可能让每个人满意，英特尔也如此。欧德宁的变革引起部分员工的不满，一些以往在公司中地位很高的个人电脑芯片工程师不可避免地产生了失落感。一名前芯片设计师说：“台式机事业部以前在公司中高人一等，我们喜欢这样。现在，一些工程师感到迷失了方向。”还有一些员工对公司强调营销感到很不舒服。在英特尔工作的人种学家吉纳维夫·贝尔表示，有人对此深表怀疑，认为这些都是虚的和没有价值的东西。

显然，还有人不适应新的游戏规则。一些芯片设计师离开英特尔，投奔AMD或得州仪器。为了安抚民心，欧德宁经常到一线巡视，与工程师及其他员工谈话，了解他们的真实想法。每个星期，他都要和工程师们举行一次面对面的交流。为了能让他们畅所欲言，他要求经理们不得参加。欧德宁相信，协作能产生突破性的创新，这种模式没有错，关键在于如何执行。

在加强内部协作的同时，重新构筑对外关系也成为欧德宁时代的一大特色。索尼一名副总裁表示，现在的英特尔比以前更为灵活，思想也更加开放。对于AMD，欧德宁也一反英特尔传统，改为大加赞扬。他说：“虽然我不希望看到英特尔的市场份额下降，但事实上我们竞争对手的产品的确很不错。”英特尔与诺基亚、三星的关系也更为紧密。在英特尔与苹果公司的关系上，这个特色表现得更加明显。多年来，葛鲁夫和贝瑞特对苹果一直嗤之以鼻。欧德宁上任仅一个月后，两家公司的关系迅速升温，苹果宣布采用英特尔芯片。欧德宁甚至成为苹果公司CEO乔布斯的朋友。据英特尔内部人士透露，他们经常在一起聊天。

在今天的环境中，协作不仅是发展所需，也是生存所需。长期研究蚂蚁的美国生物学家詹姆斯·汤根指出，蚂蚁之所以能够繁衍生息，与它们的团结协作精神密不可分。有人发现，当遇到洪水时，蚂蚁会迅速抱成蚁球，随波漂流，以避免单个蚂蚁的灭顶之灾。著名企业管理顾问吉姆·梅耶指出，人类能从蚂蚁身上学到很多管理知识，比如集结时的自我组织，根据环境变化迅速调整。这与蜂王不在整个群体就会陷入混乱的蜂群有很大不同。欧德宁希望构建的，正是这样一个蚁群式的英特尔。

**资料来源**：龚伟同. IT双巨头：微软在改变. 英特尔进入蚁群时代. 商务周刊，2006(4). 本书引用时有所改动。

**思考题**：

(1) 英特尔公司的实施平台化战略主要可以依托哪些资源？

(2) 欧德宁在英特尔公司实施“平台化战略”的背景，如何才能保障“平台化战略”顺利实施？

(3) 通过上述案例分析，请你谈谈一项新的战略出台应该如何推行和实施？

## 战略管理实务操作

通过因特网或其他媒体搜索一家公司，获得足够的资料，然后完成下列各项活动：

(1) 简要描述该公司的发展历程，追溯这段时间内公司战略实施的具体情况。分析公司在战略实施过程中都遇到哪些难以想象的困难，发生了哪些突发事件影响战略的实施。

(2) 初步分析该公司在战略实施中如何进行战略资源配置，该公司在战略实施中采用的组织方式。

(3) 说明领导职能以及企业文化在实际中是如何影响公司战略实施的。

B&E

# 第 10 章 企业战略的控制

孙子曰："卒未亲而罚之，则不服，不服则难用。卒已亲附而罚不行，则不可用。故合之以文，齐之以武，是谓必取。"

学习目标

**知识目标：** 了解企业内外部环境因素，掌握企业战略控制方法。

**技能目标：** 学会分析企业战略控制方法，能够运用所学的理论知识对企业进行战略评价，在此基础上做出必要的战略控制。

## 开篇案例

### IBM公司战略的调整

1. 巨人猛醒重回赛场

仅仅在几年时间里，IBM 就发展了世界上规模最大的计算机服务业务，并在 1995 年超过实力与之最接近的竞争对手电子数据系统公司(EDS)。1997 年，IBM 全球服务营业收入为 193 亿美元，比 1996 年增长 24%，是 1990 年的近 9 倍。服务收入占公司 1997 年赢利总额的 1/4，服务部门在公司所有业务部门中的重要程度仅次于硬件部门，并且成为公司赢利增长的主要动力。1998 年，全球服务部的销售额将接近 IBM 公司销售总额的 30%，并将获得全世界计算机服务市场至少 10%的份额。

计算机网络以及因特网的迅猛发展，也似乎正在使 IBM 公司恢复其对业务的把持。复杂系统的整合和管理方面的专门技术忽然间变得奇货可居，功能强大、不出故障的服务器也变得供不应求。昨天看似还无法适应一个开放标准、专门化和不断变化的世界(即微软、英特尔和康柏的世界)的蓝色巨人，不仅重新回到赛场，甚至自认为最终可以赢得胜利。

2. 技术为本 善用优势

格斯特纳的前任约翰·埃克斯曾经对公司进行过若干改组，但公司却因此变得越来

越不稳定。1991年,走投无路的埃克斯决定把公司化整为零,分成一些自主经营的业务单位。接下来的一步,是利用新的品牌把各个业务单位廉价卖掉。

当1993年埃克斯终于被解雇时,对于格斯特纳这样一位与IBM公司没有任何情感联系的局外人来说,贯彻解散公司的计划是自然而然的,甚至是理所应当的。

但是格斯特纳自有主张。他打定主意孤注一掷,相信IBM公司会重新体现其自身的价值。

格斯特纳得出的一点关键感悟是:如今技术已不仅仅是生产工具,技术已经成为公司经营之根本,因而也就成为公司总裁面前的战略问题。他和他的同行们把技术看做是公司竞争优势的主要源泉。

从客户的角度看,20世纪90年代初出现解体的计算机技术产业也许是创新——激烈竞争带来的一个奇迹,而在当时,该行业给人的感觉却是一片混乱。企业希望整合不同的计算机平台和应用程序,使之联成网络,但它们不知道如何下手。而且,在推崇核心能力的时代,企业未必想自己掌握如此复杂的技术。许多企业转向电子数据系统公司和计算机科学公司(CSC)之类的专业计算机服务公司,以及大型会计师事务所的咨询部门寻求帮助。

所有这一切使格斯特纳确信,IBM公司的规模及业务范围不但不是公司弱点,相反,它们实际上使公司能够得天独厚地提供解决方案——他相信这正是客户要寻找的。问题是如何使不同的部门在一起工作。结果,这个问题的解决部分后来被称作"全球服务部",它是几年前由邓尼·韦尔什悄悄创办的。韦尔什曾经负责管理过IBM公司捐赠给国家航空航天局(NASA)航天飞机计划的计算机。

在开始的时候,该服务部门是IBM公司替政府管理大型计算机系统的经验产物。韦尔什认为,在EDS公司发了大财的市场中,IBM公司的这种专门技术得不到利用是根本没有道理的。IBM公司所能提供的广泛的技术资源很快给首批客户留下深刻印象。

不过存在两个问题:其一是能否指望IBM公司解决存在于提供客户急需的产品和推销自己产品之间的潜在冲突?其二是IBM公司的全球服务部是不是真的能在公司各部门之间做好协调,从而提供客户寻求的解决方案?

这两个问题的答案在于格斯特纳的座右铭:客户排第一,IBM公司排第二,部门排第三。客户总是有权获得最优秀的解决方案。如果IBM没有合适的产品,或者只能提供一些劣等产品,那么全球服务部就有义务提出向第三方寻求帮助。

格斯特纳对提供解决方案十分着迷,这促使他又冒了一次险。在他上任之后的头一年里,IBM公司宣布全面亏损,亏损额高达89亿美元,因此大刀阔斧地削减每年60亿美元的研究与开发预算是很自然的事了。尤其是公司的研究部门偏爱艰深的长期项目,而且屡屡让竞争对手渔利,因此看来将其砍除的时机已经成熟。然而,格斯特纳对于他首次访问沃森研究中心时的所见所闻印象至深,于是便手下留情。预算被削减了,但长期研究计划得以继续下去。

3. 因特网上借东风

由于认识到庞大的规模和深厚的技术资源使IBM公司拥有了作为解决方案供应商的巨大优势,格斯特纳理应受到赞誉。因特网的出现则是他的幸运之处。因特网凸显了IBM公司的优势,并使其重新置身信息技术的中心。

IBM公司在1995年意识到因特网的重要性——比微软公司早了大约一年。1996年,公司宣布其"电子商务"战略。该战略的宗旨是向企业证明它们怎样才能组成建立在因特网基础之上的虚拟贸易圈。在这样的圈子里,买主和卖主可以会面并且安全地进行任何类型业务的交割。

格斯特纳认为,因特网是一场只有在"所有事物都实现了数字化"之后才会停止的革命。因特网的总体实质就是无处不在。这使IBM的各项优势有了用武之地——这些优势包括可靠性达"五个九"的大型服务器(据称运行可靠率为99.999%)、巨大的储存能力、设有安全保护的数据库、大规模处理能力、专业系统整合技术以及战略策划等。

为了使公司跃入台式计算机网络技术领域,格斯特纳在1995年拿出29亿美元巨资收购莲花软件开发公司。尽管困难重重,收购大型软件公司的工作总是出奇的艰难,但对莲花公司的收购还是成为IBM公司的一桩成就。

具有讽刺意味的是,IBM公司硬件业务中损失最惨重的部分是个人计算机,而且这一结果更多的是由于疯狂的价格竞争,而不是IBM的经营方式所引起的。IBM公司与市场销量第一的康柏公司一样,一直受到堵塞了销售渠道的积压库存的影响,而像戴尔公司这样的直销商则避开了这一厄运。不过,IBM目前正在着手通过使生产更加贴近需求以解决这一问题。

IBM公司已经重新找到了出路。对此几乎没有人持异议。同样重要的是,该公司还为其全面从事计算机业各类业务的做法找到根据。通过全球服务部,格斯特纳创造了一门令人惊叹的新业务,其规模以每年超过20%的速度稳步扩大,每月新雇员工1500名。

IBM公司的前途在很大程度上将取决于格斯特纳能否成功地让人们相信IBM是提供互联网商业解决方案的最合适的企业。IBM公司似乎已经时来运转,而对格斯特纳来说,这样的运气多多益善。

**资料来源**:许晓明.企业战略管理教学案例精选.上海:复旦大学出版社,2001年。本书引用时有所改动。

**想一想:**

(1) 在现代高科技飞速发展、市场环境变化频繁的情况下,把握战略方向,及时做出战略调整有何重要意义?

(2) IBM公司是如何分析情况、采取必要的战略控制的。

## 10.1 战略控制概述

### 10.1.1 战略控制的意义

1. 战略控制的概念

企业战略管理中存在一个普遍的矛盾——战略是事先既定的，而战略所处的环境是在不断变化的。企业战略的实施结果可能会与预定的战略目标之间存在一定的差距，多种原因会造成这种偏差，主要原因有以下几个方面。

(1) 制定企业战略时假定内外部环境的变化和实际产生差距。如果外部环境中出现了新的机遇，或者由于变化带来新的挑战，企业内部资源条件有了重大改变，使企业原定的战略方针很难适应新的环境条件。

(2) 企业战略在制定中就存在重大的缺陷或者没有具体的实施手段，使得企业战略在实施过程中难以得到贯彻执行，企业需要对战略进行修正，要补充和完善战略。

(3) 在战略实施的过程中，企业内部存在的一些主观或客观因素会影响战略目标偏离原定计划。例如，企业个别领导应用了不正确的方法，导致战略实施结果与战略计划目标之间产生差距。

如果不及时对以上企业活动与预定的战略目标偏离的情况采取措施加以纠正，企业原定的战略目标就可能无法达到预期效果。要使企业战略能够持续应对内部和外部环境的变化，在战略决策自身具有应变能力的基础上，还必须加强对战略实施的控制。

战略控制主要是指在企业在实施经营战略的过程中，检查企业为达到目标所采取的各项活动的进展情况，对实施企业战略后的企业绩效进行评价，将最后的评价结果与既定战略目标进行比较，找出战略差距，分析战略产生差距的原因，采取措施纠正偏差，使企业战略的实施更好地与企业当前所处的内外环境、企业目标协调一致，使企业实现既定的战略目标。

战略实施的控制与战略实施的评价之间既有区别又有联系，战略实施必须先通过评价才能实施有效的控制。战略实施评价是实现战略实施控制的基础，评价本身并不是根本目的，而是战略实施控制的手段，发现问题对战略进行控制才是目的。战略控制着重于战略实施的过程，战略评价着重于对战略实施过程结果的评价。

2. 战略评价的方法

评价战略的方法有很多种类，本教材仅讨论三种有代表性的战略评价方法，具体内容如下：

1) 日本战略学家伊丹敬之的优秀战略评价标准

该理论认为：①优秀的战略具有较强的适应能力，这就要求战略必须能适应外部环境因素的变化，包括技术因素、竞争对手因素和顾客需求因素等；②企业战略必须考虑企业内部资源,如企业自身的资产因素和人才因素;③企业的战略也要适应企业的组织结构。企业家在制定战略时应该权衡以下七个方面的战略思想,这样才能制定出优秀的战略。

(1)企业战略要和竞争对手的战略有所不同,也就是说,要保持差异化。

(2)由于企业资源的有限性,要求战略要集中分配企业资源,这样才能确保战略目标的实现。

(3)选择恰当时机制定战略。企业在推出自己的战略时应该选择恰当的机会,同时企业应该积极创造这个时机。

(4)战略要能利用波及效应。企业利用已经获得的成果进一步扩大自己的优势,扩大其在行业中的影响,以便使企业增强信心。这就要求企业在根本上利用和发挥自己的核心能力。

(5)企业战略要具有激励作用,能够引导员工工作,同时激发员工的斗志。

(6)战略的制定要具有弹性。企业在长期的生产经营中不可能是一成不变的,因此企业战略应该有一定的弹性,造成一定的紧迫感,即战略要有比平时更高的要求。

(7)战略要具有较强的协调能力。企业战略应该能把企业的各种要素进行有效的协调,使各要素之间互相作用产生协同效果。

2)美国学者斯坦纳和麦纳提出的六要素

(1)战略对于环境来说因该具有适应性。企业所选择的战略必须能够适应外部环境,并能顺应发展趋势。

(2)战略必须与企业发展目标具有一致性。企业所选战略的前提是必须能保证企业战略目标的实现。

(3)企业战略必须保证企业在竞争中具有优势。企业所选的战略方案必须能够充分发挥企业的优势,确保企业在行业竞争中取得优势地位。

(4)战略预期的收益性。企业选择的战略方案必须确保企业能够获得最大利润。此处所说的利润是指企业在未来发展中获得的长期利润,而并不是只看眼前的短期利润。可以通过投资利润率进行评价,投资利润率公式:投资利润率=预期利润/预期投资总额。

(5)企业战略与企业资源的配套性。企业战略是依托一系列战略资源实现的,这些资源要配套。如果暂时不能获取,通过努力能够获得的资源也是可以接受的。

(6)不确定因素带来的风险。由于环境的未来变化很难准确把握,因此企业在制定战略时具有风险性,在战略决策时要预测未来可能遇到的风险。一方面,在思想上要有承担未来可能发生风险的准备;另一方面,要事先科学预测可能存在的风险,并根据风险的程度制定相应的对策,避免在战略上不计后果一意孤行。

3)英国战略学家理查德·努梅特(Richard Rumelt)的四标准战略评价法

努梅特提出四条标准进行战略评价,这四个标准分别是:一致性(consistency)、协调性(consonance)、优越性(advantage)和可行性(feasibility)。协调性与优越性主要针对公司外部环境进行评估,一致性与可行性则主要针对内部环境进行评估。下面我们进行详细分析。

(1) 一致性。目标和政策在同一个战略方案中应该保持一致,不应该出现不同。努梅特提出如下帮助确定组织内部问题是否由战略间的不一致所引起的三条准则:

即使人员进行了更换,但管理问题仍然像以往一样持续出现,同时一些问题的出现并非是因为人的因素,而是由于事情本身,那么我们可以判断很可能存在战略不一致现象。

如果企业中某部门成功的同时造成或潜在造成另一个部门的失败,那么战略可能存在不一致性。

如果企业中的高级管理层总是收到下级部门关于政策问题的询问,那么战略上可能存在不一致性。

(2) 协调性。协调性是指在评价时,企业既要考虑个体情况,又要考虑组织的整体运行。在企业战略制定中如何使企业内部因素与企业外部因素相匹配成为企业的难题,原因在于绝大多数变化趋势都不是由于某部分原因造成的,而是与多种因素相关,是多种因素相互作用的结果,所以只有综合考虑各因素才会有意义。

(3) 可行性。经营战略的优良与否关键要看其是否节约了企业可以利用的资源,同时不会产生无法解决的派生问题。即依靠企业内部的物力、人力和财力等资源能否实施这一战略。由于企业的财力资源可以通过量化进行考察,所以财力因素通常也是确定采用何种战略的第一制约因素。企业经营战略的选择对于战略人员和组织能力的要求更加严格,但是这些制约因素其定量性相对较差,因此,在进行战略评价时,要把企业曾经实行既定战略所表现出来的能力、技术和人才作为一项重要的标准进行参考。

(4) 优越性。在特定的业务领域内,企业经营战略必须能使企业创造和保持相对的竞争优势。通常情况下企业的竞争优势主要涉及以下三方面:①资源优势;②技能优势;③位置优势。良好的位置优势主要表现在,企业处于相应的位置可以从某种经营策略中获得相应的优势,而其他企业由于不处在该位置,因此不能像该企业一样从相同的策略中受益。因此,在进行战略评价时,企业除考虑自身的资源优势和技术优势外,还应该考虑位置优势特征,因为该因素也决定企业的战略选择。

**【小资料 1】**

在任何组织中,真正的控制,是关于人和对人的激励的重要举措。

在企业的绩效与人的组织之间建立联系,是一件非常困难的事,但这是基本建设。公司并没有产生绩效的既定程序。要靠公司领导者有这样的想法,把它具体化,并使它更加有效。经济成果不是由经济力量产生的,它是由人创造的。

资料来源:彼得·德鲁克.管理的实践.北京:机械工业出版社,2006.

### 10.1.2 战略控制的内容与作用

1. 对企业经营战略实施进行控制的主要内容

(1) 绩效标准的设定。把企业战略目标作为依据,同时考虑企业内部人力资源、物力资源、财力资源和信息资源等具体条件设定企业绩效标准,从而作为企业战略控制的参照标准体系。

(2) 绩效监控与偏差评估。利用科学有效的测量方式和方法对于企业的实际绩效进行准确的测量,并且对企业的实际绩效与标准绩效进行比较,实际绩效与标准绩效之间的距离为战略执行偏差,对该偏差进行分析与评估。

(3) 对于偏差采取措施,并设计相应的方案,以便适应环境的变化,保证企业战略圆满实施。

(4) 密切关注外部环境中的关键因素。企业战略生存需要依托外部环境,而外部环境中的关键因素又是企业战略赖以存在的基础,一旦这些外部环境的关键因素发生变化,意味着战略前提条件也会相应发生变化,企业必须给予高度关注。

(5) 制定企业战略控制人员激励政策,从而调动战略控制工作人员积极性,自主参与战略控制与战略评价,以保证企业战略实施能够高效实行。

2. 企业经营战略控制在战略管理中的作用

(1) 企业经营战略实施控制在企业战略管理中具有较为重要的作用,通过战略控制可以更加有效地保证企业战略的实施。战略决策阶段需要确定需要做的工作有哪些,哪些是不需要做的工作。然而企业战略决策实施效果的好与坏,以及战略实施的效率高低都直接与战略实施控制优劣相关。因此,虽然企业战略实施,控制是在企业战略决策的执行中进行,但对战略管理来说其地位很重要,直接关系到战略的成功与失败。

(2) 企业经营战略实施的控制能力以及控制效率的高低反过来可以制约战略决策,战略控制能力的强与弱直接决定企业战略行为能力。如果企业战略实施的控制具有较强的能力,同时控制工作效率比较高,则企业高层管理者在制定战略决策时,可以适当考虑冒更大的风险,这样可以为企业带来更大的利润;但如果企业战略实施的控制能力较弱,只能在做战略决策时选择较为稳妥的战略。

(3) 企业经营战略实施的控制与评价可为战略决策提供重要信息,这些战略控制反馈的信息可以帮助战略决策者分析在决策中哪些决策是符合客观实际的,实行起来是正确的;哪些决策是错误的,实行结果对企业不利。战略控制在战略决策中发挥了较为重要的作用,同时能够提高战略决策的环境适应性。

(4) 企业经营战略实施的控制在企业文化建设和企业组织改革方面都有一定的积极影响,后者的不断完善可以为战略决策奠定良好的基础。

### 10.1.3 战略控制的基本特征

战略控制是企业实施战略中的重要一环,因此它具有重要的地位。战略控制特征主要有以下六种性质。

1. 适宜性

实现企业既定的财务目标和其他目标是判断企业战略是否适宜的基础。因此,适宜的战略应立足于企业希望从事的经营领域,必须具有与公司经营哲学协调的企业文化。如果可以实现的话,可以建立从企业优势出发,或者以某种人们可能确认的方式弥补企业现有不足。

2. 可行性

可行性是指企业一旦选择某种战略,就必须致力于企业实施该战略并取得成功。企业的财务资源、人力资源、技术资源,以及生产和管理技能、经营诀窍和组织优势是确保企业能够实施该战略的基础。企业战略如果不能确定其战略的可行性,在研究战略范围时应该适度扩展研究领域,这个扩大的领域应将能够提供相应资源的公司考虑在内,同时也应该包括金融机构类公司,通过和这些公司合作,达到企业战略从不可行到可行的目的。特别是管理层必须确定实施战略要采取的初始的实际步骤。

3. 可接受性

可接受重点关注的内容包括:企业内部与企业战略实施利害关系较为密切的人员能否接受该企业战略,是否对战略感到满意,能否为战略的具体实施提供必要的帮助。通过实际调查我们了解到,与企业战略实施利害相关的人员数量与企业的规模成正比,也就是说企业规模越大与企业战略实施相关的人员越多。所以对于一般上规模的企业要想得到所有利害相关人员的支持是不可能的。但是对于推荐的战略来说,必须能够得到主要人员的认同,这些人员与企业战略息息相关。因此,在企业战略最终确定之前,必须充分重视利害相关者的反对意见。

4. 企业整体利益与局部利益、长期利益与短期利益的一致性

企业如同其他事物一样是由不同部分集合而成的整体,因此从理论上来说,企业的整体利益与局部利益应该是相同的。但在实际中,很难做到使企业的整体利益和局部利益保持一致,整体与局部之间很可能产生分歧。企业战略控制一项最基本的任务就是对这些不一致性进行必要的协调。如果把战略控制仅仅看做是一种单纯的技术上和管理业务上的工作,就不可能取得预期的控制效果。

5. 多样性与不确定性

企业战略具有不确定性。企业战略只是为企业达到某个目标提供一个发展方向,这个目标虽然可以确定,但其实现目标的路径却没有规律可循,正所谓条条大路通罗马,但并不是每一条道路都是最有效的,所以战略的实施还要看其实现过程是否高效与合理,因

此这时的战略就具有多样性。同时，虽然经营战略相对来说具有明确性和稳定性，但由于环境的相对不稳定，在实施过程中企业经营战略须进行必要的调整和修正，因而也须根据客观环境提出具体控制措施，可见战略控制本身具有多样性和不确定性。

**【小资料2】**　　同仁堂卖抗"非典"药赔了600万

以总销量近300万副(瓶)而雄踞京城抗"非典"药销售榜首的同仁堂，是否"趁机"大发了一笔"非典财"?

同仁堂集团董事长殷顺海向记者透露，同仁堂卖抗"非典"药不但未赚到一分钱，而且净赔近600万元。

据了解，从4月8日北京开始流行"非典"疫情起，同仁堂员工就开始加班加点销售专家开出的抗"非典""八味方"，随后，又获市药监局批准，生产"八味方"代煎液。

截止4月28日，同仁堂共销售抗"非典"药299万副，其中"八味方"199万副、代煎液100.26万瓶。在全市800万副药中，同仁堂提供了近1/3，同仁堂前门总店曾出现过千人排队购"八味方"的景象。但由于当时原材料价格暴涨，如金银花从最初的每公斤200多元涨到400多元，而抗"非典"药却必须执行政府指导价："八味方"每副8～9元，代煎液每瓶12元。因此平均每销售一副(瓶)药，同仁堂赔进去2元钱，总体算一笔账，同仁堂就差不多赔了600万元。

殷顺海表示，同仁堂的经营原则是"善待社会和善待员工"，因此尽管药材涨价，同仁堂的抗"非典"药不能涨价。为此，同仁堂特地划拨出1000万元专项资金用于平抑药价。殷顺海说："同仁堂虽然没赚到钱，但在这场抗'非典'大战中，同仁堂的社会责任感赢得了广泛认同，这是用多少钱都换不来的。"

**资料来源**：吴厚斌.同仁堂卖"非典"药赔了600万.新华网 http://www.xinhuanet.com.2003-06-20.本书引用时有所改动。

**想一想：**

(1) 同仁堂划拨1000万元专项资金用于平抑药价。你认为同仁堂的做法对企业发展有什么意义?

(2) 同仁堂卖抗"非典"药净赔近600万元，是什么原因造成同仁堂在销量很高情况下出现亏损? 政府是否应该补偿同仁堂因抗击"非典"所蒙受的损失? 如果应该补偿，采取什么样的措施比较合适?

6. 弹性和伸缩性

在企业战略控制中，如果控制频率较高，采用了过度的控制手段，容易引起消极反应。因此根据实际情况中出现的具体问题，战略控制必须有针对性地做出反应，有时需要认真处理，严格控制，有时则需要不予理睬。实施弹性控制，只要能保持与战略目标的一致性，就可以有较大的回旋余地。战略控制中只要能保证企业战略方向的正确性，就应该尽可能减少干预实施过程中的问题,尽可能多地授权下属在自己的范围内解决问题。只要不会造成损失,对于小范围和低层次的问题不能放在大范围或高层次上解决,否则可能造成更大的损失。

**【小资料3】** **北京"王麻子"申请破产**

迄今已有352年历史的著名老字号王麻子剪刀厂已向北京市昌平区人民法院提出破产申请。昌平区人民法院已于2003年年初正式立案,并计划于6月初召开第一次债权人会议。

据王麻子剪刀厂的上级单位——北京栋昌王麻子工贸有限公司董事长兼总经理白锡乾介绍,实际上,自1995年开始,王麻子剪刀厂就处于断断续续停产状态。自2001年始,剪刀厂彻底停产了。截至2002年5月31日,北京王麻子剪刀厂资产总额为1283万元,负债总额为2779万元,所有者权益为−1496万元,资产负债率为216.6%。

"王麻子"落伍了。

一个有着数百年历史的老字号为何走到申请破产这一步?白锡乾的回答简洁明了:技术创新不够、沉重的历史负担等是导致王麻子剪刀厂陷入困境的直接原因。

据白锡乾介绍,早在1995年,由当时的主管单位北京市二轻局撮合,剪刀厂与北京文教器材厂等互不相干的四个企业组成北京市王麻子工贸集团(以下简称"工贸集团")。主管单位的原意是想利用文教厂的资金重振"王麻子"品牌,但这种"拉郎配"并没有解决企业受困的症结。

随后,工贸集团用行政手段拿走"王麻子"商标,同时拉走剪刀厂仅有的14名销售人员。剪刀厂由此失去商标权和销售权。

"王麻子"商标应拍卖?

有消息称,剪刀厂破产后,"王麻子"商标将随企业其他资产一起拍卖。但白锡乾介绍说,"王麻子"商标曾几经转让。

1995年,王麻子剪刀厂无偿将注册商标转让给工贸集团,工贸集团随后重新注册商标。1999年,成立北京栋昌王麻子工贸有限公司,"王麻子"商标又由工贸集团转让给栋昌公司,栋昌公司随后再次重新注册子商标。

北京大学法学院一位教授认为,老字号企业的商标具有很高的市场价值。一般来说,老字号企业破产,它的商标等无形资产可以通过拍卖等方式取得市场价值,用以解决债务。但根据可栋昌公司的说法,王麻子剪刀厂的有形资产与无形资产已被人为分割,剪刀厂只享有对"王麻子"商标的使用权,不具备所有权,故剪刀厂破产后不存在"王麻子"商标拍卖问题。

白锡乾强调:"申请破产的只是一个企业,'王麻子'这个品牌绝不会消失,相关部门与栋昌公司都正在为重振'王麻子'品牌、重塑'王麻子'形象积极努力,包括这次申请破产也是其中的一个步骤。”

**资料来源**：赵中鹏等.“王麻子”申请破产　多年老字号商标何去何从，新华网 http://www.xinhuanet.com.2003-02-26.本书引用时有所改动。

### 10.1.4　战略控制有效条件

企业经营战略如果想达到有效控制必须具备一定条件，这些条件主要表现在以下几个方面。

1. 企业必须拥有经营战略规划

企业经营战略控制必须以企业的经营战略规划作为控制依据，战略规划在制定时必须要有明确目标，同时要全面覆盖战略的所有内容，这样才能保证控制的效果。

2. 企业必须建立完善的组织机构

战略实施需要组织机构作为载体，组织结构一般在组织中具有执行战略、衡量绩效、评估和纠正偏差、监测外部环境变化等一系列职能，因此组织结构的合理性、明确性和完善性直接影响企业战略控制效果，组织结构越适合控制，效果越佳。

3. 企业必须具备得力的领导者

高层管理者是企业战略的制定者，在战略执行过程中也是执行战略控制的主体，同时高层管理者本身也是战略控制的对象，因此应选择胜任的企业领导人作为战略实施的主体控制者。还需要根据环境变化对高层管理者进行适当的培训，以保证管理者自身素质能够跟得上企业的发展。

4. 建立优良的企业文化

企业文化一旦形成会比较稳定，所以企业文化对企业的影响根深蒂固。企业文化是战略控制的一个难点。如果企业文化比较优良，可以对企业文化加以利用和诱导，这对于战略实施控制最为理想。

### 10.1.5　影响战略控制的因素和趋势

在制定和实施战略过程中需要考虑许多因素，这些因素主要包括：需定量分析的因素、信息不健全因素、意外突发性因素、事先难以预知因素和人类心理因素等。在这些因素中，有一部分是属于企业内部的，也称为企业内部环境因素，这些因素使得企业有别于同行业中的其他企业，这些因素的存在决定企业战略的独特性。另外一些因素受制于所在行业性质和外部环境，这些因素的存在使行业中的企业战略存在趋同性。

虽然在各个行业中，这些因素对于企业发展的影响力是不一样的，但是我们可以根据因素之间的关联性将战略控制因素进行分类，主要包括：市场和需求类因素、企业能力和资源类因素以及企业组织和文化类因素。随着现代企业的发展，这三类因素也呈现新的发展趋势，主要表现如下：

(1) 更加强调产品和服务质量、产品自身和附加价值以及顾客满意。在不同时间和地点,需求驱动因素的重要性不同,例如,获取的便利性、产品的地位、设计的风格、产品的属性和提供的服务等,这些因素的重要性会随时间和地点而变化。但是现代顾客在做出购买决策时更加重视产品和服务质量以及产品自身和附加价值的趋势是相同的。一些成功的企业现在致力于提高产品和服务质量的同时,设法降低生产和服务成本,这些公司的核心思想是在保证成本不断下降的同时为客户提供更多更好的产品。

(2) 更加强调建立客户关系和转变竞争导向。现代企业竞争理念已产生巨大改变,更加重视与客户之间的关系,积极培养顾客的忠诚度,从传统的交易过程转向客户关系建设,与企业一切利益相关的团体或个人保持融洽的关系。

(3) 更加强调业务流程管理和整合业务功能。原来的企业管理一般以部门化管理为主,这种组织结构的管理问题主要是容易形成各部门各自为政。现代企业需要对这种管理模式进行整合,也就是要加强部门与部门之间合作,通过项目团队建设,加强各部门之间的协作,使原有的各自分散的业务流程能够统一,有利于企业的整体运作以及整体目标的实现。

(4) 更加强调全球市场导向和区域差别规划。现代企业经营范围和领域日益扩张,跨国经营成为新的发展潮流。当企业进入国家化市场经营时,必须转变原有经营思想,努力适应当地的经营环境。企业在制定和实施战略时必须从全球市场角度思考,同时要注重战略计划和战略实施的区域化,在战略实施过程中强调地域与地域之间的差异化,同时注重战略的本土化。

(5) 更加强调企业战略联盟和组织结构的网络化。一旦企业进行跨国经营进入国际市场中,就会意识到无论它们多么强大,在某些资源和能力上仍存在不足。考虑在整体价值链上不可能做到在每个方面都处于领先地位,这些企业逐步意识到和其他组织进行合作的必要性和重要性。组织结构的网络化有利于企业进行战略联盟方面的运作,因此越来越多地受到企业的欢迎。企业高层管理者把更多的时间用于设计战略联盟和网络组织,想通过以上手段形成自己的竞争优势。

(6) 更加注重权利与义务架构及其影响。任何组织都存在利用权利实现个人或集团利益现象,在许多时候,企业的战略决策是由企业上层具有权利的人员决定的。现代企业面临的复杂环境决定人们在目标、价值观念、利害关系、职责和认识上的分歧,同时彼此对对方由控制向在某种程度上依赖对方进行转变。

**【小资料 4】** **海信公司向全球开放"脑库"**

2003 年 8 月 18 日,海信在京宣布,将本该保密的"脑库"——研发中心全面开放,向全球招商揽才。此举志在追赶先进,尽快拉平与国际技术差距。

海信对技术的迫不及待有其深刻背景,董事长周厚健说:"没有任何一家世界级企业

是做低档产品的。”

海信副总裁王志浩认为，悬殊的技术差距导致“国际企业吃肉、中国企业喝汤”的不合理国际分工现状。海信所做的奋斗就是要改变这种命运。此次开放涉及人才、项目和资金。海信表示，采取对外开放技术项目(技术研究合作)、引进人才和与短期访问学者合作、吸引项目合作开发、与跨国公司进行技术人才和项目合作、吸引风险投资资本介入等途径加大海信的技术升级力度。

海信董事长周厚健在会上详细介绍了招商揽才计划：诚挚欢迎远在美国、日本、韩国的不同国籍的高新技术人士加盟海信，欢迎日本、韩国籍50岁左右的质量、工艺、生产管理高级顾问加盟海信；欢迎各类创新思路与技术萌芽落户海信技术孵化园；欢迎各种形式的短期合作在海信技术孵化园进行；欢迎有世界领先技术风险投资经验的资本方与海信技术孵化园合作。

为了强调诚意及迫切心情，周董事长承诺“不只是青岛总部，技术人员还可以在海信北京、上海以及美国找到自己的定位”；对于承担国家、省市、公司项目课题的引进人才，根据需要提供数额不等的项目启动资金等。

除美籍专家王志浩外，出席发布会的还有知识产权教授郭庆存、空降海信的日籍PDP专家小关信行。尽管海信一直在招才，但显然增长速度不能令他们满意。周董事长的“如意算盘”是：自此次公开招商、招揽人才开始，经过5年从国内、美国、日本、韩国再吸引1500名较高水平的专业技术人才加盟，在3～5年内使研发中心研发力量翻一番，以10年之力追赶世界一流的电子核心技术。

海信此次招商纳贤的一个明显特点是在重视产品技术力量的同时，更重储备技术。周厚健从国际电子展上总结出，中外企业的差距在市场产品上还不是太大，差距越拉越大的是核心技术和储备技术。

周厚健把靠买贴牌和靠自己研发两种发展方式比喻成到餐馆买菜吃和自己做菜吃，自己有能力做菜吃的人肯定是成本低，吃得又好。对于国内流行的“缺乏核心技术，中国还可以做世界工厂”理论，在美国IT企业奋斗了十多年的王志浩认为，短期这样做有道理，长期没道理，美国、日本都曾做过世界工厂，但最终都发展到技术领先，而不是一直停留在制造上。

有人很担心，在与国际企业技术差距越拉越大的情况下，核心技术是不是还可以追赶？中国企业在下游“喝汤”的命运还能改变吗？一向保守的周先生此次却斩钉截铁地说：“当然可以追，你们看三星公司20世纪90年代之前有什么？而现在发生了多大的变化！连以技术横行天下的索尼CEO每周都要研究一次有关三星的报告。”

周厚健从海信手机和空调业的技术崛起中看到企业已具备改变命运的实力。海信手机坚持从底层软件开始做起，有专家参观研发中心后大为震惊，称“国内就移动通信终端而言，没有比海信开发得更强的了”。周厚健现在正在做另外一件事——向同行卖技术和模块。

从这两项技术的进展使海信坚信：技术是一步步做起来的，开始可能没有核心技术，核心技术开发必须有一个过程。

海信还同时公布了招才热线和智能信息系统、显示技术、制冷、IT四大技术开放合作领域。

**资料来源**：季晓磊. 要吃核心技术这块肥肉 海信向全球开放“脑库”. 人民日报(海外版)，人民网 http://www.people.com.cn/。本书引用时有所改动。

**想一想**：

(1) 你对海信集团实施这一战略给予什么样的评价？根据你的判断，该战略能否给海信集团带来成功？

(2) 在战略控制中需要重点注意哪些因素，这些因素的变化会给企业战略实施带来哪些影响？

## 10.2 战略控制过程

### 10.2.1 战略控制过程主要步骤

战略控制的一个重要目标是使企业实际效益与战略计划之间尽可能不要产生偏差。企业为了实现上述目标，一般将战略控制过程分为以下四个步骤：

1. 制定绩效标准

战略控制过程的第一个步骤是要对计划进行准确的评价，制定相应的绩效标准。企业战略绩效标准的制定必须根据预期的目标或计划。在这之前，企业需要对已定的计划进行评价，确定企业目前需要努力发展的方向，明确实现目标所需完成的工作任务。

2. 衡量实际绩效

战略控制过程的第二个步骤主要是判断和衡量实现企业绩效的实际条件。管理人员需要在实际工作中收集和处理相关数据，同时进行具体的职能控制，并且监测环境变化产生的信号。此外，为了更好地衡量实际绩效，企业还要确定衡量的范围，制定具体的、可行的衡量方法，保证衡量的有效性。

3. 评价实际绩效

战略控制过程的第三个步骤是要用实际绩效与计划绩效进行对比，衡量两者之间是否产生差距，如果产生了差距还要尽可能地分析产生差距的具体原因。

4. 采取纠正措施或实施权变计划

战略控制过程的第四个步骤是考虑采取纠正措施还是实施权变计划。在生产经营活动中，一旦企业发现外部环境中存在机会或威胁，这些机会或威胁很可能影响企业的成果，就必须采取相应的纠正或补救措施。当企业的实际效益与标准效益出现很大差距时，这时采取纠正措施很难产生效果，企业应当及时采取权变计划，适应内部和外部环境的剧烈变化。

### 10.2.2　战略控制系统的组成与特点

1. 战略控制系统的组成

战略实施控制系统由三个基本控制系统组成，这三个系统分别是：战略控制系统、业务控制系统和作业控制系统。

(1) 战略控制系统是以企业高层领导为主体，以企业的外部环境有关因素和企业内部绩效为主要控制对象进行控制的活动。战略控制属于控制层次的最高层次。

(2) 业务控制系统以企业主要下属单位为主体，其中主要包括企业战略经营单位和企业职能部门两个层次。业务控制关注的是企业下属单位实现构成企业战略各部分策略及中期计划目标的工作绩效，检查是否达到企业战略规定的目标。业务控制由企业总经理和下属单位的负责人进行。业务控制属于控制层次的中间层次。

(3) 作业控制系统是以基层管理人员为主体，以具体负责作业的工作人员的日常活动作为控制对象。作业控制关注的是员工履行规定的职责和完成作业性目标的绩效。作业控制由各基层主管人员负责。作业控制属于控制层次的基础层次。

战略控制、业务控制和作业控制三者之间的关系如图 10-1 所示。

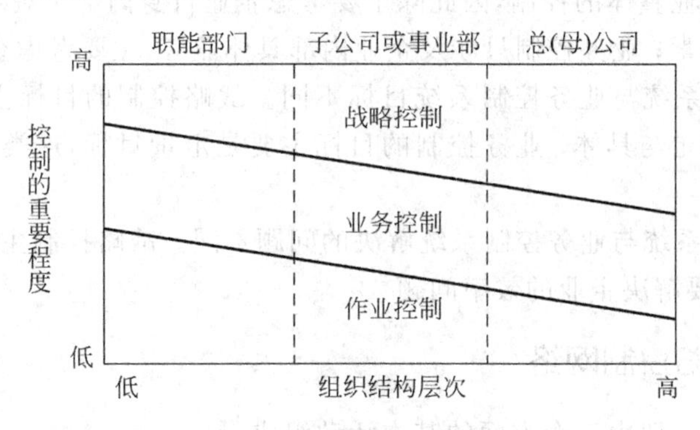


**图 10-1　战略控制层次**

从图 10-1 中可以看出，战略控制、业务控制和作业控制均涉及组织所有机构和部门，只是侧重点不同。在公司总部一级，更多的是关注战略控制和业务控制；在独立业务单位，如事业部、子公司，以业务控制为主；基层作业部门主要负责作业控制。

2. 战略控制系统特点

战略控制系统特点主要是指战略控制系统与业务控制系统特点，它们有三个共同点：

(1) 控制标准必须与企业目标相联系。企业目标分为长远目标和年度目标，有效战略实施的控制与评价必须在控制目标与各特定系统的绩效标准之间建立联系，这些系统主要包括资源分配导向系统和外部环境关键因素系统，与这些系统建立联系将有利于明确战略计划和人们行为目标之间的联系。

（2）战略控制要与激励机制相结合。通常情况下，当企业内部员工的工作行为符合战略绩效需求时，员工会得到相应的奖励。但在平时员工的行为期望目标并不十分清楚，有效的战略实施控制提供控制标准，该标准使得期望目标定量化和具体化。这种定量化的标准为员工的期望和企业的战略目标之间建立清晰的联系，这时的控制评价就具有激励特点，这种激励特点使得企业有效实施战略变得更加简单。

（3）控制系统要与早期预警系统相结合。早期预警系统可以实时地向管理者报告在战略实施过程中存在的潜在问题或偏差，通过该系统管理者能提前做出判断，较早地纠正偏差，避免不必要的损失。

3. 战略控制系统与业务控制系统之间的区别

上述特点说明战略控制系统与业务控制系统之间存在联系，但这两种控制系统也存在区别，主要有以下四个基本方面：

（1）战略控制系统与业务控制系统执行主体不同，高层管理者主要负责战略控制，中层管理者主要负责业务控制。

（2）战略控制系统具有开放性，业务控制系统具有封闭性。由于战略控制是企业高层负责的关系到企业整体的控制，因此除了要考虑企业自身内部微观环境外，还要考虑企业外部宏观环境因素；业务控制只涉及企业内部具体业务，主要考虑企业内部因素。

（3）战略控制系统与业务控制系统目标不同。战略控制的目标主要是定性目标，这类目标一般不够确定与具体；业务控制的目标主要是定量目标，这类目标一般是确定的和具体的。

（4）战略控制系统与业务控制系统解决的问题不同。战略控制主要解决企业的效能问题，业务控制主要解决企业的效率问题。

### 10.2.3 战略控制网络

战略控制过程一般由三个方面的基本活动组成。

（1）确定定性目标和定量目标，同时将这些目标与产业内的其他优秀企业作比较，根据具体目标制定评价标准。

（2）从实际执行过程中收集信息，再经过必要的信息反馈手段回收信息，根据回收信息分析执行的实际效果，以此进行控制。

（3）进行实际信息与标准比较，差距就是执行中出现的偏差，针对这些偏差采取纠正偏差行为。

这三个方面结合在一起形成一个战略控制网络，如图 10-2 所示。

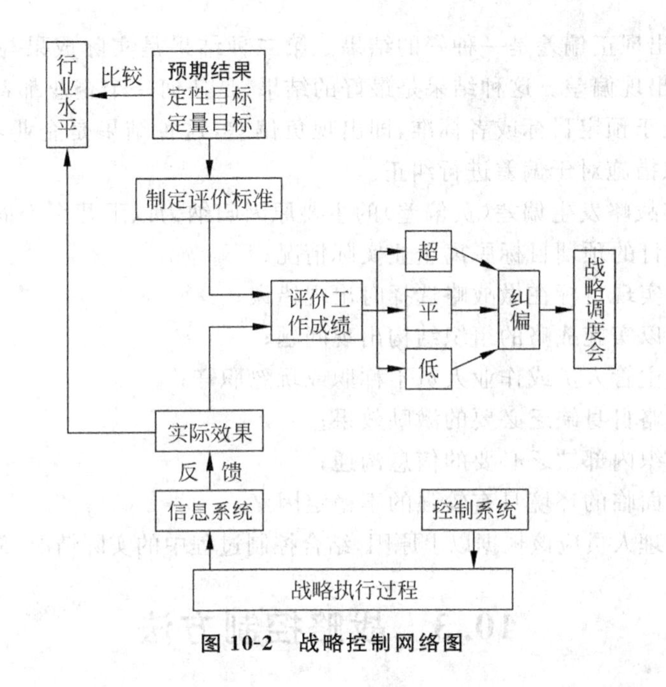


图 10-2　战略控制网络图

战略评价标准是实施战略控制的首要环节,即战略评价标准的制定是实施战略控制的第一步。战略评价标准可以采用定量指标和定性指标。定量指标与定性指标两者必须与企业的发展过程做纵向比较,还必须与行业内竞争对手、行业中业绩较为优异者以及其他参照企业进行横向比较。

实际工作效果是指在执行战略过程中企业实际达到的水平,是企业在执行战略后一段时间内综合工作的反映。企业可以通过信息系统把各种战略目标实际执行信息进行汇总,这些信息必须与战略目标相对应。要获取实际的准确成果,必须建立管理信息系统,并采用科学的控制方法和控制系统。

企业战略的控制方法和控制系统有效必须具备以下几个基本条件:

(1) 企业战略的控制方法和控制系统必须是节约的;

(2) 企业战略的控制方法和控制系统必须是有意义的;

(3) 企业战略的控制方法和控制系统必须适时地提供信息;

(4) 企业战略的控制方法和控制系统必须能测量出活动和职能的真实性;

(5) 企业战略的控制方法和控制系统必须提供关于发展趋势的定性的信息;

(6) 企业战略的控制方法和控制系统必须有利于采取行动;

(7) 企业战略的控制方法和控制系统及报告应该力求简单化。

评价工作成绩是将实际成果与预定目标或标准进行比较。这种比较一般会出现三种结果:第一种结果是实际成果超过预定目标或者标准,即出现正偏差。在没有其他特殊要求的情况下,出现正偏差是一种好的结果。第二种结果是实际成果与预定目标或者标准一样,即没有出现偏差。这种结果是最好的结果,是任何一个企业都希望达到的。第三种是实际成果低于预定目标或者标准,即出现负偏差,这种结果是企业不希望出现的,企业应该及时采取措施对于偏差进行纠正。

国外学者将战略发生偏差(负偏差)的主要原因归纳为以下几个方面:

(1) 企业制订的预期目标脱离企业实际情况;

(2) 企业为实现目标在做战略选择时出现错误;

(3) 企业用以实施战略的组织结构出现问题;

(4) 企业的主管人员或作业人员不称职或玩忽职守;

(5) 企业战略自身缺乏必要的激励效果;

(6) 企业组织内部缺乏必要的信息沟通;

(7) 企业所面临的环境具有较强的不稳定因素。

战略控制管理人员应该根据以上原因,结合控制过程中的实际情况,采取相应的措施。

## 10.3 战略控制方法

### 10.3.1 战略控制方式

1. 以控制时间为基础的战略控制方式

从控制时间分析,企业的战略控制方式可以大致分为如下三类:

1) 事前控制

在战略实施之前,要设计好正确有效的战略计划,这些计划内容一般是企业制定考核经营活动绩效控制标准的基础。事前控制多用于企业战略重大问题控制,如任命重要的人员、重大合同的签订、购置重大仪器设备。

由于事前控制是在战略行动成果尚未实现之前进行的,通过预测发现战略行动结果可能与事先规定的标准之间产生差异,因此,管理者必须对预测因素进行分析与研究。一般将预测因素分成三种类型:

(1) 投入因素,即战略实施过程中资源种类、数量和质量投入情况,这些资源投入因素会直接影响产出结果。

(2) 早期成果因素,即通过对早期成果分析对企业未来结果进行预测,早期成果可以是判断未来成果的基础。

(3) 外部环境和内部环境因素。外部环境的不稳定性以及内部环境的重大改变对企业战略实施都将产生重大影响。

2) 事后控制

这种控制方式发生在企业经营活动之后,即在战略活动取得结果后再与控制标准进

行比较，查看战略执行效果。这种控制方式的工作重点是明确战略控制程序和标准，把日常控制工作交给职能部门人员去做，即在战略计划部分实施之后，将实施结果与原计划标准比较，企业职能部门及各事业部门负责定期向企业高层领导汇报战略实施情况，由企业高层领导根据具体实际情况决定是否采取措施纠正战略实际执行中产生的偏差。

事后控制方法主要有联系行为和目标导向两种具体形式，下面分别介绍。

(1) 联系行为，即对员工战略行为的评价与控制与他们日常工作行为相联系，并且做出评价。这样做一般员工比较容易接受，同时能够明确员工在战略行动中应该努力达到的方向，使个人的行动目标与企业经营战略目标保持一致。同时，通过战略评价系统的反馈信息修正战略实施行动，使之更加符合战略要求；通过战略行动评价实行合理的分配机制，激励员工工作，强化员工的战略意识。

(2) 目标导向，即让员工参与战略行动目标制定以及工作业绩评价，使员工既可以看到个人行为对实现企业战略目标的作用和意义，又可以从工作业绩评价中看到自己取得的成绩以及工作中存在的不足，使员工感受到企业的肯定和鼓励，为战略推进增添动力。

3) 随时控制

随时控制即过程控制。企业高层领导者要控制企业战略实施中的关键性过程或全过程，随时采取控制措施用以纠正实施中产生的偏差，引导企业沿着战略制定的方向经营。这种控制方式主要是对关键性战略措施要进行随时控制。

应当指出，以上三种控制方式所起的作用不同，因此在企业经营当中采用哪种控制方式要根据具体内容而定。这三种控制方式可能随时被采用，也可能随时被其他控制方式替换。

2. *以控制主体的状态为基础的战略控制方式*

从控制主体状态看，可以将战略控制分为如下两种形式：

1) 避免型控制

避免型控制是通过采用适当方法避免不适当行为发生，使不需要的结果没有产生的机会，达到战略控制目的。例如，可以通过自动化使工作稳定性得以保持，按照企业目标正确工作；通过与外部组织共担风险减少企业自身控制工作；转移甚至放弃某项活动，消除有关控制活动。

2) 开关型控制

开关型控制又称为事中控制或行与不行控制。其原理是：在战略实施过程中，按照既定标准检查战略行动，确定行为是否可行，在行与不行之间做出选择。这种做法类似于开关的工作原理，如果可行就使行为发生；如果不行，就使行为无法发生。

开关控制方法具体操作主要有以下几种形式：

(1) 直接领导。管理者对企业开展的活动进行直接领导和指挥，发现差错及时纠正，使其行为符合既定战略标准。

(2) 自我调节。执行者通过非正式沟通方式，采用地位平等的沟通手段，按照既定标准进行自我调节，改变与战略不适合的行为，以便与协作者之间的配合更加默契。

(3) 共同愿景。组织成员对目标、战略宗旨认识一致，在战略行动中表现出一定的方向感与使命感，从而达到殊途同归的效果。另外，也有利于企业内部协作，从而实现共同目标。

开关控制法一般适用于实施过程标准化的战略实施控制，或某些过程标准化的战略项目的实施控制。

3. 以控制切入点为基础的战略控制方式

从控制切入点看，企业的战略控制可以分为如下五种：

1) 财务控制

这种控制方式覆盖面广，是用途极广的、非常重要的控制方式。它主要通过企业内行为在财务上的表现进行控制，包括预算控制和比率控制。

2) 生产控制

生产控制是对企业产品品种、数量、质量、成本、交货期及服务等方面进行控制，即生产上的全面控制。这类控制可分为产前控制、过程控制及产后控制等。

3) 销售规模控制

由于规模效益现象的存在，销售规模太小会影响企业经济效益；但销售规模过大也会带来不利影响，这样可能占用企业较多资金，也会影响企业经济效益。为此要对销售规模进行必要的控制。

4) 质量控制

质量控制包括对企业工作质量和产品质量的控制。工作质量不仅包括生产工作质量，也包括领导工作、设计工作、信息收集与处理工作等一系列非生产工作的质量，因此，质量控制的范围包括生产领域和非生产领域的一切控制过程。企业质量控制是动态的，因此质量控制更加重视对行为发生前的控制和对未来发生事件的质量控制，其难点在于企业如何让全体员工共同具有质量意识。

5) 成本控制

成本控制的最根本目的是使各项费用降低到最低水平，从而达到提高企业经济效益目的。成本控制包括对生产、销售、设计、储备等有形费用的控制，也包括对会议、管理和时间等无形费用的控制。在成本控制中，较为重要的任务是建立各项活动费用开支范围和开支标准，并且依据这些标准进行严格控制。成本控制最重要的内容就是事先对企业行为进行成本预算。成本控制的难点在于企业大多数部门和单位是非独立核算的，因此在思想上缺乏成本意识，企业应该加大这方面的培训，同时将部门之间的成本尽量明确划分，以便更好地节约成本。

### 10.3.2　战略控制与信息流动

作为与企业战略、企业长期发展计划息息相关的重要信息，在战略控制中具有重要作用。战略的意义在于协调和统一企业的内部关系，同时对企业的长远发展起到指引作用。战略还可以被解释为企业应对来自外部市场压力和发现、抓住机遇的反映。在企业内部必然要对潜在的市场危险和自身薄弱点进行有效的处理和改造。

大量重要战略问题最初常常是以相对模糊的方式出现，就像企业内部行事不统一，或是企业当前发展理念与未来发展理念直接冲突。最初的信息也许会来自各个方面，危机本身会在企业发展到一定阶段时借助控制系统本身反映出来。如果企业决策者要等到危机信号明确显现时才采取行动，企业会因此错失良机，并且在应对危机中消耗大量的财力物力，致使企业承受巨大损失。

### 10.3.3　战略控制与环境扫描

开放性体制强调组织与环境的适应关系，外部环境作为企业组织重要的信息来源，战略控制必须对外部环境进行有效扫描。这里的扫描是指在决策中获得有效信息的过程。这个活动本身既包括集中程度很低的观察活动，也包括集中程度很高的计划研究活动。每个企业组织为了获取外部信息和变化，都会进行环境扫描。一个企业制定一项长期战略计划时，最高决策层为准确预测未来市场可能发生的变化，会进行外部环境扫描。

外部环境中的各种情况都是随着时间的变化不断变化。变化本身呈现波动状态，这种状态直接影响企业经营和管理。对于企业高层领导者来说，外部环境信息就是财富，为了攫取更多的利益获得更多的财富，就必须建立一套完整可行的扫描系统。

图 10-3 描述各类外部信息的分布情况。E 范围涵盖了企业管理人员获取外部市场信息时的企业外部大环境。圆 A 表示可能获得信息的区域，在该区域中的部分信息受外部条件、企业内部条件或其他一些条件制约，无法获取。圆 B 表示企业管理人员能获取信息的领域，该领域中所包含的信息涵盖了多种战略要素和非战略要素。圆 C 表示企业管理者实际得到的外部信息最终转化为企业战略信息部分，这种转换主要依据管理者的主观经验与其对于外部市场的认知程度。圆 X 表示企业管理者主观上力求获取的战略信息领域，由于企业管理者已经将其界定为战略信息，因此获取该领域内的信息显得极为重要。圆 Y 是依据客观实际判断的理想化的战略信息。

由图 10-3(a)可以看出，圆 X 与圆 Y 存在明确的界限。也可以认为，依据客观市场环境进行判别的理想型战略信息与依据主观进行判别的战略信息存在明显的不同。不同的原因可以归结为企业管理者个体扫描行为与企业组织总体扫描行动之间的差异。圆 X 与圆 C 之间也存在差别，经营者想要获取的信息和实际能获取的信息之间是不对等的。

图 10-3(b)表示理想模式下的扫描过程。图中圆 C、圆 X、圆 Y 重叠，表示主观想获得

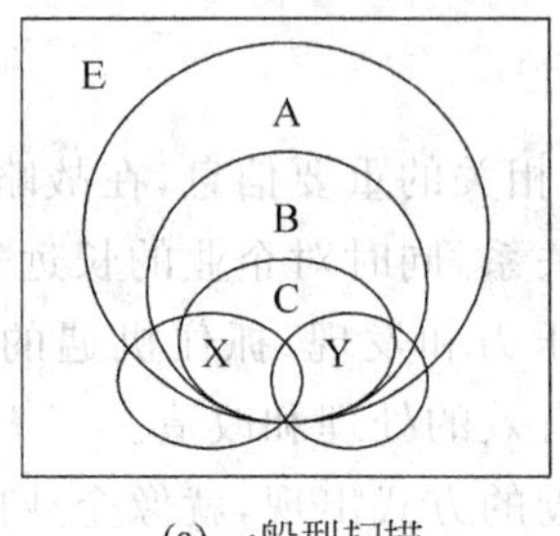


(a) 一般型扫描

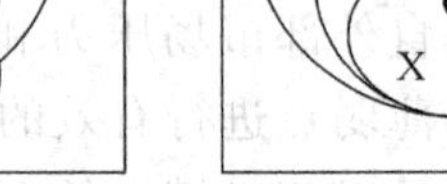

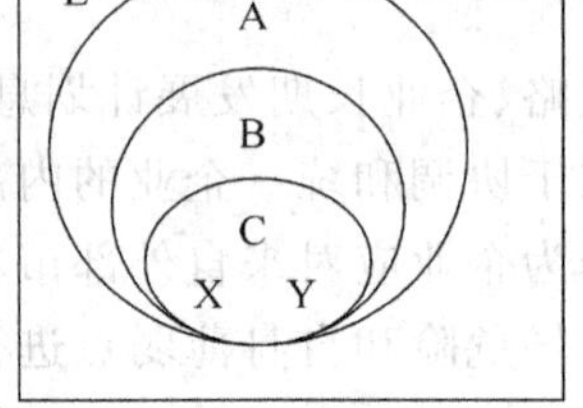


(b) 理想型扫描

**图 10-3　外部信息扫描图**

E——外部环境；圆 A——可能选取信息的领域；圆 B——获取外部信息的全领域；圆 C——将已获得的信息转化为战略信息领域；圆 X——主观上想获取的战略信息领域；圆 Y——依据客观实际判断的理想化的战略信息领域

的，理想化的与实际获得并加以利用的信息相同。

一个企业为了追求具有战略意义的外部市场信息时，会对企业外部的市场进行细致的考察。不过，企业管理者想要得到的信息并不是一定能得到，这是市场条件下各个企业面临的实际问题。这就使企业必须在外部市场并不十分明确的基础上做出企业战略规划。在企业获得的大量信息中，有价值的战略信息只占一小部分。实际上，大多数企业管理者们对于哪些信息是必要的、哪些信息是对企业有利的、哪些信息具有战略价值并不能认识得很明确。大多数情况下，即便他们手中握有有价值的战略信息，却往往忽略，不能发现其所具有的潜在的战略价值，这与企业扫描系统的认知能力密切相关。

扫描是收集特定的信息并将其记录分析的过程。从这点来看，如果扫描之初动机和目的不是很明确，那么整个系统的设计就是失败的、不恰当的，通过该系统获取的信息就不具备指导性，战略价值和意义相对较小甚至不具备战略意义和价值。如果企业采用运筹学手段进行运作，会获取大量所需数据和信息。即必须要在目的明确的前提下进行有效的扫描，从而收集大量有价值的数据和信息。理想状态下圆 C、圆 X、圆 Y 之间是不能有差别的。扫描过程的最优方式可以仿效图 10-3(b)模式。

战略控制中的环境扫描将每个细小琐碎的不易感知的动作紧密融合，使之成为连续体。为了能够满足分析的需要，必须在连续体上设定多个能够被感知的对照部分。

一般说来，战略控制扫描有两种方法：

(1) 通查，即“对某个感兴趣的事件加以关注”，其特点是为信息收集者提供某种意义上的一般的认识。

(2) 精查，意味着收集的信息能够解决企业的特定问题。

扫描者们通过对于某个特定领域的集中大量调查，按照前期规划，慎重选择有效信息。通过集中程度高低不同，又可以将通查和精查更具体地划分为观察和监视、调查与研究。

观察是要求得到一般信息或是对特定问题加大理解力，或是为了选取与某一事件相关的信号（此信号具有相对重要意义，对于精查具有指导性）使用这种扫描形式。监视则是对明确意义的信息与信息源进行有效关注的行为。

调查意味着对某个特定目标进行特定的信息收集活动，在相对小的范围里进行有计划有步骤的调研活动。研究的目的在于为特定目的收集特定的信息，是一种具有完备体系的行为。

## 本章小结

本章围绕企业战略控制问题进行分析。首先，介绍企业战略控制概念以及战略评价方法。其次，对企业战略控制的内容、作用、基本特征以及影响战略控制的因素进行进一步分析，在此基础上分别研究了战略控制过程与战略控制方法。在战略控制过程研究中主要分析了企业战略控制步骤以及企业战略控制系统，在战略控制方法研究中主要介绍了具体的战略控制方式以及战略控制与信息环境之间的联系。进行上述问题研究的根本目的，是为了解决企业战略在实际控制过程中如何做到在具体实施与战略计划之间保持一致，同时分析战略偏差产生的原因，最终做到控制战略按照标准有效实施。

在这一章主要应用管理控制理论、系统理论、权变理论和激励理论等对企业战略控制进行全面分析，即利用企业战略分析发现在实际实施过程中存在哪些偏差，分析偏差产生的原因，采取有效的战略控制方式，达到战略实施结果与战略计划目标相吻合的目的。

## 案例分析

### 惠普收购康柏

1. 惠普收购康柏：看中什么？

首先，惠普购买康柏可能是看中了它的高端服务器（Alpha 系列）业务的市场和客户资源。康柏的服务器业务每年为它提供 23% 的利润，其中主要收入来源于基本维护与服务。

其次，为了加强在 PC 市场上的竞争力，与对手 IBM 和戴尔一争高下。曾有分析家建议 Gateway 将其日本的业务出售给戴尔，IBM 则应该出售其 PC 业务，转向服务器业务。

两家公司合并的消息对于长期处于萧条的电脑行业来说值得关注。几个月以来，惠普和康柏的股价出现大幅下跌。两家公司都认为销售及利润下跌的主要原因是经济环境恶化及欧洲 PC 价格战的升级。在合并后的新公司里，46 岁的原惠普 CEO 及总裁菲奥莉纳（Carly Fiorina）将为新公司的董事长及 CEO。原康柏的董事长及 CEO 卡普拉斯（Capellas）将为新公司的总裁。菲奥莉纳表示："合并后，我们在用户及合伙伙伴方面将处于领先地位。在未来一年里，公司将对业务进行整合。"据悉，此次交易将为2003年财务年度节约20亿美元，预计整个交易将于第二年上半年完成。

2. 惠普与康柏要成"一家人"

根据两家公司协议，新组建的公司继续命名为惠普。新惠普总部仍设在惠普的"老窝"——加利福尼亚州的帕罗·阿尔托。康柏总部所在地休斯敦将是新惠普未来的重要基地，部分产品仍然延用康柏品牌。这次兼并以换股的方式进行，康柏股票每股兑换惠普0.6325股。新公司股份中，惠普股东占64%，康柏占36%。在最近12个月，惠普的营业额是470亿美元，康柏是400亿美元。两者合并后总营业额达870亿美元，将成为仅次于营业额900亿美元的IBM公司的又一"电脑业巨兽"。

惠普是来自美国西海岸高科技之都硅谷的巨型企业，在打印机、电脑、服务器等行业名列世界前茅。康柏来自美国南部名城休斯敦，是"年龄"只有19岁的后起新秀，以个人电脑、手提电脑、服务器等产品雄踞世界前列。两家本是"同行冤家"，没想到共同的利益与目标促使它们成了"一家人"。合并之前，在世界个人电脑销量中，康柏、惠普分别排名第二和第四；在服务器市场，康柏、惠普分居第一和第四。但惠普总体实力大大超过康柏，因而"吃下"康柏也在情理之中。

合并后的新惠普拥有职员14.5万，营销活动遍及160多个国家，集打印机、个人电脑、服务器、手提电脑以及其他服务系统于一身，成为雄踞世界电脑硬件业的巨霸之一。新惠普在个人电脑、服务器方面都将成为世界第一大制造商，对戴尔、IBM、太阳微系统、盖特威等公司造成强大的冲击。

近两年，惠普与康柏很不如意。为了走出困境，两家公司终于同意合二为一，共同发展。菲奥莉纳称，这次合并"是一个加强我们的战略并走向胜利的决定，在目前信息工业面临特殊挑战的时期，这次合并促使我们与客户和伙伴一同取得了领导者的地位"。

然而，惠普与康柏真正联为一体还要迈过三个坎：一是需得到两家公司股东大会的投票批准；二是美国联邦贸易委员会放行；三是欧盟开绿灯。过第一个坎儿也许不难，但后两关不是轻而易举就能过。前不久，美国通用电气并购霍尼韦尔公司就因欧盟反对而"胎死腹中"。整个反垄断审查程序将持续6～9个月，如果一切顺利，双方合并可望在2002年6月全面启动。

惠普与康柏联手对两公司来说是天大的好事，但纽约华尔街股市却"迎头泼了一盆冷水"。惠普股价当日剧降4.21美元，每股降到19美元，比上个交易日下降了19%。康柏股价下跌1.27美元，每股跌到11.08美元，降幅10.3%。前一天还被夸赞为250亿美元的交易，转眼缩水为203亿美元。

对于此次合并，美国电脑业界分析家有褒有贬。喝彩者认为，这是一起"天然合并"，"如果它们不互相拆台，肯定会变得效率奇高"。但批评者却说，两家公司合并是"手挽手走进了个人电脑时代的黄昏"。目前惠普和康柏问题成堆，合并后许多生产部门重叠，理顺新公司的运行机制，及应对其他公司的竞争将面临种种挑战。

3. 惠普董事会同意并购康柏：不受部分股东反对影响

惠普董事会在声明中称，除休利特(Hewlett)家族外的所有董事会成员均完全支持该合并计划，并称他们全力支持惠普总裁菲奥莉纳。惠普创始人之一威廉·休利特的儿子瓦特·休利特列举了其他反对合并的人士提出的疑虑，主要包括：合并后的公司将主要从事利润率较低的个人电脑业务，使获利较高的惠普打印机业务遭到削弱；康柏的重点在于维修服务，而不是经营客户业务。

他说："我可以断定，康柏绝不是适合惠普的合作伙伴。由于此事不会给股东带来利益，加之合并过程具有较大的风险，我认为不值得进行合并。"休利特家族掌握惠普逾5%的股权，该家族并不认为康柏是惠普合适的合作伙伴。基金经理麦克洛斯基称，合并成功的概率正在下降，休利特家族的表态可能是此事难成正果的第一个预兆。

惠普和康柏均表示，双方董事会仍然坚持进行这桩价值达200多亿美元的并购。两家公司合并后，将形成一个业务涉及电脑、打印机和服务器的巨型企业，以与科技产业巨头IBM相抗衡。

如果合并案流产，将危及惠普全球总裁菲奥莉纳的前程，她的声誉成败系于此合并案。菲奥莉纳对路透社表示，可预见合并失败"可以预料的后果"。

4. 惠普CEO：如收购康柏不成功惠普就面临灭亡

距离股东投票只剩下不到3周时间，惠普公司的女掌门人菲奥莉纳表示，如果不能成功收购康柏公司，惠普公司就有消亡的危险。

在纽约举行的一次与分析家的吹风会上，菲奥莉纳和惠普公司的财务总监威曼表示，惠普公司收购康柏公司的代价高达14亿美元。这是惠普公司首次公布该数字。威曼称，即使这样，惠普公司2003年的业绩仍然能够达到分析家的预期。

威曼预测，合并产生的重组成本在4.5亿～7亿美元，会计和商誉方面的成本也在4.5亿～7亿美元，现金方面的影响可能在8亿～12亿美元。他还预测，合并后的惠普公司2003财年的每股收益将高达1.51美元，高于分析家对惠普公司1.35美元的预期。

菲奥莉纳则更像一名政治家.她的讲话表现了这样一个主题：高科技业正在经历有史以来最大的兼并潮，成功只青睐能够满足客户所有需求的大公司。菲奥莉纳说，在兼并不断的高技术产业界，我们必须确保商用计算业务有足够的规模，能够成为供客户选择的平台之一，否则我们的商用计算业务就会不断萎缩，直至慢慢消亡。

惠普公司董事会成员瓦特·休利特等反对者认为，收购康柏公司会使惠普公司更多地依赖于利润很低的PC业务，而削弱惠普公司在图像和打印业务方面的优势。惠普公司管理层和董事会则认为，惠普收购康柏是强强联手，能够带来双赢的局面。

在这次吹风会上，菲奥莉纳还对瓦特的指责进行了反击。她说，惠普公司和康柏公司不会因成功合并而获得巨额报酬。

5. 惠普 CEO 菲奥莉纳称与康柏合并已获得股东通过

2001 年 3 月 19 日上午 8 点,IT 产业历史上最大的一起并购事件——惠普并购康柏的重要一步惠普公司股东投票大会在加利福尼亚州库帕蒂诺市名为"火石中心"(Flint Center)的饭店举行。由于事关重大,惠普公司决定不进行网上直播。计票和公证工作由 IVS 公司负责,估计 2 个星期后见分晓。此次股东大会是决定并购案成败的关键时刻,如果并购案能在大会通过,并购将在 4 月初完成。19 日下午,美国惠普公司宣布股东以投票形式通过惠普与康柏合并案。

惠普首席执行官菲奥莉纳周二声称,公司股东以微弱差距通过她以 200 亿美元购并康柏电脑的计划,但反对合并计划的惠普董事瓦特·休利特拒绝承认失败。菲奥莉纳表示,惠普和康柏将全速推动整合计划,包括裁员 15 000 人。菲奥莉纳的目标是将营业收入提升约 2 倍至逾 800 亿美元,扩充和深化整个个人电脑(PC)、打印机和大型电脑产品线,并挑战目前全球最大电脑厂商 IBM。不过,惠普共同创始人之子瓦特·休利特认为,投票结果相当接近,难分胜负。来自反对合并阵营的消息人士称,赞成票仅比反对票多不到 0.5%。休利特曾发起为期数月的活动反对这一合并计划,他认为这桩合并案意味着惠普将极具价值的打印机部门拱手让给康柏的股东,作为回报的是康柏低技术含量、低利润的个人电脑部门。随着惠普和康柏股价差距愈来愈小,华尔街向菲奥莉纳显示对这一合并益处的怀疑。然而,最终结果预料还要好几周才会出炉。休利特称,最终股东将拒绝这个合并,对此他胸有成竹。他在一份声明中指出,这场委托投票竞争如此激烈,投票最后一刻前股东们仍可改变决定,因此现在得出结果是不可能的。

6. 惠普与康柏合并获得各方面通过

2001 年 9 月 4 日,惠普宣布与康柏达成交易金额为 250 亿美元的大合并。

自合并案宣布以来,菲奥莉纳就飞往全美各地宣传合并的好处,希望赢得投资者和分析师的赞同。

菲奥莉纳的行动得到董事会的有力支持。2001 年 11 月 7 日,惠普公司两位创始人的后代表示反对拟议中的"惠普—康柏并购案",两大公司的董事会分别发表声明重申并购决定不变。休利特基金会董事之一、时任惠普经理的里查德·哈克伯恩在基金会表示反对这一合并计划后,于 12 月 13 日毅然辞去他在休利特基金会的董事职务,以表示对合并计划的支持。两名惠普董事会成员 3 月 11 日发出警告说,如果并购康柏的计划在 3 月 19 日召开的股东表决会上遭到否决,那么许多董事会成员及部分高层管理人员可能会集体辞职。

2002 年 1 月 31 日,欧盟批准惠普与康柏合并。2002 年 3 月 7 日,美国联邦贸易委员会宣布批准惠普公司收购康柏电脑计划。

7. 惠普康柏合并对菲奥莉纳有何"好处"

惠普在递交给当局的一份股东代理文件中称,公司已承诺,在完成与康柏的合并后,将上调新公司CEO菲奥莉纳和部分主管级员工的薪水。惠普表示，菲奥莉纳等员工将在新公司内担负更大、更重要的职责，因此公司决定给他们加薪。

该文件称，这些主管也有机会享有等同或高于其底薪的红利。

合并前菲奥莉纳的底薪为1年100万美元，她有资格享有与业绩相关的红利，后者约为1年125万美元。

不过菲奥莉纳曾于2000年会计年度的下半年退回62.5万美元红利，原因是公司没有达到获利目标。同样，她在2001年度也未收取红利。

反对惠普—康柏合并案的惠普股东、创始人家庭成员瓦特·休利特指出，惠普曾讨论在与康柏合并后，向菲奥莉纳支付2年价值7000万美元的薪酬方案，但遭到薪资专家的批评，惠普当时并没有否认这项提案，仅称已中止讨论。

**资料来源**：陈继祥.战略管理.上海：上海人民出版社，2004.本书引用时有所改动。

**思考题：**

(1) 惠普公司在实施与康柏公司合并过程中出现了哪些问题，哪些因素影响了两家公司的合并计划？

(2) 惠普公司在与康柏公司合并过程对战略做了怎样的评价，采用了哪些控制方法，这些方法是如何推动战略顺利实施的？你认为正文中陈述的控制方法对于当时的惠普公司是否合适？

(3) 通过上述案例分析，请你谈谈在一项新的战略开始实施时，应该如何做好战略控制工作，以确保战略实施效果？

## 战略管理实务操作

通过因特网或其他媒体搜索一家公司，获得足够的资料，然后完成下列活动：

(1) 简要描述该公司目前采用的战略，追溯公司战略实施中的具体控制工作。分析公司在战略控制过程中遇到哪些问题，采用了哪些控制方法，这些控制方法的效果如何？

(2) 初步分析该公司在战略控制中是如何进行战略评价的，哪些因素的存在影响该公司的战略控制。

(3) 说明环境因素和企业自身资源情况是如何影响企业战略控制的。

B&E

# 第 11 章 变化环境下的战略管理

孙子曰："故将通于九变之利者，知用兵矣；将不通九变之利，虽知地形，不能得地之利矣；治兵不知九变之术，虽知五利，不能得人之用矣。"

学习目标

**知识目标**：了解企业变化环境下战略分析方法。

**技能目标**：学会分析企业战略的发展和变化。

## 开篇案例

### 美国汽车产业的演变

汽车产业出现于 19 世纪 90 年代，当初的创业者尝试以汽油发动机、蒸汽发动机和电动发动机作为推进动力。最初的汽车制造商和今天的大汽车公司已不可同日而语。当时很容易进入这个新产业，许多小企业纷纷创立。新企业自己设计车型、接受订单并进行销售。为了完成订单，这些企业同加工厂、发动机供应商和其他制造商签订包括从车轮到车身的零件生产合同，汽车制造商的职能更像是设计者、组装者和营销者。到 1910 年，30 多家汽车公司每年向市场供应的汽车数量不超过 20 万辆。

汽车生产发展迅速，整个产业的销售量在 1913 年达到 46.2 万辆，1915 年为 89.6 万辆，1917 年为 17.46 万辆，到 1925 年总产量达到 37.35 万辆。最初汽车市场扩张背后的驱动力在于福特汽车公司所采取的战略。福特公司认为汽车需求极具弹性，因此只要能降低价格，汽车需求量就会大幅攀升。为了支撑价格削减，福特公司采取成本削减计划，该计划涉及零部件和产品标准化、工作任务专业化以及大规模生产。这是一种典型的低成本战略，通过促使成本下降，福特公司降低了价格，扩大了市场，使产量达到规模经济要求。截至 1921 年，福特公司的 T 型车已占据市场一半份额。

另一个创造需求高峰的驱动因素是通用汽车公司的差异化战略。与福特不同，通用汽车公司通过生产多种每年都要进行更新的车型扩大市场及市场份额。通用汽车公司认

为,汽车市场相当巨大,足以使各种车型都达到有效的生产规模,同时产品的增多也将进一步刺激不同利基市场的需求。为了形成它的产品线,通用汽车公司收购了很多独立企业,并将其自身重组为拥有不同汽车系列的多事业部制企业。通用汽车公司认为,在一个共同企业中生产多种类型汽车,既能在不同类型之间实现范围经济,也能实现特定流程的规模经济,这一战略使通用汽车公司成为市场主导者。

福特公司、通用汽车公司和后来的克莱斯勒公司所奉行的成功战略,使其产业地位不断稳固。1923年"三巨头"占美国汽车生产总量的68%,1970年前后达到98%。随着三大企业逐渐成为产业赢家,其销售额也迅速攀升。在历史同期,其他国家的汽车产业也经历了同样的发展过程。

汽车市场的成长使美国大企业从中获益,同时这种市场规模也吸引国外企业进入。这些进入者首先涉足美国企业严重忽视的小型轿车细分市场,这使进入者形成一定势力范围。凭借在小型轿车市场谋求到的一席之地,外国汽车企业使美国三大汽车公司的市场份额在20世纪70年代末减少到75%。这种转变由两方面原因造成,一个原因是汽油价格的变化使小型汽车更具吸引力;另一个原因是产品设计和制造技术的进步使日本和欧洲企业能够生产高质量汽车。70年代末,美国企业生产的汽车不但技术水平较低,而且无法满足消费者的需求,以往的市场主导者退而寻求政府补贴和贸易壁垒抵御外来竞争。80年代,美国汽车公司对资产基础和体制—常规—文化进行变革,以奠定新的竞争优势基础。90年代末,三巨头的技术水平不断接近海外竞争对手,并利用生产大型汽车和卡车的经验进入迷你车和运动休闲型车的细分市场,这些成就使其时来运转。

在整个汽车产业发展史中,领先企业反复改变它们的价值链关系。最初的产业很分散,汽车公司自己不生产产品所需的大部分零件,它们与供应商也没有长期合同。然而随着时间的推移,汽车公司扩大内部生产活动范围。例如,20世纪70年代中期,通用汽车公司自己生产约2/3零部件,福特公司自己生产的比率接近50%。此外,专门生产汽车零部件的企业同三大汽车公司建立密切合作关系,为其提供很多外购零件,汽车企业与供应商企业签订的限制性合同使汽车企业对供应商活动拥有充分控制权。最近,这些汽车公司已经减少内部生产,剥离了一些生产零件的经营单位,同时它们还和独立供应商建立更密切的合作关系。

汽车产业的演变是一个很好的例子,从中可以看到企业环境变化如何影响企业业绩。能够在美国市场竞争的跨国汽车公司的崛起,对美国企业的赢利能力产生深刻影响。汽车产业的发展体现了产业初现、成长和成熟的系统化动态过程,这就是典型的产业生命周期。这些企业对其产业价值链结构进行的实质性改变,也是在其他产业中可以看到的动态特征。最后,也是我们认为最重要的一个方面,企业对环境的威胁和机遇做出的反应,表明制定战略以应对变化至关重要。福特公司和通用汽车公司因为制定并实施了创新性战略,首先控制了汽车产业,后来由于面对新的国际竞争对手挑战,美国本土企业又不得不改变战略，以便在新环境中继续成功运营。

**资料来源**：Kirk Monteverde and David Teece. Supplier Switching Costs and Vertical Integration in the Automobile Industry. The Bell Journal of Economics(Spring 1982)，206-213.

**想一想**：

(1) 美国汽车产业变化的主要原因是什么？

(2) 汽车产业的战略是什么，你能描述出来吗？

通过上面案例可以知道，美国汽车在变化的环境中采用了不同的战略，是什么原因导致的呢？

## 11.1 变化的环境

变化也许是决策层面临的最大战略挑战。如果企业面临的环境从不发生变化，那么决策者只需一次性进行战略选择，并不遗余力地实施即可。然而，企业外部环境在不断发生变化。当环境发生显著变化时，决策者就必须识别变化，剖析变化对企业战略有什么影响，并相应调整战略和内部环境。由于变化常常具有某些不确定性，它所带来的挑战就更加使人困窘，某种特定变化可能预示某一新的长期趋势，也可能仅仅是一种短暂的改变。这样一来，在几种可能结果中，企业很难判定哪些是新出现的改变，哪些是虚幻般的前途与威胁。

因为各种产业和企业发展路径有时会出现意料不到的转向，所以管理者必须对企业内外部环境、行动、业绩之间的关系保持清醒的认识。图 11-1 描述的是企业内部环境、外部环境、行动、企业业绩和变化之间的关系。企业环境变化常常意味着企业为追求利润最大化所采取的行动也要随之改变，企业的现行战略可能与内外部环境不再一致。企业必须准确理解上述关系发生了何种变化，以便做出相应的调整。当变化的实质还不明确时，企业应该了解将出现哪些情况以及如何应对最有可能出现的结果。

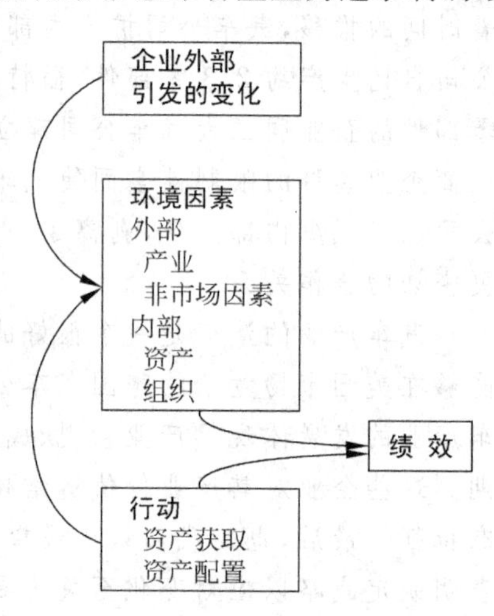


**图 11-1 动态的公司战略**

变化常来自企业外部，如竞争者采用一项新技术可能改变产业竞争格局；政府的新贸易政策也许将打开新市场。变化也可能来自企业内部，企业自身的技术变革也会改变它所在产业的状况。无论如何，变化都将影响企业的外部环境，进而影响企业战略资产的组织方式。本章为应对企业环境变化以及在环境变化期间制定战略提供一些工具。

首先讨论外部环境变化，接着应用产业分析方法

将外部环境对企业业绩的影响加以归类，然后剖析产业演变的动态过程和价值链结构的变化，最后探讨管理者在变化期间制定战略时所面对的挑战。

## 11.2　动态竞争的性质与特点

现在企业所面临的竞争环境与以前相比已经发生很大变化。主要影响因素有科技革命、经济全球化和竞争多样化的发展等。

(1) 科技革命。新技术的出现和技术革新，特别是通信技术、信息技术的广泛应用使企业对跨市场经营管理更为有效，同时也使企业对外部竞争环境的反应更为敏捷，决策更迅速。

(2) 经济全球化。由于有网络技术和信息技术的支持，各国为了更好地发展本国经济，纷纷打开国门，走向世界。随着各国之间签订的双边自由贸易合约的增多(例如1993年签订的北美洲自由贸易合约)，跨国经济的发展也越来越快，各国市场之间的联系越来越紧密，使企业不仅要承受国内竞争的压力，还要受到国际市场压力。

(3) 竞争多样化的发展。现在企业竞争再也不像原来那样，仅仅只是单个企业与单个企业之间的单一形式的竞争，而是形成一些战略联盟或者是战略集团，并且企业之间的兼并重组也十分常见。目前国内许多企业在竞争实力和经营规模上与国外著名大公司仍有巨大的差距。为了能在短期内提升国内企业的竞争能力，许多企业便谋求与国内大公司或国外一些公司进行合并整合，迅速扩大其规模。另外，战略联盟或战略集团在与其竞争对手竞争时，不仅要考虑来自市场方面的外部竞争，而且还必须考虑来自战略联盟或战略集团内部成员的竞争压力，因此竞争变得更为复杂。

上述这些因素使市场竞争变得更加复杂多变，而且难以预测。普拉哈拉德(C. K. Prahalad)把市场看做是企业竞争的战场。他还指出，在新的竞争环境下，要求企业采用新的战略方法和战略思维。

1. 动态竞争的概念与特点

迈克尔·希特(Michael A. Hitt)充分分析了企业面临的新竞争环境特点，提出动态竞争概念，并用动态竞争描述在新环境下企业的竞争行为。他指出动态竞争是企业为应对竞争环境和追求市场优势做出的竞争性行为，它表示企业的战略和战略实施在本质上都是动态的。动态竞争是由行业中某企业的行动和其竞争对手的反应行动引起的，即一个企业的竞争行为会引起其竞争对手的反应行为；同样的，竞争对手的反应行为又会再次引起先动企业的一系列反应……企业之间的这种竞争是一个动态过程，也就是企业双方进行动态博弈的过程。

动态竞争有两个显著的特点：对抗性和动态性。其中对抗性体现了竞争企业之间的互动关系和博弈过程，动态性则体现了竞争随时间和环境的变化而变化的过程。

1）对抗性(rivalry)

对抗性是指企业针对竞争对手的市场行为采取针锋相对的战略，目的是为了节制竞争对手的发展，体现的是竞争者之间的不相容性，而非人们常说的“双赢”。对抗性是由不对称竞争引起的，不过归结到底是由于企业在资源、能力和核心竞争力以及企业所面临的机会、威胁和所处的环境等方面的差异引起的，企业的战略设计，特别是企业业务层的战略设计，应该充分利用竞争者之间的这种不对称关系。随着市场的完善和行业的发展，企业对抗会日趋激烈，企业对抗的强度不仅受竞争者数量的影响，还受市场结构和竞争者所采用的战略影响。

2）动态性(dynamics)

动态性强调企业之间的竞争是一个动态的、变化的过程，这与竞争环境的多变和难以预测相适应。它包含三层意思：①时间概念上的动态性。在动态竞争中，先动企业根据市场环境选择某一种竞争行为，从而引发竞争对手的后序反应行为；反过来，竞争对手的反应行为又会引起先动者的反应行为，这个过程会一直持续，直到企业间的动态竞争结束。②空间概念上的动态性。如果企业与竞争对手在某一局部市场上展开竞争，这种竞争态势会自然地漫延到企业的其他区域市场。另外，如果企业在某一区域市场上遭遇竞争对手的竞争，那么企业可能选择其他区域市场与竞争对手展开竞争。这些都体现了竞争在空间上的动态性。③竞争形式上的动态性。在动态竞争中，后动者总是可以根据先动者的竞争行为，结合市场竞争环境，修正其对先动企业竞争行为的预期，然后再选择更有针对性的、对自己更有利的竞争形式。从这个意义上讲，企业和竞争对手的竞争形式都会随着对手的市场竞争行为的改变而改变。

2. 动态竞争产生的根源

企业之间之所以会存在动态竞争，是因为企业面临来自市场的压力或者是它们发现了提升自己市场地位的机会。但追根溯源，市场同一性和资源相似是动态竞争产生的两个根本性原因。

1）市场同一性

市场同一性体现了两个企业市场相似的程度。其实，许多企业都是在相同的多个市场上进行竞争，例如航空公司、水泥生产企业、化工厂。有很多的啤酒企业就是在相同的区域市场上进行竞争，抢夺对方的市场。市场的同一性为多点竞争提供了机会。这里多点竞争是指企业在几种产品或几个市场上同时与竞争对手展开竞争。有研究表明，市场同一性和跨市场竞争都是偶然出现的。但在跨市场竞争出现之后，它便成为企业的一种竞争战略选择。这种有意识的跨市场竞争可以促进企业减少生产线和避免进入某些特定市场，从而减小竞争的对抗程度。

研究表明，在跨市场竞争中，企业的竞争行为大致有三种：①冲击，是指直接进攻某一特定市场，迫使竞争对手撤退；②佯攻，企业刻意进攻一个对其自身不重要、但对于竞争对手却很重要的市场，其目的是为了使竞争将更多的资源转移到那块市场上去，以减小竞争对手在其他市场上对其构成的威胁；③弃车保帅，企业经过精心设计，主动放弃其市场中不足轻重的一块市场，以转移竞争对手的注意力，从而使企业在其他重点市场上更具竞争力。

2）资源相似性

资源相似性体现的是两个企业资源一致的程度。它对企业的竞争动机有重要影响。事实上，企业之间的资源越不平衡，它们对竞争行为的反应就会越迟钝，市场竞争的对抗性就越小。由于企业资源的社会复杂性和因果模糊性，所以竞争企业的战略资源很难界定，而且即使是企业的自身资源（包括企业的能力和核心竞争力），也很难准确地识别，这些都使竞争企业对竞争行为反应迟钝。例如可口可乐公司和百事可乐公司，它们就使瓶装软饮料行业中的其他规模较小、且资源又不丰富的小企业难以与之有效竞争。

由于行业竞争激烈，许多公司都没有足够的资源参与其中，这种情况迫使许多公司通过形成联盟参与市场竞争。因而战略联盟形成的一个重要原因是联盟成员可以相互分享资源。

## 11.3 竞争对手的选择

### 案例

#### 施乐与富士复印机之争

富士施乐是由施乐公司和富士胶卷公司于1962年组成的合资企业，被认为是同行业中历史最久、经营最成功的合资企业。

在同富士公司合资之前，施乐公司已经和欧洲的兰克组织（Rank Organization）组成名为兰克施乐公司合资企业，主要为在日本市场生产和销售复印机。兰克施乐公司接着和富士成立合资企业，很大程度上是因为日本政府规定外国企业进入日本时，要么将其产品许可日本企业经营，要么同日本企业组成合资企业。富士施乐公司有权在日本生产和销售施乐公司产品，施乐公司拥有兰克施乐公司50%的股权，兰克施乐公司也相应占有富士施乐50%的股权。

施乐公司希望富士施乐公司只充当生产和销售产品的中介，产品设计则由施乐公司在纽约州罗切斯特总部的工程师完成。在施乐公司内部有一种强烈信念，即罗切斯特总部的设计知识远远超过公司其他部门，因而认为试图在美国本土之外进行任何新产品开发都属于浪费资源。

施乐公司和富士施乐公司的管理层在应该开发哪种类型复印机的问题上存在分歧。施乐公司强调面向复印机市场的高端开发大型号、高利润的昂贵复印机，相应地，它取消了20世纪60年代、70年代小型和中型复印机细分市场中的许多开发项目。取消这些项目给富士公司带来很大麻烦，因为在该市场上像理光公司和佳能公司这样的主要竞争对手一直在成功地为日本市场提供小型复印机产品。即使这些小型复印机的质量远不如大型复印机，但日本昂贵的办公用品成本意味着这种低端产品将受到欢迎。

和施乐公司集中于高端市场的全球战略不同，也和施乐公司要求富士施乐合资公司集中资源生产和销售罗切斯特所设计产品的意图不同，富士施乐公司着手进行自己的产品开发，这种努力从20世纪70年代早期开始，主要面向小型和中型复印机市场。随着这些产品销售初见成效，世界范围的复印机市场也在发生变化。70年代，施乐公司很多关键专利的保护期到期，它一下子面临很多新竞争对手。更有甚者，在世界范围内施乐公司的高端复印机逐渐不敌那些正在崛起的有竞争力的小型和中型复印机。

1978年，富士施乐公司主动提出将自己开发的复印机卖给兰克施乐公司和施乐公司以应对某些国际竞争。1979年，兰克施乐公司从富士施乐公司购买了2.5万台复印机，这是它最大的一批订单，而施乐公司还是决定不购买。当年兰克施乐公司保住了市场份额，而施乐公司的市场份额却有所下降。最终，施乐公司开始求助于富士施乐公司，不仅在产品设计方面，而且还包括改进制造程序方面。通过这种合作，施乐公司也拥有了小型和中型复印机产品，这使它又重新夺回一度丧失的市场。

富士施乐公司的例子之所以值得注意，有几个方面的原因：①和希捷公司及磁盘驱动器产业案例反映的情况一样，施乐公司可能过度专注于当前的顾客。另外，富士施乐公司面向一组不同的顾客需求。②富士施乐公司的工程师可能更易于奉行一种可自由选择的复印机战略方案，因为他们并不处于施乐公司的组织核心，因此他们不像专注于大型复印机市场的那些人那样容易落入能力陷阱之中。③一旦施乐公司的核心层意识到市场创新的必要性，他们可以从公司外围层出现的创新中获益。④这个例子也说明了一个重要观点，即根本的战略性变革往往以非计划的方式发生，至少企业中心没有将其纳入计划。当组织的中层管理者采取超出高层管理者指定范围的战略性首创行动时，就会出现战略演变。

**资料来源**：500强经典案例精粹. MBAlib，2005-10-25.

**想一想**：

(1) 富士的战略是什么，并说明为什么它很有效？

(2) 从价值链角度解释施乐公司的竞争战略是如何实施的？

大部分的企业都认为竞争对手的存在对自己是一种威胁，因此他们考虑的是如何才能消灭这些竞争对手。殊不知，尽管竞争对手会对企业构成威胁，但更重要的是，在行业中存在合适的竞争对手能够加强企业的竞争地位，而不是人们常说的削弱企业的竞争地位。当然那些不遵守行业规则的竞争对手的存在确实会削弱企业的竞争地位，而且严重的还会引起整个行业的无序竞争，这种竞争对手称之为坏竞争对手。因此企业在选择竞

争对手时，主要是看哪些竞争对手对自己有利，剔除坏竞争对手。

1. 选择好竞争对手

对于不同的行业，竞争对手之间的相互作用和相互关系不同，因此不存在统一的判别好竞争对手的标准。但总的来说，好竞争对手的存在可以对企业提出挑战，促使其不断发展、加强企业的竞争地位，而不会带来太严重的长期威胁。另外，这些好对手竞争可以防止行业陷入过度竞争的无序状态，给企业竞争提供良好的环境。

某些企业界人士断言根本不存在所谓的好竞争对手。其实这种看法忽略了一个基本事实，某些竞争对手比另外一些要好得多。事实上，没有哪个竞争对手是十全十美的，一般的竞争对手既有好的一面，也有坏的一面。在分析这些竞争对手时，应该比较其好坏两方面，看哪方面对企业的影响更大，若是好的一面对企业的影响大，则相对于其他企业来说，这个竞争对手就是好竞争对手。在实践中，企业必须清楚了解竞争对手两方面的特性，再据此采取行动。

好竞争对手都有一些共同的特征，但是，随着竞争环境、竞争对手战略目标和核心竞争力的变化，对竞争对手的评价标准也会随之变化，况且，不同的行业对好竞争对手的判断标准差别很大。不过通过对一些共性因素的分析，大体上还是可以区分好竞争对手和坏竞争对手。

(1) 信誉好。好竞争对手首先要有良好的市场信誉，不诚信的竞争者对整个行业来说都是灾难，因为它会扰乱行业的竞争规则，使整个行业竞争无序化。

(2) 实力强。好竞争对手必须要有足够的实力以维持其存在，否则退出市场的企业便无所谓好坏。竞争对手具有较强的实力可以激励企业不断提升市场竞争力，以促进企业的发展。同时，只有具有较强实力的竞争对手才可能协助企业开发市场。另外，具有较强竞争实力的对手对扼制新进入者尤为重要，竞争对手必须要有足够的资源才能威胁新进入者。当然，好竞争对手还要有明显弱点，否则企业便是引狼入室。

(3) 熟悉规则。好竞争对手应该熟悉行业中的竞争规则，并能时刻遵守这些规则。它还要能够识别和理解市场信号，这样它才能帮助企业进行市场开发，改善现有技术，而不会为了赢得市场地位尝试那些可能会引起行业动荡的战略。

(4) 改善产业结构的战略。好竞争对手的战略应该要保护和加强产业结构中的理想因素。例如，好竞争对手的战略可能提高行业的进入壁垒、强调产品质量和歧异性，而不是通过削价或改变销售方式冲击市场。

(5) 适度地退出壁垒。好竞争对手要具有较高的退出壁垒，从而扼制其他新进入者。但此壁垒又不能太高，否则会将其完全束缚于产业中。在遭遇战略困难时，竞争对手因无法退出会破坏该行业竞争秩序。

(6) 追求适度利益。好的竞争对手的战略目标不是在行业中获取支配地位，而是满足于自身目前的市场地位。它认为在行业中改善相对地位有极大的战略意义。虽然也试图谋取高额的利润,但一般还是满足于自己目前的收益,同时也明白改善这一收益是不可行的。当然,理想情况是,竞争对手在细分市场上利润率稍低于本企业。在这种情况下,竞争对手不会为了提高自身的相对利润率而破坏行业平衡。

总之,判别对手是否为好竞争对手是一个复杂的过程,需要权衡竞争对手的各种特征,然后再加以综合评价。此过程可以用几个例子说明。例如,在计算机产业中,克雷研究所(Cray Research)对IBM来说似乎是好竞争对手,而富士通(Fujitsu)则是坏竞争对手。克雷将业务集中于产业的某个专门市场,按认可的规则竞争,而且似乎没有错误地估计自己战胜IBM的能力。富士通则对战胜IBM寄望过高,它对试图渗入的市场采用低赢利标准,而且奉行的战略可能会损害歧异性,从而破坏产业结构。

在肥料和化学工业中,石油公司被证明是坏竞争对手。它们有充足的资金要投资,因此它们不断地寻找从中可以获得大市场份额的大市场,并且希望通过这种运作对财务报告产生引人注目的影响。大多数石油公司在价格上进行竞争并加速其进入产业的商品化,而不是强调研究与开发以及为消费者服务。它们的预测能力也很差,易于在业务周期的顶峰期修建新的大型工厂而不是在低峰期添置设备。这意味着它们制造和加剧了生产能力过剩问题。

如果有竞争对手刻意破坏,那么即使有着极大竞争优势的企业也可能认为此行业不具有吸引力。

2. *确定竞争者的目标*

在确定了竞争对手之后,还需要进一步分析竞争对手的市场目标。市场上每个竞争者都有侧重点不同的目标组合,例如市场占有率、市场地位、技术领先。企业只有了解竞争者的战略目标之后,才能正确评估它对企业的作用,估计它对不同竞争行为的反应。例如一个以"低成本领先"为主要目标的竞争者,对其他企业在降低成本方面的技术突破的反应要比对增加广告预算的反应强烈的多。另外,确定竞争对手的战略目标还有助于预测其竞争反应。

## 11.4 竞争对手反应的预测

**【小资料1】** **Disco SA 的战略**

Disco SA是在阿根廷提供在线购物的首家连锁超市厂商。在它与阿根廷的Velex投资公司结成在线服务联盟后,其电话购物服务也于1996年得以拓展。与此同时,Disco于1996年建立自己的企业网站,进入公司提供购物程序的顾客可以通过它查询自己购物积分以及获取奖励的情况。Disco每月通过非传统销售可以获得至少百万比索的收入,至1999年已达到2亿比索。更为重要的是,在线顾客服务中的72%原本是其他超市的

顾客。由此可知,在线服务吸引了大批顾客,为 Disco 形成一个新的顾客群。另外,Disco 店中顾客的平均购买值是 14 比索,而在线顾客的平均购买值是 100 比索,总而言之,Disco 提供的新服务,无论从哪个方面来说都是十分成功的。

**资料来源**:沃林.战略管理.重庆:重庆大学出版社,2003.

**想一想**:

(1) Disco SA 的战略是什么,说明为什么它很有效?

(2) Disco SA 的动态性体现在哪里,为什么?

企业就竞争行动做出反应的意识和动机很大程度上取决于对竞争对手市场同一性、资源相似性的分析,如果进攻企业确信能在竞争中获取胜利,那么对它而言在竞争实践中成为先动者将是极具诱惑力的,竞争行动是企业为在市场中谋取竞争优势而精心设计的。当然,竞争行动的内容有复杂与简单之分,因而其发挥的作用也迥然不同。一些竞争行动涉及内容广泛,作用巨大;另一些内容单一的竞争行动,其作用不过是辅助实施一种战略而已。在相互竞争中,先动者往往能获得超出平均水平的回报,其他竞争对手则由于只考虑反作用行为而错失良机,并且若先动者具有充足的时间,还可防止反攻击。总之,成为先动者是极具吸引力的。它所采取的每一项竞争行动策略的顺序和反应将影响产业的动态竞争机会,因此,就竞争者而言,最重要的是明确其在相互竞争中充当何种角色:是先动者,次动者还是后动者。

### 11.4.1 先动者、次动者与后动者

1. 先动者及其竞争优势与劣势

1) 先动者

先动者是最先实施竞争行动策略的企业。这一概念主要来源于经济学家约瑟夫·熊彼特(Joseph Schumpeter)的相关著作。他深信企业是通过一些富于企业家精神的、极具创新的竞争行为赢得竞争优势。通常情况下,先动者将资金分配在产品创新与开发、广告竞争和深层次研发等方面。

2) 先动者的竞争优势

首先采取竞争行动的企业往往会具备许多竞争优势,一旦企业竞争行动策略获得成功,先动者就会获得超出平均水平的回报,除非其他竞争对手能及时且有效地反应。另外,先动者有机会赢得顾客忠诚,正因为如此,即使其他竞争对手做出同样的反应,也很难赢得顾客的忠诚。例如,Harley-Davidson 在大型摩托车行业能维持领先竞争优势,就是因为其具有很高的顾客忠诚度。不过,随着时间的推移,先动者所采取的竞争行动会被其他竞争对手模仿,因而其所具备的领先竞争优势会逐渐消失。

除此之外,先动者的竞争优势及其持续性会因竞争行动和产业特点差异而有所不同。先动者的竞争行动被模仿的难易程度影响竞争优势的变化,若竞争行动耗费的成本大且

难以模仿,成为先动者的企业就会赢得更持久的利益。如若核心竞争力成为竞争行动策略的基石,先动者的竞争优势还会更长久,基于核心竞争力的竞争行动策略更有可能导致持续的竞争优势。

3) 先动者的竞争劣势

尽管先动者具有许多竞争优势,但是任何事物都存在两面性,先动者也不得不面对自己潜在的劣势。在这劣势中,最主要的是先动者承担的风险,先动者所承担的风险是非常高的,因为要预测一项先于其他竞争对手的竞争行动策略的成功程度是极不容易的。通常先动者有高昂的研发成本,而次动者可以通过反顺序工序(即拆开新产品,再组装它,从而学习产品的工作方式)削减研发成本。另一个劣势是企业竞争的许多市场是动态的且不确定的,换句话说,市场竞争的深度与广度增强了潜在的风险。事实上,就一个高度不确定的市场而言,成为次动者或后动者或者是一种更好的选择。

2. 次动者及其竞争优势与劣势

1) 次动者

次动者是对先动者竞争行动做出反应的企业,这种反应往往是通过模仿体现的,一旦次动者快速对先动者竞争行动做出反应,它就可能赢得先动者的某些竞争优势,而不用经历先动者的竞争压力和困难。例如,次动者可以获得先动者的部分回报和一些初始顾客的忠诚,而不用遭遇先动者所面临的某些风险。次动企业可以在先动企业成功获取部分顾客之后再采取行动。但要成为一个成功的次动者,企业就必须分析它们面临的市场,确认关键的战略问题。企业有许多不同渠道获取市场信息,同时也有多种能力分析企业获取的信息。这些差异就是一些企业能比其他企业更快地适应市场创新的关键之处。

2) 次动者的优势

由于次动者有机会借鉴分析先动者的行动,可以直接研究革新成果,因而次动者可以更好地满足消费者的需求。另外,通过观察先动者所经历的一些情况,次动者可以制定更符合现实、更具可操作性的战略。而且更为重要的是,次动者由于没有直接参与先期研发工作,大大规避了新产品(服务)开发的风险,降低了新产品(服务)的开发成本。同时次动者有充足的时间对新产品(服务)进行改进和完善,消除新产品(服务)潜在的缺陷,因此次动者提供的产品(服务)会更完美、更具竞争力。

3) 次动者的劣势

次动者主要是对先动者的行动做出反应,因此,这种反应的快慢很重要。但有时次动企业不可能对先动企业的行动做出快捷反应,例如,如果先动者开发了一种技术复杂的新产品,而所有的竞争者都未做过这方面的研究,次动者将会花费较长时间才能开发出同样的产品,但这时先动者已牢牢地控制了整个市场,地位不可动摇,所以次动者在市场方面也有一些风险。

3. 后动者

后动者是在先动者的行动和次动者的反应都完成相当长一段时间后，再对市场竞争行为做出反应的企业。一般来说，后动者都是行业中表现较差的企业或者是竞争力较弱的企业，当然也有大企业是后动者的，这要与企业的长远战略结合起来考虑。例如雅芳(Avon)便是典型的电子商务行业后动者，虽然目前雅芳的直销网点遍布世界各地，但其涉足电子商务却是在 2000 年，在此之前，至少有六个主要的竞争者建立了全球电子商务系统。因此雅芳的电子商务之路还很漫长。

当然后动者也有成功的，例如，戴尔公司(Dell)的免费因特网接入服务(free Internet access service)在欧洲市场已大获全胜，不过这与戴尔公司(Dell)的品牌有关。另一个成功的后动者是 Stewart 公司，其所在的行业是殡仪馆。当该行业中两个最大竞争对手因残酷的相互竞争耗去大部分资源时，Stewart 才乘虚而入，瓜分先动者和次动者的市场，这时先动者与次动者因为资源匮乏无力反击。

### 11.4.2 影响竞争反应的因素

在采取竞争行动之后，企业能否成功还取决于竞争者采取反应的可能性和这些反应的性质，因此企业在考虑竞争行动时应全面评估竞争者可能出现的竞争反应。这里的竞争反应是指企业为应对竞争者的竞争行动而做出的一种反应行为。其主要受以下几方面因素影响：竞争行动的类型，竞争者的声誉，竞争者对市场信息的依存度和竞争者的资源状况。

1. 竞争行动的类型

竞争行动有两种类型：战略行动和战术行动。战略行动意味着要义无反顾地投入组织特有的资源，因此这种战略行动实施起来比较困难而且也不容易撤销。沃玛特(Wal-Mart)当年进军欧洲市场就是一种战略行动。

与战略行动相反，战术行动是为了配合战略采取的行动，它涉及的资源较少，其中大部分是一般组织资源。战术行动比较容易实施和中途撤销。市场上产品价格上涨便是一种战术行动。

因为战略行动牵涉更多的组织资源，而且经历的时间也更长，所以战略行动比战术行动更难实施。战术行动比战略行动见效更快。二者之间差别显而易见，结合上文例子便会更清楚。

当然，不是所有竞争行动都会引起竞争对手的反应。就总体而言，战术行动比战略行动更容易引起竞争对手的反应，这是因为战术行动使竞争对手容易做出相应反应，而且在短期来说这种反应是必要的，也可能是有效的。

2. 竞争者的声誉

若市场领导者采取竞争行动，市场上很快会有竞争反应出现，而且会有许多企业模仿市场领导者行动。一般来说,大部分市场领导者都有较强的市场号召力和独特的竞争优势,不过这应归功于市场领导者的良好声誉。例如,对于可口可乐公司的竞争行动,市场上模仿它的企业如过江之鲫。同样,企业也经常迅速模仿市场上成功的竞争行为,即使不是市场领导者所为。例如作为个人电脑市场上的跟进者,IBM的竞争行动经常遭到戴尔和康柏等企业的模仿。不过,若竞争者采取的行动风险很高,而且很复杂,那么市场上的反应便会相应冷淡,更不用说模仿了。另外,如果企业是一个价格杀手(时常利用价格武器攻击竞争对手),则其竞争行动不会引起其他企业的模仿和竞争反应。

3. 竞争者对市场的依存度

高度依赖于市场的企业更倾向于对该市场上的竞争行动做出反应。例如,若一个企业所有的销售基本上都来自一个行业,那么它对该行业的竞争行动会迅速做出反应。相比较而言,一个多元化经营的企业对竞争行动不怎么敏感。因此,不管是战略行动还是战术行动,只要它会对企业经营带来影响,企业便会对其做出积极反应。

4. 竞争者的资源状况

竞争者要想对市场竞争行动做出反应,就必须有组织资源的支持。前面提到过,拥有较少资源的企业一般对战术性竞争行动做出反应,因为此类竞争反应所需资源较少,而且也更容易实施。另外,企业资源状况决定企业竞争反应类型。例如国内视频公司(Video Stores)由于拥有的资源相对较少,不能对国际著名视频公司——Blockbuster的竞争行动做出积极反应,特别是对于其战略性行动——在一些特殊地区建立多个基站(multiple unit),国内的企业更是无法做出反应。相反对于Blockbuster公司的战术行动——产品降价,国内公司大都反应积极。

## 11.5 变革和竞争优势

### 案例

#### 中化集团:推进管理变革　构建管理竞争优势

中化集团曾经长期粗放经营和盲目扩张,使公司付出了沉重的代价。从1998年开始,中化集团的管理变革主要经历了三个阶段:

第一阶段,"止血"堵漏。针对管理失控的混乱局面,首先集中资金管理权限,管好"钱袋子",把住资金支付关口;严控业务风险点,果断停止了一大批高风险放账业务,并成立专门资产管理机构,集中清理逾期应收账款和不良投资项目;上收投资权,暂停审批新的投资项目。一系列措施的执行,使"乱放账、乱担保、乱投资"的"失血"局面得到初步遏制。

第二阶段,规范管理。公司借鉴国际跨国公司的管理经验,通过改革公司治理、改善企业管理、引入关键管理流程和业务流程,探索建立以"七条主线,一个支撑"(战略规划、人力资源、绩效评价、风险管理、资金管理、投资、审计为主线，信息化建设为支撑）为主要内容的管理制度和流程，形成目标管理、过程管理、结果管理良性循环的"中化管理体系"，有效地增强了集团控制力。公司在中央企业中较早取消行政级别，较早实施全员绩效考核，较早开展风险管理和内控体系建设，较早建立独立的内部审计机制，较早实施 ERP，较早开展规章制度的滚动修订，这些举措的推行体现了公司在管理创新方面的持续探索带有鲜明的中化特点，有力地推动了公司业绩的增长，保障了战略转型目标的实现。

第三阶段，全面实施精益管理。2008年，公司在10年管理改善的基础上全面实施精益管理，并将其作为中化"立司之本、治司之策"。公司实施精益管理的目的，是在经济全球化趋势下，利用国际先进的管理思想和方法，不断夯实管理基础，持续提升竞争优势。一方面，公司围绕"消除浪费、降低成本、提高效率"目标，深入挖掘成本费用控制的内在潜力，细化控制措施，降低运营成本。仅2009年就完成集团公司层面精益项目270个，二级单位及以下层面2600个，据不完全统计，降低成本费用2.74亿元。另一方面，以精益管理理念为指导，对照国际先进企业，强化管理、苦练内功，将精益的理念和思维渗透到管理工作的方方面面。公司通过"加强机制建设、实施精益项目"两条路径，广泛开展合理化建议、精益提案、精益项目活动，不断提高全员参与程度，培养员工精益理念和习惯，打造精益的企业文化。

经过多年持续的管理变革，公司基本形成"指挥流畅，上下贯通；管理无空白、无重叠；事情有人管，责任有人担"的管控格局，企业内在素质有了根本性的提高，为公司持续发展提供了重要的保障。在2008年爆发的全球金融危机面前，公司多年来一直强调的市场化意识、风险意识和建立起来的一整套风险管理体系和内控机制发挥了作用，公司经受住严峻考验，继续保持经营业绩和经营质量总体稳定，保持资产和财务结构健康安全。

**资料来源**：赵阳. 中化集团：推进管理变革　构建管理竞争优势. 国资委，2010-09.

**想一想：**

（1）中化集团战略变革的原因是什么？

（2）中化集团的战略变革措施有哪些，预测可能的结果。

成功战略的中心是获取持续竞争优势，企业环境变化又会影响其竞争优势。一度拥有稳固在位优势的企业还会面临新的激烈竞争，技术变革可能会削弱主导企业以往不可动摇的竞争优势。随着这些变化的出现，每个企业都必须调整战略，寻求新的机会或抵御新的威胁。例如，小型独立药店向社区消费者提供零售服务，基本竞争优势来自地理位置和客户关系，如果有效率的大型连锁店进入这些地方性市场，竞争焦点将随时间推移转向成本和产品线宽度。由于在位企业没有很好地以此为竞争基础进行定位，无法在新的环境中竞争，大多数当地的零售店被迫退出这一领域。

图11-2所示为变化与竞争形势图，该框架的基础在于理解价值的创造方式和分割方式。我们把产业链上创造的价值定义为潜在性产业收益。在位企业作为群体能获取的潜

在性产业收益份额取决于它们之间竞争的激烈程度和进入障碍的高度，也取决于买方和卖方获取价值的多少。由于环境变化影响所有这些因素，该框架对于认识变化的结果非常管用。

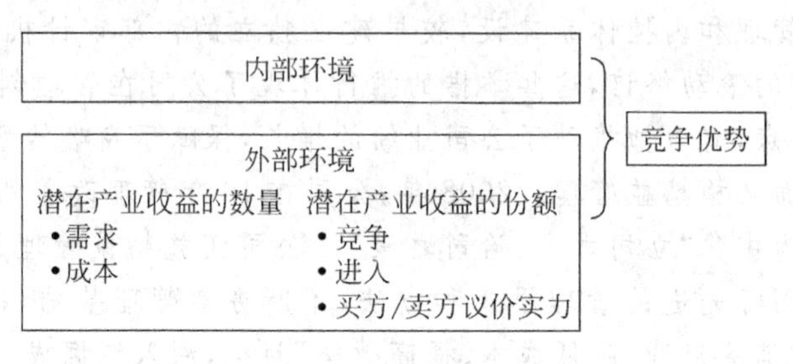


**图 11-2 变化与竞争优势**

影响潜在性产业收益的任何环境变化同样影响在位企业的业绩。最终消费者对价值链所提供产品与服务的评价与价值链提供产品与服务的机会成本二者之间存在差异，这种差异决定潜在性产业收益。潜在性产业收益的变化可能来源于需求或成本等多种因素，常见的需求方变化是由于新技术带来新的替代品或互补品，汽车业的发展降低了自行车的需求。消费者偏好的变化也会影响需求，如对健康和加工食品的新增顾虑催生了瓶装水产业。收入的长期变化也会影响需求，如向奢侈品需求的转变。在成本方面，原材料的价格变化对潜在性产业收益具有深刻影响，例如，如果精炼石油产品价格上涨，那么生产塑料容器的企业和燃油电力工厂的竞争优势势必会受到影响。技术巨变同样会影响成本。分馏技术改变了石油的提炼方法，使石油成为一种更具成本效益的能源。电脑辅助设计使企业能用比从前更低的成本完成同样的设计任务，管理更为复杂的设计过程，这些是应用老技术无法实现的。

即使潜在性产业收益保持不变，竞争、在位优势、买方或卖方议价实力的变化也能对在位企业的命运产生显著影响。

1. 竞争

产业的竞争强度受很多外部力量影响，在过去的25年中，公共部门，尤其是解除管制、私有化和贸易政策一直是这些作用力最为重要的来源。如在1978年以前，美国航空业包括定价在内的多方面都受管制约束。在监管之下，航空公司之间的竞争主要集中在服务、食品、舒适度等质量方面，而不是价格方面；然而在解除管制之后，价格竞争开始升温。英国电力部门私有化的目的在于引入更多竞争，并通过竞争提高效率。竞争对手的行为变化也会影响竞争强度，如产业内大企业高层主管之间的关系使得暗中合谋得以维持，一旦领导层发生变动，这种合作氛围就会动摇。

2. 进入威胁

可能削弱在位企业相对于潜在进入者优势的任何变化，都会影响在位企业的业绩。

例如在钢铁产业中，小型机械技术的引进可以使企业不一定要具备像以前所要求的效率规模，而以较小的规模进入该产业。更为普遍的是，新进入者常常应用新技术战胜在位优势，新技术使进入者能够生产有别于在位企业的产品或提供价格更低的产品。因特网为新进入者提供了一种与现有经纪业企业进行竞争的新途径。管制的解除可以消除进入障碍，如政府取消妨碍电信企业进入彼此市场领域的禁令。

3. *买方或卖方议价实力*

如果企业在价值链某一层面获得了占优地位，会减弱价值链其他层面企业的价值获取能力。这种变化可能逐渐演变而成，因而可以事先预见；但有时变化会很突然，并且出人意料，就像英特尔公司在个人电脑微处理器市场中一跃成为主导者一样。最近，电子商务的出现使企业在价值链中的地位出现戏剧性变化。例如，现在消费者可以从网上玩具销售商那里直接购买玩具，这对砖块水泥构造的传统玩具店是一种冲击，它们不得不奋起抗争。

以上三部分显然没有完全列举企业可能遇到的所有变化，目的只是想说明任何特定变化都会对产业赢利能力产生影响。例如，生产制造或分销技术上的变化可能对成本和进入障碍有影响，新产品开发可能同时影响需求与买方实力。管理者一旦感知有变化发生，就必须对变化可能造成的后果进行审视。比如，变化会影响进入障碍，管理者就要谨慎考虑哪些顾客最有可能转向新的供应商，并在进入者到来之前强化企业与顾客之间的关系。如果变化导致成本大幅度下降，那么竞争的基础很可能更偏重于成本，至少短期是这样，企业应该迅速针对这种可能情况准备应对措施。

简言之，外部环境变化促使企业负责人必须重新审视自己对企业外部环境、战略性资产和竞争优势三者关系的认知。一般不可能对所有变化都进行跟踪。其他产业有时也会发生相应变化，其影响不一定立竿见影。即使在一个产业内部，变化也具有连续性，管理者很难区分长期变化与短期波动。长期变化可能要求企业重新制定战略，短期波动则未必如此。重要的长期变化和那些对企业业绩影响甚微的变化有时难以区分。

拥有产业的清晰认知图并以它为依据制定战略显得特别有益处。为了制定战略，管理者必须识别战略依赖的关键外部环境特征并对其不断跟踪。其中任何一个特征发生变化都会影响整个战略，支撑战略的内部环境也会变得不相适应。例如，在美国医疗产业中，保险公司推动的管理式医疗计划和政府补偿政策的改变给教学型医院造成巨大压力，因为教学型医院以往依赖的按服务项目偿付制度对医院的要价限制很小，同时它们还依靠政府补偿增加收入以支持其完成教学使命。随着美国保险业开始转向按人均费用支付并进行严格的成本控制，这些医院不得不重新设计组织系统，并努力参与基于成本的竞争。当政府削减支付给医院的费用时，这种压力变得更大。与此相反，同样是这些医院，面对健康照护系统中的主要技术变革却很容易地做出调整，因为这些变革没有威胁到它们的竞争地位。的确，这些医院的能力和组织设计就是为了识别和吸纳医药科学中出现的变化，它们往往率先采用最新技术。然而，设计它们时并没有把响应买方需求考虑进去，其结果是医院管理者对保险业和公共政策变化的重要性认识迟钝，即使他们能够识别这些变化，也不一定能迅速做出反应。如果这些医院制定了相应战略，能够识别对其发展有重要影响的关键环境要素，它们或许能更加迅速地做出反应。

## 11.6 产业生命周期

产业生命周期是每个产业都要经历的一个成长到衰退的演变过程，是指从产业出现到完全退出社会经济活动所经历的时间。一般分为初创期、成长期、成熟期和衰退期四个阶段，如图 11-3 所示。

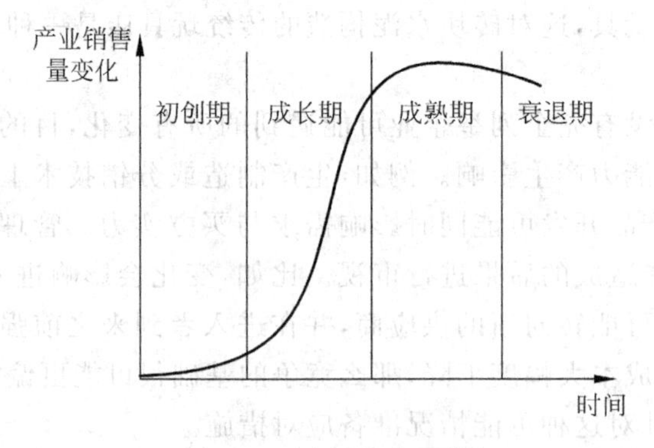


**图 11-3 产业生命周期**

尽管周期中每个阶段的突出特征都表现为需求增长或下降的不同比率，然而在整个周期中，企业和产业结构的其他特征也会发生变化。随着产业经历这样一个生命周期，产业内企业的数量和规模分布、企业竞争模式、进入障碍、供方和买方的作用等也会随之改变。本节侧重讨论生命周期更为重要的一些特征，并剖析生命周期对于制定经营战略的管理者究竟意味着什么。

那些既想预测又想应对环境变化的管理者必须了解产业生命周期的长期动态变化过程。关于生命周期概念，这里有两点重要忠告：①图 11-3 中所描述的产业变化的清晰阶段与产业演变的真实情况有时并不一致。例如，似乎已经成熟的产业可能通过技术变革或开辟新的细分市场又回到成长期；技术的迅速变化可能将看似正处于需求高速成长期的产业推向衰退产业行列；表面上正走向成长期的产业可能会停滞不前，陷入企业能够存活却永远无法茁壮成长的困境。任何产业都不是非得经历图 11-3 中所描绘的各个阶段，换言之，管理者应该借助这个剖面图思考产业演变可能给企业带来哪些问题。②产业经历生命周期阶段的速度因产业而异。有些学者称各种产业具有不同的“时速”，如迅速变化的产业被称为"以互联网的时间"在运营。这种变化速度对管理是一种挑战，企业必须相应地对方法进行调整。迅速变化要求企业战略制定过程更加快速、更加灵活。

1. 初创期

不确定性和动荡性是产业初创期的两大特点。比如汽车产业早期是创业者采用不同技术方法和战略的试验阶段，使用汽油引擎技术作为动力的企业不仅互相竞争，而且也与那些试图开发电力或蒸汽动力车型的企业竞争。不同方法之间的竞争是产业初创期的主要竞争方式。很显然，某种方法会在市场中获胜，这个时期的成功取决于对正确方法的选择，选用方法失误将导致很多企业失败，电动小汽车企业就是早期汽车技术之争的牺牲品。

如果企业想在产业的早期阶段有所作为，就必须把多种技术和战略性资产整合在一起。

新的风险事业获得成功的共同要素是发明一项新技术、新产品或新方法，然而，发明只是早期企业所要完成的部分任务，更大的挑战还在于理解创新带来的机遇，并将资源整合起来以抓住这个机遇。由于可供选择的竞争方法之间存在冲突致使环境极不确定，因而在新兴产业中很难计划新的风险事业。要想吸引局外企业投入大部分新投资活动所需的资源，首先要说服它们本企业选定的方法有望获得成功。

在新兴市场上，企业家和投资者面临四个方面的不确定性，即技术、市场、组织和战略。

(1) 技术的不确定性

重大的技术变革可能创造出新的产业。固态物理学在电子开关和放大方面的应用创造了半导体产业，信息技术产业兴起于电脑技术的变革。正因为新技术能催生新的产业，早期参与者必须在哪些技术将会普及的问题上下赌注。部分赌注是纯技术性的。技术能发挥什么作用？在创新的发现阶段，新技术的可行性总是十分模糊。在晶体管发明之前，谁也不知道固态器件是否能增大电流。当美国国防部要求IBM公司和其他研究实验室开发一种新型计算机器时，谁都没有料到它的前途会远远超过用于加减计算的机器。现在谁也不知道对付艾滋病毒的预防疫苗何时或是否能开发出来，更不要说治愈了。如果存在几种相互冲突的技术设计，问题会变得更加复杂，此时的问题不仅是什么东西管用，而且是哪种设计比其他设计效果更好。

(2) 市场的不确定性

如果一种产品有别于当前市场上的产品，很难预测它的需求到底有多大。例如，在500个有线电视频道中，需求到底是多少呢？人们愿意为电动小汽车付多少钱呢？IBM公司当初曾预测只需不到20台电脑就可以满足整个世界的需要。同样，百代唱片公司大大低估了CT扫描技术的市场需求。然而，更多的情况是企业过高估计最终需求。工程师们过分迷恋于自己的新技术，误以为整个世界都会欢迎这种技术。新技术成本的不确定性使估计市场接受程度问题变得更为复杂，企业应该为新产品定多少价呢？为能吸引大量购买者,成本和价格需要降得多快呢?只有当企业克服了技术不确定性并把产品打入市场,它们才能解决需求的不确定性问题。

(3) 组织的不确定性

在产业初创期,竞争企业之间的相对能力以及理想的组织设计都具有不确定性。技术也许可行,但本企业能够开发吗?本企业能在别人之前开发出来吗?什么样的组织结构将最成功?对于新企业而言,组织设计尤其会受到财务问题的困扰,初创企业必须确定如何顺应关键资源拥有者的各种需求。而老企业进行一项新投资,其组织问题就要围绕新投资是否适合现有组织加以考虑,由现有事业部管理这项投资,还是另外成立一个自主性或半自主性的实体捕捉这个机会?

(4) 战略的不确定性

选择最好的经营模式需要投下战略性的赌注,在这个市场上什么样的战略逻辑最成功?企业是应该像福特公司那样通过专业化实现规模经济,还是应该像通用汽车公司那样追求产品差异化实现范围经济呢?率先进入市场是竞争优势的最重要来源吗?质量卓越但后进入市场的产品能赢得市场吗?

2. 成长期

随着产业初创期的结束,人们有关技术以及能导致成功的组织结构和战略类型的看法趋于一致。竞争场所开始从愿景和获取资源转向生产和分销。创新仍然很重要,但是研究和开发的重点从产品转向工艺流程创新,并且从根本性创新转向渐进式创新。在产业成长阶段,有些企业将成为赢家,因为它们所生产的是那些在产业初创期胜出的产品类型中最具吸引力的产品。随着竞争焦点转向有效率的执行,成本和价格都会下降,低价和产品精制化扩大了市场,规模经济和学习经济随之出现。从初创期开始的失败企业遭淘汰的状况会持续下去,通过推行最佳实践经验并利用企业层次的规模经济,那些战略最有效并实施得最好的企业会饱尝胜果,或把效率低下的竞争者驱逐出市场,这时成功企业的成长率急速攀升。

随着产业需求的增长,成功企业之间的竞争会显得悄无声息,因为市场成长迅速,企业无须为了成长而从竞争对手那里窃取顾客。通过强化自己的市场地位,企业完全能够取得很好的业绩,它也几乎没有必要向觊觎其他细分市场的竞争对手发动攻击,或者为了每位顾客而与提供相似产品的企业激烈厮杀。在位企业可以从需求增长中获益,因为需求增长能扩大销售,同时又不至于出现因激烈竞争而导致边际收益递减的情形。

使在位企业利润源源不断的成长吸引着新进入者,但又使在位企业和新进入企业同时共存。尽管老企业平均来说更为持久,但许多新企业同样发展得很好。即使产业被大的成功企业盘踞,新进入企业仍然能够成功,途径之一就是占领在位企业所遗留的空白市场。每个在位企业都有清晰的战略范围,其成长主要得益于细分市场的扩大,其赢利能力源于规模经济的实现以及善于吸引和服务所选定战略范围内的顾客。然而随着市场的增长，消费者需求同在位企业所提供的产品或服务之间总存在细微偏差，这种差别会影响需求的资金流向。如果新顾客同现有顾客的偏好相同，在位企业比新进入者更有优势。但是，新进入者可以通过满足具有不同需求的顾客谋求更好的竞争地位，例如，新顾客可能需要一种不同的销售渠道或一套不同的互补性产品或服务，新企业和现有渠道或已完全定型的产品线不存在什么瓜葛，它或许更乐意采用这些新的经营模式。

尽管在产业成长阶段企业集中度往往会提高，但在整个产业生命周期过程中进入和退出不会间断。在一项有关许多产业的各生命周期阶段的研究中，研究者发现在某特定年度内，某一产业的大企业中有39%的企业5年前不属于该产业，而40%的企业打算5年后退出。

在产业成长阶段，总经理的工作重点从技术和市场范式的开发与竞争转向增强和利用已有的竞争优势。在这一阶段，战略帮助管理者以理解企业外部环境和内部资产为基础制定决策。在产业成长期，企业范围已被很好界定，竞争的特征也变得十分明显，因此战略就是要面向当前而非预期的环境。然而由于此阶段的特征是需求的快速增长，战略还应该包括一些蓝图帮助企业扩大市场并增加市场份额。要做到这一点，战略必须既要应付来自新进入者的威胁，又要应对来自在位企业的竞争。

3. 成熟期和衰退期

和初创期或成长期相比，产业生命周期的成熟阶段表现出更大的稳定性，以大企业间的并购为表现形式的持续合并常常与产业由成长期向成熟期的转变相伴而行。产业进入成熟期时，盘踞于市场上的领导者已占据牢固地位，其市场份额也相当稳定；创新趋于渐进式，即对现状进行完善和改进。企业的关注点是在固定范围内维持竞争优势。

在产业成熟期，和那些历史更长的在位企业相比，新进入企业失败率更高，这是"新创者缺陷"的又一个例证。然而，缺陷不在于年轻本身，而是由于老企业比新企业更容易回避竞争，因为老企业规模更大并且已经确立更牢固的市场地位。企业年龄本身不一定能提高企业生存的可能性。卡洛尔和罕南(Carroll and Hannan)的研究报告指出，在21个产业中，如果把企业大小作为一个考虑因素，老企业比年轻企业幸存可能性更大的情况只在12个产业中得到了印证。这个例子说明，历史悠久并不意味着更明智。

在衰退期，产业的需求最终会下降，某些地方市场需求下降是由于购买者数量减少，而其他市场则是因为购买者口味发生了变化。例如，婴儿食品需求曾因"二战"后的生育高峰而迅速膨胀，然后又随着这些孩子转向固体食品而衰退。然而，大多数产业衰退是因为新技术带来消费者更为偏好的替代产品或服务，如轻型马车及马车夫成为汽车产业的牺牲品，唱片被光盘取代，等等。无论原因如何，企业都可能面临对其产品或服务的需求迅速萎缩的局面。

一旦发现所属产业的需求正在衰退，企业一般有两种普遍但又常常被误导的反应。

一种是立即退出，企业认为正在衰退的产业无利可图。但情况并非如此，对在位企业而言衰退可能依然有利可图。真空管是被半导体技术完全替代的产品，其制造商在这个逐渐衰退的产业中仍然收益颇丰。如果这些企业完全受销售额的驱使，它们可能已经放弃这个产业，白白牺牲成长的高额利润。

另外一种常见错误是尽可能原地踏步，为保持销量而奋力厮杀。随着需求减少，潜在性产业收益必然也会下降，如果产业内的企业拒绝接受销量下降这一事实，反而强化竞争，那么它们所保持的潜在性产业收益的份额也会随之降低。如果产业内的主要竞争者意识到销量下降不可避免，不再为保持销量而疯狂竞争时，原地踏步才有利可图；如果所有企业都意识到衰退具有持久性，这种情况更有可能发生。假如企业误以为衰退只是一种暂时低迷，它们会为争夺市场份额而厮杀。它们之所以如此冲动是想弥补暂时损失，以便在需求复苏时能占据一个有利位置。一旦它们认识到需求再也不会恢复，它们已无可挽回地丧失了获利机会。

如果在位企业的退出成本很低，对潜在性产业收益的竞争也会趋于更加缓和。随着需求减少，要保证留下的企业仍能获利，有些企业不得不退出。退出成本会阻止企业将生产能力撤出产业，即使没有这些成本而将产能退出产业能给企业带来利润，情形也是如此。退出成本有几种形式：企业拥有的某些资产在当前产业之外有时一文不值或价值极低，如专门化的工厂或设备一旦退出当前的用途，可能就没有什么价值。对不具有其他价值用途的资产进行的投资就是所谓“沉没”成本，沉没成本产生退出成本。有时本产业与另外一个产业的联系也会产生退出成本。例如，美国的水表企业要依赖一种特殊硬橡胶作为投入品，由于其他产业几乎不需要硬橡胶，所以美国的独立制造商都不愿意固守硬橡胶业务，而为维持原材料供应源，水表企业愿意向硬橡胶生产商提供一定补贴。高层管理者对经营领域的参与同样会产生退出成本，如美国拍立得公司在一次成像照片产业衰退很长时间后仍然维持对这种技术的投入，部分原因在于拍立得公司的创立者不愿意接受该技术消亡的事实。

一旦成长率减慢，产业进入成熟期或衰退期，企业维持竞争优势的能力便决定它生存和继续繁荣的能力。成长的缓冲效应也许能使效率欠佳的企业照样表现出色，或者能掩盖企业产品线质量缺陷，但这种成长的缓冲效应现在已不复存在，任何竞争上的不足都会导致严重损失。管理者的任务就是要深化竞争优势，驾驭竞争环境以避免激烈竞争。企业必须随时准备应对全面的竞争战，但不应该发动激烈竞争。在这个阶段，不确定性相对较低，此时成功的企业属于那些技艺高超的利用者。

## 11.7 产业组织的演变

在产业经历生命周期的过程中，产业的价值链组织也在不断发展与变化。汽车“制造商”开始时主要以标准化零件组装厂形式出现，而零件由其他企业生产，这些汽车企业既没有自己的零件生产者,也不要求对大多数零件进行定制化;后来汽车制造商开始自己生产很多零件,或要求其他企业按照明确定制规格的长期合同为其生产零件。与此不同的是,有些纵向整合的企业一开始就为个人电脑设计并生产新型桌面打印机,零部件生产几乎没有外包给专业化的打印机制造商。

1. 横向与纵向组织

在任何时间,零部件的生产和组装都可以采用两种通用方法进行组织。一种是独立企业生产标准化零件,然后由可能也生产一些零件的组装者进行组装,这是“横向”组织的产业;另外一种是单一企业完全包揽整个设计、生产和组装过程,尽管有些零件也分包生产,但单一企业控制着产品构造和零件特征的规范要求,这就是所谓“纵向”组织的产业。

英特尔公司的 CEO 安迪·葛洛夫首先使用“纵向”与“横向”描述电脑产业价值链组织上的变化,即电脑产业由大型机为主导转向台式电脑为主导。像 IBM 这样的大型纵向一体化企业几乎对生产和电脑使用的每一件事情负责,内容包括从硬件设备的设计、生产到按要求向顾客提供服务。图 11-4 描述了个人电脑时代的情形,至少在产业早期个人电脑产业还是横向组织。这里每一分层都包含了为生产整个系统不同零件而竞争的若干企业,因此,生产微处理器的产业细分市场上的竞争企业和作为电脑组装者或软件提供商的竞争企业不是一回事。

这两种价值链的组织方式各有优势。纵向形式的主要优点在于各种零件能够作为一个系统进行设计以达到最理想的工作状态。IBM 不仅为大型电脑提供所有的硬件和软件,同时还确保它们能够组成可运转的电脑系统,大型电脑用户不必花费资源设法制造与电脑配套的外围设备或是开发与操作系统兼容的应用软件。如果由多个相互独立的企业生产和组装零件,把它们整合在一起发挥作用可能会更加困难,达不到天衣无缝的契合就会影响最终产品的性能,由一个企业控制整个系统的架构就可以确保各零件有效连接。相比之下,如果一种零件必须设计成与邻近“分层”的许多其他零件相契合,企业就必须开发和维持一个标准化界面,这可能使两个分层的成本都相应增加。

像这样的横向组织能够提高产业链创造的总体价值,多个独立的专业企业分别生产某种部件比由一个企业生产很多零件效果更好,集中精力生产枪管的企业可以掌握原材料和生产技术,它能更有效地生产这种特定产品。尽管企业也可以为每种零件组建一个专门事业部,但专业化和竞争的共同作用能使横向结构运行良好。如果枪管制造商不能以最低的可能成本生产产品,那么组装者可以从与之竞争的枪管制造商那里购买。标准化产品的专业生产者之间的竞争可确保只有最佳产品才能在市场中生存。一体化企业无法简单地复制这种效应,即使为各种零件都组建独立事业部,它也很难在内部复制竞争效应。因此从总体上说,一系列横向组织的专业化企业的运营业绩要优于纵向系统。纵向系统很像一个平庸的多面手,内部只要有一个劣等零件生产者就会拖住它的后腿。

横向组织结构还可能创造出更多价值,因为它具备向组装者提供定制化系统所需的差异化零件的高超能力。如果相互竞争的企业处于每一个分层,它们的能力明显存在差异,因而在所生产的产品类型方面也各不相同,这使得组装者可以为建立差异化系统而在各种零件中进行比较选择。例如,戴尔电脑公司通过提供一系列系统选择菜单吸引购买者,根据这份菜单,购买者可以"组装"符合自己偏好的定制化电脑,戴尔公司可以从多个提供这种服务的卖主当中进行硬件和软件的"混合与匹配"。通过向多个组装者销售零件,这些专业化卖主还能实现规模经济。如果戴尔公司只能靠自己生产或根据长期合同才能拥有所有零件,它将失去某些灵活性,或许无法向购买者提供同样宽泛的产品菜单。

总体而言,在协调收益和专业化与竞争收益之间存在一种权衡,如果协调收益更高,产业更倾向于纵向系统;如果专业化带来收益更大,产业则更倾向于横向系统,但在任何时点上,大多数产业都介于这两种极端情况之间。很显然,组装企业控制了部分零件的生产,因为协调收益在此处特别高;然而同样是这些企业,也会购买或生产许多标准化零件,因为这种做法所带来的专业化收益很大。例如,汽车制造商从来没有对轮胎生产进行控制,因为在轮胎生产中专业化与竞争带来的收益比较大,而协调带来的收益很低。但汽车企业会尽力更多控制发动机生产,因为发动机生产的协调收益更大。

即使横向结构效率可能更高,但在产业生命周期早期阶段类似于"鸡生蛋、蛋生鸡"的问题也可能导致产业进行纵向组织。如果新兴产业生产的系统零件没有其他用途,该产业中的企业就不得不生产绝大多数零件,因为提供这些零件的其他市场根本就不存在。在电脑问世之前,任何企业生产的产品都不可能用于存储电子数据;在喷墨打印机开发出来之前,没有哪个企业会生产类似于喷墨打印机针头的产品。最早的打印机和电脑生产企业在市场上找不到所需零部件,因此,早期的电脑和打印机产业属于纵向组织的现象也就顺理成章。在其他情况下,新产品的某些零件可以从别处得到。例如,早期汽车制造商为了生产汽车车身可以求助于四轮马车制造商,制造商采用了不少马车时代的零件,如方向盘结构和刹车装置。

企业采用纵向组织,主要是因为实现零件之间连接的标准化需要时间,如果系统的主导性设计尚未定型,很难确切知道零部件会是什么样子,更谈不上零件之间的良好连接。随着产业的演变,某种设计将占据主导地位,专业企业也会相应出现,它们只专注于生产该设计中的一种零件。

自行车产业经历了两次而不是一次由纵向到横向的循环。在自行车产业的早期,即19世纪中叶,英国、德国、法国和美国的自行车完全由一体化企业生产。到19世纪后期,需求已经增加到每年100万辆,在此期间产业形成单一的主导设计。随着生产标准化零件的专业化企业的出现,产业由纵向组织转向横向组织。1900年前后,需求达到高峰,市场上有300多个生产者,它们几乎都是对专业化企业所生产的标准化零件进行组装。

汽车的出现致使这个成长性产业开始衰退,到1905年,自行车产业需求下降了四分之三,只有12个制造商幸存下来。20世纪30年代的大萧条使需求进一步萎缩,史温自行车公司(Schwinn)决定通过奉行一种独特的高质量战略刺激需求。可是优质自行车需要的是非标准化部件。为获得非标准化部件,史温自行车公司不得不转而与供应商"密切合作"生产,由一些合作伙伴按订单生产部件。史温公司甚至将以前外包出去的一些部件改由内部生产。随着史温自行车赢得市场份额并在产业中占据主导地位,不少竞争者竞相仿效,产业又恢复到纵向组织。

20世纪90年代,山地自行车对产业内的在位企业构成新的威胁。市场对山地车的需求迅速攀升,但是领先制造商错过了这次机会,它们反应迟钝,使新进入者一路绿灯。开始时,爱好者们自己改装山地车,他们常常在早期自行车的坚固车架上装上自己的零件。最初山地车细分市场呈现横向结构,随着山地车细分市场的扩大,喜马诺公司(Shinamo)成为主导性的零件供应商,大多数山地车很快开始使用喜马诺公司的车闸或齿轮,传统制造商缓慢地介入山地车生产,它们也要仰仗喜马诺公司的零件。通过把越来越多的零件变成组件,喜马诺公司的主导地位不断扩大,因此,没过多久自行车产业又开始恢复到纵向组织。然而,纵向结构已经走到尽头,"零件供应商"现在成为价值链的关键,而"制造商"成为低附加值的组装者和分销者。

正像例子中所显示的那样,产业纵向组织倾向于随着产业的演变而变化,但其变化方式可能很难预测。不过仍可以从中得出一般性结论,首先,在产业生命周期的早期阶段,基本专业零部件产业可能还不存在,因而先驱企业不得不从事范围更广的活动。这样一来,即使企业认为自己的能力只和总体系统中的某种特定零件相关,它也不得不同时生产系统的其他零件,或与其他企业建立关系由其代为生产。自行车产业为这个结论提供了两个例子,产业初期阶段的情形和后来史温公司开始生产高质量自行车的情形。其次,一旦系统的整体架构得以确立,就能吸引新企业生产它们认为其独特能力能带来竞争优势的特定零件。最后,产业演变的跃变期会震动整个纵向组织,山地车的出现和喜马诺公司的崛起很好地说明了这一点。

2. 产业结构对组织的影响

产业组织和企业组织具有一定牵连,但是这种联系不像想象的那么简单。如果产业属于纵向组织,那么在位企业本身可能也要按纵向进行组织;如果没有独立供应商提供标准化零件,企业可能就只好由自己控制零件生产。然而值得注意的是,这并不意味着企业要进行传统意义上的纵向整合。它未必要拥有零件的生产能力,但有必要和零件供应商建立紧密的协作关系,甚至还需要创造这些供应商。由于这些供应商一般无法将零件卖给其他企业,所以企业必须同它们签订长期合同,并对其必须进行的投资给予保护。有的供应商投资生产的部件只有一个企业购买,它肯定担心投资是否会被盘剥。在定制化零件的协调系统中,组装者要克服的问题是资产专用性,有时解决签订合同问题的最好方法就是内部生产零件。

在横向组织的产业中,产业结构和企业组织的联系不是那么紧密,当企业在一个横向分层很发达的产业中竞争时，它会有更多机会来选择如何同买方和供应商建立关系。例如它可以在单一分层上竞争，购买供应商提供的最好零件，然后将标准化产品出售给买方。这种选择给企业带来了专业化的好处，但它必须放弃通过协调不同分层之间的活动来改进产品的机会。

另一种选择是参与多个分层的竞争以获得协同收益，企业可以同每个横向分层内的多个专业企业签订合同，这样它就可以紧密地协调它们的活动。例如，在整条服装产业价值链上有很多专业化企业，然而有些服装企业属于纵向组织。贝纳通公司控制着价值链上的大多数要素，而实际上它自身却很少从事这些活动。尽管为了确保"贝纳通风格"，贝纳通公司参与款式设计，从事作为企业核心能力的染色工艺，负责全球的广告，在意大利用大型全自动化的分销中心来组织物流，但是与贝纳通公司签约的第三方企业实施了产业链中的许多关键环节，贝纳通公司的大部分设计、生产和销售活动都不在内部进行。尽管史温公司对纵向分层的控制不是那么完全，但它可以从外部供应商那里获得生产高质量自行车所需的很多零件。

在横向组织的产业中，有的企业能够控制和协调纵向供应链而自身所从事的活动却很少，人们把这种企业称为"纵向设计师"(vertical architect)。纵向组织使企业能获得协调的完全收益，却限制了它在细分市场中获取专业化和竞争的收益。另外，纵向设计师可以在每个横向分层上选择最合适的供应商，而不必非得从内部事业部购买，因为这些事业部未必就是最好的供应商，因此避免了企业变成一个平庸的多面手，所生产的产品不至于因为劣质零部件而受损。纵向设计师可以在全球范围自由搜索价值链中每个环节上最有效率的供应商，它们在内部所要做的就是仔细选择、培育和管理一些自己独特竞争优势所依赖的核心能力。这就是为什么贝纳通公司始终履行提供明快色彩的染色职能，因为这是它的特色，却把不具备竞争优势的其他活动交由外部供应商完成。

纵向设计师能够很好地将标准化和定制化零件进行组合，它可以从生产标准化零件的那些相互独立又彼此竞争的专业企业那里以最合适价格购买最好零件。如果零部件的价值依赖于协调，它可以和特定供应商建立合同关系或者在内部生产这些零件。采用这种做法时，它可能会遇到纵向组织的产业所特有的资产专用性问题，但是企业何时应对这些问题有更大的自由选择空间，简言之，只有当收益表明那些成本值得付出时，它才可能承担控制成本。

信息技术的不断完善可能使纵向设计师的方法变得比以往更为普遍。通过降低交易成本，信息技术使纵向设计师更容易在供应商中进行协调，互联网上企业间交易的迅速增加表明信息技术能够促进企业间交易，尽管这可能意味着纵向设计师模式会更加盛行，但是信息技术进步同样也改善了企业内部协调，全球化企业可以比以前更有效地协调各专业化事业部的活动。随着企业内部和企业之间协调上的同时改进，我们无法确定纵向设计师模式是否还能主宰产业组织。

## 11.8 管理战略性变革

信息技术的变革，企业与供应链的全球化，许多产业中技术不断进步，所有这些都意味着许多企业的外部环境正在迅速发生变化，企业必须通过寻找竞争优势新来源和资产组织新方法加以适应。为了应对这些转变，当环境正在发生变化时，管理者必须弄清企业当前所处的位置以及企业将向何处发展，也就是说，要在新环境尚不明确时制定有关企业发展方向的基本决策。一旦管理者了解他们要进行哪些变革，他们必须就有关变革的必要性与企业内部的其他人员进行沟通，同时建立使企业达到新位置的流程。本节将回顾在管理变革过程中管理者所面对的一些挑战。

在位企业中要进行有效的战略性变革非常困难。在这些企业当中，管理者往往不能迅速觉察到周围的变化，而且对于变革表现出不情愿或者无能为力。总经理所面临的挑战在于把握变革的必要性，决定进行何种类型的变革，重新确定企业战略，在企业内部对预想的变革所必需的战略性资产，即前前后后从其他企业购进的东西进行重新组织。所有试图对企业进行变革的管理者都知道变革决非易事，经历过外部环境巨大变化的管理者同样很清楚无法逃避管理变革的挑战，如果不对战略和组织进行变革，任何企业都不可能长期保持产业领导者地位。

1. 克服战略性变革的障碍

如果企业外部环境发生深刻变化，在旧秩序中导致企业成功的能力和市场地位不一定能延续到下一阶段。熊彼特把创新从出现、衰退到被取代的过程称为“创造性破坏”。说它具有创造性，是因为创新推动新时期的到来；说它具有破坏性，是因为新能力要破坏曾一度支持先前成功的那些旧能力。这个过程也被称为打断的均衡（punctuated equilibria），因为在动荡期出现了创新，变革中断了（打断）秩序和稳定期（均衡）。

对于在当前范围内具有明确战略的在位企业而言，这些破坏形成一种主要挑战，许多领先企业在向新秩序转变的过程中遭遇失败。

尽管瑞士企业主宰着手表产业，但是日本却首先开发了石英技术。

以真空管为基础的电子产品向以半导体为基础的电子产品的转变，导致电子元件产业中的市场领导者出现完全更替。

尽管IBM公司是大型电脑时代的主宰者，但是羽翼渐丰的苹果电脑公司却是第一个在个人电脑市场取得成功的企业。

旋转窑技术改变了18世纪90年代硅酸盐水泥的制造过程，导致4年内水泥生产者彻底换新。

随着新一代磁盘驱动器的不断推出，直径从14英寸减到8英寸，减到5.25英寸，再减到3.5英寸，在位企业纷纷落马，较年轻的企业成为产业领导者。

尽管有不少例子证明在主要环境发生变化时，许多企业无法再进行有效的竞争，但是这些老企业的失败并非不可避免，事实上，有不少老企业成功转型。

尽管新药物的发现和开发导致环境发生巨大变化，但默克公司(Merck)在制药产业仍然是颇有影响的企业。

在化学制品产业中杜邦公司长期保持其地位，而产业的基础技术却发生了巨大变化。

美国汽车制造商在生产过程和产品中都融入电子学技术，同时仍然是角逐世界领先地位的主要竞争者。

为什么有些领先企业能够成功地进行战略性变革，而有些则以失败告终？每个失败都源于管理不当这一结论颇具诱惑力，但这些企业都曾一度主宰老的产业，管理不善的企业怎么可能获得并维持市场领导者地位？事实上，其中不少企业以善于管理而著称。

一般而言，失败不是源于管理不当，而是因为企业在原有环境中表现很出色的战略与组织和在新环境中谋求成功所需的战略与组织之间不匹配。在位企业管理有序，它们在现有领域内生产产品并不断创新，却没有探寻新的领域。有些分析家认为，在现有市场中坚定不移地致力于获取良好业绩以对付当前的竞争对手，致使成功的在位企业丧失了市场转移的机会。詹姆斯·马奇(James March)提出"能力陷阱"(competence trap)概念，在既定战略下努力增强能力的企业有时会落入陷阱，失去战略性变革的机会。

能力陷阱之所以存在，是因为在稳定条件下能把可预测事情做得很成功的那些企业，形成了促使企业擅长于从事所做之事的常规和程序，随着这些常规不断适应当前环境，它们的普遍性减少，处理新问题的适应性也变得更弱。进而言之，随着这些常规深深地植根于企业运营及其审视自我与环境的模式中，它们逐渐变得不那么灵活机动，企业更习惯于处理好目前所做的事，对于其他事情却越来越难以应对。

这些常规和程序包括：

(1) 晋升和雇用常规，即选择在现有稳定环境中表现优秀的人员。但这些人一旦遇到风险或进入新领域就会充满不安情绪。

(2) 激励机制，即只奖励在现有业务中实现利润最大化的个人和单位，而不是鼓励在新技术上进行长期投资。

(3) 资本预算体系，即追求风险最小化，只关注"我们知道将让我们赚钱的那些项目类型"。

(4) 组织结构，它阻碍对创新非常重要的跨职能和跨组织学习。

(5) 对当前战略的个人承诺，它源于对人力资本的专门投资或崇尚持续性和忠诚的文化。

尽管它们有助于企业做好它清楚该怎么做的事情，结果往往造成企业所熟悉的针对固定顾客群的产品线规模庞大，但这些常规和程序对识别和引入主要创新的确存在妨碍作用。

如果能力始终意味着不能进行变革，为什么有些企业在变革周期中业绩很好？原因可能在于并非所有的主要变革都彼此相似。的确，学者们已经识别出影响在主要变革时期新赢家取代以往领导者可能性的若干因素。

一个关键因素在于需要进行的变革是提高能力还是削弱能力。如果技术变革具有渐进性并能提高现有能力，那么能力陷阱就不会对在位企业构成阻碍，在这种情况下，那些曾经帮助企业取得成功的常规有可能促使企业吸纳新技术。然而，如果根本性的技术变革破坏了当前有价值的能力，在位企业就很可能成为能力陷阱的牺牲品。例如，数码成像技术的出现对于柯达公司而言就是一个重大挑战，因为其主要竞争优势一直在于胶片技术，而数码成像可能使胶片成像技术成为历史。如果创新具有能力破坏性，其他产业中的在位企业更有可能把新技术推向前进，因为它们或许碰巧拥有所必备的能力；同样，不具备产业固定能力的新企业更有可能引入新的能力。

在核心单位进行一项变革会导致两种互相冲突的后果。首先，如果核心单位要进行变革，它就要鼓励外围部分也接受这种变革；从另一个角度看，即使外围单位采用了一项成功的创新，核心单位不一定会采用这项创新。这种情形印证了一句老话：你不能在组织内创造变革，除非高层管理者极力支持，因为高层管理者是组织核心单位的组成部分。其次，核心单位比外围单位更有可能抵制变革，核心层的个别人和组织的其他部分、现有顾客与供应商都有紧密联系，因此核心层对于创新的任何抵制都很敏感。核心部分也包括一些对职业已经投入许多的个人，如果创新失败或是创新的成功改变了核心，他们都会付出很大代价。

通用汽车公司在土星事业部上的做法就显示了这些后果。土星项目得到通用汽车公司高级管理层的支持，在这个意义上说是核心选择并支持了它。但是通用汽车公司内部的那些实力派，主要是原有事业部的高层主管们，反对在土星项目上投资。这些事业部内部存在一些具有很大影响力的其他核心群体，为了防止这些管理者还有其他联合起来的反对者破坏或妨碍这个项目，通用汽车公司总部办公室决定为土星成立一个独立事业部，并且使其位于远离通用汽车公司总部的地区，这样新事业部可以从事一些原有事业部可能从未考虑过的创新活动。将该项目摆放在外围区域带来更大创新，公司也向它提供必要的资源支持，然而这种折中做法无助于将通用汽车公司将土星的成功推广到公司核心的各个事业部。

核心和外围的概念说明了一些在位企业的两难境地，它们想要把握机遇，而这又需要对其活动进行根本性变革。一方面，可以使现存组织获益是进行根本性变革的最好理由，将新风险事业同在位企业联系起来非常重要。例如，希捷公司在磁盘驱动器上的战略性资产也许能在下一代产品上被再次利用。另一方面，即使新事业和公司固定活动之间存在协同效应，变革也会给当前组织带来成本。因此，如果新事业和母公司中的权利关系与惯性互不相干，它的成功概率就会更大一些。

所幸的是，企业可以采用很多方式组织新风险事业以解决这种两难困境。对于母公司而言，可选方案很多，如把新事业作为完全独立的让产易股企业，或把新事业完全整合到企业现有运作之中。罗伯特·伯格曼(Robert Burgelman)提出在这些方案中进行选择的一种框架，图 11-4 描述了他的方法。图中的坐标轴代表两个维度，这是他认为应该如何组织投资的两个最重要的决定因素。一个是新事业相对于公司的战略重要性，他认为对于企业战略更为关键的事业应该更多地与在位企业整合在一起。在极端情况下，如果企业战略绝对依赖于新事业的成功，那么将该项事业和母公司紧密相连更有意义。

**图 11-4 针对企业创业精神的组织设计**

比如，不妨思考一下旨在开发电动小汽车的风险事业，惠普公司和通用汽车公司在这一新兴市场都有投资项目。和惠普公司相比，电动小汽车与通用汽车公司的中心战略关系更为紧密，通用汽车公司用于电动小汽车的方法的诸多方面，如定价、分销、广告等对燃油小汽车有多种影响，进而言之，电动小汽车方面的成功会直接影响它在燃油型小汽车方面的战略灵活性，因为管制当局是根据企业所有车型的性能制定排放许可标准。而惠普公司的电脑和打印机业务同电动小汽车的技术、生产或分销的相关性非常小。

从运营角度来讲，电动小汽车投资项目和通用汽车公司基本业务的联系也很紧密，例如，电动小汽车投资项目可以利用通用汽车公司在车身设计方面的技术诀窍、资源，或者制造电动小汽车与燃油小汽车可以共享零部件，营销诀窍等。伯格曼框架的第二个维度，即运营相关性，对惠普公司而言更是弱项。

对两个维度进行通盘考虑就可以得到图 11-5 中的一组对策。值得注意的是，在对角线上，随着战略和运营相关性逐渐降低，对策由新投资事业部的直接一体化变成完全的让产易股。这似乎有一定合理性，新风险事业部有助于母公司利用现有运营当中的协同作用，并且把投资活动和公司的整体战略结合起来，与此同时，又将这项新投资和公司内部的权利及惯性作用隔离开来。

对于决定如何组织一项新风险事业，这个框架是一个很有用的出发点，不过还要考虑其他许多变量。这一框架侧重于企业体制的结构特征，但却忽视了企业体制—常规—文化中可能对新事业成功起关键作用的其他因素。比如，电子商务领域许多成功的新事业都以独特文化为起点，它们的员工很年轻，每天工作时间很长，相互影响，穿着随意，如鞋子很不讲究。他们的基本工资不高，但却拥有很诱人的股票期权。此类组织显示出一些令人称羡的业绩特征，如创造性巨大，快速进入市场。然而，许多在位企业很难接受这种"亚文化"与更传统的文化共存的局面，不能接受这种文化就无法争取到一流人才。如果适合于新投资的体制—常规—文化和适合于在位企业的体制—常规—文化之间存在冲突，母公司可能就会隔离这项新事业，即使它在运营和战略上都与在位企业相关。

2. 不确定条件下的管理：情景分析

不管风险事业在企业内部如何进行组织，企业管理者都要对相关问题进行决策，比如，该投资多少？采用什么技术？最终产品具备什么样的特征？什么水平的生产能力比较合适？瞄准哪一个初始细分市场？这些决策都要在很大的不确定性条件下做出。为了制定这些决策，管理者要对产业发展方向有所感悟。正如前面所讨论的，在一个新兴产业中要做到这一点很难，当然，在剧烈变化的现有产业中同样也很难。归根结底，管理者对产业和创新的理解力是进行有根据猜测的根基，任何途径都无法排除不确定性。

然而系统地解决决策问题，特别是在战略制定过程中对决策进行讨论，总还存在某些工具。情景规划就是这样一种工具，它有助于管理者了解战略会有怎样的业绩表现，进行稳健性测试(robustness test)以及制订应急计划。情景是显示内部一致性的产业未来的可能图景，它似是而非地描绘产业的未来状况。

例如，在零售图书产业竞争的企业可能会考虑几种情景，其中包括下面两种：

**情景1**：大多数书籍购买者可以而且也确实从网上购书，网上书店占有各种书刊最大的零售份额，由两三家企业主宰着网上销售。

**情景2**：从网上买书的购买者不到20%，他们从网上购买的书刊只局限于畅销书，只存在一家主导性的网上书商。

很显然可能还有其他很多情景，这里只用了3个变量设计这些例子，即有多少顾客从网上购买，网上购买的书籍范围，在线产业结构。如果对这些变量进行其他不同组合，或把其他变量加以考虑，如采用在线出版方式，还可以设计出很多其他情景。

大多数管理者只能对付3种或4种情景。情景要为企业的特定目的服务，也就是说，对某企业有用的情景对同一产业中的另一个企业不见得有用，反之亦然。设计情景的目的在于通过一些可能图景展现未来状况，相应地，这些图景应该很清晰，用于设计情景的变量应该对企业所奉行的任何战略的成功都能够施加重要影响。如果情景和企业战略的成功毫不相关，它们在战略评价过程中将毫无价值。

一旦形成，这些情景可以用于多种用途。它们可以向管理团队提供一种共同语言，还可以提供一种对那些影响产业发展的新事件进行解释和沟通的方法。例如，随着事件的展开，这些事件使某些情景发生的可能性增大，某些情景发生的可能性减小。然而，情景的主要优点在于评价潜在的战略选择方案。

管理者可以评估在每个情景中每种战略选择方案的进展情况，进而评估战略针对于一系列可能出现的产业发展状况是否健全。他们可以把这种信息和他们对每个情景发生的可能性所做的评估进行组合，以评价每种战略的风险与回报。然而，一种能使企业实现预期利润价值最大化的战略不可能在所有情景中都表现出色，某种聚焦并且具有内部一致性的战略往往要在一种情景或一个小的情景子集上投大赌注。

企业如果试图覆盖所有可能情景会使精力过于分散，以致无法在所有条件下都应付自如。针对所有情景测试，一种战略性选择方案的关键并不在于保证该战略在所有环境中都能普遍适用，因为任何战略都不可能做到这一点；相反，其关键在于必须意识到企业所遭遇的风险，识别能使战略有效实施的情景。当创新是一种“胜者通吃”(winner-take-all)的竞赛时，这一点尤为重要。例如，如果专利使创新受到保护，药物研究便具有胜者通吃的味道；如果先行优势能起作用，善于发现的竞争优势显然非常重要。

与此相似，如果能出现一种主导性设计，决定采用一种不同方法通常有一定道理，尽管也存在向错误设计提供支持的风险。只会“随大流”(follow the crowd)的企业能够降低风险，随大流的管理者也不会因为做了别人做过的事情而受到指责。他们总是声称他们正择善而从，然而即使随大流没什么错，市场却要由所有企业瓜分。因此，企业冒险采用别人没有用过的方法有着重大意义，因为一旦它赢了，回报将相当可观。

最后，情景分析还可以应用到应急计划当中，即使企业在某些情景上投下赌注，它也可以同时制订计划以应对某种不太有利的情景。

## 本章小结

本章提出一种对外部环境进行战略性思考的框架。大多数产业在其生命周期中所经历的是一个自然演进过程，而供给和需求的内在作用力发生转变只是偶然的插曲，我们对二者进行了区分。针对每一种变革以及产业演变的每一个阶段，管理所面临的挑战以及所要求掌握的战略性思考技能都各不相同。

在产业生命周期的初现阶段，无论从发现新机会的意义上说，还是从熊彼特提出的要想成功必须做哪些事情的意义上说，创业精神都非常宝贵。在位企业当中，相关技能在开发者型的组织中可能更为常见。主导性的设计或形式出现在淘汰期内，经过淘汰期之后产业范式得以强化，进入赢家不断成长的阶段，这时竞争焦点转向能否成功地进行利用。随着产业的成熟，这种趋势还会持续下去，竞争基础也转移到几个关键因素上，如成本和差异化。随着时间的推移，价值链的组织方式也会改变，有时属于纵向结构，有时属于横向结构。尽管产业演变不同阶段的结构难以预测，但产业常常起始于纵向结构，然后再让位于横向结构。

不幸的是，成功企业经历产业生命周期的后期阶段时，利用已有竞争优势方面的成功使它们变得眼光向内和固执，坠入"能力陷阱"之中。就长期而言，要努力在利用现有成功经验和寻求并挖掘未来成功源泉这二者之间保持平衡，只有这样，企业才有可能取得成功。

## 案例分析

### 龙的集团：逆向打通价值链

在国内家电巨头跑马圈地，基本完成战略布局的背景下，龙的集团差异化定位于精品小家电，从而异军突起，成为国内唯一可以与飞利浦、松下等品牌叫板的企业。

2006年，龙的集团（以下简称"龙的"）销售收入突破25亿元，占据国内精品小家电的头把交椅。

"龙的"商业模式在于"逆向打通价值链"。目前的中国家电企业都是先造产品，再寻求渠道，即传统的先工厂后市场。很多企业或者自建渠道，或者是依赖于大卖场，最后造成如"格美之争"的种种矛盾，在与商家的博弈中处于尴尬境地。而"龙的"借助于经销商出身的禀赋，却是先拥有渠道，以终端为驱动力，从而打通渠道、品牌、产品脉络，为公司价值曲线注入更强的终端因素，带动整个品牌对市场赢利能力的全面占有。"龙的"销售方面负责人冯兴平将其策略总结为22字"军规"："优秀的终端形象，持续的终端演示，抓住关键销售时段。"

先控制终端，再进行制造，正是暗合现代商业中的顾客驱动模式。相对于中国传统家电企业的先工厂后市场模式，"龙的"逆向打通价值链的模式无疑具有极大的标本意义，可谓家电企业发展模式的"第三条道路"。

"龙的"这个品牌进入人们视线的时间并不长，但是在全国各地的家电连锁卖场，"龙的"已经成为国内精品小家电产品中唯一和飞利浦、松下等国际品牌同等定位、同等陈列的产品。

龙的集团前身新东方集团，曾经是国内代理商"一哥"。它先后成为美国惠而浦洗衣机、荷兰飞利浦小家电、日本松下小家电、德国好运达小家电、韩国LG洗衣机等国外知名品牌的中国总代理，年销售额近20亿元。

在代理经销产品过程中，"龙的"掌门人张钜标发现，虽然国外品牌的小家电产品价格远远高于国内产品，但是消费者对其认可度仍然非常高。同样的产品，国际品牌的人性化设计更受消费者欢迎。

其时，正值中国经济腾飞与居民收入同步增长，发轫于20世纪80年代末期的现代思想启蒙运动促使城镇居民现代消费意识开始觉醒，对于生活品质的追求，使家居生活精致化、时尚化成为趋势。在此情况下,精品家电需求呈现高速增长态势。

但是当时的国外品牌并不能完全洞察中国市场,很多国内市场急需的用品都是一片空白。最典型的是一位老客户以前特别喜欢用飞利浦的产品,有次他来到新东方,想买一款电水壶,但当时飞利浦并不提供此种产品,新东方代理的很多国外知名品牌都没有。

见微知著,智者洞察于未来。新东方处于市场终端,深刻了解了消费需求。当时,很多消费者提议新东方自己也制造一些产品。至此,张钜标隐约看到一个庞大的新市场。

在中国,绝大多数企业都是利润驱动,或者说是机会驱动,真正需求驱动的创业者很少。"龙的"则是极少数需求催生的企业之一,在其出生之始,即在价值链的一端占据极大优势,由此得以迅速崛起。

经过几年的努力,"龙的"在精品小家电行业占据绝对主导地位,既弥补了飞利浦等国外品牌的市场空白,又顺应了新的需求,更逐步使国外巨头感到威胁。目前,"龙的"已是国内精品家电领袖性品牌。据市场统计数据显示,"龙的"电水壶连续3年市场销量第一,电熨斗、榨汁机、电吹风等诸多产品均进入行业前三名。在精品小家电领域,"龙的"赫然已成为与国外品牌相抗衡的标志性企业。

凭借国外知名品牌国内总代理的先天优势,"龙的"在长达14年的代理过程中,建立起完善的销售渠道和网络,同时与各终端卖场维系良好的关系。在龙的品牌创立之后,这些渠道资源发挥了巨大作用。而且,原代理商的角色使"龙的"更加熟悉代理商的心态和运作,也更能站在代理商的角度考虑问题,所以得到了许多代理商的支持。

但是仅仅有代理商支持还是不够的,"龙的"深知消费者对产品的认可是企业生存的根基,而赢得消费者支持的前提就是洞察他们的内心需求。

在掌握生产设计技术的基础上,"龙的"少量生产样品投入终端市场,从消费者那里收取市场对产品的反馈,然后从中选取一两个重点,经过改良后批量生产投入销售渠道。

掌握了消费者心中所想,产品自然不愁销路。比如电吹风,不同的使用环境区别很大,可能是卧室,也可能是有安全隐患的浴室,这对产品安全要求完全不同。

顾客、经销商、销售员的每一个环节都是企业需要重视的终端,因为他们对产品的意见会直接体现在销售上。为此,"龙的"建立了自己的信息反馈系统,通过网络可以将各方面的产品意见快速反应到生产设计环节。

建立在"临界规模"黄金分割点上的第三条模式

"临界规模"的存在,使得大企业的战略调整变得十分困难。TCL"幸福树"的失败,与其说是实力不够,不如说是实力太强。当它要幸福树种满广阔的疆域之时,赫然发现,其所费之巨,比选择与连锁巨头合作更为巨大。对于国美等连锁巨头来说也如此,在血拼之时,不敢贸然向制造业渗透。

任何一种文明都有停滞期,而在历史领域,有一种"遏止领先"的假说受到广泛推崇。其核心思想是,固有的文明中心无法产生新的文明中心,新时代的创造者,往往不是现在的文明中心，也不是蛮荒之地，而是在目前的文明中心边缘。

同样，家电领域市场变革的力量也许最后就落在"龙的"这种企业上。在终端领域具有强大的控制力量，但是还未超越临界规模，不至于成为"停滞的文明中心"，尚且具备战略调整能力。这样，当加入制造业可以获得更大发展的时候，可以迅速进行战略转变。无论是"龙的"还是最近崛起的新势力"乐邦"，都是从终端向制造业上游发展，既具备制造业的优势，对于消费者需求的敏感也超越一般企业，成为真正意义上的顾客导向型企业。

"龙的"在变化的市场中衍生出新的发展路径，在掌控终端的同时，具备向产业链上端渗透的能力。同时，在利益诉求上，逆向扩张产业链，也更适应未来的发展。这样，现实利益与潜在能力的同步与平衡打破了只能固守在价值链一端的局限，造就了家电行业的第三条发展路径。

**资料来源**：王孟龙．龙的集团：逆向打通价值链．商界评论，2009-05-14.

**思考题：**

(1) 描述"龙的"集团战略，并说明为什么它很有效。

(2) 从价值链的角度解释龙的集团战略是如何实施的？

## 战略管理实务操作

通过互联网或其他媒体搜索一家公司，获得足够的资料，然后完成下列各项活动：

(1) 简要描述公司的发展历程，分析影响公司战略变化的因素。

(2) 初步分析该公司战略改变的结果，分析动态战略产生的根源。在分析的基础上，指出该公司是如何选择战略的。

(3) 说明竞争环境变化对该公司战略的影响。

# 参 考 文 献


[1] 王文亮.企业战略管理.郑州：郑州大学出版社,2004.
[2] 孙伯良,等.企业战略管理.北京：科学出版社,2004.
[3] 顾天辉,等.企业战略管理.北京：科学出版社,2004.
[4] 王玉.企业战略管理教程.上海：上海财经大学出版社,2005.
[5] 胡建绩,等.企业经营战略管理.上海：复旦大学出版社,2004.
[6] 朱煜.经营战略.北京：中国纺织出版社,2004.
[7] 林建煌.战略管理.北京：中国人民大学出版社,2005.
[8] 徐佳宾.企业战略管理.北京：经济管理出版社,2004.
[9] 杨锡怀,等.企业战略管理理论与案例.北京：高等教育出版社,2004.
[10] 周三多,等.管理学.北京：高等教育出版社,2000.
[11] 黄渝祥,等.企业管理概论.北京：高等教育出版社,2000.
[12] 刘仲康.企业经营战略概论.武汉：武汉大学出版社,1999.
[13] 迈克尔·波特.竞争战略.北京：华夏出版社,1997.
[14] 王方华,吕巍,等.企业战略管理.上海：复旦大学出版社,2000.
[15] 加里·德斯勒.人力资源管理.北京：中国人民大学出版社,1999.
[16] 彼得·F.德鲁克.管理.北京：中国社会科学出版社,1987.
[17] 王方华,吕巍,等.战略管理.北京：机械工业出版社,2004.
[18] 甘华鸣.经营战略 MBA 核心课程.北京：中国国际广播出版社,2002.
[19] 金占明.战略管理——超竞争环境下的选择.北京：清华大学出版社,2001.
[20] 李亚.民营企业发展战略.北京：中国方正出版社,2004.
[21] 陈幼其.企业战略管理案例.上海：立信会计出版社,2001.
[22] 张臻华.IBM 公司——利用联盟战略进入中国市场的蓝色巨人.中国期刊网.
[23] 吴健安.市场营销学.北京：高等教育出版社,2000.
[24] 陈伟,等.经济全球化与经济转轨互动研究.北京：商务印书馆,2005.
[25] [美]霍杰茨.国际管理.李刚,等,译.北京：中国人民大学出版社,2006.
[26] [美]约翰逊,科尔斯.战略管理.王军,等,译.北京：人民邮电出版社,2004.
[27] [美]塞隆纳,等.战略管理.王迎军,等,译.北京：机械工业出版社,2004.
[28] 张明玉,等.企业战略理论与实践.北京：科学出版社,2005.
[29] 尹柳营,等.国际企业战略管理.广州：华南理工大学出版社,2002.
[30] 黄凯.战略管理.竞争与创新.北京：石油工业出版社,2004.
[31] 解培才.企业战略管理.上海：上海人民出版社,2001.
[32] 于文明,侯书森.企业战略管理.合肥：安徽人民出版社,2002.
[33] 王迎军,柳茂平.战略管理.天津：南开大学出版社,2003.
[34] 钟耕深,徐向艺.战略管理.济南：山东人民出版社,2006.

[35] 张建涛.现代企业战略管理创新.广州：中山大学出版社,2000.
[36] 陈继祥,等.战略管理.上海：上海人民出版社,2004.
[37] 高岩红.战略管理学.北京：清华大学出版社,北京大学出版社,2007.
[38] 王建民.战略管理学.北京：北京大学出版社,2006.
[39] 杨建昊,金立顺.战略管理原理与方法.北京：国防工业出版社,2005.
[40] 肖海林.企业战略管理——理论、要径和工具.北京：中国人民大学出版社,2008.
[41] 徐二明.企业战略管理.北京：中国经济出版社,2002.
[42] 符正平.公司国际化经营.北京：中国人民大学出版社,2004.
[43] 鲁桐.中国企业海外市场进入模式研究.北京：经济管理出版社,2007.
[44] 唐晓华,王伟光.现代国际化经营.北京：经济管理出版社,2006.
[45] 刘松柏.国际管理.北京：中国经济出版社,2003.
[46] 尤宏兵.中国民营企业国际化经营.北京：经济科学出版社,2006.
[47] 小阿瑟·A.汤普森,约翰·E.甘布尔,A.J.斯特里克兰三世.战略管理：获取竞争优势.蓝海林,等,译.北京：机械工业出版社,2006.
[48] J戴维·亨格、托马斯·L.惠伦.战略管理精要.2版.王毅,应瑛,译.北京：电子工业出版社,2002.
[49] 卡尔·W.斯特,等.公司战略透视.上海：上海远东出版社,2000.
[50] 亚瑟·A.汤姆森,等.战略管理.10版.北京：北京大学出版社,2000.
[51] 理查德·L.达夫特.组织理论与设计精要.北京：机械工业出版社,1999.